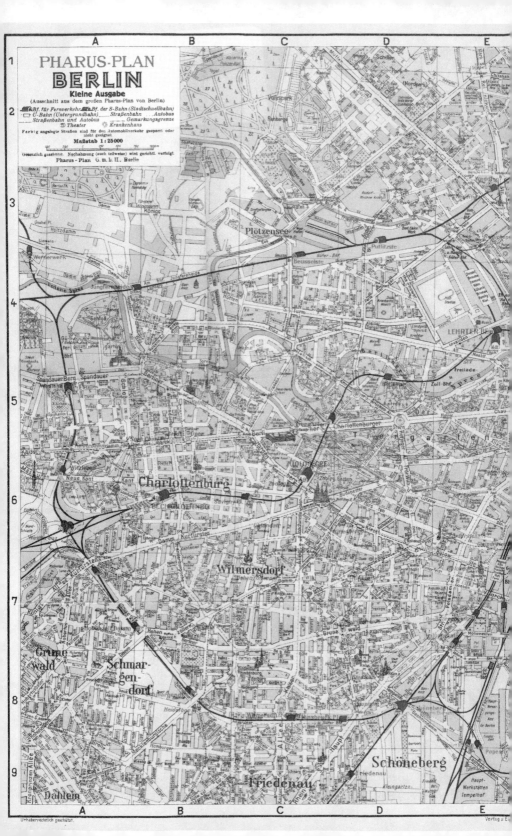

PHARUS-PLAN
BERLIN
Kleine Ausgabe
(Ausschnitt aus dem großen Pharus-Plan von Berlin)

Bf. für Fernverkehr. Bf. der S-Bahn (Stadtschnellbahn)
U-Bahn (Untergrundbahn) Straßenbahn Autobus
Straßenbahn und Autobus Gemarkungsgrenze
Theater Krankenhaus

Farbig angelegte Straßen sind für den Automobilverkehr gesperrt oder nicht geeignet.

Maßstab 1 : 25000

Gesetzlich geschützt. Nachahmung (auch teilweise) wird gerichtl. verfolgt.

Pharus - Plan G. m. b. H., Berlin

Plötzensee

LEHRTER BHF.

Charlottenburg

Tiergarten

Wilmersdorf

Grune wald

Schmar-gen-dorf

Schöneberg

Dahlem

Friedenau

DANS LE JARDIN DE LA BÊTE

Erik Larson

DANS LE JARDIN DE LA BÊTE

Traduit de l'anglais (États-Unis)
par Édith Ochs

cherche
midi

Direction éditoriale : Arnaud Hofmarcher
Coordination éditoriale : Henri Marcel

Amour, terreur
– et une famille américaine à Berlin sous Hitler

À mes filles, et aux vingt-cinq ans à venir...
(et à la mémoire de Molly, une brave chienne)

Au milieu du chemin de notre vie
Je me retrouvai dans une forêt obscure
Car la voie droite était perdue*.

Dante Alighieri,
La Divine Comédie, L'Enfer, chant I

* Traduit de l'italien par Jacqueline Risset, Paris, Flammarion, 1992.

Das Vorspiel

P *rélude; ouverture; prologue; épreuve élimi-
natoire; préliminaires; examen pratique;*
audition; das ist erst das Vorspiel : *c'est juste pour commencer.*
Collins German Unabridged Dictionary (7th Edition, 2007)

Un jour, à l'aube d'une époque très sombre, un père
et sa fille se trouvèrent brusquement transportés de leur
petite vie confortable à Chicago jusqu'au cœur de Berlin
sous Hitler. Ils y demeurèrent quatre ans et demi, mais
c'est la première année de leur résidence à Berlin qui
fait l'objet du présent récit, car elle coïncide avec le
moment où Hitler s'est hissé du statut de chancelier à
celui de tyran absolu, alors même que les événements
restaient en suspens et que rien n'était encore joué. Cette
première année forme une sorte de prologue dans lequel
tous les thèmes de la vaste épopée que furent la guerre et
les massacres ont été mis en place.

Je me suis toujours demandé comment un
étranger aurait réagi en observant de ses propres yeux
les ténèbres s'épaissir sous le règne d'Hitler. À quoi
ressemblait la ville, qu'entendait-on, que sentait-on, que
voyait-on, et comment les diplomates et autres voyageurs

interprétaient-ils les événements qui survenaient autour d'eux ? Avec le recul, on se dit que, durant ce fragile laps de temps, il eût été si facile de changer le cours de l'histoire. Alors pourquoi personne n'a-t-il réagi ? Pourquoi a-t-il fallu si longtemps pour prendre la mesure du danger que représentaient Hitler et son régime ?

Comme la plupart des gens, j'ai d'abord découvert cette époque par l'intermédiaire des livres et les photographies, qui me laissaient l'impression que le monde d'alors n'avait pas de couleur, seulement des dégradés de gris et de noir. Mes deux principaux protagonistes, en revanche, ont été confrontés face à une réalité de chair et de sang, tout en accomplissant les tâches de la vie quotidienne. Chaque matin, ils circulaient dans une ville pavoisée de rouge, blanc et noir ; ils s'asseyaient aux mêmes terrasses de cafés que les membres sveltes, sanglés de noir, de la SS hitlérienne et, de temps à autre, ils pouvaient entrevoir le Führer en personne, un petit homme assis dans une grande Mercedes décapotable. Mais ils passaient aussi chaque jour devant des maisons dont les balcons débordaient de géraniums rouges ; ils faisaient leurs achats dans les grands magasins de la ville, recevaient des gens pour le thé et respiraient les profondes senteurs printanières du Tiergarten, le principal parc de Berlin. Goebbels et Göring faisaient partie de leurs connaissances, ils dînaient, dansaient et plaisantaient en leur compagnie... jusqu'au jour où, leur première année touchant à sa fin, un événement survint, qui se révéla essentiel pour dévoiler la véritable nature d'Hitler, un événement qui posa la clé de voûte pour la décennie à venir. Dès lors, pour le père comme pour la fille, tout fut bouleversé.

Ceci n'est pas une œuvre de fiction. Comme il se doit, tout passage entre guillemets est extrait d'une lettre, d'un journal intime, de mémoires ou d'un autre document historique. Je n'ai pas cherché dans ces pages à décrire une fois de plus l'histoire de cette époque. Mon objectif est plus intime : approcher ce monde disparu par le biais du vécu et des perceptions de mes deux sujets principaux, le père et la fille, qui, dès leur arrivée à Berlin, ont entrepris un voyage plein de découvertes et de transformations, pour finir le cœur brisé.

Ici on ne croisera pas de héros, du moins pas de ceux que l'on rencontre dans la *Liste de Schindler*, mais il y a des lueurs d'héroïsme et des gens qui se comportent avec une bravoure inattendue. Il y a toujours des nuances, d'une nature parfois dérangeante. C'est le problème, avec les documents. Il faut mettre de côté toutes les vérités que nous connaissons aujourd'hui, afin de tenter d'accompagner mes deux innocents à travers le monde tel qu'ils l'ont vécu.

C'étaient des gens compliqués se mouvant dans une époque compliquée, avant que les monstres proclament leur vraie nature.

Erik Larson
Seattle

1933

L'homme derrière le rideau

Il était courant[1]*, pour les expatriés américains, de se rendre à leur consulat à Berlin, mais l'homme qui s'y présenta le jeudi 29 juin 1933 n'était pas dans un état normal. Joseph Schachno, 31 ans, était un médecin originaire de New York qui, récemment encore, exerçait la médecine dans une banlieue de Berlin. À présent, il se tenait nu dans une salle d'examen entourée d'un rideau au premier étage du consulat où habituellement, un praticien de la santé publique examinait les demandeurs de visas qui aspiraient à émigrer aux États-Unis. Schachno était écorché vif sur une grande partie de son corps.

Deux agents consulaires arrivèrent et entrèrent dans la cabine. L'un était George Messersmith, le consul général américain pour l'Allemagne depuis 1930 (sans rapport avec Wilhelm Messerschmitt, l'ingénieur en aéronautique allemand). À la tête des services diplomatiques à Berlin, Messersmith supervisait les dix consulats

---

* Tous les appels de note renvoient aux notes page 551 et suivantes.

américains situés dans les grandes villes allemandes. À côté de lui se tenait son vice-consul, Raymond Geist. En règle générale, Geist était calme et flegmatique, le parfait subalterne, mais Messersmith remarqua qu'il était blême, visiblement secoué.

Les deux hommes étaient atterrés par l'état de Schachno. «Depuis le cou jusqu'aux talons[2], il n'était qu'une masse de chairs à vif, constata Messersmith. Il avait été roué de coups de cravache et de tout ce qui était possible jusqu'à ce que la chair soit littéralement mise à nu et sanguinolente. J'ai jeté un coup d'œil et je suis allé le plus vite que j'aie pu jusqu'à un des lavabos où le [médecin de la santé publique] se lavait les mains.»

Le passage à tabac, comme l'apprit Messersmith, était survenu neuf jours plus tôt, mais les plaies étaient toujours ouvertes. «Après neuf jours[3], des omoplates aux genoux, il y avait toujours des zébrures qui montraient qu'il avait été frappé des deux côtés. Ses fesses étaient pratiquement à cru avec de grandes parties encore dépourvues de peau. Par endroits, la chair avait été pratiquement réduite en charpie.»

S'il constatait cela neuf jours plus tard, se dit Messersmith, à quoi devaient ressembler les plaies aussitôt après le passage à tabac?

L'histoire se fit jour:

Dans la nuit du 21 juin, Schachno avait vu débarquer chez lui une escouade d'hommes en uniforme à la suite d'une dénonciation anonyme le désignant comme un ennemi potentiel de l'État. Les hommes avaient mis son appartement à sac et, bien qu'ils n'aient rien trouvé, ils l'avaient emmené à leur quartier général. Schachno avait reçu l'ordre de se déshabiller, et il fut aussitôt roué de coups avec brutalité, longuement, par deux hommes armés d'un fouet. Il fut ensuite relâché et parvint tant bien que mal à regagner son domicile. Puis, avec sa femme, il se réfugia au centre de Berlin, dans l'appartement de sa belle-mère. Il était resté alité pendant une semaine. Dès qu'il s'en était senti la force, il s'était rendu au consulat.

Messersmith donna l'ordre de le conduire dans un hôpital, et lui délivra ce jour-là un nouveau passeport américain. Peu après, Schachno et sa femme s'enfuirent en Suède, puis aux États-Unis.

Depuis l'accession d'Hitler au poste de chancelier en janvier, des citoyens américains avaient déjà été arrêtés et battus, mais pas d'une manière aussi brutale – cependant, des milliers d'Allemands avaient subi un traitement tout aussi cruel, voire infiniment pire. Pour Messersmith, c'était un nouvel indicateur de la réalité de la vie sous Hitler. Il comprenait que toute cette violence représentait davantage qu'un bref déchaînement de folie furieuse. Quelque chose de fondamental avait changé en Allemagne.

Lui s'en rendait compte, mais il était convaincu que rares étaient ceux qui, aux États-Unis, en faisaient autant. Il était de plus en plus perturbé par sa difficulté à persuader le monde de la véritable ampleur de la menace que représentait le nouveau chancelier. Il était absolument évident à ses yeux que Hitler était en train de préparer en secret, de façon offensive, son pays à une guerre de conquête. «J'aimerais trouver le moyen[4] de le faire comprendre à nos compatriotes [aux États-Unis], écrivait-il en juin 1933 dans une dépêche au Département d'État, car j'ai le sentiment qu'il faut qu'ils comprennent à quel point cet esprit guerrier progresse en Allemagne. Si ce gouvernement reste au pouvoir un an de plus et poursuit au même rythme dans cette direction, cela contribuera grandement à faire de l'Allemagne un danger pour la paix mondiale dans les années à venir.»

Il ajoutait : «À quelques exceptions près, les hommes qui dirigent ce gouvernement sont d'une mentalité que vous et moi ne pouvons comprendre. Certains sont des psychopathes qui, en temps normal, recevraient un traitement médical.»

Cependant, l'Allemagne n'avait toujours pas d'ambassadeur américain en poste. Frederic M. Sackett, le précédent, était parti en mars, lors de l'entrée en fonction du nouveau président des États-Unis, Franklin D. Roosevelt (dont l'investiture eut lieu le 4 mars 1933)[5]. Depuis près de quatre mois, le poste était resté vacant et le nouveau titulaire n'était pas attendu avant trois semaines. Messersmith ne connaissait pas l'homme personnellement, il ne savait que ce qu'il en avait entendu dire par ses nombreux contacts au Département d'État. Ce qu'il savait, en revanche, c'est que le nouvel arrivant allait être plongé dans un maelström de brutalité, de corruption et de fanatisme, et devrait être un homme doté d'un caractère bien trempé, capable de faire valoir les intérêts et la puissance des États-Unis, car la puissance était tout ce que Hitler et ses sbires comprenaient.

Or, on disait que le nouvel ambassadeur était un homme sans prétentions qui avait fait vœu de mener une vie modeste à Berlin par égard pour ses compatriotes, appauvris par le krach de 1929. Chose incroyable, il avait même embarqué[6] sa propre automobile – une vieille Chevrolet déglinguée – pour bien souligner la sobriété de sa nature. Et cela, dans une ville où les hommes d'Hitler circulaient dans des voitures noires géantes qui faisaient presque la taille d'un autobus.

Première partie
DANS LE BOIS

Les Dodd arrivent à Hambourg.

1

LES MOYENS D'ÉVASION

Le coup de téléphone[1] qui bouleversa définitivement la vie de la famille Dodd de Chicago eut lieu le jeudi 8 juin 1933 à midi, alors que William E. Dodd se trouvait dans son bureau à l'université de Chicago.

À présent directeur du département d'histoire, Dodd enseignait depuis 1909 à l'université. Il jouissait d'une reconnaissance nationale pour son travail sur le Sud américain et pour une biographie de Woodrow Wilson. Il avait soixante-quatre ans, était svelte, mesurait un mètre soixante-treize et avait les yeux bleus et les cheveux châtain clair. Bien que son visage au repos eût tendance à donner une impression de sévérité, il avait en fait un grand sens de l'humour, pince-sans-rire et prompt à se déclencher. Il avait une femme, Martha, que tout le monde appelait Mattie, et deux enfants : sa fille, également appelée Martha, avait vingt-quatre ans, et son fils, William Jr – Bill –, en avait vingt-huit.

À tous égards, c'était une famille heureuse et unie, nullement fortunée mais à l'aise, malgré la crise économique qui paralysait alors le pays. Ils habitaient une grande maison au 5757 Blackstone Avenue dans le quartier de Hyde Park, à Chicago, à quelques rues de l'université. Dodd possédait aussi[2] une petite ferme à Round Hill, en Virginie, dont il s'occupait chaque été, et qui, d'après le relevé cadastral, faisait « environ » 193,3 ha et où, en bon adepte de la pensée de Thomas Jefferson, le professeur se sentait vraiment chez lui, circulant parmi ses vingt et une génisses Guernsey, ses quatre hongres, Bill, Coley, Mandy et Prince, son tracteur Farmall et ses charrues Syracuse. Il faisait du café dans une boîte Maxwell posée sur le vieux poêle à bois. Sa femme n'aimait pas la ferme autant que lui, le laissait volontiers séjourner seul là-bas pendant que le reste de la famille restait à Chicago. Dodd baptisa la propriété « Stoneleigh*», à cause de tous les cailloux qui parsemaient le terrain et en parlait de la façon dont d'autres hommes évoquent leur premier amour. « Les fruits sont si beaux[3], presque sans défaut, rouges et luxuriants, tandis qu'on les contemple, les arbres ployant encore sous le poids de leur fardeau, écrivit-il lors d'une belle soirée pendant la récolte des pommes. Tout cela me plaît beaucoup.»

Bien que peu enclin à utiliser des clichés, Dodd décrivit l'appel téléphonique comme «un coup de tonnerre[4] dans un ciel clair». C'était là, néanmoins, un peu exagéré. Au cours des précédents mois, le bruit avait couru parmi ses amis que, un jour, on pourrait le

---

* Litt. «champ de cailloux». (*NdT.*)

solliciter. C'était la nature même de l'appel qui l'avait surpris et troublé.

Depuis quelque temps, Dodd n'était plus satisfait de ses fonctions à l'université. Même s'il aimait enseigner l'histoire, il aimait encore plus l'écrire et, depuis des années, il travaillait à son grand œuvre, une histoire du Sud dont il espérait qu'elle ferait autorité, quatre volumes qu'il avait intitulés *Grandeur et décadence du Vieux Sud**, mais, à maintes reprises, la progression de ses recherches avait été freinée par les exigences quotidiennes de son travail. Seul le premier volume était sur le point d'être terminé et, à son âge, il craignait de mourir en laissant son œuvre inachevée. Il avait négocié un emploi du temps réduit avec son département mais, comme c'est souvent le cas dans ce genre d'arrangement informel, cela ne se passait pas conformément à ce qu'il avait escompté. Les départs de membres du personnel et les pressions financières à l'intérieur de l'université, associés aux effets de la crise économique, l'avaient amené à travailler tout autant qu'avant, négociant avec les responsables de l'université, préparant ses cours et tentant de ne pas se laisser déborder par les exigences des étudiants de troisième cycle. Dans une lettre au Service des bâtiments et des terrains, datée du 31 octobre 1932, il suppliait qu'on lui mette le chauffage[5] dans son bureau

---

* Le « Vieux Sud » (« *Old South* ») comprenait la Virginie, la Caroline du Nord et du Sud, et la Géorgie. Également esclavagistes, le Delaware et le Maryland avaient choisi de rester dans l'Union et refusé de faire sécession pendant la guerre civile. Ces États ont longtemps voté démocrate, contrairement au « Deep South », qui inclut notamment l'Alabama, la Louisiane, le Mississippi et, là encore, la Géorgie. (*NdT.*)

le dimanche pour qu'il ait au moins un jour à consacrer à l'écriture sans interruption. À un ami, il décrivit sa situation comme « embarrassante »[6].

S'ajoutant à son insatisfaction, il était convaincu qu'il aurait dû se trouver plus avancé dans sa carrière. Il avait été empêché de progresser avec plus de célérité, se plaignit-il dans une lettre à sa femme, parce qu'il ne sortait pas d'un milieu de nantis et qu'il avait été contraint de travailler dur pour tout ce qu'il avait obtenu, contrairement aux autres dans son domaine qui avaient avancé plus vite. En effet, il était parvenu à la situation qui était la sienne à la force du poignet. Au moment de sa naissance le 21 octobre 1869, dans la maison de ses parents au cœur du minuscule hameau de Clayton, en Caroline du Nord, Dodd se situait dans la strate la plus basse de la société blanche sudiste, qui adhérait encore aux préjugés de classe d'avant la guerre de Sécession. Son père, John D. Dodd, était un petit paysan à peine alphabétisé qui pratiquait une agriculture de subsistance ; sa mère, Evelyn Creech, descendait d'une lignée plus respectable originaire de Caroline du Nord et était censée avoir fait une mésalliance. Le couple cultivait le coton sur des terres que lui avait cédées le père d'Evelyn et parvenait difficilement à joindre les deux bouts. Dans les années qui suivirent la guerre de Sécession, tandis que la production de coton grimpait en flèche et que les prix chutaient, la famille avait régulièrement une ardoise à l'épicerie, qui appartenait à un membre de la famille d'Evelyn, lequel faisait partie des trois notables de Clayton – « des durs »[7], les appelait Dodd : « Des marchands et les maîtres aristocratiques de leurs subalternes ! »

Dodd faisait partie d'une fratrie de sept enfants et il passa sa jeunesse à travailler la terre familiale. Même s'il considérait ce travail comme honorable, il ne désirait pas passer le reste de sa vie à la ferme et il comprit que la seule façon pour un homme d'extraction modeste d'échapper à son sort, c'était l'éducation. Il fit son chemin par ses propres moyens, s'appliquant avec tant d'assiduité à ses études que les autres étudiants l'avaient surnommé « le moine Dodd »[8]. En février 1891, il entra au Virginia Agricultural and Mechanical College (devenu le Virginia Tech, un institut polytechnique). Là aussi, il se montra réservé, rigoureux. Les autres étudiants s'autorisaient[9] à faire des farces comme peindre la vache du président de l'institut et provoquer de faux duels en faisant croire aux nouveaux qu'ils tuaient leurs adversaires. Dodd, lui, étudiait. Il obtint son « Bachelor's Degree » en 1895 et décrocha son « Master's » en 1897, à l'âge de vingt-six ans.

Sur les encouragements d'un membre de la faculté très estimé et avec un prêt d'un grand-oncle bienveillant, Dodd partit en juin 1897 pour l'université de Leipzig afin d'étudier en vue d'un doctorat. Il emporta sa bicyclette. Il décida de consacrer sa thèse à Thomas Jefferson, malgré la difficulté évidente de se procurer en Allemagne des documents concernant l'Amérique du XVIIIᵉ siècle. Dodd assista aux cours et trouva des sources intéressantes dans des archives à Londres et à Berlin. Il se déplaçait beaucoup, souvent à bicyclette et, à maintes reprises, fut frappé par l'atmosphère militariste qui se développpait en Allemagne. À un moment donné, un de ses professeurs préférés organisa un débat à ce sujet : « Dans quelle mesure les États-Unis[10] seraient-ils impuissants s'ils étaient envahis par une grande armée allemande ?» Cette humeur belliqueuse à la prussienne mettait Dodd mal à l'aise. «L'esprit guerrier[11] était trop présent partout», écrivit-il.

Dodd regagna la Caroline du Nord à la fin de l'automne 1899 et, après des mois de recherche, il finit par décrocher un poste d'assistant au Randolph-Macon College[12] à Ashland, en Virginie. Il renoua également avec une jeune femme, Martha Johns, fille d'un propriétaire terrien bien loti qui habitait près de sa ville natale. L'amitié se transforma en une histoire d'amour et, la veille de Noël 1901, leur mariage fut célébré.

À Randolph-Macon, les problèmes ne se firent pas attendre. En 1902, Dodd publia un article dans le *Nation*, lequel fustigeait l'association du Grand Camp of Confederate Veterans qui avait réussi à faire interdire dans les écoles un livre d'histoire que ces anciens combattants de la Confédération considéraient comme un affront à l'honneur sudiste. Selon Dodd, ces vétérans pensaient que la seule histoire valable était celle qui affirmait que le Sud «avait été totalement fondé à vouloir faire sécession».

Le retour de bâton fut immédiat. Un éminent avocat du mouvement des anciens combattants lança une campagne pour faire renvoyer Dodd de Randolph-Macon. L'école apporta à Dodd un soutien sans faille. Un an plus tard, il s'en prit de nouveau aux anciens combattants, cette fois dans un discours devant l'American Historical Society, dans lequel il dénigrait leurs tentatives d'«exclure des écoles le moindre ouvrage ne correspondant pas aux critères du patriotisme local». Il répétait à l'envi que «se taire était hors de question pour un homme fort et honnête».

Dodd prit de l'envergure en tant qu'historien, et sa famille se développa. Son fils naquit en 1905, sa fille en 1908. Comprenant qu'une augmentation de salaire serait bienvenue, et que ses adversaires sudistes ne déposeraient pas les armes, il se mit sur les rangs pour un poste à l'université de Chicago. Il obtint le poste, et dans le froid glacial de janvier 1909, à l'âge de trente-neuf ans, il déménagea avec sa famille pour Chicago, où il devait rester pendant un quart de siècle. En octobre 1912[13], se sentant attiré par son héritage culturel et le besoin de se donner une crédibilité en tant que démocrate héritier de Jefferson, il acheta une ferme. Le travail pénible qui l'avait tellement éreinté dans son enfance devint une distraction salutaire, avec une sorte de nostalgie romantique du passé de l'Amérique.

William Dodd se découvrit aussi[14] un vif intérêt pour la politique, qui se déclencha véritablement quand, au mois d'août 1916, il rencontra le président Woodrow Wilson dans le Bureau ovale de la Maison-Blanche. L'entrevue, d'après un biographe, « changea profondément sa vie ».

Dodd était de plus en plus troublé par des signes indiquant que l'Amérique glissait vers une intervention dans la Grande Guerre qui avait lieu en Europe. Depuis son expérience à Leipzig, il ne doutait pas de la responsabilité de la seule Allemagne dans le déclenchement du conflit, qui ne pouvait que satisfaire les aspirations des industriels allemands et des aristocrates prussiens, les Junkers, qu'il comparait à l'aristocratie sudiste d'avant la guerre de Sécession. Il assistait à présent à l'émergence d'un orgueil comparable de la part des industriels et des élites militaires aux États-Unis. Quand un général tenta d'enrôler l'université de Chicago dans une campagne nationale pour préparer le pays à la guerre, Dodd se rebiffa et alla se plaindre directement au commandant en chef.

Dodd souhaitait seulement une entrevue de dix minutes avec Wilson, mais il se vit accorder beaucoup plus et fut aussi complètement charmé que s'il avait bu un philtre magique dans un conte de fées. Il fut convaincu que Wilson avait raison en prônant l'intervention des États-Unis dans la guerre. Pour Dodd, Wilson devint l'incarnation moderne de Jefferson. Durant les sept prochaines années, les deux hommes devinrent amis ; Dodd écrivit sa biographie. À la mort de Wilson, le 3 février 1924, Dodd fut effondré.

Avec le temps, il en vint à considérer Franklin D. Roosevelt comme l'égal de Wilson, et il prit une part active dans la campagne de Roosevelt en 1932, parlant et écrivant en son nom quand l'occasion se présentait. Cependant, s'il avait l'espoir de devenir un membre du premier cercle de Roosevelt, Dodd fut bientôt déçu, se voyant cantonné aux tâches de moins en moins gratifiantes de sa chaire académique.

À présent âgé de soixante-quatre ans, c'était grâce à son histoire du *Vieux Sud* qu'il laisserait sa marque sur le monde, cette œuvre contre laquelle toutes les forces de l'Univers semblaient se liguer, y compris la décision de l'université de ne pas chauffer les bâtiments le dimanche.

De plus en plus, il envisageait[15] de quitter l'université pour occuper des fonctions qui lui laisseraient le temps d'écrire, « avant qu'il ne soit trop tard ». L'idée lui vint que l'emploi idéal serait un poste peu exigeant au Département d'État, peut-être en tant qu'ambassadeur à Bruxelles ou La Haye. Il se pensait suffisamment éminent pour briguer une telle situation, bien qu'il eût tendance à grandement surestimer son influence. Il avait souvent écrit pour conseiller Roosevelt sur des questions politiques et économiques, avant et juste après sa victoire. Dodd fut certainement exaspéré quand il reçut de la Maison-Blanche, après les élections, une lettre type stipulant que, en dépit du fait que le président souhaitait répondre avec promptitude à chaque lettre lui parvenant, il ne pouvait le faire personnellement à chacun dans les meilleurs délais, aussi en avait-il chargé son secrétaire.

Toutefois, Dodd avait de bons amis qui étaient proches de Roosevelt, parmi lesquels le nouveau secrétaire au Commerce, Daniel Roper. Les enfants de Dodd étaient pour celui-ci comme ses neveux et nièces, suffisamment proches pour que le père charge son fils de demander à Roper si la nouvelle administration pourrait envisager de le nommer à un poste en Belgique ou aux Pays-Bas. « Le gouvernement doit désigner[16] quelqu'un à ces postes, mais la somme de travail n'y est pas trop lourde », avait dit Dodd à son fils. Il ne lui cacha pas qu'il était principalement motivé par son désir d'achever son *Vieux Sud*. « Je ne souhaite pas recevoir une nomination de la part de Roosevelt, mais je tiens beaucoup à mener à bien l'un des objectifs de ma vie. »

Autrement dit, Dodd cherchait une sinécure, un poste peu exigeant mais qui lui procurerait une certaine envergure et un salaire, et, surtout, lui laisserait tout son temps pour écrire – cela en dépit du fait qu'il reconnaissait que son tempérament était peu adapté à la diplomatie. «Je ne suis pas fait pour[17] la diplomatie internationale (Londres, Paris, Berlin), écrivait-il à sa femme début 1933. Je suis peiné que ce soit le cas selon tes propres dires. Je ne suis tout simplement pas le genre roublard, hypocrite, tout ce qui est nécessaire pour "mentir à l'étranger pour son pays". Si je l'étais, je pourrais aller à Berlin et faire acte d'allégeance à Hitler... et me remettre à l'allemand.» Mais, ajoutait-il : «Pourquoi perdre son temps à écrire sur un tel sujet ? Qui aurait envie de vivre à Berlin pendant les quatre ans à venir ?»

Que ce soit à cause de la conversation de son fils avec Roper ou le jeu d'autres forces, le nom de Dodd circula bientôt. Le 15 mars 1933, au cours d'un séjour dans sa ferme de Virginie, il se rendit à Washington pour un rendez-vous avec le nouveau secrétaire d'État de Roosevelt, Cordell Hull, qu'il avait déjà rencontré en plusieurs occasions. Hull était grand avec les cheveux argentés[18], une fossette au menton et la mâchoire carrée. Au premier abord, il semblait être l'incarnation physique de tout ce qu'un secrétaire d'État devait être, mais ceux qui le connaissaient mieux savaient que, quand il s'emportait, il avait un penchant fort inapproprié à déverser des torrents d'obscénités, et qu'il souffrait d'un défaut d'élocution qui lui faisait prononcer les « r » comme des « w » à la manière d'Elmer Fudd, le héros de dessin animé – un trait dont il arrivait à Roosevelt de se moquer en privé, comme quand il parla un jour des «*twade tweaties*» de Hull (au lieu de «*trade treaties*»), les traités commerciaux. Hull, comme toujours, avait quatre ou cinq crayons rouges dans sa poche poitrine, outils de prédilection de sa fonction. Il évoqua la possibilité que

Dodd fût nommé en Hollande ou en Belgique, exactement comme celui-ci l'avait espéré. Mais, brusquement confronté à la réalité quotidienne de ce qu'une telle vie supposerait, Dodd se déroba : « Après avoir étudié en détail [19] la situation, nota-t-il dans son petit journal intime, j'ai annoncé à Hull que je ne pouvais accepter ce poste. »

Toutefois son nom continua de circuler.

Et à présent, en ce jeudi de juin, son téléphone se mit à sonner. Quand il porta le récepteur à son oreille, il entendit une voix qu'il reconnut instantanément.

2

UN POSTE À BERLIN

Personne n'en voulait[1]. Ce qui paraissait une des tâches les moins ardues attendant Franklin D. Roosevelt lors de son entrée en fonction était devenu, en juin 1933, une des plus problématiques. Par rapport à la moyenne des ambassades, Berlin aurait dû être un job en or... ce n'était certes pas Londres ni Paris, mais une des plus grandes capitales d'Europe, au centre d'un pays en pleine mutation révolutionnaire sous la conduite de son nouveau chancelier, Adolf Hitler. Selon le point de vue que l'on adoptait, l'Allemagne connaissait une véritable renaissance ou un crépuscule brutal. Avec l'accession d'Hitler au pouvoir, le pays avait subi un déferlement de violence organisé par l'État. Les troupes spéciales des chemises brunes d'Hitler, la *Sturmabteilung* ou SA – la « section d'assaut » –, se déchaînaient, arrêtant, rouant de coups et, dans certains cas, assassinant communistes, socialistes et Juifs. Les SA installaient des prisons improvisées et des centres de torture dans des sous-sols, des hangars et d'autres lieux. Berlin possédait à lui seul cinquante de ces «bunkers». Des dizaines de milliers de gens avaient été arrêtés et placés en «détention provisoire» – *Schutzhaft* –, un euphémisme risible. On estimait que cinq à sept cents prisonniers étaient morts en prison; d'autres avaient subi le supplice dit «de la baignoire» ou de fausses pendaisons, d'après une déposition sous serment. Une prison proche de l'aéroport de Tempelhof, Columbia Haus – lieu à ne pas confondre avec Columbushaus, un immeuble moderne aux lignes nettes au cœur de Berlin –, était tristement célèbre. À la suite de ces bouleversements, un responsable juif, le rabbin Stephen S. Wise de New York, déclara à un ami: «Les frontières de la civilisation ont été franchies.»

Roosevelt fit une première tentative pour pourvoir le poste de Berlin le 9 mars 1933, moins d'une semaine après son entrée en fonction et alors même que la violence en Allemagne atteignait un paroxysme de férocité (l'investiture présidentielle en 1933 avait eu lieu le 4 mars). Il le proposa à James M. Cox, qui avait été son colistier aux élections présidentielles de 1920.

Dans une lettre empreinte de flatterie, Roosevelt écrivit: «Non seulement à cause[2] de mon affection pour vous, mais aussi parce que je pense que vous êtes particulièrement adapté à cette position clé, je souhaite vivement proposer votre nom au Sénat en tant qu'ambassadeur américain en Allemagne. J'espère grandement que vous accepterez après en avoir discuté avec votre charmante épouse qui, soit dit en passant, serait parfaite en femme d'ambassadeur. Envoyez-moi donc un télégramme pour me dire oui.»

Cox répondit par la négative[3]: les exigences de ses multiples affaires, y compris dans plusieurs journaux, l'obligeaient à décliner. Il ne faisait aucune allusion à la violence qui secouait l'Allemagne.

Roosevelt mit le dossier de côté[4] pour faire face à la crise économique qui s'aggravait, la grande dépression qui, en ce printemps, avait mis au chômage le tiers de la main-d'œuvre non agricole du pays et réduit de moitié le produit national brut ; il ne reprit le dossier qu'au moins un mois plus tard, où il offrit le poste à Newton Baker, qui avait été secrétaire à la Guerre sous Woodrow Wilson et était à présent associé dans un cabinet juridique de Cleveland. Baker déclina aussi. De même un troisième, Owen D. Young, un éminent homme d'affaires. Ensuite Roosevelt sollicita Edward J. Flynn, une figure clé du Parti démocrate et un partisan de premier plan. Flynn s'entretint avec sa femme, « et nous sommes convenus que, compte tenu de l'âge de nos jeunes enfants, une pareille nomination était impossible ».

À un moment donné, Roosevelt lança en plaisantant à un membre de la famille Warburg : « Vous savez, Jimmy[5], ce cher Hitler mériterait que je lui envoie un Juif à Berlin comme ambassadeur. Le poste vous tenterait-il ? »

Au mois de juin, le temps commençait à presser. Roosevelt luttait avec acharnement pour faire passer sa loi de redressement industriel national (National Industrial Recovery Act), la pièce centrale du New Deal, face à l'opposition féroce d'un noyau irréductible de Républicains puissants. Au début du mois, le Congrès n'étant qu'à quelques jours des vacances d'été, le projet de loi semblait sur le point de passer, mais était encore en butte aux attaques des Républicains et même de quelques Démocrates, qui lançaient des salves d'amendements, forçant le Sénat à tenir des séances marathons de délibérations. Roosevelt craignait que plus la bataille s'éterniserait, plus le projet de loi risquait d'être abandonné ou d'être gravement affaibli, en particulier parce que tout prolongement de la session du Congrès risquait de déclencher le courroux des législateurs bien résolus à quitter Washington, l'été venu. Tout le monde était de mauvaise humeur. Une vague de chaleur, en cette fin de printemps, avait fait grimper les températures à des niveaux records à travers tout le pays, faisant plus de cent victimes. Washington était une étuve ; les hommes empestaient. Le *New York Times* titra sur trois colonnes : « ROOSEVELT RÉDUIT L'ORDRE DU JOUR[6] POUR ACCÉLÉRER LA FIN DE LA SESSION : SA POLITIQUE EST MENACÉE. »

Et il y avait là un dilemme : il revenait au Congrès d'entériner le choix et le financement des nouveaux ambassadeurs. Plus vite le Congrès ajournerait la session, plus Roosevelt serait pressé de choisir un ambassadeur pour Berlin. Il se trouva donc contraint[7] d'envisager des candidats se situant hors du cadre habituel des amis politiques, dont les présidents d'au moins trois universités et le pasteur baptiste de Riverside Church, à Manhattan, Harry Emerson Fosdick, un ardent pacifiste. Aucun ne semblait pourtant être le choix idéal ; aucun ne se vit offrir le poste.

Le mercredi 7 juin[8], la fin de la session parlementaire n'étant plus qu'à quelques jours, Roosevelt réunit plusieurs de ses proches conseillers et ne cacha pas son agacement de ne pas parvenir à trouver son nouvel ambassadeur. Parmi ces collaborateurs se trouvait le secrétaire au Commerce, Daniel Roper, un ami de longue date que Roosevelt appelait de temps à autre « oncle Dan ».

Roper réfléchit un moment et lança un nouveau nom, celui d'un de ses vieux amis :

« Pourquoi pas William E. Dodd ?

– L'idée n'est pas mauvaise », convint Roosevelt, bien qu'il ne fût pas clair s'il le pensait vraiment.

Toujours affable, Roosevelt avait tendance à faire des promesses qu'il n'avait pas nécessairement l'intention de tenir. « Je vais y réfléchir », ajouta-t-il.

William E. Dodd n'avait rien du candidat type à un poste diplomatique. Il n'était pas riche. Il n'avait aucun poids politique. Il ne faisait pas partie des amis de Roosevelt. Mais il parlait l'allemand et était censé bien connaître le pays. Son allégeance passée à Woodrow Wilson pouvait représenter un handicap : en effet, la volonté de celui-ci de s'impliquer avec les autres nations sur la scène mondiale était une abomination aux yeux du camp grandissant des Américains qui considéraient que les États-Unis devaient rester à l'écart des affaires des pays étrangers. Ces « isolationnistes », conduits par William Borah de l'Idaho et Hiram Johnson de Californie, s'exprimaient de plus en plus fermement et gagnaient en puissance. Les sondages indiquaient[9] que 95 % des Américains voulaient que les États-Unis évitent de s'engager dans un nouveau conflit. Bien que Roosevelt fût lui-même favorable à l'implication internationale de son pays, il ne révélait pas ses idées sur la question pour ne pas freiner la progression de son programme sur les questions intérieures. Cependant, Dodd semblait peu susceptible d'enflammer les passions des isolationnistes. C'était un historien au tempérament pondéré et sa connaissance personnelle de l'Allemagne pouvait se révéler précieuse.

Surtout, Berlin n'était pas encore l'avant-poste très délicat qu'il deviendrait dans le courant de l'année. Il existait à l'époque une idée largement répandue que le gouvernement d'Hitler ne saurait durer. La puissance militaire de l'Allemagne était limitée – son armée, la Reichswehr, ne comprenait que cent mille hommes, qui ne faisaient pas le poids face à la force militaire de la France voisine et moins encore à la puissance combinée de la France, l'Angleterre, la Pologne et l'Union soviétique. Et Hitler lui-même semblait faire preuve d'un naturel plus conciliant que prévu, compte tenu de la vague de violence qui avait balayé l'Allemagne au début de cette même année. Le 10 mai 1933, le parti nazi avait brûlé publiquement des livres déclarés indésirables – Einstein, Freud, Thomas et Heinrich Mann et des quantités d'autres – dans de grands autodafés à travers le pays ; une semaine plus tard, cependant, Hitler déclara vouloir se consacrer à la paix et alla jusqu'à promettre le désarmement complet si les autres pays s'engageaient sur la même voie. Le monde soupira de soulagement. Avec en arrière-plan les défis majeurs que Roosevelt devait affronter – la crise économique mondiale, une autre année de sécheresse accablante –, l'Allemagne faisait plutôt figure de source d'irritation. Ce que Roosevelt et le secrétaire d'État Hull considéraient comme le problème allemand le plus pressant, c'était le montant des réparations, s'élevant à 1,2 milliard de dollars, que l'Allemagne devait à ses créanciers américains, une dette que le régime d'Hitler semblait de moins en moins disposé à honorer.

Il semble que personne n'ait beaucoup songé au caractère qu'il fallait avoir pour traiter efficacement avec le gouvernement d'Hitler. Le secrétaire Roper pensait[10] que «Dodd ferait preuve d'habileté dans l'exercice de ses fonctions diplomatiques et que, quand les consultations deviendraient tendues, il élèverait la discussion en citant Jefferson».

Roosevelt prit l'idée de Roper au sérieux.

Le temps commençait à manquer, et il y avait des questions infiniment plus pressantes à régler, tandis que le pays s'enfonçait de plus en plus dans le marasme économique.

Le lendemain, le 8 juin, Roosevelt donna l'ordre de passer un appel longue distance pour Chicago.

Il fut bref. «Je voudrais savoir[11] si vous êtes prêt à rendre un service important au gouvernement. Je souhaiterais que vous vous rendiez en Allemagne en tant qu'ambassadeur», déclara-t-il à Dodd.

Il ajouta: «Je veux un Américain libéral en Allemagne qui incarne ces valeurs.»

Il faisait chaud dans le Bureau ovale, et chaud dans le bureau de Dodd. La température à Chicago dépassait largement les trente degrés.

Dodd dit à Roosevelt qu'il avait besoin de réfléchir et d'en parler à sa femme.

Roosevelt lui accorda deux heures[12].

D'abord, Dodd s'entretint avec des responsables de l'université, qui le poussèrent à accepter. Puis il rentra chez lui, rapidement, dans la chaleur croissante.

Il avait de sérieux doutes. Son *Vieux Sud* avait la priorité. Une ambassade dans l'Allemagne hitlérienne ne lui laisserait pas plus le temps d'écrire, probablement beaucoup moins que ses obligations à l'université.

Mattie, sa femme, le comprit[13], mais elle connaissait aussi son besoin de reconnaissance et le fait qu'il avait, à ce stade de sa vie, la conviction qu'il aurait dû mieux réussir. Dodd, de son côté, avait l'impression qu'il aurait dû lui donner davantage. Elle l'avait épaulé durant toutes ces années pour ce qu'il considérait comme une bien maigre récompense. « Aucun endroit ne convient[14] pour quelqu'un de ma mentalité, lui avait-il écrit cette année-là dans une lettre envoyée de la ferme, et je le regrette autant pour toi que pour nos enfants. » Il poursuivait : « Je sais que cela doit être pénible pour une épouse aussi fidèle et dévouée d'avoir un mari aussi incompétent à un moment crucial de l'histoire, qu'il avait prévu depuis si longtemps, incapable de s'adapter à de hautes fonctions et de récolter une partie des bénéfices d'une vie consacrée à des études ingrates. Telle est ton infortune. »

Après une brève discussion et un peu d'introspection conjugale, Dodd et sa femme convinrent qu'il devait accepter la proposition de Roosevelt. Une concession de Roosevelt rendait la décision un peu plus facile : si l'université de Chicago « insistait », Dodd pourrait revenir à Chicago dans un an. Mais pour le moment, disait Roosevelt, il avait besoin de Dodd à Berlin.

Au bout d'une demi-heure, à quatorze heures trente, mettant de côté ses scrupules, Dodd appela la Maison-Blanche et fit savoir au secrétaire de Roosevelt qu'il acceptait le poste. Deux jours plus tard, Roosevelt présenta la nomination de Dodd au Sénat, qui la confirma le jour même, sans exiger la présence de Dodd ni le genre d'audition interminable qui deviendrait courante par la suite pour les postes clés. La nomination suscita peu de commentaires dans la presse. Le *New York Times* fit paraître une brève notice en page 12 de son édition du dimanche 11 juin.

Le secrétaire d'État, Cordell Hull, qui se rendait à une importante conférence économique à Londres, ne fut pas consulté dans cette affaire. Eût-il été présent[15] quand le nom de Dodd surgit, il aurait probablement eu peu d'influence car une des caractéristiques croissantes de la gouvernance de Roosevelt était de nommer des gens à l'intérieur de certaines administrations sans impliquer la hiérarchie, un trait qui irritait énormément Hull. Toutefois, il affirmerait plus tard qu'il n'avait eu aucune objection à la désignation de Dodd, à l'exception de ce qu'il voyait chez lui comme une tendance à «dépasser les bornes[16] par excès d'enthousiasme et d'impétuosité, et à prendre la tangente à certains moments comme notre ami William Jennings Bryan. J'avais donc des réserves sur le fait d'envoyer un bon ami, aussi capable et intelligent fût-il, dans un endroit aussi sensible que Berlin devait le rester».

Plus tard, Edward Flynn, l'un des candidats qui avaient refusé le poste, prétendit à tort que Roosevelt avait appelé Dodd par erreur – qu'il avait eu l'intention de proposer cette ambassade à un ancien professeur de droit de Yale appelé Walter F. Dodd. La rumeur donna lieu à ce surnom : «Le Dodd trouvé dans l'annuaire.[17]»

Ensuite, Dodd invita ses deux enfants devenus majeurs, Martha et Bill, à l'accompagner, en leur promettant qu'ils allaient vivre l'expérience de leur vie. Il voyait aussi dans cette aventure l'occasion de réunir la famille une dernière fois. Son *Vieux Sud* comptait à ses yeux, mais sa famille et son foyer avaient tout son amour et lui étaient indispensables. Une soirée froide de décembre, comme Dodd était seul à la ferme et que Noël approchait, sa fille et sa femme étant à Paris où Martha passait une année d'études, Bill étant également absent, Dodd s'assit pour écrire une lettre à sa fille. Il était d'humeur mélancolique. Avoir à présent deux grands enfants lui semblait inconcevable ; bientôt, il le savait, ils iraient leur chemin, et leurs rapports avec sa femme et lui deviendraient inévitablement plus ténus. Il voyait sa propre vie comme touchant presque à son terme, alors que son *Vieux Sud* était loin d'être achevé.

« Ma chère enfant[18], si tu ne t'offusques pas de ce terme, écrit-il à Martha, tu m'es si précieuse, ton bonheur dans ce monde troublé est si cher à mon cœur que je te vois toujours comme une petite fille pleine de vivacité ; pourtant je connais ton âge et j'admire ta réflexion et ta maturité. Ce que j'ai n'est plus une enfant. » Il méditait sur « les routes qui s'ouvrent devant nous. La tienne ne fait que commencer, la mienne est tellement avancée que je commence à compter les ombres qui tombent sur moi, les amis qui sont partis, d'autres amis loin d'être assurés de la durée de leur bail ! Nous sommes en mai, et c'est presque décembre. [...] Notre foyer, poursuivait-il, a été la joie de ma vie ». Mais maintenant ils étaient tous dispersés aux quatre coins du monde. « Je ne puis supporter cette idée de nos vies qui partent dans des directions différentes – avec le peu d' années qu'il nous reste. »

Avec la proposition de Roosevelt, ils avaient l'occasion d'être réunis encore une fois, même si ce n'était que pour un temps.

3

LE CHOIX

É tant donné la crise économique que subissait le pays, l'invitation de Dodd n'était pas à prendre à la légère. Martha et Bill avaient la chance d'avoir un emploi : Martha était assistante du directeur littéraire du *Chicago Tribune*, Bill, professeur d'histoire et chercheur stagiaire – bien que jusque-là, il eût fait une carrière peu brillante qui déconcertait et préoccupait son père. Dans une série de lettres à sa femme en avril 1933, Dodd donnait libre cours à son inquiétude au sujet de leur fils : « William est un bon professeur[1], mais il se refuse à travailler de manière acharnée dans tous les domaines. » Il se laissait distraire trop facilement, écrivait Dodd, surtout si une automobile passait dans les parages. « Il vaudrait mieux éviter[2] d'avoir une automobile à Chicago si nous souhaitons l'aider dans ses études, poursuivait Dodd. L'existence d'une voiture avec quatre roues est une trop grande tentation pour lui. »

Martha avait beaucoup mieux réussi dans son travail, à la grande joie de Dodd, mais sa vie privée agitée l'inquiétait. Même s'il aimait profondément ses deux enfants, Martha était sa fierté. (Son tout premier mot[3], d'après les archives familiales, avait été «papa.») Elle faisait un mètre soixante, avait les cheveux blonds, les yeux bleus et un large sourire. Elle avait une imagination romanesque et flirtait volontiers, ce qui avait attisé les passions de nombreux hommes, jeunes et moins jeunes.

En avril 1930[4], alors qu'elle n'avait que vingt et un ans, elle s'était fiancée avec Royall Henderson Snow, un professeur d'anglais de l'Ohio State University. En juin, les fiançailles furent rompues. Elle avait eu une brève aventure avec un romancier, W. L. River, qui avait publié *Death of a Young Man* quelques années plus tôt. Il l'appelait Motsie et lui jurait fidélité dans des lettres composées de phrases incroyablement longues, faisant dans un cas soixante-quatorze lignes dactylographiées avec interligne simple. À l'époque, cela passait pour de la prose expérimentale. «Je ne demande rien d'autre à la vie[5] que vous, écrivait-il, je veux être avec vous à jamais, travailler et écrire pour vous, vivre où vous désirerez vivre, n'aimer rien ni personne que vous, vous aimer d'une passion terrestre mais aussi avec les éléments d'ordre supérieur d'un amour plus éternel, spirituel...»

Il ne vit pas cependant son vœu s'accomplir. Martha tomba amoureuse d'un autre homme originaire de Chicago, James Burnham, dont les lettres évoquaient des «baisers doux[6], légers comme le frôlement d'un pétale». Ils se fiancèrent. Martha semblait prête cette fois à aller jusqu'au bout, et puis un beau soir, toutes les hypothèses qu'elle avait échafaudées concernant ce mariage imminent se trouvèrent chamboulées. Ses parents recevaient quelques invités pour une soirée dans la maison familiale de Blackstone Avenue, au nombre desquels figurait George Bassett Roberts, un ancien combattant de la Grande Guerre et à présent vice-président d'une banque de New York. Ses amis l'appelaient simplement Bassett. Il vivait à Larchmont, une banlieue au nord de la ville, avec ses parents. Il était bel homme, grand, avec la bouche charnue. Un chroniqueur avait noté avec admiration lors de sa promotion : « Il a le visage rasé de frais[7]. La voix douce. Sa diction tend à la lenteur... Il n'y a rien en lui qui fasse penser à un banquier endurci de la vieille école ou à un statisticien ennuyeux comme la pluie. »

Au début, comme il se tenait au milieu des autres invités, Martha ne le trouva pas vraiment irrésistible mais, plus tard dans la soirée, elle le croisa alors qu'il se trouvait seul et à l'écart. Elle fut « frappée, écrit-elle. C'était une douleur et une douceur[8] comme une flèche qui fend l'air, lorsque je vous vis de nouveau et loin des autres, dans le couloir de notre maison. Cela paraît parfaitement ridicule, mais il en fut véritablement ainsi, la seule fois où j'ai connu le coup de foudre ».

Bassett fut pareillement ému et ils s'engagèrent dans une aventure au long cours pleine d'énergie et de passion. Dans une lettre le 19 septembre 1931, il écrivit : « Nous nous sommes bien amusés[9] cet après-midi à la piscine, et comme tu as été gentille avec moi après que j'ai enlevé mon maillot de bain ! » Et quelques lignes plus loin : « Ô dieux, quelle femme, quelle femme ! » Comme le dit Martha, il la « déflora ». Il l'appelait *honeybunch** ou *honeybuncha mia.*

---

* Litt. : « rayon de miel ». *Honeybuncha mia* est un « néologisme » pseudo-italianisant d'après l'anglais. (*NdT.*)

Mais il la déroutait. Il ne se conduisait pas avec elle comme les autres hommes qu'elle avait connus. «Jamais avant, ni depuis[10], je n'ai aimé ni été aimée autant, sans recevoir une demande en mariage peu de temps après! lui écrivit-elle des années plus tard. J'étais donc profondément blessée et je crois que du bois vermoulu pourrissait mon arbre d'amour!» Elle fut la première à vouloir le mariage, mais il se montra hésitant. Elle manœuvra. Elle maintint ses fiançailles avec Burnham, ce qui rendit Bassett fou de jalousie. «Tu m'aimes ou tu ne m'aimes pas[11], lui écrivit-il de Larchmont. Et si tu m'aimes avec toute ta raison, tu ne peux en épouser un autre.»

À la longue, de guerre lasse, ils finirent par se marier, en mars 1932, mais leur incertitude demeurait: ils gardèrent le mariage secret, même vis-à-vis de leurs amis. «Je t'aimais désespérément[12] et j'ai essayé de "t'avoir" pendant longtemps, mais après, peut-être en raison de l'épuisement dû à cet effort, l'amour lui-même s'est épuisé», tenta d'expliquer Martha. Et puis, le lendemain du mariage, Bassett commit une erreur fatale. Il était déjà suffisamment regrettable[13] qu'il eût à partir pour rejoindre New York et son emploi à la banque, mais pire, il oublia de lui envoyer des fleurs... une «peccadille», convint-elle plus tard, mais révélatrice de quelque chose de plus profond. Peu après, Bassett se rendit à Genève pour assister à une conférence internationale sur l'or, et il commit alors une autre erreur en omettant de l'appeler avant son départ pour «manifester une certaine fébrilité[14] concernant notre mariage et l'imminence d'un éloignement géographique».

Ils passèrent séparément la première année de leur mariage, avec des retrouvailles périodiques à New York et Chicago, mais cette séparation physique accentuait la pression dans leurs relations. Elle reconnut plus tard[15] qu'elle aurait dû aller vivre avec lui à New York et transformer sa mission à Genève en voyage de noces, comme Bassett l'avait suggéré. Lors d'un coup de téléphone, il se demanda tout haut si leur mariage était une erreur. « Voilà, ça y était »[16], expliqua Martha. À cette époque, elle avait commencé à « flirter »[17]– c'est le mot qu'elle emploie – avec d'autres hommes et avait entamé une aventure avec Carl Sandburg, un ami de longue date de ses parents qu'elle connaissait depuis ses quinze ans. Il lui envoya des brouillons de poèmes sur des bandes de papier fin aux formes curieuses, et deux mèches de ses propres cheveux blonds, nouées d'un fil noir de bouton. Dans une lettre, il proclamait : « Je vous aime au-delà de pouvoir vous dire[18] que je vous aime avec les cris de Shenandoah et les chuchotements de la pluie bleu nuit. » Martha distilla juste assez de sous-entendus pour tourmenter Bassett. Comme elle le lui confia plus tard : « Je m'occupais[19] à panser mes plaies et à te blesser avec Sandburg et les autres. »

Toutes ces forces se cristallisèrent un jour sur la pelouse de la maison des Dodd de Blackstone Avenue. « Sais-tu vraiment[20] pourquoi notre mariage n'a pas marché ? lui demanda-t-elle. Parce que j'étais trop jeune et que je n'étais pas mûre, même à vingt-trois ans, pour quitter ma famille ! Mon cœur s'est brisé quand mon père m'a dit, alors qu'il s'affairait à quelque chose sur la pelouse devant la maison, peu après que tu m'avais épousée : "Alors ma chère petite fille veut quitter son vieux père." »

Au milieu de ce maelström de sentiments, son père vint la trouver pour l'inviter à le suivre à Berlin.

Brusquement, elle fut confrontée à un choix : Bassett et la banque et, par la suite, inévitablement, une maison à Larchmont, des enfants, une pelouse... ou son père et Berlin, et qui sait quoi d'autre ?

L'invitation de son père était irrésistible. « Je devais choisir[21] entre lui et l'"aventure", et toi, expliqua-t-elle plus tard à Bassett. Je n'ai pas pu m'empêcher de faire ce choix. »

4

LA PEUR

La semaine suivante, Dodd prit le train pour Washington où, le vendredi 16 juin, il rencontra Roosevelt pour un déjeuner qui leur fut servi sur deux plateaux sur le bureau présidentiel.

Souriant et plein d'entrain[1], Roosevelt se lança avec une délectation évidente dans le récit d'une récente visite à Washington de Hjalmar Schacht, le directeur de la Reichsbank, qui avait le pouvoir de décider si l'Allemagne rembourserait sa dette à ses créanciers américains. Roosevelt expliqua qu'il avait chargé le secrétaire d'État Hull de recourir à quelques recettes éprouvées pour saper l'arrogance légendaire de Schacht. Le financier devait être conduit dans le bureau de Hull et rester debout devant la table du secrétaire. Hull devait agir comme si Schacht n'était pas là et «faire comme s'il était plongé dans l'étude de certains papiers en laissant Schacht debout, sans lui accorder un regard pendant trois minutes», raconta Dodd par la suite. Enfin, Hull devait trouver ce qu'il cherchait – une note sévère de Roosevelt condamnant toute tentative de l'Allemagne de faillir à ses engagements. C'est alors seulement que Hull devait se lever et saluer Schacht, tout en lui tendant simultanément le message. Le but de ce stratagème, dit Roosevelt à Dodd, était de «réduire quelque peu l'arrogance toute germanique de son attitude». Roosevelt semblait penser que le plan avait marché extrêmement bien.

Le président évoqua ensuite ses attentes vis-à-vis de Dodd. Tout d'abord, il souleva la question de la dette de l'Allemagne, exprimant une ambivalence. Il admit que les banquiers américains avaient réalisé ce qu'il appelait «des profits exorbitants» en prêtant de l'argent aux entreprises et aux villes allemandes et en vendant des obligations conjointes aux citoyens américains. «Mais nos concitoyens[2] ont le droit d'être remboursés, et bien que cela ne relève nullement de la responsabilité du gouvernement, je tiens à ce que vous fassiez tout en votre pouvoir pour empêcher un moratoire [une suspension du paiement de l'Allemagne]. Cela aurait pour effet de retarder le recouvrement de la dette.»

Le président passa ensuite à ce que tout le monde semblait appeler le «problème juif», ou la «question juive».

Pour Roosevelt, c'était un terrain glissant[3]. Même s'il était atterré par le comportement des nazis à l'égard des Juifs et qu'il n'ignorait pas la violence qui avait secoué l'Allemagne plus tôt cette année-là, il s'était abstenu de prononcer une condamnation explicite. Certains responsables juifs, comme le rabbin Wise, le juge Irving Lehman et Lewis L. Strauss, un associé de Kuhn, Loeb & Co., souhaitaient que Roosevelt sorte de sa réserve ;

d'autres, comme Felix Warburg et le juge Joseph Proskauer, privilégiaient une approche plus discrète et poussaient le président à faciliter l'accueil des Juifs aux États-Unis. La réticence dont Roosevelt faisait preuve sur les deux fronts était exaspérante. En novembre 1933, Wise décrivait Roosevelt comme «inébranlable, incurable et même inaccessible sauf à ceux de ses amis sémites dont il peut être assuré qu'ils ne le dérangeront pas avec des problèmes juifs». Selon Felix Warburg: «Jusqu'ici, les vagues promesses n'ont été concrétisées par aucune action.» Même le grand ami de Roosevelt, Felix Frankfurter, un professeur de droit de Harvard qu'il nomma plus tard à la Cour suprême, fut incapable de pousser le président à agir, à sa grande déconvenue. Roosevelt comprenait qu'il paierait le prix fort, sur le plan politique, toute condamnation publique des persécutions nazies ou tout effort visible pour faciliter l'accueil des Juifs aux États-Unis, parce que le discours politique américain s'appliquait à ne voir dans le problème juif qu'une question d'immigration. Les persécutions des Juifs par l'Allemagne levaient le spectre d'un vaste afflux de réfugiés juifs à une époque où les États-Unis chancelaient encore sous les effets de la dépression. Les isolationnistes ajoutaient une autre dimension au débat en affirmant, derrière le gouvernement d'Hitler, que l'oppression des Juifs allemands par les nazis était une affaire de politique intérieure, dans laquelle les États-Unis n'avaient pas à s'ingérer.

Même les Juifs américains[4] étaient profondément divisés sur la façon d'aborder le problème. D'un côté se tenait l'American Jewish Congress, qui se déclarait en faveur de toute forme de protestation, y compris des manifestations et le boycott des produits allemands. Un de ses dirigeants les plus en vue était le rabbin Wise, son président honoraire, qui, en 1933, supportait de moins en moins le mutisme de Roosevelt sur la question. Au cours d'un voyage à Washington, durant lequel Wise chercha en vain à rencontrer le président, le rabbin écrivit à sa femme : «S'il refuse de me recevoir[5], je vais rentrer et déclencher une avalanche de courriers de la part de la communauté demandant qu'on agisse. J'ai d'autres cartes dans ma manche. Peut-être que cela vaudra mieux, car je serai libre de parler comme jamais auparavant. Et, avec l'aide de Dieu, je me battrai.»

De l'autre côté[6] se trouvaient des groupes juifs qui s'alignaient sur les positions de l'American Jewish Committee, lequel recommandait une voie plus discrète, craignant que des protestations bruyantes et des boycotts ne fassent qu'empirer les choses pour les Juifs encore présents en Allemagne. Parmi ceux qui s'alignaient sur cette position se trouvait Leo Wormser, un avocat juif de Chicago. Dans une lettre à Dodd, Wormser lui indiquait : «En ce qui nous concerne, à Chicago... nous sommes fermement opposés à la volonté de M. Samuel Untermeyer et du Dr Stephen Wise de poursuivre un boycott organisé contre les produits allemands.» Ce type de démarche, expliquait-il, risquait d'amener une persécution plus intense des Juifs d'Allemagne, «et nous savons que, pour beaucoup d'entre eux, cela pourrait être encore pire qu'actuellement». Il affirmait aussi qu'un boycott risquait d'«entraver les efforts d'amis en Allemagne pour amener une attitude plus conciliante, en appelant à la raison et à l'intérêt personnel», et de réduire la capacité de l'Allemagne à rembourser sa dette

à l'égard des porteurs américains. Il craignait les conséquences d'une démarche identifiée uniquement avec les
Juifs. « Nous avons l'impression, expliqua-t-il à Dodd,
que si le boycott est mené et soutenu par les Juifs, il va
brouiller la donne, car la question ne doit pas être "ce que
les Juifs vont subir" mais "ce que la liberté va subir". »
Comme Ron Chernow l'écrit[7] dans *The Warburgs*, « une
division fatale minait les forces de la "communauté juive
internationale", alors que la presse nazie affirmait que
celle-ci agissait d'une volonté unanime, inébranlable ».

En revanche, les deux parties étaient convaincues que
toute campagne qui chercherait à encourager l'immigration juive aux États-Unis ne pouvait que conduire au
désastre. Début juin 1933[8], le rabbin Wise écrivit à Felix
Frankfurter, à l'époque professeur de droit à Harvard,
six ans avant qu'il fût nommé à la Cour suprême, que
si le débat sur l'immigration aboutissait à la Chambre
des représentants, cela risquait de « donner lieu à une
explosion contre nous ». De fait, le sentiment d'hostilité
à l'égard de l'immigration resterait fort aux États-Unis
jusqu'en 1938, où un sondage du magazine *Fortune*[9] fit
apparaître que les deux tiers environ des sondés répugnaient à laisser entrer les réfugiés dans le pays.

Au sein de l'administration Roosevelt[10], il y avait
une divergence profonde sur le sujet. La secrétaire au
Travail, Frances Perkins, première femme de l'histoire
américaine à occuper un poste ministériel, se démena
pour essayer d'amener l'administration à faciliter l'entrée
des Juifs aux États-Unis. Son ministère supervisait les
pratiques et la politique de l'immigration, mais ne déci-
dait pas qui recevait réellement ou se voyait refuser
un visa. Cela relevait du Département d'État et de ses

consuls à l'étranger, lesquels appliquaient des points de vue franchement différents. À vrai dire, certains des plus hauts fonctionnaires des Affaires étrangères éprouvaient une franche aversion à l'égard des Juifs.

Parmi eux se trouvait William Phillips, sous-secrétaire d'État, le second dans la hiérarchie du ministère après le secrétaire d'État Hull. La femme de Phillips et Eleanor Roosevelt étaient amies d'enfance; c'est FDR, et non Hull, qui avait nommé Phillips à ce poste. Dans son journal intime, Phillips appelait ainsi une de ses relations d'affaires: «Mon petit ami juif[11] de Boston.» Il adorait se rendre à Atlantic City mais, dans une autre page de son journal, il précise: «L'endroit est infesté de Juifs[12]. En fait, tout le bord de mer le samedi après-midi et le dimanche est un spectacle extraordinaire – on aperçoit très peu de sable, la plage tout entière est couverte de Juifs et de Juives légèrement vêtus.»

Un autre haut fonctionnaire important, Wilbur J. Carr, le secrétaire d'État adjoint qui supervisait les services consulaires, traitait les Juifs de *kikes*, «youpins»[13]. Dans une note de service sur les immigrants russes et polonais, il écrivait: «Ils sont sales, anti-américains[14] et ont souvent des habitudes dangereuses.» Après un déplacement à Detroit, il décrivit la ville comme pleine de «poussière, de fumée, de crasse, de Juifs»[15]. Il se plaignait aussi de la présence juive à Atlantic City. Il y passa trois jours avec sa femme en février et, quotidiennement, il rédigea une note dans son agenda qui dénigrait les Juifs. «Durant toute notre excursion de la journée[16] sur la promenade, nous n'avons vu que fort peu de gentils, remarqua-t-il le premier jour. Des Juifs partout, et de l'espèce la plus commune.» Avec sa femme, il dîna ce soir-là à l'hôtel

Claridge et trouva la salle pleine de Juifs, «dont peu portaient une tenue convenable. Seulement deux autres à part moi étaient en smoking. Une atmosphère très désinvolte dans le restaurant». Le soir suivant, les Carr allèrent dîner dans un autre hôtel, le Marlborough Blenheim, et le jugèrent beaucoup plus raffiné. «Il me plaît, écrivit Carr. Quelle différence avec l'atmosphère[17] juive du Claridge.»

Un dirigeant de l'American Jewish Committee décrivait Carr comme un «antisémite et un illusionniste[18], qui tient des propos magnifiques et s'arrange pour ne rien faire pour nous».

Carr et Phillips étaient partisans d'une stricte application des lois sur l'immigration du pays, qui interdisaient l'entrée à tous les immigrants «risquant de peser sur les finances publiques»[19], la fameuse «clause LPC*». Intégrée à la loi sur l'immigration de 1917, elle avait été remise en vigueur par l'administration Hoover en 1930 pour décourager l'immigration à une période où le chômage atteignait des sommets. Les services consulaires possédaient un énorme pouvoir de filtrage car c'étaient eux qui décidaient quels demandeurs de visas tombaient sous le coup de la clause LPC et se trouvaient exclus d'emblée. La loi sur l'immigration exigeait aussi que les intéressés fournissent une déclaration sous serment attestant de leurs bonnes dispositions, de même que des extraits de naissance et autres documents officiels. «Il semble totalement grotesque[20], remarquait un mémorialiste juif, d'être contraint d'aller trouver votre ennemi pour lui demander un certificat de moralité.»

---

* «LPC»: «*Likely to become a public charge*», litt.: «Risquant d'être à la charge de la société.» Cette clause figurait dans l'Immigration Act de 1917. (*NdT.*)

Les militants juifs s'insurgèrent[21] contre les consulats américains à l'étranger, déclarant que ceux-ci avaient reçu discrètement l'ordre de n'accorder qu'une part infime des visas autorisés pour chaque pays, une accusation qui s'avéra fondée. Le propre juriste du secrétariat au Travail, Charles E. Wyzanski, découvrit en 1933 que les consuls avaient reçu des instructions orales pour réduire le nombre de visas d'immigration à 10 % du quota autorisé pour chaque pays. Les dirigeants juifs faisaient en outre valoir que la démarche pour se procurer des documents de police était devenue non seulement plus difficile mais plus dangereuse – « un obstacle presque insurmontable »[22], comme le déclarait Joseph M. Proskauer, le président de l'American Jewish Committee, dans une lettre au sous-secrétaire Phillips.

Phillips s'offusqua d'entendre Proskauer présenter les consuls comme un obstacle. « Le consul[23], le réprimanda Phillips en douceur, est seulement chargé d'établir avec obligeance et courtoisie si les demandeurs répondent aux conditions requises par la loi. »

Le résultat, selon Proskauer[24] et d'autres dirigeants juifs, c'était que les Juifs ne prenaient plus la peine de faire de demandes d'immigration pour les États-Unis. En effet, le nombre d'Allemands qui déposaient des demandes de visas représentait une infime fraction des vingt-six mille autorisés par le quota annuel de l'Allemagne. Cette disparité donnait aux fonctionnaires du Département d'État un argument statistique puissant pour s'opposer à une réforme : où était le problème, puisque si peu de Juifs faisaient une demande ? Roosevelt, dès avril 1933[25], sembla accepter cet argument. Il savait aussi que toute tentative pour assouplir les règlements sur l'immigration risquait d'inciter le Congrès à réagir en procédant à des réductions draconiennes sur les quotas en vigueur.

Au moment de son déjeuner avec Dodd, Roosevelt était pleinement averti du caractère sensible de l'enjeu.

« Les autorités allemandes traitent les Juifs[26] de manière honteuse, et les Juifs de notre pays sont sur les nerfs, lui expliqua Roosevelt. Cependant cette affaire ne relève pas du gouvernement. Nous n'y pouvons rien, sauf dans le cas de citoyens américains qui risqueraient d'être victimes. Nous devons les protéger, et nous devons tout faire pour modérer les persécutions en exerçant une influence à titre personnel et privé. »

La conversation passa aux aspects pratiques. Dodd soutenait[27] qu'il se débrouillerait avec le salaire de dix-sept mille cinq cents dollars qui lui était attribué, une somme importante durant la dépression mais bien modeste pour un ambassadeur qui allait devoir recevoir les diplomates européens et des dirigeants nazis. C'était, pour Dodd, une question de principe : selon lui, un ambassadeur ne devait pas avoir un train de vie extravagant alors que le reste du pays souffrait. Mais, dans son cas, c'était un point discutable, puisqu'il lui manquait la fortune personnelle que tant d'autres ambassadeurs possédaient et de ce fait, l'eût-il voulu, il n'aurait pu mener le même train de vie extravagant.

« Vous avez parfaitement raison[28], lui répondit Roosevelt. À part deux ou trois grands dîners et soirées, il ne sera pas nécessaire de donner des réceptions coûteuses. Essayez d'accorder toute l'attention souhaitable aux Américains de Berlin et organisez quelques dîners pour les Allemands qui s'intéressent aux relations avec les Américains. Je crois que vous pourrez arriver à vivre avec vos revenus sans sacrifier les aspects essentiels de votre mission. »

Après quelques autres propos sur les droits de douane et le désarmement, le repas prit fin.

Il était quatorze heures. Dodd quitta la Maison-Blanche et se rendit au Département d'État, où il projetait de rencontrer divers fonctionnaires et lire des dépêches en provenance de Berlin, à savoir les interminables rapports rédigés par le consul général George S. Messersmith. Ceux-ci étaient déconcertants.

Hitler était chancelier depuis six mois, ayant reçu cette nomination à la suite de tractations politiques laborieuses, mais il ne possédait pas encore le pouvoir absolu. Le président allemand, le maréchal Paul von Beneckendorff und von Hindenburg, quatre-vingt-cinq ans, conservait encore l'autorité constitutionnelle de nommer et de révoquer le chancelier et son gouvernement ; tout aussi important, il était assuré de la fidélité de l'armée régulière, la Reichswehr. En contraste avec Hindenburg, Hitler et ses adjoints étaient étonnamment jeunes – Hitler n'avait que quarante-quatre ans, Hermann Göring, quarante, et Joseph Goebbels, trente-six.

C'était très différent de lire dans le journal des articles sur le comportement fantasque d'Hitler et la brutalité de son gouvernement à l'égard des Juifs, des communistes et autres opposants, car, à travers les États-Unis, il y avait cette conviction largement répandue que ces rapports devaient être exagérés, qu'à coup sûr aucun État moderne ne pouvait se comporter de cette façon. Cependant, au Département d'État[29], Dodd lut de la plume de Messersmith un rapport après l'autre décrivant la chute précipitée de la république démocratique en une dictature brutale. Messersmith ne faisait grâce d'aucun détail – sa tendance à «tirer à la ligne» lui avait valu très tôt le surnom de «George les quarante pages»[30]. Il racontait la violence généralisée dans les mois qui avaient suivi immédiatement la nomination d'Hitler et la mainmise croissante que le gouvernement exerçait sur tous les aspects de la société allemande. Le 31 mars, trois ressortissants américains avaient été emmenés dans un des centres de torture des SA, où on les avait laissés passer la nuit dans le froid après les avoir dépouillés de leurs vêtements. Le matin, ils avaient été roués de coups jusqu'à en perdre connaissance, et finalement jetés dans la rue. Un correspondant de United Press International avait disparu mais, après une requête de Messersmith, il avait été libéré sans dommage. Le gouvernement d'Hitler déclara un boycott d'une journée de toutes les entreprises juives d'Allemagne – magasins, cabinets d'avocats et de médecins. Et il y avait les autodafés des livres, les Juifs chassés de leurs affaires, le défilé apparemment sans fin des SA, et l'étouffement de la presse libre jadis si dynamique, laquelle avait été placée, d'après Messersmith, sous l'autorité du gouvernement à un point tel «que cela ne s'est probablement jamais vu[31] dans aucun pays. La censure de la presse peut être considérée comme totale».

Dans une de ses plus récentes dépêches, cependant, Messersmith adoptait un ton sensiblement moins sombre, que Dodd trouva certainement encourageant. Avec un optimisme inaccoutumé, Messersmith relevait des signes indiquant que l'Allemagne se stabilisait, attribuant cela à la confiance croissante en Hitler, Göring et

Goebbels. «Les principaux dirigeants du Parti[32] ont déjà été considérablement chargés par leurs responsabilités, signalait-il. De toute évidence, ils ne cessent de devenir plus modérés.»

Toutefois, Dodd n'eut jamais l'occasion de lire une lettre que Messersmith écrivit peu après, dans laquelle il revenait sur cette note optimiste. Il l'envoya au sous-secrétaire Phillips, avec la mention «Ultra confidentiel». Datée du 26 juin 1933, cette missive atterrit sur le bureau de Phillips alors que les Dodd étaient sur le point de s'embarquer.

«J'ai essayé d'expliquer[33] dans mes dépêches que les plus hauts dirigeants du Parti deviennent plus modérés, alors que les cadres intermédiaires et les masses sont toujours aussi excessifs; la question est de savoir si les hauts dirigeants seront capables d'imposer leur vue modérée aux masses, s'interrogeait Messersmith. Il commence à apparaître de manière assez irrévocable qu'ils ne le pourront pas, et que la pression de la base devient sans arrêt plus forte.» Göring et Goebbels en particulier ne semblaient plus aussi modérés, précisait-il. «Le Dr Goebbels proclame chaque jour que la révolution n'a fait que commencer et que ce qui a été réalisé jusque-là n'est qu'un prélude.»

On arrêtait les prêtres. Un ancien président de la basse Silésie, que Messersmith connaissait personnellement, avait été envoyé en camp de concentration. Il sentait une «hystérie» grandissante parmi les cadres moyens du parti nazi, avec la conviction que «la seule sécurité consiste à jeter tout le monde derrière les barreaux». La nation se préparait tranquillement mais efficacement à la guerre, utilisant la propagande pour faire valoir que

« le monde entier était contre l'Allemagne et qu'elle se trouvait sans défense face au monde ». Hitler jurant de ses intentions pacifiques, c'était de la poudre aux yeux, cela n'avait pour but que de donner à l'Allemagne le temps de se réarmer, avertissait Messersmith. « Ce qu'ils veulent par-dessus tout, incontestablement, c'est faire de l'Allemagne la machine de guerre la plus redoutable de tous les temps. »

À Washington, Dodd assista à une réception donnée pour lui à l'ambassade d'Allemagne, où il fit la connaissance de Wilbur Carr. Plus tard, Carr griffonna quelques notes dans son journal : « Personne agréable, intéressante[34], avec un bon sens de l'humour, une authentique modestie. »

Dodd rendit également visite à Jay Pierrepont Moffat, chef des Affaires de l'Europe occidentale au Département d'État, qui partageait l'antipathie de Carr et Phillips pour les Juifs[35], de même que leur position intransigeante sur l'immigration. Moffat nota dans ses carnets sa propre impression sur le nouvel ambassadeur : « Il est extrêmement sûr de ses opinions[36], s'exprime énergiquement sur un ton didactique, et tend à dramatiser ce qu'il veut démontrer. Le seul hic, c'est qu'il compte gérer l'ambassade avec une famille de quatre personnes à l'aide de son seul salaire, et comment il va s'y prendre à Berlin, où les prix sont élevés, cela échappe à ma compréhension. »

Ce que Carr et Moffat s'abstenaient d'exprimer dans ces remarques, c'est la surprise et le déplaisir qu'ils avaient eux-mêmes ressenti, de même que nombre de leurs pairs, lors de la nomination de Dodd. Ils formaient l'élite et appartenaient à la « carrière », et seuls les hommes possédant un certain pedigree pouvaient y entrer. Beaucoup étaient sortis des mêmes écoles préparatoires, principalement St. Paul's et Groton, avant d'intégrer Harvard, Yale et Princeton. Le sous-secrétaire d'État Phillips avait grandi[37] à Back Bay, un quartier chic de Boston, dans une demeure victorienne gigantesque. Sa fortune lui avait garanti une indépendance confortable dès l'âge de vingt et un ans et il devint, par la suite, membre du conseil de Harvard College. La plupart de ses pairs au Département d'État étaient également fortunés et, en poste à l'étranger, dépensaient généreusement sans espérer être remboursés. L'un de ces hauts fonctionnaires, Hugh Wilson, faisant l'éloge de ses collègues diplomates, écrivit : « Ils sentaient tous qu'ils appartenaient[38] à un bon petit club. Ce sentiment favorisait un solide *esprit de corps.* »

D'après les critères dudit club, Dodd était la pire recrue qu'on pût imaginer.

Il rentra à Chicago pour faire ses valises, et assister à divers pots d'adieu ; avec sa femme, Martha et Bill, il partit ensuite en train pour la Virginie afin de séjourner une dernière fois dans la ferme de Round Hill. Son père John, âgé de quatre-vingt-six ans, vivait relativement près, en Caroline du Nord, mais Dodd, malgré son vœu que ses propres enfants restent proches de lui, n'avait pas prévu de le voir, étant donné que Roosevelt voulait que son nouvel ambassadeur rejoigne Berlin le plus tôt possible. Dodd avait écrit à son père pour lui annoncer sa nomination, en sachant qu'il n'aurait pas la possibilité de lui rendre visite avant son départ. Il joignait à sa lettre un peu d'argent, et précisait : « Je m'excuse d'être resté[39] si éloigné durant toute ma vie.» Son père lui répondit immédiatement pour lui dire combien il était fier que Dodd eût reçu «ce grand honneur de Washington»[40], mais ajoutait cette fine goutte de vinaigre que seuls les parents semblent savoir distiller, ce petit ingrédient qui fait jaillir le sentiment de culpabilité et vous fait modifier vos plans. «Si je ne te revois plus de mon vivant, écrivait-il, cela ne fait rien car je serai fier de toi jusqu'aux dernières heures de ma vie.»

Dodd modifia ses plans. Le 1er juillet, un samedi, il prit un train de nuit avec sa femme pour la Caroline du Nord. Au cours de leur visite chez le père de Dodd, ils prirent le temps de faire la tournée des hauts lieux de la ville. Dodd et sa femme effectuèrent une sorte de pèlerinage, comme s'ils partaient pour toujours. Ils se rendirent au cimetière familial, où Dodd se tint devant la sépulture de sa mère, morte en 1909. Comme il parcourait le gazon, il tomba sur le nom de ses ancêtres tués durant la guerre de Sécession, y compris deux qui s'étaient rendus avec le général Robert E. Lee à Appomattox*. Ce fut une visite remplie de réminiscences de «l'infortune familiale», et de la précarité de la vie. «Une journée plutôt triste»[41], résuma-t-il.

Ils retournèrent en Virginie, à la ferme, puis gagnèrent New York en train. Martha et Bill conduisirent la Chevrolet familiale, dans le but de la déposer sur le quai, en route vers Berlin.

---

* La campagne d'Appomattox, en Virginie, avec la reddition du général confédéré Robert E. Lee et de son armée en mars-avril 1865, marque la fin de la guerre de Sécession. (*NdT.*)

Dodd aurait préféré passer les deux jours suivants avec sa famille, mais le Département d'État avait insisté pour que, dès son arrivée à New York, il assiste à plusieurs réunions avec des directeurs de banques sur la question de la dette de l'Allemagne – un sujet pour lequel Dodd éprouvait peu d'intérêt – et avec des dirigeants juifs. Dodd craignait[42] que la presse américaine et allemande ne profitent de ces échanges pour ternir l'objectivité qu'il espérait présenter à Berlin. Il obtempéra néanmoins et il en résulta une journée de rencontres qui évoquent les visites successives des fantômes dans *Un conte de Noël*, de Dickens. Dans une lettre, un important militant de l'aide sociale juive[43] annonça à Dodd qu'il recevrait, le lundi 3 juillet au soir, la visite de deux groupes d'hommes, le premier devant arriver à vingt heures trente, le second à vingt et une heures. Les rendez-vous devaient avoir lieu au Century Club, quartier général de Dodd durant son séjour à New York.

En premier, cependant, Dodd rencontra les banquiers dans les bureaux de la National City Bank de New York qui, des années plus tard, serait rebaptisée Citibank. Dodd eut la surprise d'apprendre que la National City Bank et la Chase National Bank détenaient pour plus de cent millions de dollars d'obligations allemandes, que l'Allemagne proposait de rembourser au taux de trente cents par dollar. « Il y a eu de nombreuses discussions[44], mais aucun accord, si ce n'est que je devais faire tout mon possible pour empêcher l'Allemagne de manquer ouvertement à ses engagements », écrivit Dodd. Il avait peu de sympathie pour les banquiers. La perspective de taux d'intérêt élevés sur les bons du Trésor allemands les avait rendus aveugles à cette menace évidente : un pays écrasé par la guerre et politiquement explosif risquait de manquer à ses engagements.

Ce soir-là, les responsables juifs arrivèrent comme prévu avec, parmi eux, Felix M. Warburg, un important financier qui avait tendance à favoriser les tactiques plus discrètes de l'American Jewish Committee, et le rabbin Wise, de l'American Jewish Congress, moins réservé. Dodd écrivit dans son journal : « La discussion s'est poursuivie[45] pendant une heure et demie : les Allemands tuent des Juifs sans arrêt ; ils sont persécutés au point où le suicide est courant (de pareils cas sont signalés dans la famille Warburg) ; et tous les biens juifs sont confisqués. »

Au cours de la rencontre[46], Warburg semble avoir mentionné le suicide de deux membres âgés de sa famille, Moritz et Käthie Oppenheim, à Francfort, environ trois semaines plus tôt. « Aucun doute, le régime d'Hitler leur empoisonnait la vie au point qu'ils aspiraient à mettre fin à leurs jours », écrivit plus tard Warburg.

Les visiteurs de Dodd le poussèrent à réclamer à Roosevelt une déclaration officielle, mais il rechigna. « J'ai soutenu que le gouvernement[47] ne pouvait pas intervenir officiellement mais j'ai promis à tous les participants à cette rencontre que je pèserais de tout mon poids contre un traitement injuste des Juifs allemands et que, bien entendu, je protesterais contre tout mauvais traitement infligé à des Juifs américains. »

Après quoi, Dodd attrapa un train à vingt-trois heures pour Boston ; à son arrivée le lendemain de bonne heure, le 4 juillet, une voiture avec chauffeur l'emmena chez le colonel Edward M. House, un ami qui était un proche conseiller de Roosevelt, pour un petit déjeuner de travail.

Au cours d'une conversation portant sur un grand nombre de sujets, Dodd apprit à quel point il était loin d'être le premier choix de Roosevelt. Ce fut une leçon d'humilité[48]. Dodd nota dans son journal que cela réduisait toute tentation de sa part à se montrer « excessivement prétentieux » concernant cette nomination.

Quand la conversation porta sur la persécution des Juifs, le colonel House poussa Dodd à faire tout son possible « pour réduire leurs souffrances », mais le mit en garde : « Les Juifs ne doivent pas être autorisés à dominer[49] la vie économique ou intellectuelle à Berlin comme ils l'ont fait pendant longtemps. »

En cela, le colonel House exprimait un sentiment omniprésent aux États-Unis, que les Juifs d'Allemagne étaient en partie responsables de leurs propres malheurs. Dodd fut confronté à une vision encore plus extrême le jour même, après avoir regagné New York où il alla dîner avec sa famille dans Park Avenue chez Charles R. Crane, soixante-quinze ans, un philanthrope dont la famille avait fait fortune en vendant de la plomberie. Crane était un pro-Arabe qui avait la réputation d'avoir de l'influence dans certains pays du Moyen-Orient et des Balkans, et il était un généreux donateur du département de Dodd à l'université de Chicago, où il avait financé une chaire pour l'étude de l'histoire et des institutions russes.

Dodd savait déjà que Crane n'était pas un ami des Juifs. Quand Crane lui avait précédemment écrit pour le féliciter de sa nomination, il avait joint quelques conseils : « Les Juifs, après avoir gagné la guerre[50], ont continué à galoper sur leur lancée, ont fait main basse sur la Russie, l'Angleterre et la Palestine, et ils se sont fait prendre en flagrant délit alors qu'ils tentaient de s'emparer aussi de l'Allemagne ; face à cette première vraie rebuffade, ils sont devenus complètement cinglés et ils inondent le monde – en particulier l'Amérique trop placide – de propagande anti-allemande... Je vous conseille vivement de refuser toute mondanité. »

Dodd adhérait en partie à l'idée[51] du millionnaire que les Juifs avaient une responsabilité dans leur malheur. Plus tard, après son arrivée à Berlin, il lui écrivit que même s'il n'« approuvait pas la brutalité avec laquelle les Juifs étaient traités ici », il pensait que les Allemands avaient un motif de plainte valable. « Quand j'ai l'occasion de m'entretenir en privé avec des Allemands de marque, je leur déclare très franchement qu'ils ont un très sérieux problème mais qu'ils ne savent pas comment le résoudre, lui confia-t-il. Les Juifs ont occupé beaucoup plus de postes clés en Allemagne que leur nombre ou leurs talents ne les y autorisaient. »

Au dîner, Dodd entendit Crane exprimer une grande admiration pour Hitler et il apprit aussi que Crane n'avait personnellement aucune objection s'agissant de la façon dont les nazis traitaient les Juifs allemands.

Comme les Dodd partaient, ce soir-là, Crane donna à l'ambassadeur une dernière recommandation : « Laissez donc Hitler faire comme il l'entend[52]. »

Le lendemain, 5 juillet 1933, à onze heures, les Dodd prirent un taxi pour le quai et embarquèrent à bord du *Washington* à destination de Hambourg. Ils tombèrent sur

Eleanor Roosevelt venue souhaiter «*bon voyage*» à son fils Franklin Jr, qui partait pour l'Europe, en vue d'y faire un séjour.

Une dizaine de reporters[53] se précipitèrent également à bord et acculèrent Dodd sur le pont où il se trouvait avec sa femme et Bill. À cet instant, Martha était ailleurs sur le bateau. Des questions fusèrent, et les journalistes poussèrent les Dodd à agiter la main pour dire au revoir. Ils s'exécutèrent à contrecœur, rapporte Dodd «et, sans nous rendre compte de la similarité de ce geste avec le salut hitlérien, qui nous était alors inconnu, nous levâmes la main».

Les photographies qui en résultèrent provoquèrent un mini-tollé, car Dodd, sa femme et son fils paraissaient exécuter le salut nazi.

Le doute l'envahit. Dodd sentit monter[54] la peur de quitter Chicago et ses bonnes vieilles habitudes. Comme le paquebot larguait les amarres, la famille se sentit gagnée par ce que Martha appela plus tard «un accès disproportionné[55] de tristesse et d'appréhension».

Martha pleura.

5

Première nuit

Martha continua à pleurer[1] par intermittence pendant la majeure partie des deux jours suivants – «copieusement et sentimentalement», selon ses propres termes. Elle n'était pas en proie à l'angoisse, car elle avait accordé peu de réflexion à ce que pouvait représenter la vie dans l'Allemagne hitlérienne. Elle pleurait plutôt sur tout ce qu'elle laissait derrière, les gens et les lieux, ses amis et son emploi, le confort familial de la maison de Blackstone Avenue, son charmant Carl, tout ce qui donnait «une valeur inestimable» à la vie qu'elle avait menée à Chicago. Si elle avait besoin de prendre la mesure de ce qu'elle allait perdre, sa soirée d'adieu lui en avait donné l'occasion. Elle était assise entre Sandburg et un autre ami proche, Thornton Wilder.

Progressivement, son chagrin s'apaisa. La mer était calme, les journées lumineuses. Elle se lia avec le fils de Roosevelt, ils dansèrent et burent du champagne. Ils comparèrent leurs passeports, celui du jeune homme indiquant sobrement : « fils du président des États-Unis », celui de Martha, un peu plus prétentieux, avec la formule : « fille de William E. Dodd, ambassadeur extraordinaire et plénipotentiaire des États-Unis en Allemagne ». Son père exigeait qu'elle vienne avec son frère passer au moins une heure par jour dans sa cabine de luxe pour l'écouter lire à haute voix en allemand afin qu'ils acquièrent un sens de la musique de la langue. Il paraissait d'une solennité exceptionnelle et Martha le sentait d'une nervosité inhabituelle.

Pour elle, cependant, la perspective de l'aventure qui les attendait balaya bientôt tout sentiment d'inquiétude. Elle savait peu de choses de la politique internationale et, de son propre aveu, ne se rendait pas compte de la gravité de ce qui se jouait en Allemagne. Elle voyait en Hitler « un clown[2] qui ressemblait à Charlie Chaplin ». Comme beaucoup d'autres à l'époque, aux États-Unis et ailleurs dans le monde, elle ne pouvait imaginer qu'il resterait longtemps en place ni le prendre au sérieux. S'agissant de la situation des Juifs, elle était partagée. Inscrite à l'université de Chicago[3], elle avait connu « la propagande subtile et sous-jacente parmi les étudiants en première année » qui prônaient l'hostilité à l'égard des Juifs. Martha constata « que même beaucoup de professeurs supportaient mal l'intelligence brillante de certains de leurs collègues ou étudiants juifs ». Elle précise pour elle-même : « J'étais légèrement antisémite[4] en ce sens : j'acceptais l'idée que les Juifs n'étaient pas aussi séduisants physiquement que les gentils et étaient socialement moins intéressants. » Elle adhérait également au cliché selon lequel si les Juifs étaient généralement brillants, ils étalaient leurs richesses et se mettaient trop

en avant. En cela, elle reflétait l'opinion d'une propor-
tion surprenante d'Américains, comme ce fut noté dans
les années 1930 par des professionnels de l'art naissant des sondages. Un relevé indiquait[5] que 41% des
personnes interrogées pensaient que les Juifs avaient
« trop de pouvoir aux États-Unis », un autre indiquait
qu'un cinquième voulait « chasser les Juifs hors des États-
Unis ». (Un sondage effectué des décennies plus tard[6], en
2009, a montré que le total des Américains pour lesquels
les Juifs détiennent trop de pouvoir était tombé à 13%.)

Une camarade de classe compara Martha à Scarlett
O'Hara, « une enchanteresse[7]... blonde et pulpeuse, avec
des yeux bleus lumineux et une peau pâle, translucide ».
Elle se tenait pour écrivain et espérait faire carrière
en publiant des nouvelles et des romans. Sandburg la
poussait dans ce sens. « Vous en avez la personnalité[8],
assurait-il. Le temps, la solitude et le travail sont les
conditions essentielles requises ; vous possédez à peu
près tout le reste pour réussir tout ce qu'il vous plaira
en tant qu'écrivain... » Peu après le départ de la famille
pour Berlin, Sandburg lui intima de prendre des notes
sur tout et n'importe quoi, et de « céder à toute impulsion[9] d'écrire des choses courtes, impressions, phrases
lyriques soudaines que vous avez le don de faire jaillir ».
Par-dessus tout, insistait-il, « découvrez de quelle étoffe
est ce Hitler[10], ce qui fait fonctionner son cerveau, ce
qu'il a dans les os et le sang ».

Thornton Wilder saupoudra également[11] ses adieux
de quelques conseils. Selon lui, Martha devait éviter
d'écrire pour les journaux, parce que « pondre de la
copie » détruirait la concentration dont elle avait besoin
pour écrire véritablement. Il lui recommanda cependant

de tenir un journal sur « ce qui se passait, les rumeurs, les opinions des gens à cette époque politique ». Plus tard, écrivait-il, un tel journal serait d'un « intérêt des plus vifs pour vous et – mon Dieu ! – pour moi ». Certains amis de Martha croyaient qu'elle avait une relation sentimentale aussi avec Wilder, même s'il était notoire que ses penchants le portaient ailleurs. Martha conservait une photographie[12] de lui dans un médaillon.

Durant le deuxième jour de la traversée, comme Dodd arpentait le pont du *Washington*, il aperçut une figure familière : le rabbin Wise, un des dirigeants juifs qu'il avait rencontrés à New York trois jours plus tôt. Durant le reste de la semaine en mer, ils discutèrent de l'Allemagne « une demi-douzaine de fois ou plus[13], rapporta Wise à un autre responsable juif, Julian W. Mack, un juge de la cour d'appel fédérale. Il était tout à fait amical[14] et cordial, et même intime ».

Fidèle à son caractère, Dodd disserta abondamment sur l'histoire américaine et, à un moment donné, dit au rabbin Wise : « On ne peut écrire toute la vérité[15] sur Jefferson et Washington... les gens ne sont pas prêts, et ils doivent y être préparés. »

Cela surprit Wise, qui y vit « la seule note troublante de la semaine ». Il expliqua : « Si les gens doivent être préparés à entendre la vérité sur Jefferson et Washington, que fera [Dodd] de la vérité quand il l'apprendra d'Hitler, compte tenu de ses fonctions officielles ? ! »

Il poursuivit : « Quand je lui suggérais que le plus grand service à rendre à son propre pays et à l'Allemagne serait de dire la vérité au chancelier pour qu'il sache clairement que l'opinion publique, y compris parmi les chrétiens et dans le monde politique, s'était retournée contre l'Allemagne... il me répondait invariablement : "Impossible de dire tant que je n'ai pas parlé à Hitler ; si je découvre que je puis le faire, je lui parlerai très franchement et lui dirai tout." »

Leurs nombreuses conversations à bord du paquebot amenèrent Wise à la conclusion suivante : « W.E.D. se sent chargé de cultiver le libéralisme américain en Allemagne. » Il cita la dernière réflexion de Dodd : « Ce sera assez grave si j'échoue... grave pour le libéralisme et pour tous les principes que le président défend. Et que je défends aussi », ajouta Dodd.

À ce stade, de fait, Dodd en était venu à considérer son rôle d'ambassadeur davantage comme celui d'un observateur et d'un rapporteur. Il croyait que, par la raison et l'exemple, il serait capable d'exercer une influence modératrice sur Hitler et son gouvernement et, en même temps, d'aider à pousser les États-Unis à sortir de leur isolationnisme vers un plus grand engagement sur la scène internationale. La meilleure approche, croyait-il, était de se montrer aussi sympathique et non critique que possible, et d'essayer de comprendre pourquoi l'Allemagne pensait que le monde s'était montré injuste à son égard. Dans une certaine mesure, Dodd en convenait. Dans son journal, il écrivit que le traité de Versailles, que Hitler vomissait, était « injuste en bien des points[16], comme tous les traités qui mettent fin à une guerre ». Sa fille, Martha[17], dans ses mémoires, se montra plus catégorique en disant que son père « déplorait » le traité.

Historien dans l'âme, Dodd en était venu à croire à la rationalité inhérente des hommes, et que la raison et la persuasion prévaudraient, en particulier en vue de mettre fin à la persécution des Juifs par les nazis.

Il confia à un ami[18], le secrétaire d'État adjoint R. Walton Moore, qu'il préférerait démissionner que « rester une simple figure de proue protocolaire et mondaine ».

Les Dodd atteignirent l'Allemagne le jeudi 13 juillet 1933. Dodd avait présumé à tort[19] que toutes les dispositions avaient été prises pour leur arrivée ; après une lente et ennuyeuse remontée de l'Elbe, ils débarquèrent à Hambourg pour découvrir que personne de l'ambassade n'avait réservé de places dans le train, moins encore l'autorail privé d'usage, pour les transporter à Berlin. Un fonctionnaire, George Gordon, conseiller d'ambassade, les attendait sur le quai et leur retint à la hâte des compartiments dans un vieux train classique, bien loin du fameux *Fliegender Hamburger** qui reliait Berlin en à peine plus de deux heures. La Chevrolet familiale posait un autre problème. Bill junior avait prévu de se rendre à Berlin en automobile, mais il avait omis de remplir les documents pour qu'elle soit débarquée et autorisée à rouler sur les routes allemandes. Cela étant résolu, Bill se mit en route. Dans l'intervalle, Dodd répondit au pied levé[20] à un groupe de reporters comprenant un journaliste d'un journal juif, le *Hamburger Israelitisches Familienblatt*, qui publia par la suite un article laissant entendre que la mission première du nouvel ambassadeur était d'arrêter les persécutions des Juifs – exactement le genre de distorsion que Dodd avait espéré éviter.

---

* Un autorail rapide diesel-électrique, lancé le 15 mars 1933, sur la ligne Hambourg-Berlin. (*NdT.*)

L'après-midi passant, la famille Dodd conçut une antipathie grandissante à l'égard du conseiller Gordon. Il arrivait en deuxième dans la hiérarchie de l'ambassade et supervisait un escadron de premiers et deuxièmes secrétaires, sténographes, documentalistes et employés au chiffre, et divers autres salariés, deux dizaines en tout. Il était raide et arrogant[21], vêtu comme un aristocrate du siècle dernier. Il portait une canne. Il avait la moustache retroussée, le teint rubicond, signe de ce qu'un fonctionnaire appelait son «tempérament très colérique»[22]. Il parlait, dit Martha, d'un ton «sec, poli et incontestablement condescendant»[23]. Il ne faisait aucun effort pour dissimuler son mépris pour la mise simple de la famille ou son déplaisir de les voir arriver seuls, sans une armée de valets, de domestiques et de chauffeurs. Le précédent ambassadeur, Sackett, était un homme selon son cœur, riche, employant dix domestiques à la résidence. Martha sentit que, pour Gordon, sa famille représentait une catégorie d'êtres humains «avec lesquels[24] il s'était refusé à frayer pendant sans doute la plus grande partie de sa vie d'adulte».

Martha et sa mère voyagèrent dans un compartiment, au milieu de bouquets qui leur avaient été offerts, sur le quai, en geste de bienvenue. Mattie était anxieuse[25] et déprimée, anticipant «les devoirs et les changements quotidiens» qui les attendaient, se souvient Martha. Elle posa sa tête sur l'épaule de sa mère et ne tarda pas à s'endormir.

Dodd et Gordon s'installèrent dans un compartiment indépendant pour discuter des questions d'ambassade et de la politique allemande. Gordon avertit Dodd que sa parcimonie et son vœu de vivre dans les limites des revenus que lui versait le Département d'État allaient représenter un obstacle pour établir des relations avec le gouvernement d'Hitler. Dodd n'était plus un simple professeur d'université, lui rappela Gordon. Il était un important diplomate confronté à un régime arrogant qui ne respectait que la force. Le rapport de Dodd à la vie quotidienne devrait changer.

Le train fonçait à travers de jolies villes et des vallons boisés dans la lumière de l'après-midi et, en trois heures environ, parvint au Grand Berlin. Pour finir, le convoi entra à grands jets de vapeur dans Lehrter Bahnhof, sur un coude de la Spree où le fleuve arrose le cœur de la ville. Faisant partie des cinq gares ferroviaires de Berlin, l'édifice se dressait au-dessus de son environnement telle une cathédrale, avec un plafond voûté et des rangées de fenêtres cintrées.

Sur le quai, la famille Dodd fut accueillie par une foule d'Américains et d'Allemands qui les attendaient, dont des représentants du ministère des Affaires étrangères allemand et des journalistes équipés d'appareils photo armés de flashs. Un homme à l'allure énergique, de taille moyenne, mesurant environ un mètre soixante-sept – « pince-sans-rire, la voix traînante, irascible »[26], comme le décrivit plus tard l'historien et diplomate George Kennan – s'avança d'un pas et se présenta. C'était George Messersmith, consul général, le responsable des services diplomatiques dont Dodd avait lu les dépêches interminables à Washington. Martha et son père furent immédiatement séduits, voyant en lui un homme de principe et de franchise, et un ami probable, bien que ce jugement fût amené à subir une sérieuse révision.

Messersmith se sentit dans les mêmes dispositions. «Dodd me plut d'emblée[27], écrivit-il. C'était un homme très simple dans ses manières et son approche.» Il nota cependant qu'il «donnait l'impression d'être assez fragile».

Dans la foule des gens venus les accueillir, ils furent aussi présentés à deux femmes qui allaient jouer un rôle important dans leur vie au cours des années à venir, l'une allemande, l'autre américaine du Wisconsin, qui était mariée à un membre d'une des plus nobles lignées d'érudits qu'ait connues l'Allemagne.

L'Allemande était Bella Fromm – «tante Voss» –, une chroniqueuse mondaine du *Vossische Zeitung*, un quotidien extrêmement respecté, un des deux cents journaux qui existaient encore à Berlin, et encore capable, contrairement à la plupart, de réaliser des reportages indépendants. Fromm était une belle femme bien en chair, avec un regard frappant – des yeux d'onyx sous des sourcils noirs comme deux ailes de corbeau, les pupilles en partie dissimulées sous de lourdes paupières qui donnaient une impression d'intelligence et de scepticisme. Pratiquement tous les membres de la communauté diplomatique de la ville lui faisaient confiance, de même que les hauts cadres du parti nazi, ce qui n'était pas un mince exploit étant donné qu'elle était juive. Elle affirmait avoir une source haut placée dans le gouvernement d'Hitler qui la prévenait à l'avance des actions du Reich. Elle était une amie proche de Messersmith, que sa fille, Gonny, appelait «oncle».

Dans son journal intime, Fromm nota ses premières observations sur les Dodd. Martha, écrivit-elle, semblait être «un parfait exemple de la jeune Américaine intelligente»[28]. Quant à l'ambassadeur, il «a l'air d'un érudit[29].

Son humour m'a plu. Il est observateur et précis. Il a appris à aimer l'Allemagne quand il était étudiant à Leipzig, dit-il, et va s'efforcer de construire une amitié sincère entre son pays et l'Allemagne».

Elle ajouta : «J'espère que lui et le président des États-Unis ne seront pas trop déçus dans leurs tentatives.»

L'autre femme, l'Américaine, s'appelait Mildred Fish Harnack, une représentante de l'American Women's Club de Berlin. Elle était physiquement tout l'opposé de Fromm : svelte, blonde, éthérée, réservée. Martha et Mildred sympathisèrent sur-le-champ. Martha «est claire et capable[30], écrira Mildred par la suite, et elle a un vrai désir de comprendre le monde. C'est pourquoi nos intérêts convergent». Elle sentit qu'elle avait trouvé l'âme sœur, «une femme qui est passionnée[31] par l'écriture. C'est un inconvénient d'être seule et isolée dans son travail. Les idées stimulent les idées, et l'amour de l'écriture est contagieux».

Martha fut tout aussi impressionnée par Mildred. «Je fus immédiatement attirée par elle»[32], écrit-elle. Mildred présentait un mélange séduisant de force et de délicatesse. «Elle prenait son temps pour parler et exprimer ses opinions : elle écoutait sans mot dire, ses grands yeux bleu gris sérieux... pesant, évaluant, essayant de comprendre.»

Le conseiller Gordon fit monter Martha dans une voiture avec un jeune secrétaire du protocole pour l'accompagner à l'hôtel où les Dodd devaient résider jusqu'à ce qu'ils trouvent une maison à louer qui leur convienne. Ses parents firent le trajet séparément avec Gordon, Messersmith et la femme de ce dernier.

L'automobile de Martha partit en direction du sud et franchit la Spree.

Elle vit des boulevards longs et droits[33] qui lui rappelèrent le plan quadrillé de Chicago, mais la similitude s'arrêtait là. Contrairement au paysage peuplé de gratte-ciel qu'elle traversait à pied chaque jour à Chicago pour se rendre à son travail, ici la plupart des immeubles étaient peu élevés, généralement d'environ cinq étages, ce qui accentuait l'impression basse et plate que donnait la ville. La plupart semblaient très vieux, mais quelques-uns détonnaient par leur modernité, avec des parois de verre, un toit plat et une façade courbe, production de Walter Gropius, Bruno Taut et Erich Mendelsohn, tous condamnés par les nazis comme décadents, communistes et, inévitablement, juifs. La ville crépitait de couleur et d'énergie. Il y avait des omnibus à impériale, les rames du S-Bahn et des trams de teintes vives dont les caténaires lançaient des étincelles bleues. Des automobiles surbaissées passaient en vrombissant, pour la plupart peintes en noir, mais d'autres étaient rouge crème et bleu foncé, dont beaucoup avaient une ligne inhabituelle : la ravissante Opel 4/16 PS, la Horch avec son arme fatale en guise d'ornement sur le bouchon de radiateur, l'arc transpercé d'une flèche, et l'inévitable Mercedes, noire, basse, bardée de chrome. Joseph Goebbels lui-même se sentit inspiré à décrire en prose l'énergie de la ville telle qu'elle se révélait dans une des avenues marchandes les plus populaires, le Kurfürstendamm, bien que dans un texte destiné à en faire non pas l'éloge mais la critique, qualifiant la rue d'« abcès » de la ville. « Les clochettes des trams tintent[34], les bus font résonner leurs klaxons, de plus en plus bondés ; les taxis et les belles automobiles privées grondent sur l'asphalte lisse, écrivait-il. L'odeur de lourds parfums flotte. Les pastels soigneux sur les visages des femmes à la mode font sourire les filles de joie. De prétendus hommes flânent, le monocle miroitant ; de fausses pierres et de vrais joyaux étincellent. » Berlin était, poursuit-il, un « désert minéral » baignant dans le péché et la corruption, et habité par une population « emportée vers la tombe avec le sourire ».

Le jeune responsable du protocole signala divers sites sur le parcours. Martha posait une question après l'autre, sans se rendre compte à quel point elle épuisait la patience du fonctionnaire. Au début du trajet, ils s'introduisirent sur une place dominée par un immense édifice en grès de Silésie avec des tours de soixante mètres de haut aux quatre coins, construit dans ce que l'un des célèbres guides Baedeker décrivait comme « le style surchargé de la Renaissance italienne ». C'était le Reichstags-Gebäude, dans lequel le corps législatif allemand, le Reichstag, avait siégé avant que le bâtiment fût incendié quatre mois plus tôt. Un jeune Néerlandais, nommé Marinus van der Lubbe, ancien membre du Parti communiste allemand, avait été arrêté et accusé d'avoir mis le feu avec quatre autres suspects désignés comme complices, même si, à en croire une rumeur largement répandue, le régime nazi avait lui-même perpétré l'incendie afin de susciter dans la population la crainte d'un soulèvement bolchevique et de se garantir le soutien populaire en vue de la suspension des libertés publiques et la destruction du Parti communiste d'Allemagne. Tout Berlin ne parlait que du futur procès.

Mais Martha était perplexe. Contrairement à ce que les actualités l'avaient amenée à imaginer, l'immeuble était intact. Les tours étaient toujours debout et les façades paraissaient impeccables. « Oh, je croyais qu'il avait été détruit[35] par les flammes ! s'exclama-t-elle tandis que la voiture dépassait le bâtiment. Il m'a l'air en bon état. Dites-moi ce qui est arrivé. »

Après cela et plusieurs autres sorties, dont Martha reconnut plus tard qu'elles étaient intempestives, le responsable du protocole se pencha vers elle et siffla entre ses dents : « Chut ! Ma jeune demoiselle[36], vous devez apprendre à être vue sans être entendue. Vous ne devez pas vous exprimer autant et poser autant de questions. Ici, ce n'est pas l'Amérique et vous ne pouvez pas dire tout ce que vous pensez. »

Elle resta muette pendant le reste du trajet.

Arrivés à l'Hôtel Esplanade dans la Bellevuestrasse, une rue ombragée et charmante, Martha et ses parents furent conduits à leurs appartements, dont Messersmith s'était occupé en personne.

Dodd fut atterré, et Martha enchantée.

L'hôtel était un des meilleurs de Berlin, avec des lustres et des cheminées gigantesques, et deux cours sous verrière, dont l'une – la cour des Palmiers – était célèbre pour ses thés dansants et pour avoir été le premier endroit où les Berlinois avaient pu danser le charleston. Greta Garbo y avait séjourné[37], de même que Charlie Chaplin[38]. Messersmith avait réservé la suite impériale[39], une succession de pièces qui comprenaient une vaste chambre à deux lits avec salle de bains privée, deux chambres pour une personne avec également une salle de bains privée, un salon et une salle de conférence, le tout étant aligné du côté pair d'un couloir, entre la chambre 116 et la chambre 124. Deux salons de réception avaient les murs tapissés de satin broché. La suite était imprégnée des senteurs printanières émanant de fleurs envoyées par des sympathisants, tant de fleurs, se souvenait Martha, « qu'il y avait à peine la place de bouger[40] – des orchidées et des lis au parfum rare, des fleurs de toutes les couleurs et de toutes espèces ». En entrant dans la suite, « nous eûmes le souffle coupé par tant de splendeur ».

Mais tant d'opulence mettait à mal tous les principes de l'idéal jeffersonien auquel Dodd était resté fidèle durant toute son existence. Il avait fait savoir avant son arrivée qu'il voulait « un logement modeste[41] dans un hôtel modeste », écrivit Messersmith. Même si ce dernier comprenait le désir de l'ambassadeur de vivre « de la façon la plus discrète et la plus frugale », il savait aussi que « les dirigeants et le peuple allemands ne le comprendraient pas ».

Il y avait un autre facteur. Les diplomates américains et les fonctionnaires du Département d'État étaient toujours descendus à l'Hôtel Esplanade. Agir autrement aurait constitué un grave manquement au protocole.

La famille prit ses quartiers[42]. Bill junior et la Chevrolet n'étaient pas censés arriver avant un certain temps. Dodd se retira dans une chambre avec un livre. Martha avait encore du mal à saisir ce qui lui arrivait. Des cartes de vœux continuaient d'arriver, accompagnées d'autres fleurs. Elle était assise avec sa mère, toutes deux intimidées par le luxe qui les environnait, «se demandant désespérément comment tout cela pourrait être remboursé sans hypothéquer nos âmes».

Plus tard dans la soirée[43], la famille se réunit et descendit au restaurant de l'hôtel pour dîner, ce qui permit à Dodd de dépoussiérer son allemand vieux de quelques décennies et, à sa manière pince-sans-rire, de tenter de plaisanter avec les serveurs. Il était, écrivit Martha, «d'une humeur magnifique». Les serveurs, plus accoutumés au comportement impérieux des grands dignitaires de ce monde et des hiérarques du parti nazi, ne savaient pas trop comment réagir et faisaient preuve d'une politesse que Martha trouvait presque obséquieuse. La nourriture était bonne, d'après elle, mais lourde, classiquement germanique et exigeait une promenade digestive.

Dehors, les Dodd tournèrent à droite et longèrent la Bellevuestrasse, à l'ombre des arbres et dans la pénombre des réverbères. L'éclairage faible évoquait pour Martha la somnolence des villes de l'Amérique rurale très tard le soir. Elle ne vit pas de soldats ni de policiers. La nuit était douce et délicieuse; «tout était paisible, romantique, étrange, nostalgique», écrit-elle.

Ils allèrent jusqu'à l'extrémité de la rue et traversèrent une placette qui conduisait au Tiergarten, l'équivalent de Central Park à Berlin. Le nom, qui signifie littéralement «jardin aux animaux» ou «jardin des bêtes», fait référence à un lointain passé où le lieu était une réserve de chasse de la famille princière. Sa superficie faisait à présent deux cent dix hectares plantés d'arbres, d'allées, de pistes équestres et de statues qui se déployaient vers l'ouest à partir de la porte de Brandebourg jusqu'au quartier cossu et résidentiel de Charlottenburg. La Spree coulait le long de sa frontière septentrionale ; le célèbre zoo de la ville en bordait l'extrémité sud-ouest. Le soir, le parc était particulièrement ravissant. « Au Tiergarten[44], écrit un diplomate anglais, les petites lampes scintillent parmi les arbustes et l'herbe est étoilée des lucioles nées de mille cigarettes. »

La famille Dodd emprunta la Siegesallee – l'avenue de la Victoire – bordée des quatre-vingt-seize statues et bustes des dirigeants prussiens passés, avec parmi eux Frederick le Grand, plusieurs autres Frederick de moindre stature, et d'anciennes célébrités telles qu'Albert l'Ours, Henri l'Enfant et Otho le Paresseux. Les Berlinois les appelaient les Puppen – des poupées. Dodd disserta sur l'histoire de chacun, révélant la connaissance détaillée de l'Allemagne qu'il avait acquise à Leipzig trente ans plus tôt. Martha sentait que ses mauvais pressentiments s'étaient dissipés. « À coup sûr, ce fut[45] une des soirées les plus heureuses que nous avons passées en Allemagne, écrit-elle. Nous étions tous pleins de joie et de paix. »

Son père aimait l'Allemagne depuis son séjour à Leipzig, où chaque jour une jeune femme apportait des violettes fraîches dans sa chambre. À présent, ce premier soir, tandis qu'ils marchaient dans l'avenue de la Victoire, Martha se sentit envahie par un élan d'affection pour ce pays. La ville, l'atmosphère générale ne ressemblaient en rien à ce que les actualités aux États-Unis donnaient à entendre. « J'eus l'impression que la presse[46] avait grandement calomnié le pays et je voulais faire connaître le comportement chaleureux et la gentillesse des gens, la douce nuit d'été avec le parfum des arbres et des fleurs, la sérénité des rues. »

Cela se passait le 13 juillet 1933.

Deuxième partie

SE LOGER SOUS LE TROISIÈME REICH

Son Excellence l'ambassadeur William E. Dodd à son bureau.

6

SÉDUCTION

Au cours des premiers jours à Berlin, Martha prit froid. Comme elle était en convalescence à l'Esplanade, elle reçut la visite d'une Américaine, Sigrid Schultz, qui était, depuis quatorze ans, la correspondante à Berlin du *Chicago Tribune*, l'ancien employeur de Martha, et devenue en outre son correspondant en chef pour l'Europe centrale. Schultz avait quarante ans, faisait un mètre soixante – comme Martha – avec les cheveux blonds et les yeux bleus. «Un peu grassouillette[1], selon les termes de Martha, avec une profusion de cheveux dorés.» Malgré sa taille et son air de chérubin, Schultz était connue des autres correspondants de presse et des responsables nazis pour sa ténacité, son franc-parler et son cran. Elle figurait sur toutes les listes des diplomates et fréquentait les réceptions données par Goebbels, Göring et les autres hiérarques du Parti. Göring prenait un plaisir pervers à l'appeler «le dragon de Chicago»[2].

Schultz et Martha bavardèrent tout d'abord de choses et d'autres, mais la conversation porta bientôt sur la transformation rapide de Berlin ces derniers six mois, depuis que Hitler était chancelier. Schultz évoqua des actes de violence à l'égard des Juifs, des communistes et de quiconque les nazis considéraient comme hostile à leur révolution. Dans certains cas, les victimes avaient été des ressortissants américains.

Martha riposta que l'Allemagne était au milieu d'une renaissance historique. Ces incidents qui s'étaient produits n'étaient certainement qu'un effet involontaire de l'enthousiasme débridé qui s'était emparé du pays. Dans les quelques jours depuis son arrivée, Martha n'avait rien vu qui vînt corroborer les récits de Schultz.

Mais celle-ci continua, racontant des passages à tabac et des internements arbitraires dans des camps « sauvages » – des prisons improvisées qui avaient poussé partout dans le pays sous l'autorité d'escadrons paramilitaires nazis – et dans des lieux de détention en bonne et due forme, qu'on appelait désormais des camps de concentration. En allemand, cela se disait *Konzentrationslager*, ou KZ. L'ouverture d'un de ces camps[3] était intervenue le 22 mars 1933, son existence révélée lors d'une conférence de presse donnée par un éleveur de poulets de trente-deux ans devenu le préfet de police de Munich, Heinrich Himmler. Le camp occupait une ancienne usine de munitions à un court trajet en train de Munich, à la lisière du charmant village de Dachau, et hébergeait désormais des centaines de prisonniers, peut-être des milliers – personne ne savait exactement –, arrêtés pour la plupart sans chef d'inculpation précis mais plutôt pour *Schutzhaft*, « détention par mesure de sécurité ». Ce n'étaient pas des Juifs, pas encore, mais des communistes et des membres du Parti social démocrate libéral, emprisonnés dans des conditions disciplinaires très strictes.

Martha se sentit agacée par la volonté de Schultz de noircir sa vision idyllique de la situation, mais Schultz lui plut et elle comprit qu'elle serait une amie précieuse, étant donné le vaste rayon de ses relations parmi les journalistes et les diplomates. Elles se séparèrent amicalement, mais Martha gardait la conviction inébranlable que la révolution qui se déroulait autour d'elle était un épisode héroïque qui produirait une Allemagne nouvelle et saine.

« Je n'ai pas cru[4] à toutes ses histoires, écrivit-elle plus tard. Je pensais qu'elle exagérait et qu'elle était un peu hystérique. »

Quand Martha sortait de l'hôtel, elle n'assistait à aucune scène de violence, ne voyait personne qui tremblait de peur, ne ressentait aucune oppression. La ville était un vrai plaisir. Ce que Goebbels condamnait, elle l'adorait. Une courte marche à pied depuis l'hôtel, en tournant à droite, en sens inverse de la fraîche verdure du Tiergarten, la conduisait à Potsdamer Platz, un des carrefours les plus animés du monde, avec sa célèbre tour de signalisation dotée de feux dans cinq directions, censée être le premier poteau de signalisation installé en Europe. Berlin n'avait que cent vingt mille voitures, mais, à tout moment, elles semblaient s'agglutiner ici, telles des abeilles dans une ruche. On pouvait observer le tourbillon des voitures et des gens depuis une table à la terrasse du café Josty. La Haus Vaterland se trouvait là aussi, une boîte de nuit de cinq étages capable de servir six mille clients dans douze cadres différents, dont un bar western, avec des serveurs coiffés d'immenses chapeaux de cow-boys, et la terrasse des Vins du Rhin, où les clients avaient droit toutes les heures à un bref orage avec éclairs, tonnerre et, au grand dépit des dames vêtues de vraie soie, à une légère averse. « Cet endroit est si plein de jeunesse[5], d'insouciance, impossible de le quitter avant le matin, c'est romantique, magnifique ! écrivit un voyageur. C'est l'endroit le plus gai de Berlin. »

Pour une jeune femme de vingt-quatre ans dégagée de toute charge professionnelle et des soucis financiers, et bientôt libérée d'un mariage qui avait tourné au fiasco, Berlin était passionnant. En quelques jours, elle se trouva[6] invitée à un « rendez-vous pour le thé » avec un célèbre correspondant américain, H. R. Knickerbocker – « Knick » pour les amis – qui écrivait des articles dans le *New York Evening Post*. Il l'emmena au Eden Hotel de sinistre mémoire, où, en 1919, la militante communiste Rosa Luxemburg avait été pratiquement battue à mort avant d'être transportée au Tiergarten, à côté, et exécutée.

À présent, dans le salon de thé de l'Eden, Martha et Knick dansaient. Il était petit et fluet, les cheveux roux et les yeux bruns, et la conduisait sur la piste avec beaucoup d'adresse et de grâce. Inévitablement, la conversation finit par porter sur l'Allemagne. Comme Sigrid Schultz, Knickerbocker essaya d'enseigner à Martha quelques éléments sur la politique du pays et la nature de ses nouveaux maîtres. Mais cela n'intéressait pas Martha et ils changèrent de sujet. Ce qui l'enchantait, c'étaient les Allemands, hommes et femmes, qui l'entouraient. Elle adorait « leur drôle de raideur en dansant[7], écoutait leur langue incompréhensible et gutturale, et observait leurs gestes simples, leur comportement naturel et leur appétit presque enfantin pour la vie ».

Elle aimait les Allemands qu'elle avait croisés jusque-là – davantage, certainement, que les Français qu'elle avait rencontrés au cours de ses études à Paris. Contrairement aux Français, écrit-elle, les Allemands « n'étaient pas des voleurs[8], ils n'étaient pas égoïstes, ils n'étaient pas impatients ni froids ni durs ».

Le point de vue enthousiaste de Martha était largement partagé par les étrangers visitant l'Allemagne, et en particulier Berlin. De fait, la plupart du temps, rien n'avait changé dans l'aspect et le fonctionnement de la majorité des quartiers de la ville. Le marchand de cigares à l'entrée de l'Hôtel Adlon, au 1 de l'avenue Unter den Linden, vendait toujours ses cigares (et Hitler continuait de fuir l'hôtel, lui préférant le Kaiserhof voisin). Chaque matin, les Allemands envahissaient le Tiergarten, souvent à cheval, tandis que des milliers d'autres arrivaient au centre-ville en train et en tram, venant des quartiers périphériques tels que Wedding et Onkel Toms Hütte. Des hommes et des femmes bien habillés étaient assis au Romanisches Café, buvaient du café et du vin, et fumaient des cigarettes et des cigares en faisant preuve de l'esprit de repartie pour lequel les Berlinois étaient célèbres – le *Berliner Schnauze*[9], la fameuse « grande gueule » des Berlinois. Au cabaret Katakombe, Werner Finck continuait à brocarder le nouveau régime, malgré le risque d'être arrêté. Pendant une représentation, un membre du public le traita de « sale *yid* », à quoi il répondit : « Je ne suis pas juif[10]. J'ai juste l'air intelligent. » L'assistance rit de bon cœur.

Les beaux jours étaient encore beaux. « Le soleil brille[11], note Christopher Isherwood dans ses *Berlin Stories*, et Hitler est le maître de cette ville. Le soleil brille, et des dizaines de mes amis... sont en prison, peut-être morts. » La normalité de l'époque était séduisante. «J'entrevois le reflet de mon visage dans la glace d'un magasin et je suis choqué de constater que je souris, remarque encore Isherwood. Je ne puis m'empêcher de sourire, tellement il fait beau. » Les trams circulaient comme d'habitude, de même que les piétons dans la rue ; tout, autour de lui, avait « un je-ne-sais-quoi de curieusement familier, une ressemblance frappante avec quelque chose dont on se souvient et qui était jadis normal et agréable... comme une très bonne photographie ».

Mais sous la surface, l'Allemagne subissait une révolution rapide et radicale qui pénétrait au cœur de l'étoffe de la vie quotidienne. Elle s'était produite silencieusement et, pour la majeure partie, à l'abri des regards superficiels. À la base figurait la *Gleichschaltung*[12] – la « mise au pas » (autrement dit, la nazification) –, un train de mesures officielles destinées à aligner les citoyens, les ministres, les universités et les institutions culturelles et sociales sur les idées et les positions du national-socialisme.

La « mise au pas » s'effectuait à une vitesse étonnante, même dans des milieux non directement visés par des lois spécifiques, les Allemands se plaçant de leur propre chef sous l'autorité nazie, un phénomène qui prit le nom de *Selbstgleichschaltung,* ou « mise au pas volontaire »[13]. Le changement se fit à une telle vitesse et avec une telle ampleur que les Allemands qui quittaient le pays pour les affaires ou un voyage remarquaient la différence en revenant, comme s'ils étaient les personnages d'un film d'horreur qui découvraient à leur retour que des gens qui avaient été jadis leurs amis, clients et patients, avaient changé d'une façon imperceptible. Gerda Laufer[14], une socialiste, écrivit qu'elle se sentait «profondément remuée par le fait que des gens qu'on considérait comme des amis, qu'on connaissait depuis longtemps, se transformaient d'une heure à l'autre».

Les voisins devenaient hargneux; des jalousies mesquines se traduisaient par des dénonciations aux SA – les chemises brunes – ou à la Geheime Staatspolizei, qui commençait à se faire connaître sous son acronyme, la Gestapo (GEheimeSTAatsPOlizei), inventé par un employé des Postes[15] cherchant une façon plus commode d'identifier l'organisation. La réputation d'omniscience et de malveillance de la Gestapo tenait à deux phénomènes: premièrement, un climat politique dans lequel la simple critique du gouvernement pouvait vous faire arrêter et, deuxièmement, l'existence d'une population désireuse non seulement de se conformer et de se mettre au pas, mais aussi d'utiliser les opinions nazies pour satisfaire un appétit individuel et assouvir des jalousies. Une étude des registres nazis[16] a démontré que, sur un échantillon de deux cent treize dénonciations, 37 % relevaient non pas d'une conviction politique sincère, mais de conflits privés, dont le déclencheur était souvent d'une insignifiance stupéfiante. Ainsi, en octobre 1933[17], le commis d'une épicerie dénonça à la police une cliente excentrique qui s'était entêtée à réclamer ses trois pfennigs de monnaie. Le commis l'accusa de n'avoir pas payé ses impôts. Les Allemands se dénonçaient les uns les autres avec un tel entrain que les cadres supérieurs du Parti pressèrent la population de faire preuve d'un plus grand discernement concernant les affaires à signaler à la police. Hitler le reconnut lui-même, dans une note au ministre de la Justice : «Nous vivons à présent[18] dans un océan de dénonciations et de mesquinerie.»

Un des pivots de cette «mise au pas» fut l'insertion de la «clause de l'aryanité» dans la loi de la fonction publique allemande, qui excluait de fait les Juifs des emplois dans l'administration. Des arrêtés supplémentaires et des rancœurs locales limitaient sévèrement les Juifs d'exercer la médecine et de devenir avocats. Aussi lourdes et dramatiques que fussent ces restrictions pour les Juifs, les touristes et autres observateurs occasionnels ne les remarquaient guère, en partie parce que les Juifs allemands n'étaient pas très nombreux. En janvier 1933, seulement 1 %[19] environ des soixante-cinq millions d'Allemands étaient juifs, et la plupart étaient regroupés dans les grandes villes, ce qui laissait une présence négligeable dans le reste du pays. Près du tiers – à peine plus de cent soixante mille – habitaient à Berlin, mais ils constituaient moins de 4 % des 4,4 millions de Berlinois et beaucoup vivaient dans des quartiers contigus qui restaient généralement à l'écart des itinéraires touristiques.

Et même parmi les Juifs allemands, beaucoup ne perçurent pas le sens véritable de ce qui était en train de se produire. Cinquante mille le comprirent et quittèrent l'Allemagne dans les semaines qui suivirent l'accession d'Hitler au poste de chancelier, mais la plupart restèrent. De fait, dans le courant de l'année 1933, une dizaine de milliers d'émigrés[20] revinrent. «Presque personne ne pensait[21] qu'il fallait prendre au sérieux les menaces contre les Juifs, remarquait Carl Zuckmayer, un écrivain juif. Beaucoup de Juifs eux-mêmes considéraient les féroces tirades antisémites des nazis comme de la simple propagande, un argument auquel les nazis renonceraient dès qu'ils seraient au gouvernement et auraient la charge des responsabilités publiques. » Bien qu'un chant populaire des SA s'intitulât « Quand le sang juif jaillit sous mon couteau », au moment de l'arrivée de l'ambassadeur et de sa famille, la violence contre les Juifs avait commencé à décliner. Les incidents étaient sporadiques, isolés. « Il était facile de se rassurer[22], note l'historien John Dippel dans une étude sur les raisons pour lesquelles tant de Juifs sont restés en Allemagne. En surface, la vie quotidienne restait en grande partie identique à la période avant l'accession d'Hitler au pouvoir. Les attaques des nazis contre les Juifs étaient comme un coup de tonnerre dans un ciel clair : elles arrivaient et cessaient rapidement, laissant place à un calme inquiétant. »

L'indicateur le plus visible de la mise au pas fut l'apparition brutale du salut hitlérien, ou *Hitlergruss*. Il était suffisamment inédit aux yeux du monde extérieur pour que le consul général Messersmith lui consacre une dépêche entière en date du 8 août 1933. Le salut, écrit-il[23], n'avait aucun antécédent moderne, à l'exception du salut des soldats en présence d'un officier supérieur, plus conventionnel. Ce qui distinguait particulièrement cette pratique, c'était que tout le monde était censé saluer, même dans les rencontres les plus banales. Les boutiquiers saluaient les clients. Il était exigé des enfants qu'ils saluent leurs maîtres plusieurs fois par jour. À la fin des représentations théâtrales, un rituel récent exigeait du public qu'il se lève et salue en chantant d'abord l'hymne national, *Deutschland über alles*, puis l'hymne des SA intitulé le *Horst Wessel Lied*, ou *Le Chant de Horst Wessel*, du nom de son compositeur, un voyou SA tué par des communistes mais que la propagande nazie avait transformé en héros. Le public allemand pratiquait le salut avec tant d'empressement que sa répétition incessante le rendait presque comique, surtout dans les couloirs des bâtiments publics où tout le monde, du plus humble messager au plus haut fonctionnaire, se saluait en criant « *Heil Hitler* », transformant la moindre escapade aux toilettes en une expédition épuisante.

Messersmith refusait de faire le salut et se mettait simplement au garde-à-vous, mais il comprenait que, pour l'Allemand moyen, cela n'aurait pas été suffisant. Par moments, il sentait une forte pression pour qu'il se conforme à la règle. À la fin d'un déjeuner auquel il assistait dans la ville portuaire de Kiel, tous les invités se mirent debout, le bras droit levé, en chantant l'hymne national et le *Horst Wessel Lied*. Messersmith se tint debout, respectueusement, comme il l'aurait fait aux États-Unis pendant l'hymne américain. Beaucoup des autres invités, dont plusieurs SA, le fusillèrent du regard et chuchotèrent entre eux comme s'ils essayaient de savoir qui il était. « J'ai senti que j'avais de la chance[24] que l'incident ait eu lieu à l'intérieur, parmi des gens intelligents dans l'ensemble, confia-t-il. Car si cela s'était produit lors d'un rassemblement de rue ou d'une manifestation à l'extérieur, personne ne se serait demandé qui j'étais et il est quasi certain que j'aurais été brutalisé. » Messersmith recommandait aux touristes américains d'essayer de prévoir quand interviendraient les chants et le salut et de quitter les lieux avant.

Il ne trouvait pas drôle que, de temps à autre, l'ambassadeur Dodd lui adresse le salut[25] hitlérien pour rire.

Au cours de la deuxième semaine de son séjour à Berlin, Martha découvrit qu'elle ne s'était pas dépouillée de son passé aussi complètement qu'elle l'avait espéré.

Bassett, son mari, débarqua en ville pour ce qu'il appelait en privé sa « mission à Berlin », espérant récupérer Martha.

Il descendit à l'Hôtel Adlon. Ils se virent plusieurs fois, mais Bassett n'eut pas droit à des retrouvailles émues comme il l'avait espéré. Il dut se contenter d'une cordiale indifférence. « Tu te souviens de notre balade à vélo[26] dans le parc, lui écrivit-il plus tard. Tu t'es montrée amicale, mais j'ai senti que quelque chose avait changé entre nous. »

Pour aggraver encore les choses, vers la fin de son séjour, Bassett attrapa un mauvais rhume. Cela le mit à plat, juste à temps pour la dernière visite de Martha avant le départ de son mari.

Il sut que sa mission à Berlin avait échoué dès qu'elle mit le pied dans sa chambre. Elle était accompagnée de son frère Bill.

Ce fut un moment de cruauté ordinaire. Elle savait que Bassett l'interpréterait correctement. Elle s'était lassée. Elle l'avait aimé jadis, mais leur relation avait connu trop de malentendus et d'impératifs contradictoires. Là où il y avait eu l'amour, expliqua Martha par la suite, il n'y avait plus que des « braises » et cela n'était pas suffisant.

Bassett comprit le message : « Tu en as assez[27]. Et qui pourrait te le reprocher ? »

Il lui envoya des fleurs, reconnaissant sa défaite. La carte qui les accompagnait commençait par ces mots : « À ma charmante et ravissante ex-femme[28]. »

Il repartit pour les États-Unis et Larchmont, New York, où l'attendaient une vie de banlieusard qui tond sa pelouse et taille les hêtres pourpres au fond de son jardin, l'apéritif du soir, des repas à la fortune du pot et le train du matin pour aller à la banque. Il lui avoua plus tard : «Je ne suis pas sûr du tout[29] que tu aurais été heureuse si tu avais épousé un directeur financier, préoccupé par la «Lettre de la Banque», l'éducation des enfants, l'association des parents d'élèves, et tout le reste.»

La relation entre Martha et Sigrid Schultz ne tarda pas à porter ses fruits. Schultz donna le 23 juillet 1933 une soirée pour Martha en invitant plusieurs de ses proches amis, dont un autre correspondant, Quentin Reynolds, qui écrivait pour l'agence de presse Hearst News Service. Entre Martha et Reynolds, le courant passa instantanément. Il était grand et joyeux, les cheveux bouclés, et son regard donnait toujours l'impression qu'il avait envie de rire – bien qu'il eût la réputation d'être un professionnel intraitable, sceptique et futé.

Ils se retrouvèrent cinq jours plus tard à l'Esplanade, Martha escortée par son frère, Bill. Comme Schultz, Reynolds connaissait tout le monde et avait réussi à se lier avec des cadres nazis, dont un confident d'Hitler au nom imprononçable : Ernst Franz Sedgwick Hanfstaengl, dit «Putzi». Diplômé de Harvard[30] et ayant une mère américaine, Hanfstaengl était censé jouer du piano pour Hitler tard dans la nuit pour lui calmer les nerfs. Non pas Mozart ni Bach. Plutôt Wagner et Verdi, Liszt et Grieg, avec un zeste de Strauss et de Chopin.

Martha voulait le rencontrer ; Reynolds avait entendu parler d'une fête donnée par un autre correspondant de presse, à laquelle Hanfstaengl était invité, et il lui proposa de l'accompagner.

7

UN CONFLIT LARVÉ

D odd se rendait à pied chaque matin de l'Esplanade à son bureau, ce qui représentait un quart d'heure de trajet dans la Tiergartenstrasse, l'avenue qui marquait la bordure du parc au sud. De ce côté s'élevaient des propriétés luxuriantes derrière des clôtures de fer forgé, dont beaucoup étaient propriété des ambassades et des consulats ; au nord s'étendait le parc en tant que tel, planté d'arbres et de statues, dont les sentiers étaient obscurcis par l'ombre matinale. «Le plus beau parc[1] que j'aie jamais vu», disait Dodd au sujet du Tiergarten, et ce trajet devint vite pour lui un moment privilégié de la journée. Son bureau se trouvait à la chancellerie de l'ambassade, dans Bendlerstrasse, une rue proche du parc, dans laquelle se trouvait aussi le «Bendlerblock», une série de bâtiments trapus, blafards, rectangulaires, qui servaient de quartier général à l'armée allemande, la Reichswehr.

Une photographie de Dodd au travail, prise vers sa première semaine à Berlin, le montre siégeant derrière un grand bureau minutieusement sculpté devant une tapisserie qui s'élance vers le ciel, pendue au mur derrière lui, avec un gros téléphone compliqué sur sa gauche à près de deux mètres de lui. Il y a quelque chose de comique dans cette image : Dodd, la silhouette frêle, le col blanc amidonné, les cheveux pommadés et la raie impeccable, fixe d'un regard sévère l'objectif, complètement écrasé par l'opulence qui l'entoure. La photo déclencha l'hilarité générale au Département d'État parmi ceux qui avaient vu d'un mauvais œil la nomination de Dodd. Le sous-secrétaire Phillips termina une lettre à Dodd par ces mots : «Une photographie de vous[2] assis à votre bureau, devant une magnifique tapisserie, a beaucoup circulé et est fort impressionnante.»

À tout instant, Dodd semblait transgresser un aspect des usages diplomatiques, du moins aux yeux de son conseiller d'ambassade, George Gordon. Dodd insistait pour se rendre à pied aux réunions avec les membres du gouvernement. Une fois, comme il rendait visite à l'ambassade d'Espagne située à proximité, il obligea Gordon à l'accompagner, tous deux portant jaquette et haut-de-forme. Dans une lettre à Thornton Wilder évoquant la scène, Martha écrivit que Gordon s'était «roulé dans le caniveau[3], pris d'une attaque d'apoplexie». Quand Dodd se déplaçait en voiture, il prenait la Chevrolet familiale, qui n'était pas de taille à se mesurer aux Opel et Mercedes qui avaient la cote parmi les cadres du Reich. Il portait des costumes ordinaires. Son humour était pince-sans-rire. Le lundi 24 juillet, il commit un grave péché. Le consul général Messersmith l'avait invité avec Gordon à une réunion en présence d'un membre du Congrès américain de passage, qui devait se tenir dans son propre bureau au consulat, lequel occupait les deux premiers étages d'un bâtiment situé en face de l'Hôtel Esplanade. Dodd arriva au bureau de Messersmith avant Gordon ; quelques minutes plus tard, le téléphone sonna. Ce que Dodd glana d'après les propos de Messersmith, c'était que Gordon refusait de venir. La raison : le pur dépit. Du point de vue de Gordon, Dodd s'était « dégradé », lui-même ainsi que son poste, en assistant à une réunion dans le bureau d'un homme d'un rang inférieur. Dodd nota dans son journal : « Gordon est un carriériste assidu[4] chez qui le souci de l'étiquette est développé au énième degré. »

Dodd ne put pas présenter immédiatement ses lettres de créance au président Hindenburg, comme l'exige le protocole diplomatique, car Hindenburg était souffrant et s'était retiré dans sa propriété de Neubeck en Prusse orientale pour se remettre ; on n'espérait pas son retour avant la fin de l'été. C'est pourquoi Dodd n'était pas encore reconnu officiellement comme ambassadeur et il utilisa cet intervalle de tranquillité pour se familiariser avec des fonctions élémentaires telles que les téléphones de l'ambassade, les codes télégraphiques et l'heure de départ de la mallette diplomatique. Il rencontra un groupe de correspondants américains, puis une vingtaine de reporters allemands, qui – comme le craignait Dodd – avaient lu l'article dans le *Hamburger Israelitisches Familienblatt,* ce journal juif qui affirmait qu'il « venait en Allemagne pour redresser les torts[5] faits aux Juifs ». Dodd leur lut ce qu'il considérait comme un « bref démenti ».

Il ne tarda pas à avoir un aperçu de la vie dans l'Allemagne nouvelle. Au cours de sa première journée[6] complète passée à Berlin, le Conseil des ministres d'Hitler fit passer une nouvelle loi qui devait entrer en vigueur le 1er janvier 1934 : la loi sur la prévention de la transmission des maladies héréditaires, qui autorisait la stérilisation des personnes souffrant de divers handicaps physiques et mentaux. En outre, il apprit que le personnel[7] de l'ambassade et du consulat de Messersmith était convaincu que les autorités allemandes interceptaient le courrier en partance ou à destination de la légation, et que cela avait incité Messersmith à adopter des mesures extraordinaires pour s'assurer que la correspondance la plus sensible parvienne aux États-Unis sans être ouverte. Le consul général dépêchait à présent[8] des messagers qui remettaient le courrier en main propre aux capitaines des navires en partance pour les États-Unis, ceux-ci étant accueillis sur les docks par des fonctionnaires américains.

Une des premières tâches que Dodd s'assigna fut de tenter de comprendre les talents et les faiblesses des fonctionnaires de l'ambassade, c'est-à-dire les premier et second secrétaires d'ambassade, et des divers commis, sténographes et autres employés qui travaillaient à la chancellerie. Depuis le début, Dodd trouvait leurs habitudes de travail répréhensibles. Les plus haut placés arrivaient chaque jour à l'heure qui leur plaisait et disparaissaient régulièrement pour aller à la chasse ou faire une partie de golf. Presque tous, découvrit-il, étaient membres d'un club de golf de la région du lac de Wannsee, au sud-ouest de Berlin. Beaucoup avaient une fortune personnelle, conformément aux traditions des Affaires étrangères aux États-Unis, et dépensaient l'argent sans compter, le leur comme celui de l'ambassade. Dodd fut particulièrement consterné de voir combien ils dépensaient en câbles internationaux. Les messages étaient longs, très bavards et, de ce fait, inutilement coûteux.

Dans des notes en vue d'un rapport personnel[9], il dressa un bref portrait des personnages principaux. Il remarqua que la femme du conseiller Gordon avait « de gros revenus » et que Gordon avait tendance à se montrer lunatique. « Émotif. Trop hostile vis-à-vis des Allemands... ses irritations sont nombreuses et exaspérantes. » Dans sa description d'un des premiers secrétaires d'ambassade, également fortuné, Dodd griffonna en abrégé qu'il « aimait donner son avis sur la couleur des socquettes des hommes ». Il nota que la femme qui dirigeait la réception de l'ambassade, Julia Swope Lewin, ne convenait pas à sa tâche, car elle était « très anti-allemande » et que cela n'était « pas une bonne attitude pour accueillir les visiteurs allemands ».

Dodd se familiarisa aussi avec les contours du paysage politique au-delà des murs de l'ambassade. Le monde décrit dans les dépêches de Messersmith prenait vie à présent derrière ses fenêtres sous le ciel clair d'une journée estivale. Il y avait partout des drapeaux dans un agencement de couleurs vives : la croix gammée, ou *Hakenkreuz,* d'un noir éclatant, figurait au centre sur fond rouge, dans un cercle blanc. Le mot *« swastika »* n'était pas encore le terme de choix dans l'enceinte de l'ambassade. Dodd apprit la signification des diverses couleurs portées par les hommes qu'il croisait lors de ses promenades. Les uniformes bruns, omniprésents, étaient portés par les Sturmtruppen de la SA ; en noir, par une force d'élite plus petite appelée les Schutzstaffel, ou SS; en bleu, la police régulière. Dodd apprit aussi l'influence grandissante de la Gestapo et de son jeune chef, Rudolf Diels. Svelte et les cheveux noirs, il était considéré comme un bel homme malgré une collection de balafres sur le visage récoltées au cours de ses études universitaires, quand il se battait en duel à l'arme blanche, comme le faisaient à un moment donné les jeunes Allemands désireux de prouver leur virilité. Bien que son apparence fût aussi sinistre que celle du méchant dans un film kitsch, Diels s'était avéré jusque-là – d'après Messersmith – aussi intègre, serviable et rationnel que ses supérieurs, Hitler, Göring et Goebbels, ne l'étaient pas.

Par bien d'autres aspects encore, ce monde nouveau se révélait beaucoup plus nuancé et complexe que Dodd ne s'y attendait.

De profondes lignes de faille traversaient le gouvernement d'Hitler. Celui-ci était chancelier depuis le 30 janvier 1933, date où il avait été nommé à ce poste par le président Hindenburg, à la suite d'âpres négociations menées par des dirigeants de la droite conservatrice qui croyaient pouvoir garder le contrôle sur lui, notion qui, avant même l'arrivée de Dodd, s'était révélée illusoire. Hindenburg – couramment surnommé «le Vieux Monsieur» – restait le dernier contrepoids au pouvoir d'Hitler et plusieurs jours avant le départ de Dodd, il avait publiquement fait état de son mécontentement devant les tentatives d'Hitler pour supprimer l'Église protestante. Se déclarant «chrétien évangélique»[10], Hindenburg adressa une lettre à Hitler où il l'avertit de son «inquiétude croissante au sujet de la liberté interne de l'Église» et que, si les choses devaient continuer ainsi,

« il en résulterait les dommages les plus graves pour notre peuple et notre patrie, de même que pour l'unité nationale ». Outre le fait que la Constitution lui donnait le droit de nommer un nouveau chancelier, Hindenburg conservait la fidélité de l'armée, la Reichswehr. Hitler comprit que si la nation retombait dans le chaos, Hindenburg risquait de déposer le gouvernement et de déclarer la loi martiale. Et il se rendait compte aussi[11] que la source la plus probable d'instabilité pour l'avenir était la SA, commandée par son ami et allié de longue date, le capitaine Ernst Röhm. De plus en plus, la SA lui apparaissait comme une force indisciplinée et radicale qui avait outrepassé son objectif. Röhm voyait les choses autrement : il considérait que sa section d'assaut avait largement contribué à l'avènement de la révolution nationale-socialiste et à présent, en récompense, les Sturmtruppen voulaient prendre le contrôle de toutes les forces militaires du pays, y compris la Reichswehr. Pour l'armée, c'était une idée inconcevable. Gras, revêche, homosexuel et ne s'en cachant pas[12], totalement dépravé, Röhm n'avait rien de l'allure martiale que l'armée vénérait. Cependant, il commandait une légion d'un million d'hommes dont les rangs ne cessaient de grossir. L'armée régulière ne faisait qu'un dixième de sa taille mais était infiniment mieux entraînée et équipée. Le conflit couvait.

Ailleurs dans le gouvernement, Dodd croyait détecter une tendance nouvelle et résolument modérée, du moins à côté d'Hitler, Göring et Goebbels, qu'il décrivait comme « des adolescents lancés dans le grand jeu[13] de la politique internationale ». C'était au niveau en dessous, dans les ministères, qu'il trouvait une raison d'espérer.

« Ces hommes désirent arrêter toutes les persécutions contre les Juifs[14], coopérer avec les vestiges du libéralisme allemand, expliquait-il, ajoutant : depuis le jour de notre arrivée ici, ces groupes sont en conflit. »

Ce jugement de Dodd provenait en grande partie d'une rencontre à ce moment-là avec le ministre des Affaires étrangères allemand, Konstantin Freiherr von Neurath, que – pour l'instant du moins – Dodd percevait comme un membre du camp modéré.

Le samedi 15 juillet, Dodd rendit visite à von Neurath à son ministère dans la Wilhelmstrasse, une artère parallèle à la bordure orientale du Tiergarten. Il y avait tellement de bureaux du Reich dans cette rue que le mot Wilhelmstrasse suffisait pour désigner le gouvernement allemand.

Von Neurath était bel homme ; ses cheveux argentés, ses sourcils sombres et sa moustache grise bien taillée lui donnaient l'air d'un acteur qui tenait des rôles de père. Martha n'allait pas tarder à le rencontrer également et elle fut frappée par sa capacité à masquer ses émotions : « Son visage, écrit-elle[15], était totalement inexpressif... Tout de marbre, comme on dit. » Comme Dodd, von Neurath aimait la marche à pied et commençait chaque journée par une promenade au Tiergarten.

Von Neurath était convaincu d'exercer un effet modérateur sur le gouvernement, contribuant à contrôler Hitler et son parti. Comme l'expliquait un de ses collègues : « Il essayait de former les nazis[16] et d'en faire des partenaires utiles au sein d'un régime nationaliste modéré. » Mais, pour von Neurath, il était également vraisemblable que le gouvernement d'Hitler finirait par s'effondrer de lui-même. « Il pensait toujours[17], note un de ses assistants, que s'il restait en fonction, faisait son travail et maintenait ses contacts étrangers, un beau jour, il se réveillerait en découvrant que les nazis avaient disparu.»

Dodd le trouva «on ne peut plus aimable»[18], un jugement qui l'encourageait à rester, se résolut-il, aussi objectif que possible devant tout ce qui se produisait en Allemagne. Il supposait qu'il devait exister d'autres responsables de la même tendance. Dans une lettre à un ami, il écrivit: «Hitler finira par se ranger[19] à l'avis de ces hommes plus avisés et cela permettra de détendre la situation.»

Le lendemain même, vers treize heures trente à Leipzig, la ville dans laquelle Dodd avait obtenu son doctorat, un jeune Américain du nom de Philip Zuckerman faisait une promenade dominicale avec sa femme allemande, son beau-père et sa belle-sœur. Étant donné qu'ils étaient juifs, c'était peut-être d'une grande imprudence en ce week-end précis, alors que quelque cent quarante mille Sturmtruppen avaient envahi la ville pour une de leurs fréquentes bacchanales, accompagnées d'un défilé, de manœuvres et, inévitablement, de beuveries. En ce dimanche après-midi, une parade énorme commença à déferler au cœur de la ville, sous les bannières rouges, blanches et noires des nazis qui flottaient, semblait-il, à chaque immeuble. À treize heures trente, une compagnie de SA quitta la formation principale et vira dans une avenue perpendiculaire, la Nikolaistrasse, où les Zuckerman se promenaient.

Le détachement de SA les dépassa; un groupe à l'arrière de la colonne décida que le jeune couple et sa famille devaient être juifs et, sans crier gare, les entoura, les jeta à terre et firent déferler sur eux un déluge de furieux coups de pied et de poing. Les Sturmtruppen poursuivirent ensuite leur chemin.

Zuckerman et sa femme furent grièvement blessés, au point d'être hospitalisés tous les deux, d'abord à Leipzig puis de nouveau à Berlin, où le consulat américain fut alerté. « Il est probable que [Zuckerman][20] ait subi de sérieux traumatismes internes dont il ne se remettra jamais complètement », signalait le consul général Messersmith à propos de l'agression dans une dépêche à Washington. Il fit savoir que les États-Unis pourraient être contraints de réclamer des dommages et intérêts pour Zuckerman mais souligna que rien ne pouvait être entrepris officiellement au nom de sa femme, celle-ci n'étant pas américaine. « Il faut noter[21] que, à la suite de cette même agression dont elle a été victime, elle a dû être hospitalisée et son bébé de quelques mois a dû lui être retiré. » Au terme de cette opération, précisait-il, Mme Zuckerman ne pourrait plus avoir d'enfants.

Des attaques de cette nature étaient censées ne plus se reproduire ; des décrets gouvernementaux avaient appelé à la modération. Les troupes d'assaut semblaient ne pas y prêter attention.

Dans une autre dépêche sur cette affaire, Messersmith souligna : « Un des divertissements préférés des SA[22] est d'attaquer les Juifs et il faut bien dire, en termes clairs, qu'ils n'aiment pas être privés de leur proie. »

Grâce à sa position privilégiée, il avait compris cela ainsi que d'autres phénomènes de l'Allemagne nouvelle, et il bouillait devant l'incapacité des étrangers à saisir la véritable nature du régime hitlérien. Beaucoup de touristes américains rentraient chez eux perplexes devant la dissonance entre les horreurs qu'ils avaient lues dans les journaux de leur ville – les passages à tabac et les arrestations du printemps précédent, les autodafés et les camps de concentration – et les moments agréables qu'ils avaient passés en visitant l'Allemagne. Un de ces visiteurs était un commentateur de radio, H. V. Kaltenborn – né Hans von Kaltenborn, à Milwaukee – qui, peu après l'arrivée de Dodd, passa par Berlin avec sa femme, sa fille et son fils. Surnommé le «doyen des commentateurs», Kaltenborn était devenu célèbre dans toute l'Amérique grâce à ses chroniques pour le Columbia Broadcasting System, si célèbre que, des années plus tard, le journaliste fera de brèves apparitions dans *M. Smith au Sénat* et le thriller de science-fiction, *Le Jour où la Terre s'arrêta*, dans son propre rôle. Avant son départ pour l'Allemagne, Kaltenborn s'était rendu au Département d'État et avait été autorisé à lire certaines dépêches du consul général Messersmith. À l'époque, il les pensait exagérées. Après quatre ou cinq jours à Berlin, il dit à Messersmith qu'il s'en tenait à sa conclusion première et déclara que les dépêches étaient «inexactes et outrées»[23]. Il laissa entendre que Messersmith s'appuyait sur des sources incorrectes.

Messersmith fut outré. Il ne doutait pas que Kaltenborn était sincère mais attribuait le point de vue du commentateur au fait qu'il « était allemand d'origine[24] ne se résignait pas à croire que les Allemands puissent se comporter ainsi et commettre de tels actes chaque jour et à toute heure à Berlin et dans tout le pays ».

C'était un problème que Messersmith avait remarqué maintes et maintes fois. Ceux qui vivaient en Allemagne et prêtaient attention comprenaient que quelque chose de fondamental avait changé et que les ténèbres s'étaient abattues sur le paysage. Les visiteurs ne le voyaient pas. En partie, comme Messersmith l'analysait dans une dépêche, parce que le gouvernement allemand menait une campagne pour «influencer l'opinion des visiteurs américains[25] en Allemagne au sujet de ce qui se passe dans le pays». Il en voyait les signes[26] dans le curieux comportement de Samuel Bossard, un Américain agressé le 31 août par des membres des Jeunesses hitlériennes. Bossard avait promptement déposé une déclaration sous serment au consulat américain et était en colère quand il avait raconté l'incident à plusieurs correspondants à Berlin. Puis, brusquement, il avait cessé d'en parler. Messersmith l'appela juste avant son départ pour les États-Unis pour lui demander de ses nouvelles et découvrit qu'il se refusait à discuter de l'affaire. Méfiant, Messersmith fit son enquête et apprit que le ministère de la Propagande lui avait fait visiter Berlin et Potsdam, et l'avait comblé de politesse et d'attentions diverses. L'effort paraissait avoir été payant, constata Messersmith. À son arrivée à New York, d'après les actualités, Bossard déclara : «Si des Américains en Allemagne[27] sont victimes de quelque espèce d'agression, cela ne peut être dû qu'à un malentendu... Beaucoup d'Américains ne semblent pas comprendre les changements qui se produisent dans ce pays et, par leur maladresse, ils provoquent eux-mêmes ces agressions.» Il souhaitait retourner en Allemagne l'année suivante.

Messersmith sentait une main particulièrement adroite derrière la décision du gouvernement d'annuler l'interdiction du Rotary Club en Allemagne. Non seulement les clubs pouvaient continuer ; plus remarquable, ils étaient autorisés à conserver leurs membres juifs. Messersmith faisait lui-même partie du Rotary Club de Berlin. « Le fait que les Juifs soient autorisés[28] à rester membres des Rotary a un effet de propagande sur les Rotary Clubs du monde entier », constatait-il. La réalité sous-jacente était que beaucoup de ces membres juifs avaient perdu leur emploi, ou leur capacité à exercer leur profession était singulièrement limitée. Dans ses dépêches, Messersmith reprenait sans cesse le même leitmotiv : il était impossible pour un simple visiteur de comprendre ce qui se passait véritablement dans l'Allemagne nouvelle. « Les Américains qui viennent en Allemagne[29] se trouveront entourés par des proches du gouvernement et ils seront tellement absorbés par d'agréables divertissements qu'ils n'auront guère l'occasion de prendre réellement le pouls de la situation. »

Messersmith poussa Kaltenborn à entrer en contact avec certains correspondants américains à Berlin, qui se feraient fort de lui confirmer le contenu de ses dépêches.

Kaltenborn écarta cette idée. Il connaissait beaucoup de ces correspondants. Leur opinion était biaisée, soutint-il, comme celle de Messersmith.

Il poursuivit son voyage, et il fut rapidement contraint de réévaluer sa position face à une situation irréfutable.

8

Rencontre avec Putzi

Avec l'aide de Sigrid Schultz et de Quentin Reynolds, Martha s'introduisit aisément dans la société berlinoise. Intelligente, flirteuse et jolie, elle devint la coqueluche des jeunes fonctionnaires du corps diplomatique et une invitée recherchée pour les soirées informelles, avec les fameux dîners haricots-saucisses où la bière coulait à flots, qui avaient lieu quand les obligations incontournables de la journée avaient pris fin. Elle devint également une habituée[1] des réunions d'une vingtaine de correspondants qui se tenaient dans un restaurant italien, Die Taverne, appartenant à un Allemand et sa femme belge. Le restaurant réservait toujours une grande table ronde dans un coin pour le groupe – une *Stammtisch*, une table pour les habitués – dont les membres, y compris Schultz, commençaient généralement à arriver vers dix heures du soir et pouvaient traîner jusqu'à quatre heures du matin. Le groupe avait acquis une sorte de célébrité. «Tout le monde au restaurant[2] a les yeux fixés sur eux et essaie de saisir ce qui s'échange, raconte Christopher Isherwood dans *Adieu à Berlin*. Si vous avez une information à leur communiquer – les détails d'une arrestation ou l'adresse d'une victime dont la famille est susceptible d'accorder un entretien –, un des journalistes quitte la table et fait les cent pas dehors avec vous, dans la rue.» La table avait souvent droit à une visite exprès des premier et deuxième secrétaires des ambassades étrangères et ses divers attachés de presse nazis, et, à l'occasion, celle du chef de la Gestapo, Rudolf Diels. William Shirer, un membre récent du groupe, voyait en Martha une bonne recrue : «Jolie, vive[3], sachant argumenter avec force.»

Dans ce nouveau monde[4], la carte de visite était un sésame essentiel. L'aspect de la carte de visite d'une personne reflétait son caractère, sa façon de se percevoir, ou comment elle voulait être perçue. Les dirigeants du parti nazi avaient invariablement les plus grandes cartes avec les titres les plus imposants, généralement imprimées en caractères gothiques. Le prince Louis Ferdinand, fils du prince héritier allemand, un jeune homme d'un naturel doux qui avait travaillé dans une usine de montage Ford aux États-Unis, avait une carte minuscule, avec seulement son nom et son titre. En revanche, son père avait une grande carte avec d'un côté, une photographie de lui en grand apparat, l'autre côté vide. Les cartes avaient plusieurs usages. On pouvait y griffonner une note pour une invitation à dîner ou un cocktail ou pour un rendez-vous galant. En barrant simplement le nom de famille, un homme ou une femme laissait entendre de l'amitié, de l'intérêt, voire quelque chose de plus intime.

Martha accumula des dizaines de cartes et les conserva. Des cartes du prince Louis, qui devint bientôt un soupirant et un ami ; de Sigrid Schultz, bien sûr ; et de Mildred Fish Harnack, qui était présente sur le quai de la gare quand Martha et ses parents avaient débarqué à Berlin. Un correspondant de United Press, Webb Miller, écrivit sur sa carte : « Si vous n'avez rien de plus important à faire[5], pourquoi ne pas dîner avec moi ? » Il indiquait le nom de son hôtel et le numéro de sa chambre.

Enfin, elle rencontra son premier haut responsable nazi. Comme promis, Reynolds l'emmena à la réception d'un ami anglais, « de vraies agapes, et très arrosées »[6]. Bien après leur arrivée, un géant entra en claquant la porte, une armoire à glace avec une tignasse noir de jais – « d'une façon sensationnelle »[7], se rappela Martha par la suite – distribuant sa carte à gauche et à droite, avec une préférence visible pour les destinataires jeunes et jolies. Avec son mètre quatre-vingt-treize, il dépassait d'une tête la plupart des hommes dans la salle et pesait facilement cent dix kilos. « L'air excessivement pataud[8], tel un énorme pantin accroché à des fils lâches », dit de lui une observatrice. Même au milieu du chahut de la fête, sa voix retentissait tel le tonnerre par-dessus la pluie.

Tel était, dit Reynolds à Martha, Ernst Hanfstaengl. Officiellement, comme l'indiquait sa carte, il était *Auslandspressechef* – chef de la presse étrangère – du Parti national-socialiste, bien que ce fût en fait un poste inventé de toutes pièces et sans grande autorité, une fleur que Hitler avait faite à celui qui lui avait accordé son amitié dès les premiers jours, lors de leurs fréquentes entrevues.

Quand il lui fut présenté, Hanfstaengl dit à Martha : « Appelez-moi Putzi. » C'était son surnom d'enfant, utilisé universellement par ses amis et ses relations, et par tous les correspondants de Berlin.

Tel était le géant dont Martha avait déjà tellement entendu parler : cet homme au nom impossible à prononcer, impossible à écrire, adoré par nombre de correspondants et de diplomates, détesté et objet de la méfiance de beaucoup d'autres, ce dernier groupe comprenant George Messersmith, qui professait « une antipathie instinctive »[9] pour l'homme. « Il est totalement dépourvu de sincérité[10] et on ne peut croire un mot de ce qu'il dit, notait Messersmith. Il peut professer la plus grande amitié à votre égard alors même qu'il essaie de vous saper ou qu'il est en train de vous attaquer. »

Au début, Reynolds, l'ami de Martha, avait eu de la sympathie pour Hanfstaengl. À la différence des autres nazis, l'homme « se donnait du mal pour se montrer cordial[11] envers les Américains », notait Reynolds. Hanfstaengl proposait d'organiser des interviews qui, sinon, auraient été impossibles à obtenir et s'efforçait de se présenter aux correspondants comme faisant partie de la bande, un type « sans façon, copain-copain, charmant ». Toutefois, l'affection de Reynolds pour Hanfstaengl fut bientôt douchée. « Il fallait bien connaître Putzi[12] pour vraiment le détester. Et cela, nota-t-il, vint plus tard. »

Hanfstaengl parlait un anglais parfait. À Harvard[13], il avait été membre du Hasty Pudding Club, un groupe de théâtre, et avait marqué les esprits à jamais quand, lors d'une représentation, il se déguisa en une jeune Hollandaise du nom de Gretchen Spootsfeiffer.

Il avait fait la connaissance dans sa classe de Theodore Roosevelt Jr, le fils aîné de Teddy Roosevelt, et lui rendait régulièrement visite à la Maison-Blanche. On racontait que Hanfstaengl[14] avait joué du piano dans le sous-sol de la Maison-Blanche avec tant d'ardeur qu'il avait cassé sept cordes. Adulte, il avait dirigé la galerie d'art familiale à New York, où il avait rencontré sa future femme. Après s'être installé en Allemagne, le couple était devenu proche d'Hitler, lequel était le parrain de leur fils, Egon. L'enfant l'appelait « oncle Dolf »[15]. Parfois, quand Hanfstaengl jouait du piano pour Hitler, le dictateur pleurait.

Putzi plut à Martha. Il ne ressemblait en rien à ce qu'elle attendait d'un haut responsable nazi, « proclamant sans vergogne son charme[16] et son talent ». Il était vigoureux et explosait d'énergie, avec des mains de géant aux doigts longs – des mains auxquelles Bella Fromm, l'amie de Martha, trouvait « des dimensions presque effrayantes »[17] – et une personnalité qui sautait facilement d'un extrême à l'autre. « Il avait des manières douces, insinuantes[18], une voix superbe qu'il utilisait consciemment avec art, chuchotant parfois tout bas et très doucement, pour hurler l'instant d'après en ébranlant la pièce. » Il connaissait parfaitement tous les milieux. « Il pouvait épuiser quiconque[19] et, à force de persévérance, pouvait s'époumoner ou murmurer plus bas que l'homme le plus robuste de Berlin. »

Hanfstaengl se prit également d'amitié pour Martha mais il n'avait pas une très haute opinion de son père. « C'était un modeste petit professeur d'histoire sudiste[20], qui gérait l'ambassade avec un lance-pierre et s'efforçait sans doute d'épargner de l'argent sur son salaire, écrivit

Hanfstaengl dans ses mémoires. À une époque où il aurait fallu un solide millionnaire pour rivaliser avec la flamboyance des nazis, il tournait en rond, marchant à petits pas, effacé, comme s'il était encore sur le campus de son université.» Hanfstaengl l'appelait dédaigneusement «papa» Dodd[21].

«Ce que Dodd avait de mieux[22], écrit-il encore, c'était la blonde Martha, sa ravissante fille, que j'ai eu le privilège de très bien connaître.» Hanfstaengl la trouvait charmante, pleine de vitalité et manifestement une femme qui aimait les plaisirs de la chair.

Ce qui lui donna une idée.

9

LA MORT
EST LA MORT

Dodd cherchait à maintenir sa position objective malgré ses rencontres avec des résidents qui avaient été confrontés à une Allemagne très différente du domaine plaisant, ombragé, qu'il traversait chaque matin à pied. L'un de ces résidents était Edgar A. Mowrer, à l'époque le plus célèbre correspondant à Berlin et au centre d'une violente controverse. Outre qu'il était attaché au *Chicago Daily News,* Mowrer avait écrit un livre à succès, *Germany Puts the Clock Back (L'Allemagne retourne en arrière),* qui avait déclenché la colère des dirigeants nazis, au point que les amis de Mowrer pensaient que sa vie était en danger. Le gouvernement d'Hitler voulait qu'il quitte le pays. Mowrer entendait rester et vint trouver Dodd pour lui demander d'intercéder.

Depuis longtemps, Mowrer servait de cible à l'ire nazie. Dans ses reportages en provenance d'Allemagne, il avait réussi à tailler sous la patine de la normalité pour saisir des événements qui forçaient à s'interroger et il utilisait des techniques de récit novatrices. Une de ses plus éminentes sources d'information[1] était son médecin, un Juif, fils du grand rabbin de Berlin. Toutes les deux semaines environ, Mowrer prenait rendez-vous pour le consulter, ostensiblement pour un mal de gorge persistant. Chaque fois, le docteur lui remettait un compte rendu dactylographié des plus récents débordements nazis, une méthode qui fonctionna jusqu'à ce que le médecin soupçonne que Mowrer était suivi. Ils décidèrent donc d'un nouveau lieu de rendez-vous : chaque mercredi à onze heures quarante-cinq, ils se retrouvaient dans les toilettes publiques sous la Potsdamer Platz. Ils occupaient des urinoirs voisins. Le docteur laissait tomber son dernier rapport, que Mowrer ramassait.

Putzi Hanfstaengl tenta de saper la crédibilité[2] de Mowrer en faisant courir le bruit que si ses reportages étaient aussi virulents, c'était parce qu'il était un Juif « planqué ». De fait, Martha avait eu la même idée. « J'avais tendance à penser qu'il était juif »[3], reconnaissait-elle ; elle « considérait que son hostilité n'était suscitée que par sa conscience raciale ».

Mowrer était effaré de voir que le monde extérieur ne saisissait pas ce qui se tramait réellement en Allemagne. Il découvrit que son propre frère en était arrivé à douter de la véracité de ses reportages.

Mowrer invita Dodd à dîner dans son appartement qui dominait le Tiergarten et tenta de lui ouvrir les yeux sur certaines réalités cachées. « En pure perte[4], nota Mowrer. Il savait mieux que moi ce qu'il en était. » Même les agressions périodiques contre les Américains semblaient ne pas ébranler l'ambassadeur, remarqua Mowrer : « Dodd déclara qu'il ne souhaitait nullement s'ingérer dans les affaires intérieures de l'Allemagne. »

De son côté, Dodd estimait que Mowrer était «presque aussi véhément[5], à sa façon, que les nazis».

Les menaces contre Mowrer augmentèrent. Au sein de la hiérarchie nazie, on parlait de s'en prendre à lui physiquement. Le chef de la Gestapo, Rudolf Diels, se sentit obligé[6] de prévenir l'ambassade des États-Unis que le seul nom de Mowrer mettait Hitler hors de lui. Diels craignait qu'un fanatique n'en vînt à tuer le journaliste ou sinon «à l'éliminer». Diels affirmait avoir donné l'ordre à certains hommes «de responsabilité» de la Gestapo d'exercer une surveillance discrète sur Mowrer et sa famille.

Quand Frank Knox, le propriétaire du *Chicago Daily News* et patron de Mowrer, fut informé de ces menaces, il se résigna à transférer Mowrer hors de Berlin. Il lui offrit le bureau du journal à Tokyo. Mowrer accepta à contrecœur, conscient que, tôt ou tard, il serait expulsé d'Allemagne, mais il insista pour rester jusqu'en octobre, en partie pour démontrer qu'il ne se laissait pas intimider, mais surtout parce qu'il voulait couvrir le rassemblement annuel du parti nazi à Nuremberg, programmé pour le 1er septembre. Le spectacle du «Congrès du Parti pour la Victoire» promettait d'être grandiose.

Les nazis voulaient qu'il disparaisse sur-le-champ. Les SA se manifestèrent devant son bureau. Ils suivirent ses amis et menacèrent les membres de son équipe. À Washington, l'ambassadeur d'Allemagne signala au Département d'État que, en raison de l'«indignation justifiée du peuple»[7], le gouvernement ne pouvait plus garantir la sécurité de Mowrer.

À ce stade, même ses confrères commençaient à s'inquiéter. H. R. Knickerbocker et un autre reporter allèrent voir le consul général Messersmith pour lui demander de convaincre Mowrer de partir. Messersmith était réticent. Il connaissait bien Mowrer et respectait son courage à défier les nazis. Il craignait que Mowrer ne prenne son intervention comme une trahison. Néanmoins, il accepta d'essayer.

Ce fut «une des conversations les plus difficiles que j'aie jamais eues, écrivit Messersmith par la suite. Quand il vit que je me joignais à ses autres amis pour tenter de le persuader de partir, il eut les larmes aux yeux et me regarda avec reproche». Toutefois, Messersmith pensait qu'il était de son devoir de le convaincre de s'en aller.

Mowrer renonça «avec un geste de désespoir» et il quitta le bureau de Messersmith.

Aussitôt, le journaliste alla porter l'affaire directement devant l'ambassadeur américain, mais celui-ci pensait aussi qu'il valait mieux qu'il parte, non seulement pour sa propre sécurité mais parce que ses articles contribuaient à la tension dans une situation diplomatique déjà suffisamment difficile.

«Si vous n'étiez pas transféré[8] par votre journal, de toute façon, je serais monté au créneau pour cette affaire... Ne pouvez-vous pas l'accepter, pour éviter les complications?»

Mowrer céda. Il convint de partir le 1er septembre, un jour avant le congrès de Nuremberg qu'il avait tellement voulu couvrir.

Martha écrivit plus tard: «Il ne pardonna jamais tout à fait à mon père[9] de lui avoir donné ce conseil.»

Un autre des premiers visiteurs de Dodd fut, comme il le rapporte lui-même, «le chimiste peut-être le plus éminent d'Allemagne», bien qu'il n'en eût pas l'air. Il était plutôt petit de taille et le crâne chauve, avec une fine moustache grise au-dessus de lèvres pleines. Il avait le teint cireux, l'air d'un homme beaucoup plus vieux que son âge.

C'était Fritz Haber. Pour tous les Allemands, c'était un nom connu et respecté, ou du moins l'était-il jusqu'à l'avènement d'Hitler. Il y avait peu encore, Haber était le directeur du célèbre institut Kaiser-Wilhelm pour la chimie physique. C'était un héros de guerre et un prix Nobel. Dans l'espoir de mettre fin à la guerre des tranchées pendant la Grande Guerre, Haber avait inventé un gaz toxique, le chlore. Il avait défini ce qu'on appelle communément la constante de Haber, ou la loi de Haber, exprimée par la formule mathématique $c \times t = k$[10], d'une élégante fatalité : une concentration faible de gaz («c») sur une longue durée d'exposition («t») donnera le même résultat qu'une forte concentration sur une courte durée d'exposition («k» étant la constante). Il inventa aussi un moyen de répandre ce gaz sur le terrain et se rendit lui-même sur le front en 1915 pour sa première utilisation contre les forces françaises à Ypres. Au plan personnel[11], cette journée à Ypres lui coûta cher. Sa femme, Clara, qu'il avait épousée trente-deux ans plus tôt, condamnait ses recherches qu'elle trouvait inhumaines et immorales, et lui avait demandé d'arrêter, mais, à ces préoccupations, il offrait une réponse toute faite : la mort est la mort, peu importe la cause. Neuf jours après l'attaque au gaz à Ypres, elle se suicida. Malgré le tollé international suscité par les recherches de Haber sur le gaz toxique, il avait reçu en 1918 le prix Nobel de chimie pour avoir découvert le moyen d'extraire le nitrogène de l'air et permis ainsi la fabrication d'un engrais abondant et peu coûteux. De même que, bien entendu, la fabrication d'explosifs.

Bien qu'il se fût converti avant la Première Guerre au protestantisme, Haber tombait sous le coup des nouvelles lois aryennes, mais une exception consentie aux anciens combattants juifs lui permit de rester à la tête de l'institut. Cependant, beaucoup de scientifiques juifs dans son équipe ne pouvaient invoquer cette disposition, et le 21 avril 1933, Haber reçut l'ordre de les renvoyer. Il tenta de s'opposer à cette décision, mais trouva peu d'appuis. Même son ami Max Planck lui offrait une piètre consolation. «Dans ce profond abattement[12], écrivit Planck, mon seul réconfort est que nous vivons à une époque de catastrophe comme c'est le cas pour toute révolution, et que nous devons supporter une grande partie des événements comme un phénomène naturel, sans se tourmenter pour savoir s'ils auraient pu tourner autrement.»

Haber ne voyait pas les choses ainsi. Plutôt que de présider au limogeage de ses amis et collègues, il démissionna.

À présent, en ce vendredi 28 juillet 1933, avec peu d'options devant lui, il se présenta à Dodd pour lui demander son aide, porteur d'une lettre de Henry Morgenthau Jr, dirigeant du Federal Farm Board de Roosevelt (et futur secrétaire du Trésor). Morgenthau était juif et plaidait pour l'accueil des réfugiés juifs aux États-Unis.

Tandis qu'il racontait son histoire, Haber «tremblait de la tête aux pieds»[13], nota Dodd dans son journal, précisant que le récit de Haber était «l'exemple le plus triste des persécutions juives[14] qu'il m'ait été donné d'entendre». Haber avait soixante-cinq ans, avec un cœur défaillant, et se voyait à présent refuser la pension qui lui avait été garantie par les lois de la république de Weimar, qui avait précédé la venue au pouvoir d'Hitler. «Il désirait connaître les possibilités[15] aux États-Unis pour les émigrants ayant eu de grands succès scientifiques ici, ajouta Dodd. Je pus seulement lui dire que la loi n'en offrait aucune pour le moment, les quotas étant remplis.» Dodd promit d'écrire au ministère du Travail, qui administrait les quotas d'immigration, pour demander «si une décision favorable pouvait être accordée à ce type de personne».

Ils se serrèrent la main. Haber prévint Dodd qu'il devait se montrer prudent en parlant de son affaire à d'autres, «car les conséquences pourraient être graves». Et puis Haber partit, petit chimiste gris qui avait été autrefois un des plus importants atouts scientifiques de l'Allemagne.

«Pauvre vieux», songea Dodd, qui se reprit, car Haber n'avait en fait qu'un an de plus que lui-même. «Un tel traitement, écrivit-il encore dans son cahier, ne peut que porter malheur au gouvernement qui fait preuve d'une pareille cruauté.»

Dodd découvrit, trop tard, que ce qu'il avait dit à Haber était tout simplement inexact. La semaine suivante, le 5 août, Dodd écrivit à Isador Lubin, responsable du Bureau des statistiques au département du Travail: «Vous savez que les quotas sont déjà remplis[16] et vous vous rendez compte sans doute qu'un grand nombre de gens de grande valeur souhaiteraient émigrer aux États-Unis, même s'ils sont obligés de sacrifier leurs biens.»

À la lumière de cela, Dodd voulait savoir si le ministère du Travail avait découvert un moyen pour que «les plus méritantes de ces personnes puissent être admises».

Lubin fit suivre la lettre de Dodd au colonel D. W. MacCormack, commissaire à l'immigration et la naturalisation, qui répondit à Lubin le 23 août : «L'ambassadeur semble [17] avoir été induit en erreur à ce propos.» De fait, seule une petite fraction des visas assignés selon le quota allemand avait été accordée et la faute en incombait, comme le signalait clairement MacCormack, au Département d'État et aux Affaires étrangères, et à leur application excessive de la clause qui interdisait l'entrée du pays à des gens «risquant de se retrouver à la charge de la société». Rien dans les documents de Dodd n'explique comment il en était venu à croire que les quotas étaient remplis.

Tout cela arriva trop tard pour Haber. Il était parti pour l'Angleterre [18] pour enseigner à l'université de Cambridge, apparemment une chance, mais il se sentit perdu dans une culture étrangère, arraché à son passé et souffrant des effets d'un climat inhospitalier. Dans les six mois qui suivirent son rendez-vous dans le bureau de Dodd, au cours d'une convalescence en Suisse, il succomba à une crise cardiaque, son trépas passant inaperçu dans l'Allemagne nouvelle. Dans les dix ans qui suivirent, le Troisième Reich trouva un nouvel usage à «la constante de Haber» et à l'insecticide que Haber avait inventé dans son institut, composé en partie de cyanure et répandu généralement pour enfumer des stocks de céréales. Appelé au début Zyklon A, il fut transformé par des chimistes allemands en une variante encore plus mortelle : le Zyklon B [19].

En dépit de cette rencontre, Dodd restait convaincu que le gouvernement devenait plus modéré et que les mauvais traitements infligés aux Juifs par les nazis étaient sur le déclin. C'était ce qu'il affirmait dans une lettre au rabbin Wise de l'American Jewish Congress, qu'il avait rencontré au Century Club à New York et qui avait fait la traversée vers l'Allemagne en même temps que lui.

Le rabbin Wise fut sidéré. Dans une réponse de Genève le 28 juillet, il écrivit : « Comme j'aimerais[20] partager votre optimisme ! Cependant, je dois vous dire que tous les témoignages des multiples réfugiés à Londres et Paris au cours des deux dernières semaines me donnent l'impression que, loin de connaître une amélioration, comme vous le pensez, la situation s'aggrave chaque jour et devient plus oppressante pour les Juifs allemands. Je suis certain que les hommes que vous avez rencontrés à la petite conférence du Century Club confirmeraient cette impression. » Il faisait allusion à la réunion à New York à laquelle avaient également assisté Felix Warburg et d'autres dirigeants juifs.

En privé, dans une lettre à sa fille, Wise écrivit que Dodd écoutait « des menteurs »[21].

Dodd s'en tint à ses idées. À la lettre de Wise, il répliqua : « Les nombreuses sources d'information[22] auxquelles notre bureau a accès semblent indiquer un désir de relâcher la pression sur le problème juif. Bien sûr, nombre d'incidents extrêmement déplaisants continuent d'être signalés. Je pense qu'il s'agit là d'un résidu de l'agitation précédente. Bien que je ne sois en aucun cas disposé à minimiser ou à vouloir excuser de pareilles situations, je suis absolument convaincu que les dirigeants à la tête du gouvernement adopteront dès que possible une politique plus modérée.»

«Bien sûr, ajoutait-il, vous savez que notre administration ne saurait s'ingérer dans ce type d'affaire intérieure. Tout ce que nous pouvons faire, c'est défendre le point de vue de l'Amérique et souligner les conséquences négatives de la politique actuelle.» Il était opposé à une protestation directe, précisait-il. «Mon opinion est... que le meilleur moyen d'agir en faveur d'une politique plus bienveillante et humaine est de le faire à titre non officiel, et par le biais d'entretiens privés avec les hommes qui commencent à se rendre compte des risques à venir.»

Wise était tellement préoccupé par l'apparente incapacité de Dodd à saisir ce qui se passait réellement qu'il proposa de venir à Berlin pour lui dire, comme il l'expliqua à sa propre fille, Justine, «la vérité[23] qu'il n'entendrait pas autrement». À l'époque, Wise se trouvait en Suisse. À Zurich, il «supplia de nouveau Dodd au téléphone de rendre possible [son] transfert en avion pour Berlin».

Dodd refusa. Wise était trop connu en Allemagne et trop détesté. Sa photographie avait paru trop souvent dans le *Völkischer Beobachter* et *Der Stürmer*. Comme Wise le raconte dans ses mémoires, Dodd avait peur qu'on «[le] reconnaisse[24], surtout en raison de [son] passeport bien caractéristique, et qu'[il] suscite un "incident déplaisant" en atterrissant dans un endroit comme Nuremberg». L'ambassadeur ne se laissa pas fléchir par la proposition de Wise qu'un fonctionnaire de l'ambassade vienne l'attendre à l'aéroport et ne le quitte pas des yeux pendant la durée de son séjour.

Pendant son voyage en Suisse, Wise assista à la Conférence juive mondiale à Genève, où il introduisit une résolution qui appelait au boycott mondial du commerce allemand. La résolution fut votée.

Wise aurait été réconforté d'apprendre que le consul général envisageait les événements d'une manière beaucoup plus sombre que Dodd. Alors que Messersmith reconnaissait que les cas de violence brutale contre les Juifs avaient radicalement diminué, il constatait que ceux-ci avaient été remplacés par une forme de persécution infiniment plus insidieuse et généralisée. «En bref, on peut dire[25] que la situation des Juifs à tous égards, à l'exception de leur sécurité personnelle, ne cesse de s'aggraver, que les restrictions deviennent en réalité tous les jours plus sévères dans la pratique et que des nouvelles restrictions ne cessent de s'y ajouter», rapportait-il dans une dépêche au Département d'État.

Il citait plusieurs faits nouveaux. Les dentistes juifs avaient à présent l'interdiction de soigner des patients selon le système de l'assurance sociale allemande, rappelant ce qui était arrivé aux médecins juifs plus tôt dans l'année. Un nouveau «bureau de la mode allemand» venait d'exclure les couturiers juifs d'un prochain défilé de mode. Les Juifs et quiconque ayant ne serait-ce qu'une apparence non aryenne se voyaient interdire l'entrée dans la police. Et les Juifs, ajoutait Messersmith, étaient désormais bannis officiellement de la plage de Wannsee.

Des persécutions encore plus systématiques s'annonçaient, poursuivait le consul général. Il avait appris qu'il existait un projet de loi visant à priver les Juifs de leur nationalité et de tous leurs droits civiques. Les Juifs allemands «considèrent que cette loi en préparation est le coup moral le plus grave qui puisse leur être porté. Ils sont désormais privés de presque tous les moyens de gagner leur vie et comprennent que la nouvelle loi sur la nationalité va les priver de presque tous leurs droits civiques ».

La seule raison pour laquelle la loi n'était pas encore passée, comme l'avait appris Messersmith, c'était que, pour le moment, ceux qui l'avaient concoctée craignaient « la réaction défavorable qu'elle susciterait à l'étranger ». Le projet circulait depuis neuf semaines et cela incita Messersmith à terminer sa dépêche sur un vœu pieux : « Le fait que la loi ait été à l'étude si longtemps, écrivit-il, montre peut-être que sous sa forme finale elle sera moins radicale que celle envisagée jusqu'ici. »

Dans une lettre du 12 août à Roosevelt, Dodd réitéra sa volonté de faire preuve d'objectivité et de compréhension, lettre dans laquelle il précisait que s'il n'approuvait pas la façon dont l'Allemagne traitait les Juifs ou l'effort d'Hitler pour restaurer la puissance militaire du pays, « fondamentalement, je pense[26] qu'un peuple a le droit de se gouverner et que les autres peuples doivent faire preuve de patience même quand des cruautés et des injustices sont commises. Il faut donner aux hommes la chance d'appliquer leurs idées ».

10

LE 27 A
TIERGARTENSTRASSE

M artha et sa mère se mirent en devoir de trouver une maison à louer pour la famille, afin de pouvoir quitter l'Esplanade – échapper à son opulence, du point de vue de Dodd – et mener une existence plus stable. Pendant ce temps, Bill Jr s'était inscrit en doctorat à l'université de Berlin. Pour améliorer son allemand aussi vite que possible, il logerait pendant la semaine dans la famille d'un professeur.

La question de l'hébergement de l'ambassadeur américain à Berlin avait longtemps été une source d'embarras. Quelques années plus tôt, le Département d'État avait fait l'acquisition d'une somptueuse demeure, le palais Blücher, sur la Pariser Platz près de la porte de Brandebourg, qu'il avait restauré pour servir de résidence à l'ambassadeur américain et héberger dans un même lieu les services diplomatiques et consulaires dispersés dans la ville, et du même coup rapprocher physiquement les États-Unis de la Grande-Bretagne et de la France, dont les ambassades étaient depuis longtemps confortablement établies dans des palais majestueux autour de la place. Cependant, juste avant que Frederic Sackett, le prédécesseur de Dodd, ne puisse s'y installer, le feu avait ravagé le bâtiment. Depuis lors, il se dressait, telle une épave solitaire, obligeant Sackett et maintenant Dodd à trouver un autre lieu de résidence. Sur le plan personnel, Dodd n'était pas fâché de cette situation. Même s'il condamnait le gaspillage[1] de toutes les sommes déjà englouties dans cette affaire – le gouvernement, écrit-il, avait payé un prix «exorbitant» pour ce palais, mais «vous savez que c'était en 1928 ou 1929, quand tout le monde était fou» –, il aimait l'idée d'habiter en dehors de l'ambassade. «Personnellement, je préférerais[2] avoir ma résidence à une demi-heure de marche que d'habiter à l'intérieur du palais», précisait-il. Il reconnaissait qu'avoir un bâtiment suffisamment vaste pour abriter les fonctionnaires subalternes serait une bonne chose, «mais n'importe lequel d'entre nous qui reçoit des visiteurs doit admettre que la proximité de la résidence et des bureaux nous priverait de toute intimité – laquelle est parfois tout à fait essentielle».

Martha et sa mère visitèrent les quartiers résidentiels agréables du Grand Berlin et découvrirent que la ville était pleine de parcs et de jardins, avec des plantes et des fleurs apparemment sur tous les balcons. Dans les quartiers les plus éloignés, elles virent ce qui semblait être de minuscules fermes, probablement juste ce dont rêvait le père de Martha. Elles croisèrent des escouades de jeunes gens en uniforme qui marchaient joyeusement au pas en chantant, et des formations de la *Sturmabteilung* plus menaçantes, comprenant des individus de toutes tailles et mal fagotés dans des uniformes dont l'élément principal était une chemise brune d'une coupe particulièrement peu flatteuse. Plus rarement, elles repérèrent les membres plus svelte, mieux vêtus, des SS, en uniforme noir souligné de rouge, ressemblant à une espèce d'oiseau noir de taille démesurée.

Martha et sa mère hésitèrent entre plusieurs résidences[3], même si, au début, elles ne s'interrogèrent pas pourquoi autant de vieilles demeures étaient à louer avec leur mobilier luxueux, des tables et des chaises ouvragées, des pianos étincelants, des vases rares, des cartes et des livres encore à leur place. Le quartier juste au sud du Tiergarten leur plaisait particulièrement. Situé sur le trajet de Dodd quand il se rendait à l'ambassade, il comportait des jardins ravissants, une ombre généreuse, une atmosphère tranquille et tout un éventail de belles bâtisses. Une résidence dans le quartier était devenue disponible, ce qu'elles apprirent par l'attaché militaire de l'ambassade, qui tenait la nouvelle directement de son propriétaire, Alfred Panofsky, le riche propriétaire juif d'une banque privée et un des nombreux Juifs – quelque seize mille, ou environ 9 % des Juifs de Berlin – qui habitaient ce quartier. Bien que les Juifs fussent chassés de leurs emplois partout dans le pays, la banque de Panofsky continuait à fonctionner et, chose remarquable, l'administration fermait les yeux.

Panofsky promit que la location serait d'un montant très raisonnable. Dodd, qui commençait à avoir des doutes mais restait fidèle à son vœu de ne pas outrepasser le montant de son traitement, fut intéressé et, vers la fin de juillet, alla visiter la maison.

La résidence du 27 a Tiergartenstrasse était un hôtel particulier de quatre étages en pierre qui avait été construit pour Ferdinand Warburg, de la célèbre dynastie des Warburg. Le parc se trouvait de l'autre côté de la rue. Panofsky et sa mère firent visiter les lieux à la famille de l'ambassadeur ; Dodd apprit alors que, en fait, Panofsky ne proposait pas la totalité de la maison, mais seulement les trois premiers étages. Le banquier et sa mère prévoyaient d'habiter le dernier étage et se réservaient également l'usage de l'ascenseur électrique de la maison.

Panofsky était suffisamment fortuné pour ne pas avoir besoin de louer la maison, mais il en avait vu suffisamment depuis l'accession d'Hitler au poste de chancelier pour savoir qu'aucun Juif, fût-il banquier, n'était à l'abri des persécutions. Il proposait le 27 a au nouvel ambassadeur dans l'intention délibérée d'y gagner, pour sa mère et lui, un surcroît de sécurité physique, en comptant que même les Sturmtruppen n'oseraient pas provoquer un tollé international en faisant une descente dans la maison que partageait l'ambassadeur américain. De leur côté, les Dodd disposeraient de tous les agréments d'une maison de ville, pour une fraction de son coût réel, dans un cadre assez imposant pour affirmer la puissance et le prestige des États-Unis et avec suffisamment d'espace pour recevoir à l'aise les invités officiels et les membres du corps diplomatique. Dans une lettre au président Roosevelt, Dodd exultait : « Nous avons une des plus belles résidences de Berlin[4] pour cent cinquante dollars par mois, du fait que le propriétaire est un Juif riche, très disposé à nous accueillir. »

Panofsky et Dodd signèrent un accord amiable d'une page, bien que Dodd eût encore quelques scrupules. Il adorait le calme, les arbres, le jardin et la perspective de continuer à se rendre à pied à son bureau chaque matin, mais il trouvait la maison trop opulente et l'appelait, pour se moquer, « notre nouveau manoir ».

Une plaque ornée de l'image de l'aigle américain fut apposée sur la grille de l'entrée de la résidence et, le samedi 5 août 1933, Dodd et sa famille quittèrent l'Esplanade pour s'installer dans leur nouveau foyer.

Dodd reconnut plus tard que, s'il avait su quelles étaient les véritables intentions de Panofsky concernant l'usage du quatrième étage au-delà du fait d'y loger avec sa mère, il n'aurait jamais accepté le bail.

Les arbres et le jardin[5] remplissaient l'espace, qui était ceinturé par une haute grille sertie dans un muret de brique à la hauteur du genou. Les piétons entraient dans l'enceinte en passant une porte formée de barres métalliques verticales ; en voiture, on traversait un haut portail surmonté d'une arche élaborée en fer forgé avec une sphère translucide au centre. La porte d'entrée de la maison était invariablement dans l'ombre et formait un rectangle noir à la base de la façade arrondie, comme une tour, qui s'élevait sur toute la hauteur du bâtiment. La particularité architecturale la plus notable était une avancée imposante sur une hauteur d'environ un étage et demi qui faisait saillie sur le devant et formait une porte cochère au-dessus de l'allée et servait de galerie pour exposer des peintures.

L'entrée principale et le hall étaient au rez-de-chaussée, et à l'arrière se trouvait le centre névralgique de la maison : les quartiers des domestiques, la buanderie, la chambre froide, diverses pièces et remises pour les provisions, un office et une énorme cuisine, que Martha décrivit comme faisant « deux fois la taille d'un appartement new-yorkais

courant »[6]. En entrant dans la maison, les Dodd pénétrèrent dans un grand vestibule flanqué de penderies des
deux côtés, puis un escalier élaboré conduisant à l'étage
principal.

C'est là que le joyau de la maison apparaissait dans
toute sa splendeur. Sur le devant, derrière la façade
incurvée formant comme une tour, se trouvait une
salle de danse avec une piste ovale au parquet étincelant et un piano recouvert d'un riche tapis à franges, sa
banquette tapissée de jaune d'or. Sur le piano, les Dodd
placèrent un vase élaboré rempli de grandes fleurs et, à
côté, une photographie encadrée de Martha sur laquelle
elle paraissait particulièrement belle et d'une sensualité
évidente, un choix curieux, peut-être, pour la salle de bal
d'une résidence officielle. Un salon de réception avait les
murs couverts de damas vert sombre, une autre de satin
rose. Une vaste salle à manger était tapissée de rouge.

La chambre des Dodd se trouvait au troisième étage.
(Panofsky et sa mère iraient loger juste au-dessus, à l'étage
mansardé.) La salle de bains principale était immense,
tellement décorée et surfaite qu'elle en était comique, du
moins du point de vue de Martha. Le sol et les murs
étaient entièrement couverts « de mosaïque colorée et
dorée »[7]. Une grande baignoire était surélevée sur une
plate-forme, comme exposée dans un musée. « Pendant
des semaines, raconte Martha, je hurlais de rire quand
je voyais la salle de bains et de temps à autre, pour
m'amuser, je faisais monter mes amis pour la leur montrer
quand mon père était absent. »

Même si Dodd continuait de trouver la maison
d'un luxe excessif, il dut concéder que la salle de bal
et les salons seraient les bienvenus pour les fonctions

diplomatiques, pour lesquelles il savait – sans joie – qu'il lui faudrait inviter des dizaines de convives pour ne froisser aucun ambassadeur. Et il adorait le *Wintergarten*, ou jardin d'hiver, à l'extrémité sud du premier étage, une pièce vitrée qui donnait sur une terrasse carrelée dominant le jardin. À l'intérieur, il pouvait s'allonger sur une chaise longue pour lire ; aux beaux jours, il s'asseyait dehors dans un fauteuil en rotin, un livre sur les genoux, pour profiter du soleil au sud.

La pièce préférée de la famille était la bibliothèque, qui offrait la perspective de soirées d'hiver agréables au coin du feu. Elle était lambrissée de bois sombre, luisant, et de damas rouge, et avait une vieille cheminée imposante dont le manteau émaillé de noir était gravé de forêts et de silhouettes humaines. Les étagères étaient pleines de livres, dont beaucoup étaient anciens et de valeur, d'après Dodd. À certains moments de la journée, la pièce baignait dans la lumière colorée que projetait un vitrail disposé tout en haut d'un mur. Une table recouverte d'une plaque de verre présentait des manuscrits et des lettres de valeur laissés là par Panofsky. Martha aimait particulièrement le vaste sofa de cuir marron, qui deviendrait bientôt un des atouts de sa vie amoureuse. La taille de la maison, l'éloignement des chambres à coucher, le silence des murs gainés de tissu – tout cela se révélerait précieux, de même que l'habitude de ses parents de se retirer de bonne heure en dépit de la coutume courante à Berlin de veiller jusqu'à une heure tardive.

Ce samedi d'août où les Dodd emménagèrent, les Panofsky eurent l'élégance de déposer des fleurs fraîches dans toute la maison, poussant l'ambassadeur à écrire un mot de remerciement. «Nous sommes convaincus[8] que, grâce à vos aimables efforts et à votre prévenance, nous serons très heureux dans votre ravissante demeure.»

Pour la communauté diplomatique, la maison du 27 a Tiergartenstrasse fut bientôt connue comme un refuge où les gens pouvaient exprimer le fond de leur pensée sans crainte. «J'adore y aller[9] en raison de l'esprit brillant de Dodd, de son don aigu de l'observation et de sa langue sarcastique et incisive, écrivait Bella Fromm, la chroniqueuse mondaine. Je m'y plais aussi parce qu'il n'y a pas de cérémonial strict comme dans les autres résidences.» Le prince Louis Ferdinand était un habitué des lieux, qu'il désigne dans ses mémoires comme son «deuxième chez soi»[10]. Il se joignait souvent aux Dodd pour le dîner. «Quand les domestiques étaient hors de portée[11], nous vidions notre cœur», écrit-il. Parfois, le prince faisait preuve d'une franchise excessive, même pour l'ambassadeur, qui le mettait en garde. «Si vous ne veillez pas à être plus prudent[12] dans vos propos, prince Louis, ils vous pendront un de ces jours. J'assisterai certes à vos funérailles, mais cela ne vous servira guère, je le crains.»

Comme la famille s'installait, il s'établit, entre Martha et son père, un rapport d'aimable camaraderie. Ils échangeaient des blagues et des réflexions pince-sans-rire. «Nous nous adorons[13], écrivit-elle à Thornton Wilder, et je me vois confier des secrets d'État. Nous nous moquons des nazis et demandons à notre charmant maître d'hôtel s'il a du sang juif.» Le maître d'hôtel – «petit, blond, obséquieux[14], efficace» – avait été au service du précédent ambassadeur. «Nous parlons surtout politique à table, poursuit-elle dans sa lettre. Père lit des chapitres de son *Vieux Sud* aux invités. C'est tout juste s'ils ne meurent pas de chagrin et de perplexité. »

Elle releva que sa mère – qu'elle appelait « Son Excellence » – était en bonne santé, « mais un peu nerveuse [et] prend plutôt plaisir à tout cela ». Son père, écrit-elle, « s'épanouit incroyablement », et « semble légèrement pro-allemand ». « J'avoue que nous n'aimons pas trop les Juifs, de toute façon », ajoutait-elle.

Carl Sandburg lui envoya en guise de bienvenue une lettre pleine de divagations, tapée sur deux feuilles de papier ultra-minces, avec un espace à la place des signes de ponctuation : « À présent l'hégire commence[15] les *wanderjahre*, le sillage sur la mer et son zigzag sur le continent et au centre de la maison de berlin où se déploient une nombreuse arithmétique en lambeaux et des testaments déchirés par les portes passeront tous les atours et les langues et les récits d'europe les juifs les communistes les athées les non-aryens les proscrits ne se présenteront pas toujours comme tels mais viendront à leur guise en déguisement dégrisé... certains viendront avec des chants étranges et d'autres avec des vers que nous avons connus et aimés des correspondants désinvoltes et des espions internationaux permanents des ramasseurs d'épaves pleins d'embruns aviateurs héros... »

Les Dodd apprirent bientôt qu'ils avaient un voisin éminent et très redouté un peu plus loin sur la Tiergartenstrasse, dans une rue secondaire, la Standartenstrasse : le capitaine Röhm en personne, commandant des Sturmtruppen. Chaque matin, on l'apercevait au Tiergarten sur un grand cheval noir. Une autre résidence proche, une ravissante demeure à deux niveaux qui abritait la chancellerie personnelle d'Hitler, allait bientôt devenir le siège d'un projet nazi pour euthanasier les handicapés physiques ou mentaux, nom de code Aktion, ou Action, T-4 pour l'adresse : Tiergartenstrasse 4.

Malgré l'effroi qu'en concevait le conseiller Gordon, l'ambassadeur Dodd continuait d'aller à pied au travail, seul, sans garde, en costume de ville.

À présent, le dimanche 13 août 1933, Hindenburg étant toujours en convalescence dans ses terres, alors que l'ambassadeur n'était toujours pas accrédité mais que la question de sa nouvelle résidence était enfin résolue, la famille Dodd, accompagnée par le correspondant Quentin Reynolds, le nouvel ami de Martha, partit à la découverte du pays. Ils voyagèrent d'abord en voiture[16] – dans la Chevrolet de Dodd – mais ils prévoyaient de se séparer à Leipzig, à environ cent cinquante kilomètres au sud de Berlin, où Dodd et sa femme avaient l'intention de s'attarder un peu pour revoir les lieux marquants du séjour de l'ambassadeur à l'université de Leipzig.

Martha, Bill Jr et Reynolds filèrent vers le sud, dans l'intention de pousser jusqu'en Autriche. Leur expédition fut marquée par un incident qui allait pour la première fois bousculer la vision idyllique que Martha se faisait de l'Allemagne nouvelle.

Troisième partie

LUCIFER AU JARDIN

Rudolf Diels　　　　　*Martha Dodd*

11

DES ÊTRES ÉTRANGES

Ils roulèrent vers le sud à travers une campagne charmante et des petits villages impeccables, aucun n'ayant beaucoup changé depuis trente-cinq ans, lorsque Dodd avait emprunté la même route, à cette exception notable : dans une ville après l'autre, les façades des bâtiments publics étaient pavoisées de bannières portant l'insigne rouge, blanc et noir du parti nazi, avec l'inévitable croix gammée au centre. À onze heures, ils parvinrent à leur première étape, la Schlosskirche, ou l'église du château, de Wittenberg, à la porte de laquelle Martin Luther avait placardé les Quatre-vingt-quinze thèses qui déclenchèrent la Réforme. En tant qu'étudiant, Dodd s'était rendu de Leipzig à Wittenberg et avait assisté à des offices dans l'église ; ce jour-là, il trouva les portes closes. Un défilé nazi sillonnait les rues de la ville.

Le groupe ne passa qu'une heure à Wittenberg, puis continua vers Leipzig, où il arriva à treize heures pour se rendre directement dans l'un des plus célèbres restaurants d'Allemagne, la Auerbachs Keller, un des lieux de prédilection de Goethe qui sert de cadre à une rencontre entre Faust et Méphisto, rencontre au cours de laquelle le vin de Méphisto se transforme en feu. Dodd trouva le repas excellent, surtout son prix : trois marks. Il ne but ni vin ni bière. Martha, Bill et Reynolds, en revanche, descendirent une chope après l'autre.

Ensuite le groupe se scinda en deux. Les jeunes partirent en automobile en direction de Nuremberg ; Dodd et sa femme s'installèrent à l'hôtel, se reposèrent quelques heures, puis sortirent dîner, un autre bon repas à un prix encore plus avantageux : deux marks. Ils continuèrent la visite de la ville le lendemain, puis prirent le train pour rentrer à Berlin, où ils arrivèrent à dix-sept heures et regagnèrent en taxi leur nouvelle maison au 27 a Tiergartenstrasse.

Dodd était rentré depuis à peine vingt-quatre heures quand un citoyen américain fut de nouveau l'objet d'une agression. La victime, cette fois, était un chirurgien de trente ans, Daniel Mulvihill, qui habitait à Manhattan mais exerçait dans un hôpital de Long Island et se trouvait à Berlin pour étudier les techniques d'un célèbre chirurgien allemand. Dans une dépêche sur l'incident, Messersmith précisait que Mulvihill était « un citoyen américain très respectable [1] et il n'est pas juif ».

L'attaque correspondait à un modèle qui allait devenir un classique du genre : le soir du mardi 15 août, Mulvihill marchait sur Unter den Linden pour se rendre dans une pharmacie quand il s'arrêta pour regarder un cortège de membres des SA en uniforme qui s'approchaient. Les chemises brunes rejouaient pour un film de propagande le défilé triomphal sous la porte de Brandebourg qui avait eu lieu le soir de l'accession d'Hitler au poste de chancelier. Mulvihill observait sans se rendre compte qu'un SA s'était détaché du groupe et venait dans sa direction. Sans crier gare, l'homme frappa violemment Mulvihill sur le côté droit de la tête, puis rejoignit calmement les rangs. Les spectateurs expliquèrent au chirurgien sonné qu'il avait probablement été pris pour cible parce qu'il avait négligé de faire le salut hitlérien à leur passage. C'était le douzième cas de violence majeur contre un Américain depuis le 4 mars.

Le consulat américain protesta immédiatement et, le vendredi soir, la Gestapo annonça avoir arrêté l'agresseur. Le lendemain, samedi 19 août, un haut fonctionnaire avisa le vice-consul Geist qu'un ordre avait été donné aux SA et aux SS spécifiant que les étrangers n'étaient pas censés faire ou rendre le salut nazi. Le représentant déclara également que le chef de la division des SA de Berlin, un jeune officier appelé Karl Ernst, rendrait personnellement visite à Dodd au début de la semaine suivante en vue de présenter ses excuses pour cet incident. Le consul général Messersmith, qui avait rencontré Ernst auparavant, le décrit ainsi : «Très jeune, très énergique[2], direct, passionné», mais il émanait de lui «l'aura de brutalité et de force caractéristique des SA».

Ernst arriva comme promis. Il claqua les talons, salua et aboya *«Heil Hitler !»*. Dodd le remercia pour son salut, mais sans le lui rendre. Il écouta les «regrets sincères»[3] de Ernst et l'entendit lui promettre qu'une telle attaque ne se reproduirait pas. Ernst semblait penser qu'il avait fait son devoir, mais alors Dodd l'invita à s'asseoir et, retrouvant son rôle coutumier de père et de professeur, il le sermonna rudement sur le comportement regrettable de ses hommes et ses éventuelles conséquences.

Décontenancé, Ernst affirma qu'il avait la ferme intention de mettre fin à ces agressions. Puis il se leva, se remit au garde-à-vous, salua de nouveau, « s'inclina à la prussienne » et partit.

« Cela ne m'a nullement amusé », souligne Dodd.

Cet après-midi-là, il signala à Messersmith que Ernst lui avait présenté les excuses qui convenaient.

« Ces incidents vont se reproduire », répondit Messersmith.

Tout au long de la route de Nuremberg, Martha et ses compagnons croisèrent des groupes d'hommes en uniforme de SA, des jeunes et des vieux, des gros et des maigres, qui défilaient et chantaient en brandissant le drapeau nazi. Souvent, comme la voiture ralentissait pour emprunter des rues de village étroites, les badauds se tournaient vers eux et faisaient le salut hitlérien en criant *« Heil Hitler ! »*, interprétant apparemment les brefs chiffres sur la plaque d'immatriculation – traditionnellement, l'ambassadeur des États-Unis en Allemagne avait le numéro 13 – comme la preuve que ceux qui se trouvaient à l'intérieur devaient appartenir à la famille d'un cacique du Parti à Berlin. « L'allégresse générale était contagieuse[4] et je criais "*Heil !*" aussi vigoureusement que tout bon nazi », écrit Martha dans ses mémoires. Son comportement consterna son frère et Reynolds, mais leurs sarcasmes ne l'ébranlèrent nullement. « Je me sentais comme un enfant, exubérante et insouciante, l'ivresse du nouveau régime ayant sur moi l'effet du vin. »

Vers minuit, ils se garèrent devant leur hôtel à Nuremberg. Reynolds était déjà venu à Nuremberg et savait que les rues étaient assoupies à cette heure tardive, mais à présent, nota-t-il, ils trouvèrent la rue « pleine d'une foule excitée, en liesse ». Sa première idée fut que ces badauds participaient à une fête de l'industrie du jouet légendaire dans cette ville.

À l'hôtel, Reynolds demanda à l'accueil : « Va-t-il y avoir un défilé ? »

L'employé, joyeux et aimable, rit de si bon cœur que les pointes de sa moustache tremblaient, nota Reynolds. « Ce sera une sorte de défilé, déclara l'employé. Ils donnent une leçon à quelqu'un. »

Tous trois emportèrent leurs bagages dans leurs chambres, puis partirent à pied dans les rues pour visiter la ville et trouver quelque chose à manger.

La foule dehors avait grossi et baignait dans la bonne humeur. « Tout le monde était surexcité, riait, parlait », nota Reynolds. Il était frappé par l'attitude sympathique des gens, beaucoup plus cordiale, certainement, que celle des Berlinois. Ici, remarqua-t-il, si par erreur vous bousculiez quelqu'un, on vous adressait un sourire poli et un mot d'excuse aimable.

De loin, leur parvenait la clameur brutale qui s'intensifiait d'une foule encore plus grande et plus tapageuse s'approchant dans la rue. Ils entendaient une musique à distance, une fanfare pleine de cuivres et de bruit. La foule se pressait l'attendant avec impatience. « Nous avons entendu le rugissement du défilé à trois rues de là, des explosions de rires qui enflaient en venant vers nous avec la musique. »

Le bruit grandit, accompagné d'un éclat orange miroitant qui vacillait sur les façades des immeubles. Quelques instants plus tard, les manifestants apparurent, une colonne de chemises brunes portant torches et drapeaux. « Les Sturmtruppen, remarqua Reynolds. Pas des fabricants de poupées. »

Aussitôt derrière, le premier groupe suivait deux géants en uniforme et, entre les deux, une silhouette humaine beaucoup plus petite, et Reynolds ne put déterminer d'abord s'il s'agissait d'un homme ou d'une femme. Les mastodontes « tantôt portaient et tantôt tiraient partie » le prisonnier dans la rue. « Il avait le crâne tondu, nota Reynolds, et son visage et sa tête avaient été enduits de poudre blanche. » Martha indiqua que son visage avait « la couleur de l'absinthe diluée ».

Ils se rapprochèrent, comme la foule autour d'eux, et, à présent, Reynolds et Martha comprirent que c'était une petite jeune femme – bien que Reynolds n'en fût pas totalement certain. « Même si la silhouette portait une jupe, cela aurait pu être un homme habillé en clown, écrit-il. La foule autour de moi hurlait devant le spectacle de cette silhouette qu'on traînait. »

Les sympathiques habitants de Nuremberg autour d'eux se transformèrent : ils brocardaient et insultaient la femme. Les hommes à ses côtés la soulevèrent brutalement de toute sa hauteur, révélant une pancarte pendue à son cou. Des rires gras s'élevèrent de partout. Martha, Bill et Reynolds demandèrent dans un allemand hésitant aux spectateurs ce qui se passait et apprirent par bribes que la jeune fille fréquentait un Juif. D'après ce que

Martha réussit à déchiffrer, la pancarte disait : « JE ME SUIS DONNÉE À UN JUIF. »

Comme les SA poursuivaient leur chemin, la foule déferla des trottoirs sur la chaussée et les suivit. Un bus à impériale se trouva coincé dans la cohue. Son chauffeur leva les mains en signe de reddition. Les passagers sur l'impériale montrèrent la jeune fille du doigt en riant. Les SA de nouveau soulevèrent la mince silhouette – « leur joujou », comme le décrivit Reynolds – pour que les voyageurs puissent mieux la voir. « Puis quelqu'un eut l'idée de faire entrer la chose dans le vestibule de notre hôtel. » Reynolds apprit alors que « la chose » avait un nom : Anna Rath.

La fanfare resta dans la rue, où elle continua de jouer une musique bruyante, moqueuse. Les SA sortirent du hall de l'hôtel et tirèrent la femme vers un autre hôtel. La fanfare entonna le *Horst Wessel Lied* et brusquement, de toutes parts dans la rue, la foule se mit au garde-à-vous, bras droit tendu faisant le salut nazi, tous chantant à pleins poumons.

Quand la foule eut fini, la procession repartit. « Je voulais les suivre, raconte Martha, mais mes deux compagnons étaient tellement écœurés qu'ils me tirèrent en arrière. » Elle aussi avait été secouée par la scène mais elle ne la laissa pas ternir sa vision générale du pays et de l'esprit de renouveau engendré par la révolution nazie. « Je tentais d'une façon maladroite de justifier l'action des nazis, de soutenir que nous ne devions pas les condamner sans connaître le fin mot de l'histoire. »

Ils se réfugièrent au bar de leur hôtel, Reynolds annonçant qu'il voulait se payer une bonne cuite. Il demanda au barman, discrètement, de lui expliquer ce qui s'était passé. Celui-ci lui raconta l'histoire à mi-voix : au mépris des avertissements nazis contre le mariage entre Juifs et Aryens, la jeune femme avait prévu d'épouser son fiancé juif. Cela était risqué n'importe où en Allemagne, mais à Nuremberg plus qu'ailleurs. «Vous avez entendu parler de Herr S., qui a sa maison ici ? » demanda le garçon.

Reynolds comprit. Le barman faisait allusion à Julius Streicher, que Reynolds décrivait comme « le directeur du cirque antisémite d'Hitler ». Streicher, d'après Ian Kershaw, le biographe d'Hitler, était « une petite brute courte sur pattes, trapue, le crâne rasé[5]... totalement possédé par des images démoniaques de Juifs ». C'était le fondateur de *Der Stürmer*, le journal virulemment antisémite.

Reynolds comprit que Martha, Bill et lui venaient d'assister à un événement hautement significatif, au-delà de ses détails particuliers. Les correspondants étrangers en Allemagne avaient fait état de mauvais traitements à l'égard des Juifs mais, jusque-là, leurs comptes rendus s'étaient appuyés sur des enquêtes *a posteriori* d'après des récits de témoins. Ici, il s'agissait d'une brutalité antijuive qu'un correspondant avait vue de ses propres yeux. «Les nazis avaient sans cesse démenti les méfaits que signalaient tel ou tel article à l'étranger mais, ici, on avait du concret, précisait Reynolds. Aucun autre correspondant, affirmait-il, n'avait été personnellement témoin de méfaits. »

Son rédacteur en chef convint que c'était un reportage important mais il craignit que, si Reynolds tentait de le télégraphier, il ne soit intercepté par la censure nazie. Il dit à Reynolds de le lui faire parvenir par la poste et lui recommanda d'éviter toute allusion aux enfants Dodd afin d'éviter de causer des complications diplomatiques au nouvel ambassadeur.

Martha le supplia de ne pas publier cet article. « C'était un cas isolé, plaida-t-elle. Ce n'était pas vraiment important, cela allait faire mauvaise impression, ne révélait pas réellement ce qui se passait en Allemagne, éclipsait le travail constructif qu'on y avait entrepris. »

Martha, Bill et Reynolds roulèrent au sud vers l'Autriche, où ils passèrent une autre semaine avant de rentrer en Allemagne en longeant de nouveau le Rhin. Quand Reynolds rentra à son bureau, il trouva une convocation urgente émanant du chef de la presse étrangère, Ernst Hanfstaengl.

Celui-ci était hors de lui, ignorant encore que Martha et Bill avaient également été témoins de l'incident.

« Il n'y a pas un seul mot de vrai dans votre histoire ! fulmina-t-il. J'ai parlé à nos gens à Nuremberg et ils disent qu'il ne s'est rien passé de la sorte. »

Reynolds lui fit savoir tranquillement qu'il avait assisté à la parade en compagnie de deux témoins importants, qu'il avait passés sous silence dans son article mais dont la parole était irréfutable. Reynolds les nomma.

Hanfstaengl plongea dans son fauteuil et se prit la tête dans les mains. Il reprocha à Reynolds de ne pas lui en avoir parlé plus tôt. Reynolds l'invita à appeler les jeunes Dodd pour confirmer leur présence, mais Hanfstaengl écarta d'un geste cette suggestion.

Lors d'une conférence de presse, peu après, Goebbels, le ministre de la Propagande, n'attendit pas qu'un reporter aborde la question de la maltraitance des Juifs et préféra le faire lui-même. Il assura à la quarantaine de journalistes présents dans la salle que de tels incidents étaient rares, et l'œuvre d'«irresponsables».

Norman Ebbutt, chef du bureau berlinois du *Times* de Londres, l'interrompit. «Mais, monsieur le ministre, vous avez sûrement dû entendre parler de la jeune Aryenne, Anna Rath, qu'on a exhibée dans les rues de Nuremberg uniquement parce qu'elle voulait épouser un Juif?»

Goebbels sourit[6]. Cela transformait complètement son visage, et le résultat n'était ni agréable ni séduisant. Plusieurs dans la salle avaient fait l'expérience de ce sourire. Il était bizarre de voir à quel point les muscles de la moitié inférieure de son visage étaient impliqués dans la production de son sourire et combien son expression pouvait en être brusquement transformée.

«Laissez-moi vous expliquer comment une telle chose peut parfois arriver, déclara Goebbels. Durant les douze années de la république de Weimar, notre peuple était pratiquement en prison. Maintenant, notre parti dirige le pays et le peuple est de nouveau libre. Quand un homme a été emprisonné pendant douze ans et qu'il retrouve brusquement la liberté, dans sa joie, il peut commettre des choses irrationnelles, peut-être même brutales. Cela n'est-il pas imaginable dans votre pays également?»

Ebbutt, d'une voix posée, nota une différence fondamentale dans la façon dont l'Angleterre aborderait un tel scénario. «Si tel était le cas, affirma-t-il, l'homme retournerait immédiatement en prison.»

Les États-Unis ne publièrent aucune protestation officielle après l'incident. Néanmoins, un émissaire allemand des Affaires étrangères présenta des excuses à Martha. Il minimisa l'affaire en parlant d'un incident isolé, qui serait sévèrement puni. Martha était disposée à accepter ce point de vue. Elle restait fascinée par la vie dans l'Allemagne nouvelle. Dans une lettre à Thornton Wilder, elle en rajoutait : « Les jeunes ont le visage éclatant[7] et plein d'espoir, ils chantent pour le noble fantôme de Horst Wessel avec des yeux brillants et une langue sûre. Quels beaux gars équilibrés, ces Allemands, bons, sincères, sains, d'une brutalité mystique, des types bien, pleins d'optimisme, prêts à la mort et à l'amour, profonds, des êtres riches, merveilleux et étranges – tous ces jeunes de l'Allemagne moderne de la *Hakenkreuz*. »

Dans la journée, Dodd reçut une invitation du ministère allemand des Affaires étrangères pour assister au prochain défilé du Parti à Nuremberg, prévu le 1er septembre. L'invitation le perturba.

Il connaissait par ses lectures le goût des nazis pour ces démonstrations élaborées de force et d'énergie, et il les considérait non comme des événements officiels émanant de l'État mais comme une affaire de parti qui n'avait rien à voir avec les relations internationales. Il ne pouvait s'imaginer assister à une telle manifestation, pas plus qu'il ne pouvait concevoir la présence de l'ambassadeur allemand aux États-Unis à une convention républicaine ou démocrate. En outre, il craignait que Goebbels et son ministère de la Propagande ne récupèrent sa présence en la faisant passer pour une adhésion aux idées et au comportement des nazis.

Le mardi 22 août, Dodd câbla au Département d'État pour demander conseil. « J'ai reçu une réponse évasive »[8], note-t-il dans son journal. Le département promettait de le soutenir quelle que soit sa décision.

«Je résolus immédiatement de ne pas y aller, même si tous les autres ambassadeurs devaient s'y rendre.» Le samedi suivant, il notifia au ministère des Affaires étrangères allemand qu'il n'assisterait pas à la manifestation. «Je déclinai l'invitation au prétexte d'une surcharge de travail, bien que la principale raison fût que je désapprouvais une invitation du gouvernement à une manifestation d'un parti, remarqua-t-il. J'étais également certain que le comportement du groupe dominant serait embarrassant.»

Une idée vint à Dodd : s'il pouvait persuader ses homologues, les ambassadeurs de Grande-Bretagne, d'Espagne et de France, de décliner également l'invitation, leur action conjointe enverrait un message puissant mais suffisamment indirect d'union et de désaveu.

Dodd rencontra d'abord l'ambassadeur d'Espagne, une séance que Dodd décrivit comme «très agréablement non conventionnelle»[9] parce que l'Espagnol, comme lui-même, n'était pas encore accrédité. Malgré cela, ils évoquèrent la question avec précaution. «J'ai laissé entendre que je n'irais pas», rapporte Dodd. Il cita deux ou trois précédents historiques pour refuser une pareille invitation. L'ambassadeur d'Espagne convint que la manifestation était une affaire de parti et pas un événement national, mais se garda de révéler ses intentions.

Dodd apprit cependant qu'il avait finalement envoyé ses regrets, de même que les ambassadeurs de France et de Grande-Bretagne, chacun invoquant un engagement prioritaire d'une espèce ou d'une autre.

Officiellement, le Département d'État appuya la circonspection de Dodd ; en privé, sa décision déplut à un certain nombre de hauts fonctionnaires, dont le sous-secrétaire Phillips et le chef des Affaires de l'Europe occidentale, Jay Pierrepont Moffat. Ils considéraient la décision de Dodd comme inutilement provocante, une preuve supplémentaire que sa nomination au poste d'ambassadeur avait été une erreur. Au sein du département, les forces opposées à Dodd commençaient à fusionner.

12

BRUTUS

À la fin août, le président Hindenburg fut enfin de retour à Berlin après sa convalescence dans sa propriété. Le mercredi 30 août 1933, Dodd revêtit donc le frac protocolaire aux basques arrondies, un haut-de-forme et se rendit en voiture au palais présidentiel pour présenter ses lettres de créance.

Le président était grand et fort, avec une énorme moustache blanc gris qui se retroussait en deux ailes duveteuses. Le col de son uniforme était haut et raide, sa tunique bardée de médailles, dont plusieurs présentaient des étoiles étincelantes de la taille d'une décoration d'arbre de Noël. Surtout, il donnait une impression de force et de virilité qui démentait ses quatre-vingt-cinq ans. Hitler était absent, de même que Goebbels et Göring, tous probablement occupés par les préparatifs pour le rassemblement du Parti qui devait commencer deux jours plus tard.

Dodd lut une brève déclaration qui mettait l'accent sur sa sympathie pour le peuple allemand, et l'histoire et la culture de la nation. Il ne fit aucune allusion au gouvernement, laissant ainsi entendre qu'il n'éprouvait pas la même sympathie pour le régime d'Hitler. Pendant les quinze minutes suivantes, il resta assis avec «le Vieux Monsieur» sur le «divan préféré» et ils s'entretinrent de toute une série de sujets, allant de l'expérience universitaire de Dodd à Leipzig aux dangers du nationalisme économique. Hindenburg, nota Dodd dans son journal plus tard, «souligna si ostensiblement l'importance des relations internationales que je songeai qu'il exprimait ainsi une critique indirecte des extrémistes nazis». Dodd présenta les principaux fonctionnaires de l'ambassade, puis ils quittèrent tous l'immeuble pour retrouver les soldats de l'armée régulière, la Reichswehr, bordant les deux côtés de la rue.

Cette fois, Dodd ne rentra pas chez lui à pied. Comme les automobiles de l'ambassade démarraient, les soldats se mirent au garde-à-vous. «La cérémonie était finie[1], écrivit Dodd, et j'étais enfin un représentant dûment intronisé des États-Unis à Berlin.» Deux jours plus tard, il se trouva confronté à sa première crise officielle.

Le matin du 1er septembre 1933, un vendredi, H.V. Kaltenborn, le chroniqueur radio américain, téléphona au consul général Messersmith pour lui faire savoir combien il regrettait de ne pouvoir passer le voir une dernière fois, car sa famille et lui avaient fini leur tournée en Europe et s'apprêtaient à rentrer. Le train les transportant au bateau partait à minuit.

Il confia à Messersmith qu'il n'avait toujours rien vu qui confirme les critiques du consul à l'égard de l'Allemagne et l'accusait de «faire beaucoup de tort[2] en ne présentant pas une image fidèle de l'Allemagne».

Peu après avoir passé cet appel, Kaltenborn et sa famille – sa femme, son fils et sa fille – quittèrent leur hôtel, l'Adlon, pour faire quelques emplettes de dernière minute. Rolf, son fils, avait seize ans à l'époque. Mme Kaltenborn tenait beaucoup à se rendre chez les bijoutiers et les orfèvres d'Unter den Linden, mais l'excursion les entraîna sept rues plus loin vers le sud jusqu'à Leipzigerstrasse, une artère est-ouest animée, encombrée de voitures et de trams et bordée de beaux immeubles et d'une myriade de boutiques vendant des bronzes, des porcelaines de Dresde, des soies, des articles en cuir et à peu près tout ce qu'on pouvait souhaiter. Là aussi se trouvait le célèbre grand magasin Wertheim, un espace énorme – un *Warenhaus* – dans lequel une foule de clients se pressait d'un étage à l'autre à l'aide des quatre-vingt-trois ascenseurs.

Comme la famille sortait d'une boutique, elle aperçut une formation de SA qui défilait sur le boulevard dans leur direction. Il était neuf heures vingt du matin.

Les piétons se bousculèrent au bord du trottoir en faisant le salut nazi. Malgré ses sympathies, Kaltenborn ne souhaitait pas les imiter et il savait qu'un des principaux adjoints d'Hitler, Rudolf Hess, avait déclaré publiquement que les étrangers n'étaient pas soumis à cette obligation. «On ne doit pas l'exiger[3], avait fait savoir Hess, pas plus qu'on exige d'un protestant de se signer quand il entre dans une église catholique.» Néanmoins, Kaltenborn enjoignit à sa femme et à ses enfants de se tourner vers la vitrine comme s'ils admiraient ce qui y était exposé.

Plusieurs SA s'avancèrent d'un pas martial vers les Kaltenborn et leur demandèrent pourquoi ils tournaient le dos à la parade au lieu de faire le salut. Kaltenborn, dans un allemand impeccable, répondit qu'il était américain, et que lui et les siens s'apprêtaient à regagner leur hôtel.

La foule commença à insulter Kaltenborn et à se montrer menaçante, au point que le chroniqueur fit appel à deux policiers qui se tenaient à trois mètres. Les fonctionnaires ne bougèrent pas.

Kaltenborn et les siens commencèrent à reprendre la direction de leur hôtel. Un jeune homme s'approcha par-derrière et, sans un mot, attrapa le fils de Kaltenborn et le frappa en plein visage, assez fort pour le faire tomber sur le trottoir. Malgré tout, les policiers ne bougèrent pas. L'un d'eux sourit.

À présent furieux, Kaltenborn empoigna le jeune assaillant par le bras et le conduisit vers les policiers. La foule devenait plus menaçante. Kaltenborn se rendit compte que, s'il persistait à vouloir obtenir justice, il risquait de plus graves ennuis.

Finalement, un spectateur intercéda et persuada la foule de laisser les Kaltenborn tranquilles, car c'étaient manifestement des Américains. La parade reprit son chemin.

S'étant réfugié dans l'Adlon, Kaltenborn appela Messersmith. Il était bouleversé et tenait des propos presque incohérents. Il demanda à Messersmith de venir immédiatement à l'hôtel.

Pour Messersmith, ce fut un moment difficile mais sombrement sublime. Il expliqua à Kaltenborn qu'il ne pouvait se rendre en urgence à l'Adlon. « Il se trouvait que je devais impérativement être présent à mon bureau durant l'heure suivante », nota-t-il. Il expédia néanmoins le vice-consul, Raymond Geist, qui fit en sorte que les Kaltenborn soient escortés jusqu'à la gare ce soir-là.

« Ironie du sort, ce fut justement un de ces incidents dont Kaltenborn soutenait qu'ils ne pouvaient se produire, écrivit Messersmith plus tard, avec une satisfaction évidente. Il me reprochait entre autres de signaler à tort que la police ne faisait rien pour protéger les gens contre les agressions. » Messersmith reconnaissait que l'incident avait dû être terriblement éprouvant pour les Kaltenborn, surtout pour leur fils. « Cependant, somme toute, c'est une bonne chose que cet épisode se soit produit car, sans cela, Kaltenborn serait rentré et aurait raconté à ses auditeurs que tout allait pour le mieux en Allemagne, à quel point les fonctionnaires américains en poste à Berlin déformaient ce qui se passait dans ce pays, et combien les correspondants de presse rapportaient les événements de manière incorrecte. »

Messersmith alla voir Dodd et lui demanda si le moment était venu pour le Département d'État de déconseiller fermement les voyages en Allemagne. Un tel avertissement, comme le savaient les deux diplomates, aurait un effet dévastateur pour le prestige du pays.

Dodd préférait la modération. De son point de vue d'ambassadeur, ces agressions lui apparaissaient davantage comme un embarras que comme une situation d'extrême urgence ; de fait, il faisait tout son possible pour ne pas les ébruiter. Dans son journal, il affirme avoir pu éviter que plusieurs attaques contre des Américains ne soient évoquées dans les journaux et qu'il avait par ailleurs « essayé d'empêcher des manifestations[4] d'hostilité ».

Au plan personnel, cependant, Dodd trouvait ces épisodes intolérables, totalement étrangers à ce que son expérience d'étudiant à Leipzig lui avait laissé espérer. Durant les repas en famille, il condamnait ces agressions, mais s'il espérait une expression de compassion indignée de la part de sa fille, il n'en fut rien.

Martha restait encline à avoir la meilleure opinion de l'Allemagne nouvelle, en partie, comme elle le concéda plus tard, du simple fait de sa perversité de jeune femme en quête d'identité. « J'essayais de trouver des excuses[5] à leurs excès et mon père me regardait d'un œil un peu froid, quoique tolérant, et, en privé comme en public, me traitait gentiment de jeune nazie, écrit-elle. Cela me mit sur la défensive pendant un certain temps et je devins provisoirement un ardent défenseur de tout ce qui se passait. »

Elle répliquait qu'il y avait tellement d'autres bonnes choses en Allemagne. En particulier, elle faisait l'éloge de l'enthousiasme des jeunes gens du pays et des mesures que Hitler prenait pour réduire le chômage. « Je trouvais qu'il y avait quelque chose[6] de noble dans ces jeunes visages frais, vigoureux, forts que je voyais partout, et l'affirmais d'un ton combatif dès que l'occasion se présentait. » Dans des lettres envoyées aux États-Unis, elle proclamait que l'Allemagne connaissait une renaissance palpitante, « et que les reportages[7] et les méfaits évoqués dans la presse sont des exemples isolés, exagérés, de la part de gens aigris, à l'esprit étroit ».

Le vendredi qui avait commencé de façon aussi tumultueuse par l'agression contre les Kaltenborn se termina pour Dodd d'une façon infiniment plus satisfaisante.

Ce soir-là, le correspondant Edgar Mowrer se rendit à la gare du Jardin zoologique, Bahnhof Zoo, afin d'entreprendre son long voyage vers Tokyo. Sa femme et sa fille l'accompagnèrent, mais seulement pour lui dire au revoir, car elles restaient à Berlin pour surveiller l'emballage des affaires de la maison avant de le suivre rapidement.

La plupart des correspondants étrangers de la ville convergeaient vers la gare, de même que quelques courageux Allemands suffisamment audacieux pour oser se faire identifier par des agents qui surveillaient encore Mowrer.

Un officier nazi, qui avait pour mission de s'assurer que Mowrer prenait réellement le train, s'approcha de lui et, d'une voix enjôleuse, demanda : « Et quand reviendrez-vous[8] en Allemagne, Herr Mowrer ? »

Celui-ci répliqua avec panache : « Quand je reviendrai, ce sera avec deux millions de mes compatriotes. »

Messersmith le serra dans ses bras, une démonstration de soutien au profit des agents qui faisaient le guet. D'une voix assez forte pour être entendue de ces oreilles indiscrètes, Messersmith lui promit que sa femme et sa fille le suivraient sans encombre. Mowrer lui en fut reconnaissant, mais il ne pardonnait pas au consul général d'avoir refusé de le soutenir dans son désir de rester en Allemagne. Comme Mowrer embarquait dans le train, il se tourna vers Messersmith avec un demi-sourire et lui dit : « Et toi aussi, Brutus[9]. »

Pour Messersmith, c'était une réflexion cinglante. « Je me sentis malheureux et déprimé, écrit-il. Je savais qu'il devait forcément partir et, pourtant, je haïssais le rôle que j'avais joué dans ce départ. »

Dodd ne fit pas d'apparition. Il était satisfait que Mowrer soit parti. Dans une lettre à un ami de Chicago, il écrivit que Mowrer « constituait depuis quelque temps[10], comme vous devez le savoir, un certain problème ». Dodd concéda que Mowrer était un journaliste de talent. « Son expérience[11], cependant, après la publication de son livre » – sa notoriété et un prix Pulitzer – « fut telle qu'il est devenu plus mordant et plus irritable qu'il n'était souhaitable pour le bien des parties intéressées. »

Mowrer et sa famille arrivèrent en sécurité à Tokyo. Sa femme, Lillian, se souvint de son chagrin de devoir quitter Berlin. « Je n'ai jamais retrouvé d'amis aussi délicieux[12] qu'en Allemagne, écrivit-elle. Quand j'y repense, c'est comme regarder quelqu'un qu'on adore devenir fou sous vos yeux... et commettre des actes horribles. »

Les exigences du protocole – en allemand, *das Protokoll* – s'étendaient sur Dodd comme un épais brouillard et le maintenaient loin de ce qu'il aimait le plus, son *Vieux Sud*. Son statut d'ambassadeur étant officialisé, ses responsabilités diplomatiques habituelles augmentèrent brusquement, au point de lui causer un certain désarroi. Dans une lettre au secrétaire d'État Hull, il écrivit : « Les arbitres du *protokoll*[13] qui régissent votre comportement social respectent l'ordre précédent, et vous poussent, dès les débuts de votre résidence, à organiser des divertissements pour la plupart inutiles, offrant ainsi à chacun des multiples ambassades et ministères le droit, socialement parlant, d'organiser à leur tour de grandes réceptions. »

Cela démarra presque immédiatement. Le protocole exigeait qu'il donne une réception pour l'ensemble du corps diplomatique. Il attendait quarante ou cinquante invités, mais apprit que chaque diplomate comptait être accompagné d'un ou plusieurs membres de son personnel, de sorte que l'assistance dépassa les deux cents personnes. «Et donc aujourd'hui, la représentation a commencé[14] à cinq heures, note Dodd dans son journal. Les salons de l'ambassade avaient été préparés ; les fleurs abondaient partout ; un grand bol à punch était rempli des alcools habituels.» Le ministre des Affaires étrangères, von Neurath, arriva, de même que Hjalmar Schacht, le président de la Reichsbank – dont le patronyme au complet était : Hjalmar Horace Greeley Schacht – un des rares hommes du gouvernement d'Hitler que Dodd considérait comme raisonnable et rationnel. Schacht allait devenir un habitué de la maison de l'ambassadeur, apprécié de Mme Dodd, qui se servait souvent de lui pour éviter le moment d'embarras qui survenait quand un invité faisait brusquement défaut. Elle aimait dire : «Ma foi, si à la dernière minute[15] une autre personne ne peut venir, je peux toujours solliciter le Dr Schacht.» Dans l'ensemble, considérait Dodd, «cela ne fut pas une mauvaise affaire, et [source de satisfaction supplémentaire] cela a coûté sept cents marks».

Mais à présent un afflux d'invitations, diplomatiques et mondaines, arrivait en retour sur le bureau de Dodd et à la résidence. Selon l'importance de l'événement, celles-ci étaient souvent suivies d'un échange de plans de table, les responsables du protocole devant faire en sorte qu'aucune erreur malencontreuse de voisinage ne gâche la soirée. Les banquets et les réceptions censément obligatoires étaient devenus tellement nombreux que même les diplomates chevronnés se plaignaient qu'y assister était devenu onéreux et épuisant. Un haut fonctionnaire du ministère allemand des Affaires étrangères déclara à Dodd : « Vous autres du corps diplomatique [16] devrez limiter les mondanités sinon nous devrons cesser d'accepter ces invitations. » Et un responsable britannique fit valoir : « Nous ne pouvons tout simplement pas tenir le rythme. [17] »

Ce n'était pas toujours une corvée, bien sûr. Ces fêtes et banquets offraient aussi des moments de détente et d'humour. Goebbels était connu pour son esprit ; Martha, pendant quelque temps, le trouva irrésistible. « Contagieux et charmant [18], les yeux étincelants, la voix douce, un discours spirituel et léger ; on a du mal à se rappeler sa cruauté, ses talents destructeurs et rusés. » Sa mère, Mattie, aimait s'asseoir à côté de Goebbels dans les banquets ; Dodd le considérait comme « un des rares hommes [19] en Allemagne ayant un sens de l'humour », et souvent l'entraînait dans des joutes mêlées de traits d'esprit et de sarcasmes moqueurs. Une photographie extraordinaire dans un journal [20] montre Dodd, Goebbels et Sigrid Schultz à un banquet officiel durant un moment apparemment animé et bon enfant. Bien qu'elle fût indubitablement utile pour la propagande nazie, la scène qui se jouait à cette table était plus complexe que ce qui a été fixé par l'objectif. De fait, comme Schultz l'expliqua plus tard dans un entretien pour l'histoire orale, elle s'efforçait de *ne pas* parler à Goebbels mais, ce faisant, « avait certainement l'air de flirter » [21]. Elle expliqua (en employant la troisième personne) : « Sur cette image, Sigrid refuse de lui adresser la parole, voyez-vous. Il déploie des tonnes de charme, mais il sait comme elle qu'elle ne veut rien avoir à faire avec lui. » Quand Dodd vit la photographie, dit-elle, « il était mort de rire ».

Göring aussi semblait être d'un naturel relativement affable, du moins comparé à Hitler. Sigrid Schultz le trouvait le plus supportable des caciques du Parti parce que, au moins, «on avait l'impression de pouvoir se tenir[22] dans la même pièce que cet homme», alors que Hitler, disait-elle, «me retournait plutôt l'estomac». Un des fonctionnaires de l'ambassade des États-Unis, John C. White, déclara des années plus tard : «J'ai toujours eu une assez bonne impression[23] de Göring... S'il était possible de trouver un nazi sympathique, je suppose que ce serait lui.»

À ce stade précoce, les diplomates et d'autres avaient du mal à prendre Göring au sérieux. Il apparaissait comme un petit garçon gigantesque, encore qu'extrêmement dangereux, qui adorait concevoir et porter de nouveaux uniformes. Sa grande taille en faisait un objet de plaisanteries, même si ces plaisanteries s'échangeaient hors de portée de son oreille.

Un soir, l'ambassadeur Dodd et sa femme se rendirent à un concert à l'ambassade d'Italie, auquel Göring assistait également. Dans un ample uniforme blanc de sa propre conception, il paraissait particulièrement massif – «trois fois la taille[24] d'un homme ordinaire», d'après Martha qui rapporte l'anecdote. Les chaises préparées pour le concert étaient des meubles anciens, minuscules et dorés, qui semblaient infiniment trop fragiles pour Göring. Avec fascination et une certaine dose d'inquiétude, Mme Dodd observa Göring choisir la chaise située juste devant elle. Elle se sentit brusquement paralysée quand Göring tenta de caler son postérieur «en forme de cœur» sur la petite chaise. Durant tout le concert, elle craignit à tout moment de voir la chaise s'effondrer et la masse de Göring atterrir sur ses genoux. « Elle fut tellement distraite par la vision de ces flancs monumentaux roulant sur les côtés et débordant de la chaise, si périlleusement proches, qu'elle ne put se rappeler un seul des morceaux du programme. »

Le grand reproche que Dodd adressait aux réceptions que donnaient les autres ambassades concernait l'argent gaspillé, même par les pays ravagés par la dépression.

« Pour illustrer cela[25], écrit-il au secrétaire Hull, hier au soir nous sommes allés à vingt heures trente dîner dans la demeure de cinquante-trois pièces du ministre belge (dont le pays est censé être incapable de remplir ses engagements légaux). » Deux domestiques en livrée accueillirent son automobile. « Quatre laquais se tenaient debout sur les marches, vêtus dans le style des domestiques de Louis XIV. Trois autres domestiques en haut-de-chausses nous débarrassèrent de nos manteaux. Vingt-neuf personnes étaient assises dans une salle à manger meublée de façon plus luxueuse que n'importe quelle pièce que j'aie visitée à la Maison-Blanche. Huit services furent apportés par quatre serveurs en uniforme sur des plats et des plateaux en argent. Il y avait trois verres de vin pour chaque plat et, quand nous nous levâmes, je remarquai que beaucoup de verres restaient à moitié pleins, ce qui était un gâchis. Les convives étaient plutôt sympathiques, mais il n'y eut aucune conversation de quelque intérêt de mon côté de la table (comme je l'ai également constaté à tous les autres grands dîners)... Pas plus qu'il n'y eut de conversation sérieuse, instructive ou simplement spirituelle après le dîner. » Martha y assistait également et rapporta que « toutes les femmes étaient couvertes de diamants et autres pierres précieuses – je n'avais jamais vu un étalage aussi somptueux de richesses ». Elle nota également que, lorsqu'elle et ses parents partirent à vingt-deux heures trente, cela provoqua un mini-scandale. « Il y eut beaucoup de haussements de sourcils raffinés, mais nous avons bravé la tempête et sommes rentrés chez nous. » Cela ne se faisait pas, découvrit-elle plus tard, de quitter une réception diplomatique avant vingt-trois heures.

Dodd fut outré d'apprendre que ses prédécesseurs à Berlin, dotés d'une solide fortune personnelle, avaient dépensé jusqu'à cent mille dollars par an en réceptions, plus de cinq fois la totalité du traitement de Dodd. En certaines occasions, ils avaient versé des pourboires à leurs domestiques qui dépassaient ce que Dodd payait chaque mois pour le loyer. « Mais[26], jura-t-il à Hull, nous ne retournerons pas ces amabilités par des réceptions de plus de dix ou douze personnes avec quatre serviteurs au plus et ceux-ci modestement vêtus » – ce qui veut dire, sans doute, habillés de pied en cap mais en renonçant aux hauts-de-chausses des Belges. Les Dodd employaient trois domestiques, avaient un chauffeur et louaient les services d'un suppléant ou deux pour des réceptions rassemblant plus de dix convives.

Les placards de l'ambassade[27], d'après l'inventaire officiel des possessions de l'État inclus dans le « rapport de poste » annuel, contenaient :

Grandes assiettes plates 27 cm	4 dz
Assiettes creuses 24,15 cm	2 dz
Assiettes à hors-d'œuvre 24,15 cm	2 dz
Assiettes à dessert	2 dz
Assiettes à salade 13,4 cm	2 dz

Assiettes à pain/beurre 13,2 cm	2 dz
Tasses à thé 8,89 cm	2 dz
Soucoupes 14,5 cm	2 dz
Tasses à bouillon 8,89 cm	2 dz
Verres à liqueur 6,35 cm	2 dz
Soucoupes 12,5 cm	2 dz
Plats pour le service	2 dz
Plats, dimensions diverses	4 dz
Verres à vin	3 dz
Coupes à champagne	3 dz
Coupes à dessert	3 dz
Petits verres droits	3 dz
Grands verres droits	3 dz
Rince-doigts	3 dz
Assiettes pour rince-doigts	3 dz

« Nous n'utiliserons pas les plats en argent[28], le vin ne coulera pas à flots, et des tables à jouer ne seront pas disposées partout, expliqua Dodd à Hull. Nous nous efforcerons toujours de nous assurer la présence d'un érudit ou d'un scientifique ou d'un spécialiste de littérature afin d'avoir des discussions instructives ; et il est entendu que nous nous retirerons entre vingt-deux heures trente et vingt-trois heures. Sans qu'il soit nécessaire de le crier sur les toits, tout le monde sait que nous ne resterons pas ici s'il s'avère que nous ne pouvons pas joindre les deux bouts avec le traitement que je perçois. »

Dans une lettre à Carl Sandburg, il expliqua : « Je ne pourrai jamais me faire[29] à cette habitude générale de trop manger, de boire cinq sortes de vins sans rien dire, tout en ne cessant de parler pendant trois longues heures. » Il pensait décevoir les jeunes fonctionnaires fortunés, qui organisaient des dîners somptueux à leurs frais. «Ils ne peuvent me comprendre, et je les plains.» Il souhaitait à Sandburg de terminer son livre sur Lincoln le plus vite possible, puis se lamenta : «Mon *Vieux Sud* à demi achevé sera sans doute enterré avec moi.»

Il concluait sa lettre sur une note mélancolique : «Une fois de plus : salutations de Berlin!»

Au moins, sa santé était bonne, malgré ses inévitables rhumes des foins, indigestions et autres dérangements intestinaux. Mais comme si cela présageait des événements futurs, son médecin à Chicago, le Dr Wilber E. Post – dont le cabinet était situé, comme de juste, au People's Gas Building, la Maison populaire du gaz – lui adressa un bilan qu'il avait établi à la suite de son dernier examen approfondi dix ans plus tôt, et qui devait servir de référence pour ses examens ultérieurs. Dodd avait des antécédents migraineux, écrivait Post, avec maux de tête aigus[30], vertiges, fatigue, baisse de moral et irritabilité du système intestinal», ce dernier problème devant être soigné de préférence par «l'exercice physique au grand air et en étant dégagé de toute pression et fatigue nerveuses». Sa tension artérielle était excellente, systolique de 100, diastolique de 60, ce que l'on attendrait plus d'un athlète que d'un homme ayant dépassé la soixantaine. «La caractéristique clinique notable est que M. Dodd reste en bonne santé quand il a la possibilité de prendre suffisamment d'exercice en plein air, en suivant un régime relativement fade et non irritant, sans trop de viande.»

Dans une lettre annexée à ce compte rendu, le Dr Post concluait : «Je suis convaincu que vous n'en aurez pas besoin, mais cela peut s'avérer utile le cas échéant.»

Ce vendredi soir, un train spécial, un *Sonderzug*[31], fonçait à travers le paysage nocturne de Berlin en direction de Nuremberg. Le train emportait les ambassadeurs d'une brochette de nations mineures, parmi lesquelles des ministres de Haïti, du Siam et de Perse. S'y trouvaient également les responsables du protocole, sténographes, un médecin et un groupe armé de Sturmtruppen. C'était le train à bord duquel auraient dû se trouver Dodd et les ambassadeurs de France, d'Espagne et de Grande-Bretagne. Au départ, les Allemands avaient prévu quatorze wagons mais, comme les messages d'excuses se succédaient, ils réduisirent ce nombre à neuf.

Hitler se trouvait déjà à Nuremberg. Il était arrivé le soir précédent pour une cérémonie de bienvenue, chaque moment étant chorégraphié avec précision, jusqu'au cadeau qui lui fut remis par le maire de la ville : une célèbre gravure d'Albrecht Dürer intitulée *Le chevalier, la mort et le diable*[32].

13

MON SOMBRE SECRET

Martha était enchantée par chacun de ces divertissements qui lassaient tellement son père. En tant que fille de l'ambassadeur américain, elle possédait un prestige instantané et se trouva immédiatement courtisée par des hommes de tous rangs, âge et nationalité. Son divorce avec son mari banquier, Bassett, n'était pas encore prononcé, mais ce n'était plus qu'une formalité juridique. Elle se considérait libre de se conduire à sa guise et de révéler ou non sa véritable situation matrimoniale. Elle se servait de ce secret comme un outil utile et charmant : en apparence, elle avait le physique d'une jeune vierge américaine, mais elle avait eu des amants et n'était pas une oie blanche, et surtout elle aimait l'effet produit quand un homme apprenait la vérité. « J'imagine que j'ai délibérément trompé[1] le corps diplomatique en omettant d'indiquer que j'étais une femme mariée à cette époque, remarque-t-elle. Mais je dois reconnaître que cela ne me déplaisait pas d'être traitée comme une demoiselle de dix-huit ans, sans livrer mon sombre secret. »

Elle eut amplement l'occasion de rencontrer de nouveaux hommes. La maison de Tiergartenstrasse était toujours pleine d'étudiants, de fonctionnaires allemands, de secrétaires d'ambassade, de correspondants de presse et d'hommes de la Reichswehr, des SA et des SS. Les officiers de la Reichswehr se comportaient avec une emphase aristocratique et lui confessaient leurs espoirs de voir rétablir la monarchie allemande. Elle les trouvait « extrêmement aimables, beaux, courtois, et sans intérêt ».

Elle retint l'attention d'Ernst Udet, un as de l'aviation de la Première Guerre, qui était devenu célèbre dans toute l'Allemagne comme vedette de spectacles aériens, explorateur et voltigeur. Elle alla chasser le faucon avec Göring, un autre membre de l'« escadrille des as », dans son vaste domaine, Carinhall, qui tenait son nom de sa défunte femme suédoise. Elle eut une brève aventure avec Putzi Hanfstaengl[2], à en croire Egon, le fils de celui-ci. Elle était sans complexe et faisait bon usage des ressources de la maison, profitant pleinement des habitudes de ses parents qui se couchaient de bonne heure. Par la suite, elle eut une aventure avec Thomas Wolfe, quand l'écrivain séjourna à Berlin. Wolfe confia plus tard à un ami qu'elle était « comme un papillon[3] voltigeant autour de mon pénis ».

Un de ses amants était Armand Bérard, troisième secrétaire de l'ambassade de France – presque deux mètres et « incroyablement beau », d'après Martha. Avant de l'inviter à leur premier rendez-vous, Bérard demanda la permission à l'ambassadeur Dodd, un geste que Martha trouva charmant. Elle ne lui parla pas de son mariage et, par conséquent, il la traita au début comme une jeune innocente. Elle savait qu'elle possédait un grand pouvoir sur lui et que le moindre geste ou la moindre parole désinvolte pouvait le conduire au désespoir. Dans leurs périodes de brouille, elle fréquentait d'autres hommes – et faisait en sorte qu'il le sache.

« Tu es la seule personne au monde[4] qui puisse me briser, lui écrivit-il, mais tu ne le sais que trop et tu parais te réjouir, ô combien, d'en user. » Il la suppliait de ne pas être aussi dure. « Je ne le supporte pas, jura-t-il. Si tu te rendais compte comme je souffre, tu aurais probablement pitié de moi. »

Pour un de ses prétendants, Max Delbrück, un jeune biophysicien, le souvenir de son talent de manipulatrice restait présent à sa mémoire quarante ans plus tard. Il était svelte, le menton bien dessiné, avec une masse de cheveux noirs bien peignés, une allure qui faisait penser au jeune Gregory Peck. Il était destiné à un bel avenir ; le prix Nobel lui fut attribué en 1969.

Dans une correspondance qu'ils eurent des années plus tard, Martha et Delbrück se rappelaient le temps qu'ils avaient passé ensemble à Berlin. Elle évoquait leur innocence quand ils étaient assis ensemble dans un des salons de réception et lui demanda s'il s'en souvenait aussi.

« Bien sûr que je me souviens[5] de la pièce damassée de vert donnant sur la salle à manger de la Tiergartenstrasse », écrivit-il. Mais son souvenir divergeait un peu des siens : « Nous ne sommes pas restés assis là sagement. »

Avec un certain ressentiment ancien, il lui rappela un rendez-vous au Romanisches Café : « Tu es arrivée terriblement en retard et puis tu as bâillé, et tu m'as expliqué que tu le faisais parce que tu étais détendue en ma compagnie, et que c'était un compliment pour moi. »

Non sans une bonne dose d'ironie, il ajoutait : « L'idée m'a finalement emballé (après m'avoir d'abord contrarié) et je n'ai cessé depuis de bâiller devant mes amis. »

Les parents de Martha lui accordaient une totale indépendance, sans aucune restriction sur ses allées et venues. Il n'était pas rare qu'elle sorte jusqu'au petit matin avec une grande variété de cavaliers, mais la correspondance familiale est étonnamment dépourvue de tout commentaire critique.

Toutefois, d'autres remarquaient ce comportement et le désapprouvaient, parmi lesquels le consul général Messersmith, qui ne cachait pas son écœurement au Département d'État, jetant ainsi de l'huile sur le feu qui couvait contre Dodd. Messersmith connaissait l'existence de la liaison de Martha avec Udet, le pilote de chasse, et pensait qu'elle avait eu diverses aventures avec d'autres responsables nazis, dont Hanfstaengl. Dans une missive confidentielle à Jay Pierrepont Moffat, le chef des Affaires de l'Europe occidentale, Messersmith écrivit que ces aventures alimentaient les ragots. Il les estimait pour la plupart inoffensives – sauf dans le cas de Hanfstaengl. Il craignait que les relations de Martha avec lui et le manque de discrétion apparente de cette dernière n'incitent les diplomates et autres informateurs à se montrer plus réticents dans leurs échanges avec Dodd, de peur que leurs confidences ne parviennent aux oreilles de Hanfstaengl. « J'ai souvent eu envie d'en toucher[6] deux mots à l'ambassadeur, confia Messersmith à Moffat, mais comme c'était une affaire assez délicate, je me suis limité à lui faire comprendre quel genre de personne était réellement Hanfstaengl. »

L'opinion du consul général sur le comportement de la fille de l'ambassadeur allait se durcir avec le temps. Dans un texte inédit, il écrit : « Elle s'est tellement mal conduite[7] et de tant de façons, surtout compte tenu de la position qu'occupait son père. »

Fritz, le majordome des Dodd, se montra plus tranché dans son opinion : « Ce n'était pas une maison, mais un lupanar[8]. »

La vie amoureuse de Martha s'assombrit quand elle fut présentée à Rudolf Diels, le jeune chef de la Gestapo. Il se mouvait avec aisance et assurance mais, contrairement à Putzi Hanfstaengl, qui envahissait l'espace, il entrait furtivement, s'infiltrant comme un brouillard malsain. Son arrivée dans une réception, raconte-t-elle, « créait une nervosité[9] et une tension comme personne d'autre, même quand on ne savait pas qui il était ».

Ce qui attirait le plus l'attention de Martha était le paysage torturé de son visage, qu'elle décrivit comme « le visage le plus sinistre, couturé[10], que j'aie jamais vu ». Une longue cicatrice de la forme d'un V large marquait sa joue droite ; d'autres s'arquaient sous la bouche et sur le menton ; une balafre formait un croissant en bas de la joue gauche. Son allure générale était saisissante, celle d'un Ray Milland abîmé – une « beauté cruelle, brisée »[11], selon les mots de Martha. Il était à l'opposé de la beauté insipide des jeunes officiers de la Reichswehr, et elle fut immédiatement attirée par lui, ses lèvres « adorables », ses « cheveux d'un noir de jais luxuriant » et ses yeux pénétrants.

Elle n'était pas précisément seule à ressentir cette attirance. Diels avait la réputation d'avoir beaucoup de charme, ainsi que du talent et de l'expérience au lit. Pendant ses études, il avait acquis une réputation de gros buveur et de don Juan, d'après Hans Bernd Gisevius, un membre de la Gestapo qui avait étudié dans la même université. «Des aventures compliquées avec les femmes[12] étaient pour lui monnaie courante», écrit Gisevius dans des mémoires. Les hommes aussi admettaient que Diels avait du charme et des manières. Quand Kurt Ludecke, un proche d'Hitler dans les débuts, fut arrêté et convoqué dans le bureau de Diels, il trouva le chef de la Gestapo cordial, contre toute attente. «Je me suis senti à l'aise[13] avec ce jeune homme grand, svelte et bien élevé, et ai trouvé ses égards immédiatement réconfortants, note-t-il. En ces circonstances, les bonnes manières comptent double... J'ai regagné ma cellule en songeant que, à tout prendre, je préférais être fusillé par un gentleman plutôt que roué de coups par un rustre.» Néanmoins, Ludecke fut placé en «détention provisoire», dans un camp de concentration à Brandenburg an der Havel.

Martha trouvait également irrésistible chez Diels le fait que tout le monde avait peur de lui. Il était couramment surnommé le «prince des ténèbres» et, comme Martha l'apprit, cela ne le dérangeait nullement. «Il tirait une joie mauvaise[14] de ses manières à la Méphisto et voulait toujours provoquer un silence de mort par son entrée mélodramatique.»

Diels s'était allié très tôt avec Göring et, quand Hitler devint chancelier, Göring, qui venait d'être nommé ministre prussien de l'Intérieur, récompensa la loyauté de Diels en le plaçant à la tête de la Gestapo nouvellement créée, alors qu'il n'était pas membre du parti nazi. Göring installa la police secrète dans une ancienne école d'art au 8 de la Prinz-Albrecht-Strasse, à deux rues du consulat américain dans Bellevuestrasse. Quand Dodd débarqua à Berlin, la Gestapo était devenue une présence terrifiante, bien qu'elle fût loin d'être l'entité omnisciente que les gens imaginaient. Sa liste d'agents était «remarquablement modeste»[15], d'après l'historien Robert Gellately. Il donne en exemple l'antenne de Düsseldorf, une des rares dont subsistent les registres détaillés. Elle comptait deux cent quatre-vingt-onze employés responsables d'un territoire comprenant quatre millions d'habitants. Ses agents, ou «spécialistes», n'étaient pas les sociopathes que l'on décrit généralement, a découvert Crankshaw. «La plupart n'étaient ni fous[16], ni déments, ni surhumains, mais terriblement ordinaires.»

La Gestapo entretenait son image sinistre en conservant le secret sur ses opérations et ses sources d'information. Les gens recevaient par la poste des cartes, comme tombées du ciel, leur demandant de se présenter pour un interrogatoire. Ils étaient terrorisés. Malgré leur apparence ordinaire, ces convocations ne pouvaient être négligées ni ignorées. Elles contraignaient les citoyens à se rendre dans ce bâtiment absolument redoutable pour répondre à des délits dont ils n'avaient probablement aucune idée, au risque – souvent imaginaire mais dans certains cas tout à fait réel – d'être expédiés à la fin de la journée en «détention provisoire» dans un camp de concentration. C'était cette accumulation d'inconnues qui rendait la Gestapo aussi terrifiante. «On peut échapper à un danger[17] identifiable, remarque l'historien Friedrich Zipfel. Mais une police qui travaille dans l'ombre devient insaisissable. On ne se sent à l'abri nulle part. Sans être omniprésente, elle *risque toujours* d'apparaître, de fouiller, d'arrêter. Le citoyen inquiet ne sait plus à qui se fier. »

Cependant, sous Diels, la Gestapo joua un rôle complexe. Dans les semaines qui suivirent l'accession d'Hitler au poste de chancelier, la Gestapo permit d'endiguer la vague de violence des SA, au cours de laquelle ceux-ci traînèrent des milliers de victimes dans des prisons improvisées. Diels fit des descentes pour y mettre fin et trouva des prisonniers dans un état effroyable, battus et meurtris, à vif, les membres brisés, presque morts de faim, « tels des amas d'argile inanimés[18], écrit-il, d'absurdes pantins aux yeux sans vie, brûlants de fièvre, le corps affaissé ».

Diels plaisait au père de Martha. À sa grande surprise, il trouva dans le chef de la Gestapo un intermédiaire utile pour arracher des ressortissants étrangers et autres des camps de concentration, et pour exercer une pression sur les autorités policières en dehors de Berlin afin de trouver et punir les SA responsables des agressions contre des Américains.

Cependant, Diels n'était pas un saint, loin de là. Pendant qu'il resta en fonction, des milliers d'hommes et de femmes furent arrêtés, beaucoup furent torturés, certains assassinés. Sous son commandement, par exemple, un communiste allemand appelé Ernst Thälmann fut emprisonné et interrogé dans les locaux de la Gestapo. Thälmann en a laissé un récit saisissant : « Ils m'ordonnèrent de retirer mon pantalon[19] et puis deux hommes m'attrapèrent par la nuque et me placèrent sur un tabouret. Un officier de la Gestapo en uniforme avec un fouet en cuir d'hippopotame à la main me fouetta les fesses à coups réguliers. Rendu fou de douleur, je ne cessais de hurler à pleins poumons.»

Du point de vue de Diels, la violence et la terreur étaient des outils précieux pour la sauvegarde du pouvoir politique. Au cours d'une réunion de correspondants de presse étrangers chez Putzi Hanfstaengl, Diels expliqua aux invités : «La valeur des SA[20] et des SS, selon ma vision d'inspecteur général chargé de la répression des tendances et activités subversives, tient au fait qu'ils répandent la terreur. C'est une chose salutaire.»

Martha et Diels se promenaient ensemble au Tiergarten, qui devint vite le lieu, au centre de Berlin, où l'on pouvait se sentir à l'aise. Martha aimait surtout flâner dans le parc en automne, parmi ce qu'elle appelait «la mort dorée du Tiergarten»[21]. Ils allaient au cinéma et dans les night-clubs, et roulaient pendant des heures dans la campagne. Il paraît probable qu'ils furent amants, bien que chacun fût marié, Martha sur le papier seulement, Diels pour la forme uniquement, compte tenu de son penchant pour l'adultère. Martha aimait avoir la réputation d'une femme qui couchait avec le diable – et qu'elle couchait avec lui paraît hors de doute, bien qu'il fût possible aussi que Dodd, comme les pères naïfs partout et à toute époque, n'en eût aucune idée. Messersmith le soupçonnait, de même que Raymond Geist, son second dans la hiérarchie. Geist se plaignait à Wilbur Carr, chef des services consulaires à Washington, que Martha était une jeune femme «on ne peut plus imprudente»[22] qui avait «pour habitude de traîner la nuit avec le chef de la police secrète nazie, un homme marié». Geist l'avait lui-même entendue s'adresser à Diels, en public, en l'appelant «chéri», parmi d'autres mots doux.

Plus Martha apprenait à connaître Diels, plus elle constatait que lui aussi avait peur. Il avait l'impression d'être «constamment sous la menace d'un revolver»[23], raconte-t-elle. Il était parfaitement détendu dans leurs promenades en voiture, quand personne ne pouvait entendre leurs conversations ou surveiller leur comportement. Ils s'arrêtaient et marchaient dans la forêt et prenaient un café dans de petites auberges reculées, inconnues. Il lui racontait comment tout le monde dans la hiérarchie nazie se méfiait de tout le monde, comment Göring et Goebbels se détestaient mutuellement et s'espionnaient, comment tous deux espionnaient Diels, et comment Diels et ses hommes les surveillaient en retour.

Ce fut Diels qui, le premier, tempéra sa vision idéaliste de la révolution nazie. «Commença à se dessiner sous mes yeux romantiques[24]... un vaste et complexe réseau d'espionnage, de terreur, de sadisme et de haine, auquel personne, officiel ou simple individu, ne pouvait échapper.»

Pas même Diels, comme les événements allaient bientôt le démontrer.

14

LA MORT DE BORIS

Martha avait encore un autre amant, le plus important de tous, un Russe marqué par le destin et qui allait façonner le reste de son existence.

Ce fut à la mi-septembre 1933 qu'elle en eut la première vision fugitive, lors d'une des nombreuses fêtes que Sigrid Schultz donnait dans son appartement, où elle vivait avec sa mère et ses deux chiens. Schultz servait généralement des sandwichs, des haricots blancs à la sauce tomate et des saucisses préparées par sa mère, et la bière, le vin et l'alcool coulaient à flots, ce qui avait tendance à pousser même les invités nazis à abandonner la doctrine en faveur de la rigolade et des potins. Au milieu d'une conversation, Martha jeta un coup d'œil à travers la pièce et vit un homme, grand, fringant, au milieu d'un groupe de correspondants. Il n'était pas beau au sens classique du terme, mais très séduisant – la trentaine, des cheveux blond foncé coupés court, des yeux incroyablement lumineux, et des gestes aisés, fluides.

Il agitait les mains en parlant, et Martha remarqua qu'il avait des doigts longs et souples. « Il avait une bouche surprenante[1], surtout la lèvre supérieure, nota une amie de Martha, Agnes Knickerbocker, femme du correspondant H. R. « Knick » Knickerbocker. Je ne puis la décrire autrement qu'en disant qu'elle pouvait passer du sérieux au rire en un quart de seconde. »

Tandis que Martha l'observait, il se retourna et la regarda. Elle soutint son regard quelques instants, puis détourna les yeux et se plongea dans d'autres conversations. (Dans un récit ultérieur resté inédit[2], elle décrit dans le détail cette scène et d'autres évoquées plus loin.) Il se détourna aussi – mais quand vint le matin et que la nuit se condensa en ses éléments essentiels, l'instant où leurs regards se croisèrent fut la chose dont tous deux se souvinrent.

Quelques semaines plus tard, ils se rencontrèrent de nouveau. Knick et sa femme avaient invité Martha et quelques amis à se joindre à eux pour passer une soirée à boire et danser au Ciro, un cabaret populaire où jouaient des musiciens de jazz noirs, un double geste de défi compte tenu de l'obsession des nazis pour la pureté raciale et leur vision du jazz, une musique « négro-judéo-anglo-saxonne »[3] – autrement dit, dans le jargon du Parti, une musique dégénérée.

Knick présenta Martha à un homme de haute taille qu'elle avait vu à la réception de Sigrid Schultz. Il s'appelait, apprit-elle, Boris Winogradov. Un instant plus tard, Boris apparut devant sa table, souriant et emprunté. « *Gnädiges Fraulein* », dit-il, prononçant la formule habituelle en allemand et signifiant « chère demoiselle ». Il l'invitait à danser.

Elle remarqua immédiatement la beauté de sa voix, qui se situait, dit-elle, entre le baryton et le ténor. «Mélodieuse», précise-t-elle. Elle en fut émue. «Je fus frappée en plein cœur et, pendant un instant, cela me laissa sans voix et le souffle coupé.» Il lui tendit la main pour l'entraîner loin de la table.

Elle s'aperçut vite que sa grâce naturelle avait ses limites. Il lui fit faire le tour de la piste: «Il m'écrasait les orteils, bousculait les gens, son bras gauche raide faisant saillie, tournant la tête de tous côtés pour essayer d'éviter d'autres collisions.»

Il lui avoua: «Je ne sais pas danser.»

C'était tellement évident qu'elle éclata de rire.

Boris en fit autant. Elle aimait son sourire et la «douceur qui émanait de lui».

Quelques instants plus tard, il lui dit: «Je travaille à l'ambassade soviétique. *Haben Sie Angst?* Avez-vous peur?»

Elle rit de nouveau: «Bien sûr que non, pourquoi aurais-je peur? De quoi?

– Correct, dit-il. Vous êtes une personne privée et, avec vous, je le suis aussi.»

Il la serra plus près. Il était svelte, les épaules larges, et avait des yeux qu'elle jugeait superbes, bleu vert pailletés d'or. Ses dents irrégulières rehaussaient en quelque sorte son sourire. Il avait le rire facile.

«Je vous ai vue plusieurs fois déjà», dit-il. La dernière occasion, lui rappela-t-il, était chez Schultz. «*Errinern Sie sich?* Vous vous en souvenez?»

Par esprit de contradiction, Martha ne voulut pas lui faciliter la tâche. Elle garda un ton «qui n'engage à rien» mais concéda le fait. «Oui, dit-elle. Je m'en souviens.»

Ils dansèrent encore un moment. Quand il la raccompagna à la table des Knickerbocker, il se pencha plus près et demanda : « *Möchte ich Sie wieder sehen. Darf ich Sie anrufen ?* »

La signification était claire pour Martha malgré son allemand limité... Boris désirait la revoir.

« Oui, vous pouvez m'appeler », répondit-elle.

Martha dansa avec d'autres. À un moment donné, elle regarda derrière elle vers sa table et repéra les Knickerbocker avec Boris assis auprès d'eux. Boris l'observait.

« Aussi incroyable que cela paraisse, raconte-t-elle, j'eus l'impression après son départ que l'air autour de moi était plus lumineux et plus vibrant. »

Quelques jours plus tard, Boris appela. Il se gara devant la maison des Dodd, se présenta à Fritz, le major-dome, puis fonça à l'assaut des marches qui conduisaient à l'étage, un bouquet de fleurs d'automne dans une main, un disque pour le phonographe dans l'autre. Il ne lui baisa pas la main, heureusement, car ce rituel alle-mand agaçait Martha. Après un bref préambule, il lui tendit le microsillon.

« Vous ne connaissez pas la musique russe, n'est-ce pas, *gnädiges Fraulein* ? Avez-vous déjà écouté *La Mort de Boris*, de Moussorgski ?... J'espère, ajouta-t-il, que ce n'est pas ma mort que je vais vous faire entendre. »

Il rit. Pas elle. Elle fut frappée par un « sombre présage ».

Ils écoutèrent la musique – la scène de la mort dans *Boris Godounov*, l'opéra de Modeste Moussorgski, inter-prétée par la célèbre basse Fédor Chaliapine – puis

Martha fit visiter la maison à son invité, terminant par la bibliothèque. À une extrémité se tenait le bureau de son père, immense et sombre, dont les tiroirs étaient toujours fermés à clé. Le soleil de fin d'automne traversait les vitraux de la haute fenêtre, formant des rais de lumière multicolores. Elle l'entraîna vers son divan préféré.

Boris était enchanté. « C'est notre coin, *gnädiges Fraulein*! s'exclama-t-il. Mieux que tous les autres. »

Martha s'assit sur le divan ; Boris rapprocha un fauteuil. Elle sonna Fritz pour lui demander d'apporter de la bière et un en-cas de bretzels, de rondelles de carotte, de concombre et de tranches de fromage grillé, qu'elle servait quand elle recevait des visites impromptues.

Fritz apporta la nourriture, en marchant à pas de loup, presque comme s'il tentait de saisir les conversations. Boris supposa, à juste titre, que Fritz avait, lui aussi, des racines slaves. Les deux hommes échangèrent des amabilités. Se calquant sur le comportement désinvolte de Boris, Fritz demanda : « Vous autres, communistes, vous avez vraiment mis le feu au Reichstag ? »

Boris lui adressa un sourire malicieux, avec un clin d'œil. « Bien sûr, répliqua-t-il, nous avons été complices, vous et moi. Vous ne vous rappelez pas le soir où nous étions chez Göring et qu'on nous a montré le passage secret vers le Reichstag ? » C'était une allusion à la théorie largement répandue qu'une équipe d'incendiaires nazis s'était secrètement rendue du palais de Göring au Reichstag en passant par un souterrain qui reliait les deux bâtiments. Lequel tunnel, de fait, existait.

Ils rirent tous les trois. Cette fausse complicité au sujet de l'incendie du Reichstag resterait une blague entre Boris et Fritz, souvent répétée sous diverses formes, à la grande joie du père de Martha – même si Fritz, d'après Martha, était «presque certainement un agent de la police secrète».

Fritz revint avec la vodka. Boris se versa une généreuse rasade, qu'il avala rapidement. Martha s'installa confortablement sur le divan. Cette fois, Boris s'assit à ses côtés. Il but une deuxième vodka mais n'en laissa paraître aucun effet.

«Depuis le premier instant où je vous ai vue...», commença-t-il. Il hésita. «Est-ce possible? Je me le demande.»

Elle comprit ce qu'il essayait de dire et, de fait, elle éprouvait, elle aussi, une attirance irrésistible, immédiate, mais n'entendait pas céder du terrain dès le début de la partie. Elle le regarda, sans expression.

Il devint sérieux. Il se lança dans un interrogatoire interminable. Que faisait-elle à Chicago? Comment étaient ses parents? Que voulait-elle faire dans le futur?

Leur conversation ressemblait davantage à une interview pour un journal qu'à un premier rendez-vous. Martha trouva cela ennuyeux mais se montra patiente. D'après ce qu'elle en savait, c'était ainsi que se comportaient tous les Soviétiques. «Je n'avais encore jamais rencontré de *vrai* communiste, ni même de Russe d'ailleurs, écrit-elle. J'imaginais donc que c'était leur façon de lier connaissance.»

Comme la conversation traînait en longueur, ils consultaient des dictionnaires de poche. Boris connaissait un petit peu d'anglais, et parlait principalement en allemand. Martha ne parlait pas le russe et se débrouilla dans un mélange d'allemand et d'anglais.

En faisant beaucoup d'efforts, elle expliqua à Boris que ses parents étaient tous deux issus de vieilles familles terriennes du Sud, «chacune d'aussi bonne ascendance que l'autre, et presque de pure souche britannique: écossais-irlandais, anglais et gallois».

Boris éclata de rire: «C'est si pur que ça?»

Avec une note de fierté involontaire dans la voix, elle ajouta que les deux familles avaient autrefois possédé des esclaves: «Du côté de ma mère, une douzaine, et de mon père, cinq ou six.»

Boris se tut. Son visage exprima brusquement le chagrin: «Martha, dit-il, vous ne pouvez pas être fière que vos ancêtres aient possédé la vie d'autres êtres humains.»

Il lui prit les mains et la regarda dans les yeux. Jusqu'à cet instant, le fait que ses ancêtres aient possédé des esclaves avait paru simplement un élément intéressant de leur passé familial, qui témoignait de leurs profondes racines américaines. À présent, brusquement, elle voyait les choses avec un autre regard: c'était un chapitre douloureux et profondément regrettable.

«Ce n'était pas pour me vanter, lui assura-t-elle. J'imagine que c'est ce que vous avez dû penser.» Elle s'excusa et, immédiatement, s'en voulut. Elle était, concéda-t-il, «une combative».

«Mais nous avons un long passé en Amérique, expliqua-t-elle. Nous ne sommes pas des nouveaux venus.»

Boris trouva hilarante sa ligne de défense et rit sans retenue.

Aussitôt après, il adopta un air et un ton qui lui apparurent «d'une extrême solennité».

« Félicitations, ma noble, gracieuse petite *Martha* ! Moi aussi, je descends d'une vieille famille, encore plus ancienne que la vôtre. Je descends en droite ligne de l'homme de Neandertal. Et pur ? Oui, *purement humain.* »
Ils s'écroulèrent l'un contre l'autre, pris de fou rire.

Ils devinrent bons amis, même s'ils essayaient de conserver leur relation naissante aussi discrète que possible. Les États-Unis n'avaient pas encore reconnu l'Union soviétique (ils ne le feraient que le 16 novembre 1933). Que la fille de l'ambassadeur américain fraye avec le premier secrétaire de l'ambassade soviétique en poste aurait constitué une infraction au protocole pouvant exposer son père et Boris à des critiques de la part de leurs gouvernements respectifs, ainsi que de l'opinion publique. Les deux jeunes gens quittaient de bonne heure les réceptions diplomatiques, puis se retrouvaient pour un dîner en tête à tête dans de bons restaurants tels que chez Horcher, Pelzer, Habel et Kempinski. Pour réduire leurs frais, Boris fréquentait aussi les chefs de petits restaurants peu coûteux et leur expliquait comment préparer ses plats préférés. Après le dîner, il emmenait Martha danser au Ciro ou au club sur le toit de l'Eden Hotel, ou voir des spectacles de satire politique au Kabarett der Komiker.

Certains soirs, Martha et Boris rejoignaient les correspondants de presse réunis à la Taverne, où Boris était toujours le bienvenu. Les reporters l'aimaient bien. Edgar Mowrer, à présent exilé au Japon, trouvait que le caractère de Boris se démarquait agréablement des autres fonctionnaires de l'ambassade soviétique. Il disait ce qu'il pensait, sans adhérer docilement à la doctrine du Parti et «paraissait nullement intimidé[4] par la sorte de censure qui semblait brider les autres membres de l'ambassade».

Comme les autres soupirants de Martha, Boris cherchait à fuir la présence des nazis en l'emmenant faire de longues promenades dans la campagne. Il conduisait une Ford décapotable, qu'il adorait. Agnes Knickerbocker se souvenait qu'il «enfilait ses gants de cuir fin avec beaucoup de cérémonie[5] avant de prendre le volant». C'était «un communiste convaincu, écrivit-elle, mais il aimait les bonnes choses de la vie».

Il gardait presque toujours la capote relevée, ne la rabattant que lors des soirées très froides. Tandis que ses relations avec Martha s'approfondissaient, il voulait toujours passer son bras autour d'elle en conduisant. Il semblait avoir besoin sans arrêt de son contact. Il lui prenait la main et la tenait sur son genou ou glissait les doigts de la jeune femme dans son gant. Il leur arrivait de partir en voiture très tard et parfois de rester dehors jusqu'à l'aube, «pour saluer le soleil levant dans les forêts vert sombre pailletées de l'or automnal», écrit Martha.

Son anglais était limité, mais il apprit le mot *Darling*, qu'il adorait et utilisait à la moindre occasion. Il murmurait aussi des mots doux en russe qu'il refusait de traduire, prétendant que cela en diminuerait la beauté. En allemand, il l'appelait «ma petite fille», «ma douce enfant» ou «ma petite». Elle pensait qu'il le faisait en raison de sa taille à elle, et aussi à cause de l'idée qu'il se faisait de son caractère et de son immaturité. «Il m'a dit un jour que ma naïveté et mon idéalisme étaient difficiles à comprendre.» Elle sentait qu'il la trouvait trop «frivole» pour tenter même de lui enseigner les principes du communisme. À cette période, reconnaissait-elle, elle devait «apparaître comme une jeune Américaine totalement naïve et têtue, une source d'irritation pour toutes les personnes sensées de ma connaissance».

Elle trouvait que Boris aussi prenait la vie à la légère, du moins en apparence. «À trente et un ans, il avait une gaîté et une foi enfantines, un humour délirant et un charme qu'on ne trouve pas souvent chez les hommes mûrs.» De temps à autre, toutefois, la réalité faisait intrusion dans ce que Martha appelait leur «monde de rêve, fait de dîners et de concerts, de théâtre et de joyeuses festivités». Elle percevait en lui une certaine tension. Il était particulièrement consterné de voir avec quelle facilité le monde acceptait les professions de paix d'Hitler, alors même qu'il préparait ostensiblement le pays à la guerre. L'Union soviétique semblait une cible probable. Il était aussi inquiet du fait que sa propre ambassade voyait d'un mauvais œil ses relations avec Martha. Ses supérieurs lui adressèrent une réprimande. Il n'en tint aucun compte.

De son côté, Martha subissait une pression plus officieuse. Boris plaisait à son père, pensait-elle, mais ce dernier se montrait souvent réticent en présence de Boris, «parfois même en opposition systématique». Elle attribuait surtout cela à sa crainte que Boris et elle se marient.

«Nous perturbons mes amis et ma famille, confia-t-elle à Boris. Que peut-il en résulter? Rien que des complications, de la joie maintenant, et puis, par la suite, peut-être un long désespoir.»

Pour une de leurs sorties de septembre, Boris et Martha partirent à la campagne en emportant un pique-nique.

Ils trouvèrent une clairière isolée, dans laquelle ils étalèrent leur couverture. L'air était envahi par l'odeur de l'herbe fraîchement coupée. Tandis que Boris était couché sur la couverture, souriant au ciel, Martha arracha un brin de menthe sauvage avec lequel elle lui chatouilla le visage.

Il le conserva, comme elle le découvrit plus tard. C'était un romantique, un collectionneur de trésors. Même dans ces premiers temps de leur relation, il était profondément épris – et, comme il se doit, dûment surveillé.

Il semble que, à l'époque, Martha n'avait aucune idée de ce que suspectaient de nombreux correspondants de presse : Boris n'était pas un simple premier secrétaire d'ambassade, mais plutôt un agent secret des services soviétiques, le NKVD, précurseur du KGB.

15

LE « PROBLÈME JUIF »

En tant qu'ambassadeur, Konstantin von Neurath, le ministre allemand des Affaires étrangères, était le principal interlocuteur de Dodd. Aiguillonné par l'affaire Kaltenborn, Dodd fit en sorte de rencontrer von Neurath le matin du jeudi 14 septembre 1933 pour protester de manière officielle non seulement contre cet épisode, mais aussi contre les nombreuses autres agressions contre des Américains et le peu d'enthousiasme apparent du régime à présenter les coupables devant la justice.

Leur conversation eut lieu dans le bureau de von Neurath au ministère des Affaires étrangères, dans Wilhelmstrasse.

Elle commença sur un ton plutôt aimable[1] avec une discussion sur des aspects économiques, mais l'atmosphère se tendit rapidement quand Dodd aborda la question des « brutalités des SA » et passa en revue une demi-douzaine d'incidents. Le plus récent était intervenu le 31 août à Berlin : un Américain, Samuel Bossard, avait été agressé par des membres des Jeunesses hitlériennes parce qu'il n'avait pas exécuté le salut nazi. Une semaine plus tôt, un autre Américain, Harold Dahlquist, avait été frappé par un membre des Sturmtruppen parce qu'il ne s'était pas arrêté pour regarder un défilé de SA. Dans l'ensemble, la fréquence de ces agressions avait diminué par rapport au printemps, mais les incidents continuaient de se produire au rythme régulier d'un ou deux par mois. Dodd avertit von Neurath que les comptes rendus de ces attaques dans la presse nuisaient gravement à la réputation de l'Allemagne aux États-Unis, et indiqua que cela se produisait en dépit de ses efforts personnels pour mettre une sourdine aux reportages négatifs des correspondants américains. « Je puis vous dire que l'ambassade est parvenue avec succès en plusieurs occasions à empêcher que des incidents sans importance soient rapportés dans la presse et a également recommandé aux journalistes de ne pas exagérer leurs affirmations », signala-t-il à von Neurath.

Il révéla alors que, en une occasion, sa propre voiture avait été arrêtée et fouillée, apparemment par un officier des SA, mais qu'il avait fait en sorte que l'incident ne soit pas ébruité « pour empêcher des polémiques à n'en plus finir, ce qui, vous le savez, aurait été inévitable ».

Von Neurath le remercia et dit qu'il se rendait compte des efforts de Dodd pour tempérer les articles de presse sur les violences des Sturmtruppen, y compris l'incident dont Martha et Bill Jr avaient été témoins à Nuremberg. Il se déclara extrêmement reconnaissant.

Dodd passa à l'épisode Kaltenborn. Il dit à von Neurath que la réaction aux États-Unis aurait pu être infiniment pire si Kaltenborn avait eu l'intention de l'ébruiter. «Il a eu cependant la générosité de nous demander de n'autoriser aucun communiqué sur cet épisode et M. Messersmith et moi-même avons insisté pour que la presse américaine n'en parle pas, expliqua Dodd. Cela est sorti malgré tout et a causé à l'Allemagne un tort considérable.»

Von Neurath, connu pourtant pour son caractère imperturbable, parut de plus en plus préoccupé, une nouveauté digne d'être relevée, ce que fit Dodd dans une note «strictement confidentielle» qu'il rédigea plus tard dans la journée. Von Neurath signala qu'il connaissait Kaltenborn personnellement et estima l'agression brutale et injustifiable.

L'ambassadeur l'observa. Von Neurath semblait sincère mais, dernièrement, le ministre des Affaires étrangères s'était montré volontiers d'accord, pour ensuite ne rien faire.

Dodd l'avertit que, si les agressions ne cessaient pas et que les assaillants continuaient à échapper au châtiment, les États-Unis pourraient être contraints de «publier une déclaration officielle qui serait fort préjudiciable pour la réputation de l'Allemagne dans le monde».

Le teint de von Neurath vira au cramoisi.

L'ancien professeur d'histoire continua comme s'il sermonnait un étudiant indiscipliné. «Je ne comprends pas comment vos dirigeants peuvent tolérer une pareille conduite. Ne se rendent-ils pas compte que c'est là une des choses les plus graves qui pèsent sur nos relations?»

Von Neurath affirma que, au cours de la semaine précédente, il avait abordé la question directement avec Göring et Hitler. Tous deux, dit-il, lui avaient assuré qu'ils useraient de leur influence pour empêcher d'autres agressions. Neurath s'engageait à agir de même.

Dodd poursuivit, s'aventurant à présent sur un territoire encore plus délicat : le « problème juif », comme les deux hommes le désignèrent.

Le ministre allemand demanda à l'ambassadeur américain si les États-Unis « n'avaient pas un problème juif », eux aussi.

« Certes, confia Dodd, nous avons eu de temps à autre nos difficultés aux États-Unis avec des Juifs qui prenaient trop d'importance dans certains domaines de la vie intellectuelle et commerciale. » Il ajouta que certains de ses pairs à Washington lui avaient avoué en confidence qu'ils « se rendaient compte des difficultés des Allemands à cet égard mais qu'ils n'étaient absolument pas d'accord avec cette méthode consistant à résoudre le problème avec une brutalité souvent impitoyable ».

Dodd décrivit sa rencontre avec Fritz Haber, le chimiste.

« Oui, admit von Neurath. Je connais Haber et le tiens pour un des plus grands chimistes de toute l'Europe. » Le ministre convint que le traitement des Juifs en Allemagne était aberrant et expliqua que ses services préconisaient une attitude plus humaine. Il affirmait percevoir des signes de changement. Cette même semaine, racontait-il, il était allé aux courses à Baden-Baden et trois Juifs éminents s'étaient assis près de lui et d'autres hauts fonctionnaires à la tribune, « et il n'y a eu aucune manifestation d'hostilité. »

« Vous ne pouvez espérer que l'opinion mondiale à votre sujet se modère tant que des dirigeants comme Hitler et Goebbels annonceront publiquement, comme à

Nuremberg, que tous les Juifs doivent être éradiqués de la surface de la Terre.»

Dodd se leva pour partir. Il se tourna vers le ministre d'Hitler : «Aurons-nous une guerre ?» demanda-t-il.

De nouveau, von Neurath s'empourpra : «Jamais!

– Vous devez vous rendre compte que l'Allemagne serait ruinée par une autre guerre», ajouta Dodd avant d'ouvrir la porte.

Et il quitta le bâtiment, «un peu inquiet de [s'être] montré aussi franc et critique».

Le lendemain même, le consul américain de Stuttgart, en Allemagne, adressa un communiqué «strictement confidentiel» à Berlin dans lequel il signalait que la société Mauser, qui relevait de son territoire, avait brusquement augmenté sa production d'armes. «Aucun doute ne peut plus subsister[2], écrivait le consul, quant au fait que l'Allemagne se prépare à une nouvelle agression à grande échelle contre d'autres pays.»

Peu après, le même consul signala que la police allemande avait mis en place un contrôle étroit sur les routes nationales et arrêtait systématiquement les voyageurs pour procéder à une fouille approfondie des personnes, des voitures et des bagages.

En une occasion tristement célèbre[3], le gouvernement ordonna une interruption de toute la circulation à l'échelle nationale entre douze heures et douze heures quarante afin que des brigades de police puissent fouiller tous les trains, camions et cars en circulation. L'explication officielle, citée par les journaux allemands, était que la police recherchait des armes, de la propagande étrangère et des preuves concernant la résistance communiste.

Des Berlinois cyniques souscrivaient à une autre interprétation : ce que la police espérait vraiment trouver et confisquer, c'étaient des exemplaires de journaux suisses et autrichiens insinuant que Hitler lui-même pourrait avoir des ancêtres juifs.

16

UNE REQUÊTE CONFIDENTIELLE

Les attaques contre les Américains, ses protestations, le caractère imprévisible d'Hitler et de ses subalternes, et le fait de devoir prendre des précautions à l'égard du comportement officiel qui, partout ailleurs, aurait été puni par un séjour en prison... Dodd trouvait tout cela usant. Il était accablé de maux de tête et de troubles digestifs. Dans une lettre à un ami, il confiait que ses fonctions d'ambassadeur étaient « une affaire déplaisante et pénible »[1].

Et pour faire bonne mesure, il y avait les problèmes quotidiens auxquels même les ambassadeurs doivent faire face.

À la mi-septembre, les Dodd prirent conscience d'un vacarme provenant du quatrième étage de la maison de Tiergartenstrasse, qui n'était en principe occupé que par Panofsky et sa mère. Sans prévenir Dodd, une équipe de charpentiers avait débarqué et, à partir de sept heures tous les matins, commença à frapper, à scier et à mener grand tapage, et continua de la sorte pendant deux semaines.

Le 18 septembre, Panofsky envoya un bref message à Dodd : « Je vous informe par la présente[2] que, au début du mois prochain, ma femme et mes enfants reviendront à Berlin après leur séjour à la campagne. Je suis convaincu que le confort de Votre Excellence et de Mme Dodd ne s'en trouvera pas affecté, car j'aspire à rendre votre séjour dans ma maison aussi plaisant que possible. »

Panofsky installa sa femme et ses enfants au quatrième étage, avec plusieurs domestiques.

Dodd fut outré. Il rédigea une lettre à Panofsky, qu'il corrigea ensuite abondamment, barrant et modifiant une ligne sur deux, se rendant compte manifestement que l'enjeu échappait aux rapports ordinaires entre propriétaire et locataire. Panofsky ramenait sa famille à Berlin parce que la présence de Dodd leur garantissait la sécurité. Le premier brouillon de Dodd[3] laissait entendre qu'il serait contraint à déménager sa propre famille et reprochait à Panofsky de ne pas lui avoir dévoilé ses intentions en juillet. S'il l'avait fait, écrivait Dodd, « nous ne serions pas aujourd'hui dans cette situation embarrassante ».

La dernière version de la lettre était plus modérée. « Nous sommes en effet très heureux d'apprendre que vous allez retrouver votre famille, écrivait-il en allemand. Notre seul souci est que vos enfants ne seront pas en mesure d'utiliser leur maison à leur guise. Nous avons acheté notre maison à Chicago afin que nos enfants puissent profiter des plaisirs de la nature. Cela m'attristerait d'avoir l'impression que nous entravons la liberté de mouvement à laquelle vos enfants ont droit. Si nous avions été informés de vos projets en juillet, nous ne serions pas dans cet embarras aujourd'hui. »

Les Dodd, comme tous les locataires dupés partout dans le monde, résolurent d'abord d'user de patience, en espérant que l'agitation provoquée par les enfants et les domestiques allait se calmer.

Nullement. Le bruit des allées et venues, et les apparitions inopinées de jeunes enfants causèrent des moments délicats, surtout quand les Dodd recevaient des diplomates ou des hauts fonctionnaires du Reich, ces derniers n'étant que trop disposés à railler la pingrerie de Dodd – ses costumes ordinaires, la marche à pied jusqu'au bureau, la vieille Chevrolet. Et voilà que toute une famille de Juifs débarquait !

« Il y avait trop de bruit[4] et de mouvement, surtout depuis que les devoirs de ma fonction exigeaient des dîners fréquents, se plaignit Dodd dans une note de service. Je pense que n'importe qui aurait considéré qu'il avait agi de mauvaise foi. »

Dodd consulta un avocat.

Avec ses ennuis de locataire et sa charge de travail toujours grandissante, Dodd avait de plus en plus de mal à trouver du temps pour œuvrer sur son *Vieux Sud.* Il n'arrivait à écrire que lors de brefs intervalles dans la soirée et les week-ends. Il devait se démener pour trouver les livres et les documents qu'il aurait été si simple de se procurer aux États-Unis.

Ce qui lui pesait le plus, cependant, c'était l'irrationalité du monde dans lequel il se trouvait plongé. Dans une certaine mesure, il était prisonnier de sa propre formation. En tant qu'historien, il en était venu à penser que le monde était le produit de courants historiques et de décisions globalement rationnels, et il attendait des hommes qui l'entouraient un comportement courtois et cohérent. Mais le gouvernement d'Hitler n'était ni courtois ni cohérent, et le peuple passait d'une conduite inexplicable à une autre.

Même le langage utilisé par Hitler et les responsables du Parti était bizarrement paradoxal. Le mot « fanatique » devenait un trait positif. Brusquement, il évoquait ce que le philologue Victor Klemperer, un Juif berlinois, décrivait comme un « heureux mélange de courage[5] et de ferveur ». Dans les journaux contrôlés pas les nazis se succédaient sans cesse des « éloges fanatiques », des « professions de foi fanatiques », une « foi fanatique », qui prenaient un sens vertueux. Göring était présenté comme un « ami fanatique des animaux » : *fanatischer Tierfreund.*

Certains mots très anciens prenaient un usage moderne doté d'une robustesse menaçante, comme Klemperer le souligna. *Übermensch* : surhomme. *Untermensch* : sous-homme – autrement dit « un Juif ». Des néologismes apparaissaient aussi, parmi lesquels *Strafexpedition* – « expédition punitive » – terme que les Sturmtruppen appliquaient à leurs raids dans des quartiers juifs ou communistes.

Klemperer détecta une certaine « hystérie du langage » dans le flot de décrets, avis et manœuvres d'intimidation – « Cette perpétuelle menace de la peine de mort ! » – et dans des épisodes étranges, inexplicables et excessivement paranoïaques, comme la récente fouille sur tout le territoire. Dans tout cela, Klemperer voyait un effort délibéré de faire régner une sorte d'incertitude quotidienne, « copiée sur les films et les thrillers américains », qui permettait de tenir le peuple sous contrôle. Il devinait aussi que les gens au pouvoir exprimaient leur insécurité. À la fin de juillet 1933, Klemperer vit des actualités dans lesquelles Hitler, les poings serrés et le visage convulsé, hurlait : « Le 30 janvier, ils [Klemperer présumait qu'il parlait des Juifs] se sont moqués de moi... il faut leur faire passer l'envie de rire ! » Klemperer était frappé par le fait que, même si Hitler essayait de donner une impression de toute-puissance, il paraissait être en proie à une folie furieuse, incontrôlable, qui paradoxalement affaiblissait ses discours dans lesquels il jurait que le nouveau Reich allait durer mille ans et que ses ennemis seraient anéantis. Klemperer s'interrogeait : à quoi bon exprimer cette rage aveugle « si on est tellement sûr de cette pérennité et de cet anéantissement » ?

Il quitta le cinéma ce jour-là « avec ce qui semblait presque une lueur d'espoir ».

Mais dans le monde par-delà les fenêtres de Dodd, les ombres semblaient s'épaissir de plus en plus. Une autre agression survint[6] contre un Américain, un représentant de la chaîne des magasins bon marché Woolworth. Roland Velz avait été attaqué à Düsseldorf le dimanche 8 octobre 1933, alors qu'il se promenait avec sa femme dans une des grandes artères de la ville. Comme tant de victimes avant eux, ils avaient eu le tort de ne pas prêter attention à une parade des SA. Un de ses membres, hors de lui, avait frappé Velz à deux reprises, violemment, à la figure, avant de poursuivre sa route. Quand Velz tenta de le faire arrêter par un policier, celui-ci refusa. Velz se plaignit alors à un gradé qui se tenait à proximité, mais ce dernier refusa également d'agir. Au contraire, il lui donna quelques explications sur quand et comment saluer.

Dodd envoya deux notes de protestation au ministère des Affaires étrangères dans lesquelles il demandait l'arrestation immédiate de l'agresseur. Il ne reçut aucune réponse. De nouveau, il envisagea de demander au Département d'État d'«annoncer au monde que les citoyens américains ne sont plus en sécurité en Allemagne et que les voyageurs doivent éviter de s'y rendre». Mais il rechignait à le faire.

La persécution des Juifs se poursuivait sous une forme encore plus subtile et plus étendue à mesure que la *Gleichschaltung* (la «mise au pas») progressait. En septembre, le gouvernement créa la *Reichskulturkammer,* la Chambre de la culture du Reich, sous la tutelle de Goebbels, destinée à faire entrer les musiciens, acteurs, peintres, écrivains, journalistes et cinéastes dans la ligne idéologique et, surtout, raciale. Au début d'octobre, le gouvernement promulgua la loi sur l'édition, qui interdisait aux Juifs tout emploi dans la presse et l'édition, loi qui entrait en vigueur le 1er janvier 1934. Aucun aspect n'était insignifiant: le ministère des Postes[7] déclara que, dorénavant, pour épeler un nom au téléphone, l'abonné ne devrait plus dire «D comme David» parce que David était un prénom juif. Il devrait utiliser «Dora». «Samuel» devint «Siegfried», et ainsi de suite. «On n'a rien connu[8] dans l'histoire sociale de plus implacable, de plus cruel et de plus désastreux que la politique actuelle de l'Allemagne à l'égard des Juifs», signalait le consul général Messersmith au sous-secrétaire Phillips dans une longue missive datée du 29 septembre 1933. «L'objectif du gouvernement est, indiscutablement, quoi qu'il dise à l'extérieur ou à l'intérieur du pays, d'effacer les Juifs de la vie allemande.»

Pendant quelque temps, Messersmith avait été convaincu que la crise économique allemande allait évincer Hitler. Il n'y croyait plus. Il voyait à présent que Hitler, Göring et Goebbels étaient fermement installés aux commandes. Ils « ne connaissent pratiquement rien du monde extérieur, note-t-il. Ils savent seulement que, en Allemagne, ils peuvent faire ce qu'ils veulent. Ils sont conscients de leur pouvoir dans le pays et cela leur monte à la tête. »

Messersmith suggéra qu'une « intervention en force de l'extérieur » [9] pourrait être une solution. Mais il avertit qu'une telle action devrait avoir lieu bientôt. « Si les autres puissances intervenaient maintenant, la moitié de la population l'accueillerait probablement comme une délivrance, précise-t-il. Si elle était retardée trop longtemps, une telle intervention risquerait de trouver une Allemagne pratiquement unie. »

Un fait était certain, pensait Messersmith : l'Allemagne représentait une grave et réelle menace pour le monde. Il l'appelait « le point de friction qui peut troubler notre paix pour des années à venir ».

Dodd commença à manifester les premiers signes de découragement et une profonde lassitude.

« Rien ici ne semble [10] très prometteur, écrit-il à son ami, le colonel House. Et, entre nous, je suis de nouveau très dubitatif quant au bien-fondé d'avoir laissé entendre, au printemps dernier, que je pourrais être de quelque utilité en Allemagne. J'ai un volume du *Vieux Sud* prêt à paraître ou quasiment prêt. Il doit y en avoir trois autres. J'ai travaillé vingt ans sur le sujet et il me déplaît de courir le risque de ne jamais y mettre fin. » Il conclut : « Et me voilà, à soixante-quatre ans, à mon bureau dix à quinze heures par jour ! En n'allant nulle part. Cependant, si je démissionne, cela risque de compliquer la situation.» À son amie Jane Addams, une réformatrice sociale, fondatrice, à Chicago, de Hull House, une maison pour les pauvres, il écrivit : « Cela met à mal mon travail d'historien[11] et je suis loin d'être sûr d'avoir fait le bon choix en juin dernier.»

Le 4 octobre 1933, à peine trois mois après son arrivée, Dodd envoya au secrétaire d'État Hull une lettre estampillée «confidentiel et pour vous uniquement». Invoquant l'humidité de l'automne berlinois, le climat de l'hiver et son absence de vacances depuis mars, Dodd demandait l'autorisation de prendre un congé prolongé durant l'année suivante, de sorte à pouvoir passer du temps dans sa ferme et donner quelques cours à Chicago. Il espérait quitter Berlin à la fin du mois de février et y revenir trois mois plus tard.

Il demanda à Hull de conserver le secret au sujet de cette requête. «Je vous en prie, n'en référez à personne[12] si vous avez vous-même des doutes.»

Hull accorda à Dodd le congé requis, ce qui donne à penser qu'à l'époque Washington ne partageait pas l'opinion de Messersmith selon laquelle l'Allemagne était une menace sérieuse et croissante. Les journaux du sous-secrétaire Phillips et de Moffat, le chef des Affaires de l'Europe occidentale, indiquent clairement que le souci principal du Département d'État concernant l'Allemagne demeurait la dette phénoménale de celle-ci à l'égard des créanciers américains.

17

LA FUITE DE LUCIFER

À l'approche de l'automne, le besoin pour Martha de jongler entre ses soupirants devint moins compliqué, encore que pour une raison troublante. Diels avait disparu.

Un soir au début d'octobre, Rudolf Diels travaillait tard à son bureau du 8 Prinz-Albert-Strasse quand, vers minuit, il reçut un appel téléphonique de Hilde, sa femme, qui semblait totalement bouleversée. Comme il le raconta dans un livre par la suite, *Lucifer Ante Portas* – Lucifer est à la porte –, sa femme lui apprit qu'une « horde » d'hommes en uniforme noir s'étaient introduits dans leur appartement, l'avaient enfermée dans une chambre à coucher et avaient procédé à une fouille en règle, faisant main basse sur les journaux, lettres et dossiers divers que Diels conservait chez eux. Diels fonça à l'appartement et parvint à rassembler suffisamment d'indices pour comprendre que les intrus étaient une brigade de SS sous les ordres d'un certain capitaine Herbert Packebusch. Ce dernier n'avait que trente et un ans, écrit Diels, mais avait déjà une «rudesse et une insensibilité[1] profondément gravées sur le visage». Diels le désigna comme «l'archétype et le modèle des futurs commandants de camps de concentration».

Bien que la nature effrontée du raid de Packebusch surprît Diels, il comprenait quelles étaient les forces en présence. Le régime bouillonnait, en proie aux rivalités et aux conspirations. Diels se plaçait essentiellement dans le camp de Göring, celui-ci détenant tout le pouvoir policier dans Berlin et la Prusse environnante, le plus grand des États allemands. Mais Heinrich Himmler, à la tête des SS, avait mis rapidement la main sur les services de la police secrète dans tout le reste de l'Allemagne. Göring et Himmler se haïssaient et se disputaient le terrain.

Diels ne perdit pas de temps. Il appela un ami responsable du poste de Tiergarten pour la police de Berlin et rassembla un groupe de policiers en uniforme équipés de mitrailleuses et de grenades. Il les conduisit devant le bastion des SS dans Potsdamer Strasse et donna l'ordre aux hommes d'entourer le bâtiment. Les SS qui gardaient la porte ignoraient ce qui s'était produit et conduisirent avec obligeance Diels et un contingent de police jusqu'au bureau de Packebusch.

La surprise fut totale. Quand Diels entra, il vit Packebusch en manches de chemise à son bureau, la veste noire de son uniforme pendue au mur, avec son ceinturon et le pistolet dans son étui. «Il était assis, plongé dans les papiers sur son bureau comme un écolier travaillant à une heure tardive», écrit Diels. Celui-ci fut outré. «C'étaient mes documents qu'il avait devant lui et qu'il défigurait, comme je le découvris bientôt, de ses annotations ineptes.» Packebusch voyait le mal jusque dans la façon dont Diels et sa femme décoraient leur appartement. Packebusch avait griffonné cette note : « Meublé dans le style Stresemann », faisant allusion au défunt Gustav Stresemann, un adversaire d'Hitler du temps de la république de Weimar.

« Vous êtes en état d'arrestation », annonça Diels.

Packebusch leva brusquement les yeux. Alors qu'il était occupé à lire les documents personnels de Diels, soudain, ce dernier se matérialisait devant lui. « Packebusch n'eut pas le temps de se remettre de sa surprise, raconte Diels. Il me dévisagea comme si j'étais une apparition. »

Les hommes de Diels s'emparèrent de lui. Un officier saisit le pistolet du capitaine SS dans son ceinturon accroché au mur, mais manifestement personne ne prit le temps de procéder à une fouille plus approfondie de Packebusch. Les policiers investirent le bâtiment pour arrêter d'autres hommes dont Diels croyait qu'ils avaient participé à la fouille de son appartement. Tous les suspects furent transportés au siège de la Gestapo ; Packebusch fut conduit dans le bureau de Diels.

Au petit matin, Diels et Packebusch étaient assis face à face, blêmes l'un et l'autre. Le « chien-loup alsacien » de Diels – nom officiel du berger allemand à l'époque – montait la garde à proximité, vigilant.

Diels jura de mettre Packebusch en prison.

Packebusch accusa Diels de trahison.

Rendu furieux par l'insolence de Packebusch, Diels jaillit de son fauteuil dans un accès de colère. Packebusch cria un flot d'obscénités et tira un pistolet caché dans la poche arrière de son pantalon. Il le pointa sur Diels, le doigt sur la détente.

D'après le récit de Diels, le chien entra dans la danse, bondissant sur Packebusch. Deux policiers en uniforme empoignèrent Packebusch et lui arrachèrent l'arme. Diels ordonna de le jeter dans les geôles de la Gestapo, au sous-sol.

Sans délai, Göring et Himmler se mêlèrent à cette affaire et passèrent un compromis. Göring retira à Diels la direction de la Gestapo et le nomma commissaire de police adjoint de Berlin. Diels estimait que son nouveau poste était une façon de le rétrograder, le privant de tout pouvoir réel – du moins pas le genre de pouvoir dont il aurait besoin pour tenir tête à Himmler si le chef des SS voulait régler ses comptes. Néanmoins, il accepta cet arrangement, de sorte que les choses restèrent en l'état jusqu'à un matin du même mois, où deux employés loyaux le hélèrent alors qu'il se rendait en voiture à son travail. Ils lui firent savoir que des agents des SS l'attendaient à son bureau avec un mandat d'arrêt de Göring.

Diels prit la fuite. Dans son livre, il affirme que sa femme lui avait conseillé de se faire accompagner par une amie, une Américaine, « qui pourrait se révéler utile pour traverser les frontières ». Elle habitait dans « un appartement de Tiergartenstrasse », écrit-il, et adorait prendre des risques : « Je connaissais son goût du danger et de l'aventure. »

Ces indices font immédiatement penser à Martha, mais elle ne fait aucune allusion à un tel voyage dans ses mémoires ni dans ses autres écrits.

Diels et sa compagne roulèrent jusqu'à Potsdam, puis au sud vers la frontière, où ils laissèrent la voiture dans un garage. Diels avait un faux passeport. Ils franchirent la frontière tchécoslovaque et se rendirent à Karlsbad, unc station thermale où ils descendirent à l'hôtel. Diels avait également emporté avec lui ses dossiers les plus sensibles, comme garantie.

« Depuis sa retraite en Bohême[2], écrit Hans Gisevius, le mémorialiste de la Gestapo, il menaça de faire des révélations embarrassantes et plaça la barre très haut pour le prix de son silence. »

Après le départ de Diels, de nombreux membres du cercle d'amis grandissant de Martha se sentirent sans doute un peu plus à l'aise, surtout ceux qui entretenaient de la sympathie pour les communistes ou pleuraient les libertés perdues de la république de Weimar. Sa vie mondaine continua à s'épanouir.

De tous ses nouveaux amis, celle qui la fascinait le plus était Mildred Fish Harnack, qu'elle avait d'abord rencontrée sur le quai de la gare lors de son arrivée à Berlin. Mildred parlait un allemand impeccable et, au dire de tous, était une vraie beauté, grande et mince, avec de longs cheveux blonds qui formaient un lourd chignon, et de grands yeux bleus sérieux. Elle refusait tout maquillage. Plus tard, quand un de ses secrets fut mis au jour, son portrait apparut dans les dossiers des services secrets soviétiques, la représentant comme « une authentique Allemande[3], le parfait type nordique, et très utile ».

Elle se distinguait non seulement par son allure, nota Martha, mais aussi par ses manières. « Elle parlait lentement[4] et donnait soigneusement son avis, écrit Martha. Elle écoutait en silence, soupesait et évaluait les mots, les idées et les motivations dans la conversation... Ses paroles étaient réfléchies, parfois ambiguës, quand il fallait sonder les gens. »

Cette capacité à analyser les motifs et les attitudes des autres était devenue particulièrement importante, étant donné la façon dont son mari, Arvid Harnack, et elle avaient passé les dernières années. Ils s'étaient rencontrés en 1926 à l'université du Wisconsin, où Mildred était assistante. Mariés en août, ils étaient partis pour l'Allemagne et avaient finalement opté pour Berlin où ils s'étaient établis. Ils avaient tous manifesté un talent pour rassembler les gens. Où qu'ils vivent, ils formaient un salon qui se réunissait à intervalles réguliers pour des repas, des discussions, des conférences et même des lectures de groupe de pièces de Shakespeare, ce qui renvoyait à un célèbre cercle dont ils faisaient partie dans le Wisconsin, les Friday Niters, fondé par John R. Commons, un professeur d'économie et éminent progressiste qui serait bientôt connu aux États-Unis comme le «père spirituel» de l'aide sociale.

À Berlin, durant l'hiver de 1930-1931, Arvid fonda un nouveau groupe, consacré cette fois à l'étude de l'économie planifiée de la Russie soviétique. Tandis que le parti nazi gagnait de l'influence, ce domaine d'intérêt devenait franchement problématique, mais il organisa malgré tout un voyage en Union soviétique pour une vingtaine d'économistes et d'ingénieurs allemands. Pendant ce séjour, il fut contacté[5] par les services secrets soviétiques pour travailler secrètement contre les nazis. Il accepta.

Avec l'accession d'Hitler au pouvoir, Arvid fut contraint de dissoudre son groupe d'économie planifiée. Le climat politique était devenu détestable. Mildred et lui se retirèrent à la campagne, où Mildred passait son temps à écrire et Arvid prit un emploi de juriste pour la compagnie aérienne Lufthansa. Quand la première flambée de terreur anticommuniste se fut calmée, les Harnack regagnèrent leur appartement à Berlin. Curieusement, étant donné ses antécédents, Arvid se fit engager au ministère de l'Économie et gravit rapidement les échelons, ce qui amena certains amis de Mildred aux États-Unis à penser qu'elle et son mari étaient « devenus nazis »[6].

Au départ, Martha ne sut rien de la vie clandestine d'Arvid. Elle aimait aller voir le couple dans son appartement, qui était clair et confortable, nimbé de nuances apaisantes, « des bruns clairs, des bleus doux[7] et des verts ». Mildred remplissait de grands vases de cosmos bleu lavande qu'elle plaçait devant un mur jaune pâle. Martha et Mildred en vinrent à se considérer comme des âmes sœurs, étant toutes deux passionnées par l'écriture. À la fin de septembre 1933, elles avaient commencé à animer une chronique littéraire dans un journal en anglais intitulé *Berlin Topics*. Dans une lettre à Thornton Wilder datée du 25 septembre 1933, Martha en parlait comme d'une « feuille de chou », mais elle espérait que cela servirait de catalyseur pour « constituer une petite colonie[8] dans la communauté anglophone ici... Rassembler des gens qui aiment les livres et les auteurs ».

Quand les Harnack étaient en voyage, Mildred envoyait à Martha des cartes postales où elle notait des observations poétiques sur les paysages qu'elle découvrait et elle exprimait une affection chaleureuse. Sur une carte, elle écrivit : « Martha, tu sais que je t'adore[9], et tu es sans cesse dans mon esprit. » Elle remerciait Martha de lire et de critiquer certains de ses textes. « Cela montre que tu as un don », confia-t-elle.

Elle concluait avec un soupir écrit à l'encre : « Oh ma Chère, ma Chère... la vie... » L'ellipse est d'elle.

Pour Martha, ces cartes étaient tels des pétales tombés d'un lieu invisible. « J'attachais énormément de prix à ces cartes[10] postales et courtes missives, avec leur prose délicate, d'une sensibilité presque frémissante. Il n'y avait rien d'étudié ou d'affecté en elles. Le sentiment jaillissait tel quel de son cœur plein et joyeux, et devait s'exprimer. »

Mildred devint une habituée des réceptions de l'ambassade et, en novembre, elle arrondit son salaire en tapant le manuscrit du premier volume du *Vieux Sud* de Dodd. Martha, de son côté, devint un membre régulier du nouveau salon que Mildred et Arvid avaient créé, l'équivalent berlinois des Friday Niters. En bons organisateurs, ils réunissaient un groupe d'amis fidèles – écrivains, éditeurs, artistes, intellectuels – qui se retrouvaient dans leur appartement plusieurs fois par mois pour dîner en semaine et pour le thé le samedi après-midi. Là, indiquait Martha dans une lettre à Wilder, elle rencontra l'écrivain Ernst von Salomon, célèbre pour le rôle qu'il avait joué dans l'assassinat en 1922 du ministre des Affaires étrangères de la république de Weimar, Walter Rathenau. Elle aimait l'atmosphère agréable que Mildred savait créer, malgré ses ressources limitées. Il y avait des lampes, des bougies et des fleurs, et un plateau de minces tranches de pain, du fromage, du *Liverwurst* (pâté de foie) et des tomates en tranches. Pas un banquet, mais c'était suffisant. Leur hôtesse, racontait Martha à Wilder, était « le genre de personne[11] qui avait le sens, ou le non-sens, de placer une bougie derrière un bouquet de saule blanc ou de rhododendrons ».

Les conversations étaient brillantes, spirituelles et audacieuses. Trop audacieuses, parfois, du moins de l'avis de la femme de Salomon, dont l'opinion était en partie influencée par le fait qu'elle était juive. Elle était épouvantée par la désinvolture avec laquelle les invités traitaient Himmler et Hitler de «parfaits abrutis» en sa présence, sans savoir qui elle était ni de quel côté elle était. Elle observait un invité passer à un autre une enveloppe jaune, puis cligner de l'œil comme un brave oncle qui glisse une friandise interdite à son neveu. «J'étais assise là, sur le divan[12], témoigne-t-elle, et je pouvais à peine respirer.»

Martha trouvait cela palpitant et gratifiant, malgré l'orientation antinazie du groupe. Elle défendait résolument la révolution nationale-socialiste qui offrait, selon elle, à l'Allemagne le meilleur moyen de sortir du chaos dans lequel le pays avait sombré depuis la Grande Guerre. Sa participation au salon lui permettait d'exister en tant qu'écrivain et intellectuelle. Outre sa participation au *Stammtisch* des correspondants de presse à Die Taverne, elle commençait à passer beaucoup de temps dans les cafés du vieux Berlin, ceux qui n'étaient pas encore totalement «normalisés» comme le Josty sur la Potsdamer Platz et le Romanisches sur le Kurfürstendamm. Ce dernier, qui pouvait accueillir jusqu'à un millier de clients, avait un passé historique; il avait été fréquenté par des gens comme Erich Maria Remarque, Joseph Roth et Billy Wilder, bien qu'à présent tous eussent été chassés de Berlin. Elle sortait souvent pour dîner ou pour aller voir des spectacles au Ciro et sur la terrasse de l'Eden. Le journal de l'ambassadeur Dodd ne dit rien sur la question mais, étant donné sa parcimonie, il dut trouver que Martha représentait une dépense inattendue et préoccupante pour le budget familial.

Martha espérait se faire une place bien à elle dans le paysage culturel de Berlin, et pas seulement par le truchement de son amitié avec les Harnack ; elle voulait que cette place soit importante. Elle amena Salomon à une réception très guindée à l'ambassade américaine, en espérant manifestement faire sensation. Ce fut le cas. Dans une lettre à Wilder, elle jubilait devant la réaction des invités quand Salomon apparut : « L'étonnement[13] (il y eut un petit hoquet étouffé et des chuchotements derrière des mains de la part de cette assemblée si convenable)... Ernst von Salomon ! Le complice de l'assassinat de Rathenau... »

Elle était avide d'attention et l'obtint. Salomon décrivit les invités rassemblés à une réception de l'ambassade américaine – probablement la même – comme « la *jeunesse dorée* de la capitale[14], des jeunes gens élégants aux manières parfaites, souriant de façon séduisante ou riant aux reparties spirituelles de Martha Dodd... »

Elle s'enhardit. Le moment était venu, elle le savait, d'organiser ses propres soirées.

Dans l'intervalle, Diels, toujours à l'étranger et vivant confortablement dans un hôtel huppé de Karlsbad, commença à sortir ses antennes pour jauger de l'humeur à Berlin et voir s'il pouvait rentrer sans risque ; et en vérité, s'il serait jamais sûr pour lui de rentrer.

18

L'AVERTISSEMENT D'UN AMI

Martha prenait rapidement de l'assurance sur le plan social, au point d'organiser ses propres après-midi de rencontres, modelées sur les thés et les groupes de discussion nocturnes de son amie Mildred Fish Harnack. Elle donna aussi une fête pour son anniversaire. Les deux événements se déroulèrent d'une façon sensiblement différente de ce qu'elle avait escompté.

En choisissant les invités pour son salon, elle utilisa autant ses propres contacts que ceux de Mildred. Elle invita plusieurs dizaines de poètes, écrivains et employés d'édition, ostensiblement pour une rencontre avec un éditeur américain de passage. Martha espérait « entendre des conversations amusantes[1], des échanges d'idées stimulants, au moins une conversation de plus haut niveau que de coutume dans le milieu de la diplomatie ». Mais les convives amenèrent avec eux un invité inattendu.

Au lieu de former une compagnie vivante et vibrante autour d'elle, la foule se scinda en petits groupes ici et là.

Un poète s'assit dans la bibliothèque avec plusieurs invités agglutinés autour de lui. D'autres se pressèrent autour de l'invité d'honneur, manifestant, d'après Martha, une «impatience pathétique à apprendre des nouvelles d'Amérique». Ses invités juifs paraissaient particulièrement mal à l'aise. Les conversations faiblissaient; la consommation de la nourriture et de l'alcool grimpait en flèche. «Le reste des participants tournait en rond, occupé à boire copieusement et à dévorer les plateaux de petits-fours, raconte Martha. Sans doute beaucoup étaient-ils pauvres et véritablement mal nourris, et les autres étaient nerveux et désireux de le cacher.»

En fin de compte, conclut Martha, «ce fut un après-midi ennuyeux et, en même temps, plein de tension». L'invité inattendu était la peur et celle-ci se propagea dans l'assemblée. La foule était «tellement pleine de frustration et de tristesse... de tension, de découragement, de vaine bravoure ou d'une lâcheté tragique et haïe, que je me suis juré de ne plus jamais recevoir un tel groupe sous mon toit».

Elle se résigna à aider les Harnack à organiser leurs soirées et leurs thés habituels. Ils avaient vraiment le don pour s'entourer d'amis fidèles et passionnants tout en restant proches d'eux. L'idée que, un jour, cela leur coûterait la vie lui aurait paru à l'époque le comble du ridicule.

La liste des invités en vue de son anniversaire[2], organisé le 8 octobre, date précise de sa naissance, comprenait une princesse, un prince, plusieurs de ses amis correspondants de presse et divers membres des SA et des SS, «jeunes, claquant des talons, courtois[3] presque jusqu'à l'absurde». Il est douteux que Boris Winogradov y ait assisté, même si, à l'époque, Martha sortait «régulièrement» avec lui. Il est possible, voire probable, qu'elle ne l'ait pas invité, car les États-Unis n'avaient toujours pas reconnu l'Union soviétique.

Deux hauts fonctionnaires nazis firent une apparition à la réception. L'un était Putzi Hanfstaengl, l'autre Hans Thomsen, un jeune homme qui servait d'agent de liaison entre le ministère des Affaires étrangères et la chancellerie d'Hitler. Il n'avait jamais manifesté l'enthousiasme délirant des fanatiques nazis ; par conséquent, il était apprécié par les membres du corps diplomatique et il était souvent reçu chez les Dodd. Le père de Martha discutait souvent avec lui en termes plus directs que ne l'autorisait le protocole, sachant que Thomsen ne manquerait pas de transmettre son point de vue aux cadres du parti nazi, voire à Hitler en personne. Par moments, Martha avait l'impression que Thomsen avait ses propres réserves concernant le Führer. Le père et la fille l'appelaient «Tommy».

Hanfstaengl arriva tard, selon son habitude. Il avait soif d'attention et, compte tenu de sa taille immense et de son énergie, il l'obtenait toujours, peu importe qui se trouvait dans la pièce. Il était plongé dans une conversation avec un invité, grand amateur de musique, sur les mérites de la *Symphonie inachevée* de Schubert, quand Martha s'approcha du Victrola familial et y plaça un disque du *Horst Wessel Lied*, l'hymne nazi qu'elle avait entendu chanter à Nuremberg par les SA lorsqu'ils défilaient.

Hanfstaengl parut réjoui d'entendre la musique. Hans Thomsen, visiblement pas. Il se leva brusquement, puis marcha d'un pas martial jusqu'au phonographe et l'arrêta.

L'air parfaitement innocent, Martha lui demanda pourquoi il n'aimait pas la musique.

Thomsen la fusilla du regard, le visage dur. «Ce n'est pas le genre de musique[4] qu'on passe avec désinvolture dans des réceptions hétéroclites, gronda-t-il. Je ne vous laisserai pas jouer notre hymne, avec ce qu'il signifie, dans une réunion mondaine.»

Martha resta figée sur place. Elle était chez elle, c'était sa réception et, surtout, en territoire américain. Elle pouvait en faire à sa tête.

Hanfstaengl toisa Thomsen avec «un air de vif amusement teinté de mépris», rapporte Martha. Il haussa les épaules, puis s'assit au piano et se mit à taper comme un sourd avec sa fougue habituelle.

Plus tard, Hanfstaengl prit Martha à part: «Oui, dit-il, il y a des gens comme ça parmi nous. Des gens qui ne comprennent rien et n'ont aucun humour... il faut prendre garde à ne pas froisser leur âme sensible.»

Cependant, le coup d'éclat de Thomsen eut sur Martha un effet d'une force inattendue et durable, car il émoussa son enthousiasme pour l'Allemagne nouvelle, de la même façon qu'une seule phrase cruelle peut précipiter un mariage vers le déclin.

«Habituée toute ma vie au libre échange des idées, remarque-t-elle, l'atmosphère de cette soirée me choqua et me frappa comme une sorte d'infraction aux règles du savoir-vivre dans les relations humaines.»

Dodd aussi commençait à avoir un aperçu de l'hyper-susceptibilité de l'époque. Aucun événement n'en donne mieux la mesure qu'un discours qu'il fit devant la succursale berlinoise de la chambre de commerce américaine à l'occasion de Columbus Day*, le 12 octobre 1933. Ses propos parvinrent à susciter la fureur non seulement en Allemagne, mais aussi, comme Dodd l'apprit avec consternation, au Département d'État et parmi les nombreux Américains qui préféraient que leur pays s'abstienne de se mêler des affaires européennes.

Dodd pensait qu'une partie importante de sa mission était d'œuvrer discrètement en faveur de la modération ou, comme il l'exprima dans une lettre à l'avocat Leo Wormser à Chicago, «de continuer à convaincre[5] et à implorer les gens ici de ne pas devenir leurs propres ennemis». L'invitation à prononcer un discours semblait représenter une occasion idéale.

Son idée était d'utiliser l'histoire pour critiquer le régime nazi de manière indirecte, de sorte que seuls ceux parmi le public ayant une bonne connaissance de l'histoire ancienne et moderne comprendraient le message sous-jacent. Aux États-Unis, un discours de cette nature aurait paru tout sauf héroïque ; sous l'oppression montante de la férule nazie, c'était un geste intrépide. Dodd expliqua ses motivations dans une lettre à Jane Addams. «C'était parce que j'avais constaté tellement d'injustices[6] et vu tant de petits groupes dominateurs, de même que j'entendais les plaintes de tellement de gens éminents de ce pays que je me suis aventuré aussi loin que ma position le permettait. À l'aide de l'analogie historique, j'ai mis en garde les hommes aussi

---

* Célébré traditionnellement aux États-Unis le deuxième lundi d'octobre. (*NdT.*)

solennellement que possible contre des dirigeants à demi éduqués, autorisés à conduire les nations à la guerre. »

Il donna à son exposé un titre inoffensif : « Le nationalisme économique. » Évoquant l'ascension et la chute de César, et des épisodes de l'histoire de France, de l'Angleterre et des États-Unis, Dodd cherchait à mettre en lumière les dangers « d'un régime arbitraire et minoritaire » sans citer une seule fois l'Allemagne contemporaine. Pour un diplomate traditionnel, ce n'était pas une approche typique, mais Dodd l'envisageait comme une façon d'accomplir le mandat que lui avait confié Roosevelt. Pour sa défense, plus tard, Dodd écrivit : « Le président avait souligné[7] sans équivoque qu'il voulait que je sois un représentant permanent et (à l'occasion) un porte-parole des idéaux et de la philosophie de l'Amérique. »

Il parla lors d'un banquet à l'Hôtel Adlon devant un public important qui comprenait plusieurs hauts responsables du gouvernement, dont le président Schacht de la Reichsbank et deux membres du ministère de la Propagande de Goebbels. Dodd savait qu'il s'avançait sur un terrain délicat. Il comprenait aussi, compte tenu des nombreux correspondants dans la salle, que ses propos seraient largement repris dans la presse en Allemagne, aux États-Unis et en Grande-Bretagne.

Tandis qu'il commençait sa lecture, il sentit une excitation silencieuse gagner la salle. « En des périodes de grande tension[8], commença-t-il, les hommes abandonnent trop volontiers les repères sociaux du passé pour s'aventurer en territoire inconnu. Et la conséquence a toujours été la réaction, parfois le désastre. » Il remonta dans le lointain passé en commençant son voyage dans un style allusif avec les exemples de Tiberius Gracchus, un chef populiste, et Jules César. «Les hommes d'État insuffisamment cultivés d'aujourd'hui s'écartent brutalement du but idéal du premier des Gracques et croient trouver le salut, pour leurs semblables en difficulté dans le mode d'action arbitraire de celui qui fut une victime facile des ruses grossières de l'impudique Cléopâtre.» Ils oublient, ajouta-t-il, que «les Césars n'ont triomphé que sur une courte période si on la mesure à l'aune de l'histoire».

Il décrivit des moments similaires dans l'histoire de l'Angleterre et de la France, et il donna en exemple Jean-Baptiste Colbert, le puissant contrôleur général des Finances de Louis XIV. Dans une allusion évidente aux relations entre Hitler et Hindenburg, il raconta à son public que Colbert «se vit octroyer des pouvoirs despotiques. Il expropria des centaines de grandes familles nouvellement enrichies, remit leurs biens à la couronne, condamna à mort des milliers de gens qui lui résistaient... L'aristocratie terrienne récalcitrante fut matée partout, les parlements n'étaient plus autorisés à se rassembler». Le régime autocratique persista en France jusqu'en 1789; il fallut attendre la Révolution française pour qu'il s'effondre dans «le fracas et le tonnerre». «Les gouvernements qui s'exercent par le haut échouent aussi souvent que ceux qui s'exercent par le bas; et tout grand échec provoque une réaction malheureuse de la société, des milliers et des millions d'hommes sans défense perdant la vie dans cette triste affaire. Pourquoi les hommes d'État n'étudient-ils pas le passé pour éviter de tels désastres?»

Après quelques allusions supplémentaires, il parvint à son dénouement: «En conclusion, on peut dire sans risque qu'il serait souhaitable que les hommes d'État apprennent un peu d'histoire afin de comprendre qu'aucun système impliquant le contrôle de la société par des hommes avides de privilèges ne s'est jamais terminé autrement que par la chute.» Ne pas tirer un enseignement de ces «bourdes du passé», dit-il, ne pouvait que nous conduire à «une autre guerre et au chaos».

Les applaudissements, rapporte Dodd dans son journal, «furent extraordinaires». En décrivant la scène à Roosevelt, Dodd nota que même Schacht «applaudit de façon extravagante»[9], de même que «tous les autres Allemands présents. Je n'ai jamais reçu d'approbation plus unanime». Il écrivit au secrétaire d'État Hull: «Quand le discours fut terminé[10], à peu près tous les Allemands présents démontrèrent et exprimèrent une approbation qui révélait implicitement: "Vous avez dit ce que chacun de nous s'est vu dénier le droit d'exprimer." Un responsable de la Deutsche Bank appela pour signifier son propre accord. "L'Allemagne silencieuse mais inquiète[11], et par-dessus tout l'Allemagne des affaires et de l'université, est de tout cœur avec vous et extrêmement reconnaissante que vous vous trouviez ici et que vous puissiez dire ce que nous ne pouvons dire."»

Sans aucun doute, ces auditeurs comprenaient le véritable message du discours de Dodd. Par la suite, Bella Fromm, la chroniqueuse mondaine du *Vossische Zeitung*, qui devenait de plus en plus liée à la famille Dodd, lui confia: «J'ai aimé vos allusions finement déguisées[12] contre Hitler et le nazisme.

– Je n'avais aucune illusion sur Hitler quand j'ai été nommé à ce poste à Berlin, répondit-il avec un sourire malicieux. Mais j'avais espéré trouver au moins quelques personnes correctes autour de lui. Je suis horrifié de découvrir que toute la bande n'est qu'une horde de criminels et de lâches. »

Plus tard, Fromm reprocha à André François-Poncet, l'ambassadeur français en Allemagne, d'avoir raté la conférence. La réaction de ce dernier résume le dilemme de la diplomatie traditionnelle. « La situation est très difficile[13], lui confia-t-il avec un sourire. Nous sommes diplomates et nous devons dissimuler nos sentiments. Nous devons plaire à nos supérieurs dans notre pays tout en évitant de nous faire expulser d'ici, mais je suis heureux également que Son Excellence, M. Dodd, ne puisse être corrompu par la flatterie et les honneurs. »

Dodd fut encouragé par l'accueil de son auditoire. « Mon interprétation[14] est que toute l'Allemagne libérale est avec nous... et plus que la moitié de l'Allemagne est libérale de cœur », confia-t-il à Roosevelt.

La réaction ailleurs fut franchement plus réservée, comme Dodd ne tarda pas à le découvrir. Goebbels bloqua la publication du discours, même si trois grands quotidiens en publièrent malgré tout des extraits. Le lendemain, un vendredi, Dodd se présenta au bureau de von Neurath au ministère des Affaires étrangères pour un rendez-vous prévu antérieurement, mais s'entendit dire que celui-ci ne pouvait le recevoir – une infraction claire aux usages diplomatiques. Dans un câble à Washington cet après-midi-là, le diplomate américain fit savoir au secrétaire Hull que ce geste de von Neurath semblait « constituer un sérieux affront[15] à notre gouvernement ». Dodd fut enfin reçu par le ministre à la fin de la journée, à vingt heures. Von Neurath prétendit avoir été trop débordé pour le recevoir plus tôt, mais Dodd savait que le ministre avait été suffisamment libre d'obligations pressantes pour déjeuner avec un diplomate de moindre acabit. Il nota dans son journal qu'il soupçonnait Hitler d'avoir personnellement exigé le report de l'entrevue «comme une sorte de rebuffade[16] à la suite de mon discours d'hier».

À sa grande consternation, il vit aussi venir une lame de fond de critiques provenant des États-Unis et prit des dispositions pour se défendre. Il envoya promptement à Roosevelt un compte rendu intégral de son discours, en précisant qu'il le faisait parce qu'il craignait que «des interprétations embarrassantes[17] aient pu circuler dans le pays». Le jour même, il envoya aussi une copie au sous-secrétaire Phillips, «dans l'espoir que, étant informé[18] de tous les précédents, vous serez en mesure de donner des éclaircissements au secrétaire Hull – c'est-à-dire si lui ou quiconque au Département croyait que j'ai nui en quelque façon à notre cause».

S'il s'attendait à voir Phillips prendre sa défense, il se trompait.

Phillips et d'autres hauts fonctionnaires du Département d'État, dont Moffat, chef des Affaires de l'Europe occidentale, devenaient de plus en plus mal disposés à l'égard de l'ambassadeur. Ces diplomates de haut rang, membres du «bon petit club» vanté par Hugh Wilson, s'emparèrent du discours de Dodd comme une preuve supplémentaire qu'il était le mauvais choix pour ce poste. Moffat, dans son journal, comparait le numéro de Dodd à un «maître d'école faisant des remontrances à ses élèves[19]». Phillips, passé maître dans l'art des bruits de couloir, se délectait de l'embarras de Dodd. Après avoir conservé le silence malgré plusieurs courriers de

Dodd, dans lesquels l'ambassadeur demandait s'il devait, d'après lui, accepter de prononcer d'autres discours, Phillips finit par répondre, avec ses excuses, expliquant : « Je doutais qu'une missive de ma part[20] puisse être de quelque secours ou conseil pour vous qui vivez dans un monde tellement différent de celui de la plupart des ambassadeurs. »

Même s'il félicitait Dodd pour « l'art élevé » dont il faisait preuve pour élaborer un discours lui permettant d'exprimer le fond de sa pensée sans offenser ses interlocuteurs, Phillips lui adressa un reproche voilé : « En bref, mon sentiment est qu'un ambassadeur, qui est un hôte privilégié du pays dans lequel il est accrédité, devrait veiller à ne rien déclarer publiquement qui puisse passer pour une critique de son pays d'accueil, parce que, ce faisant, il perd *ipso facto* la confiance des hauts responsables dont la bonne volonté est tellement essentielle au succès de sa mission. »

Dodd ne semblait pas s'en rendre compte, mais plusieurs membres du « bon petit club » avaient commencé à intensifier leur campagne contre lui, dans le but ultime de l'expulser de leurs rangs. En octobre, son vieil ami le colonel House lui envoya un avertissement discret. D'abord il annonça la bonne nouvelle : House venait de voir Roosevelt. « C'était merveilleux d'entendre le président[21] dire qu'il éprouvait une satisfaction sans bornes pour le travail que vous accomplissez à Berlin. »

Mais House s'était ensuite rendu au Département d'État : « Dans la plus stricte confidence, ils n'expriment pas le même enthousiasme à votre endroit que le président, poursuivait-il. J'ai réclamé des éléments concrets, et tout ce que j'ai pu obtenir, c'est que vous ne les avez pas tenus bien informés. Je vous dis cela afin de vous guider dans l'avenir. »

Le samedi 14 octobre, deux jours après la célébration de Columbus Day, Dodd était au milieu d'un dîner en l'honneur des attachés militaire et naval quand il reçut une nouvelle surprenante. Hitler venait d'annoncer sa décision : l'Allemagne allait se retirer de la Société des Nations et de la Conférence mondiale sur le désarmement qui se tenait à Genève, de façon intermittente, depuis février 1932.

Dodd alluma la radio et entendit immédiatement la voix rauque du chancelier, bien qu'il fût frappé par l'absence des forfanteries habituelles. Dodd écouta attentivement pendant que Hitler décrivait l'Allemagne comme une nation bien intentionnée, aspirant à la paix, dont le modeste désir d'égalité sur le plan de l'armement se heurtait à l'opposition des autres peuples. « Ce n'était pas l'allocution d'un penseur[22], note Dodd dans son journal, mais d'un émotif clamant que l'Allemagne n'était en aucune façon responsable de la guerre mondiale et qu'elle était victime de méchants ennemis. »

C'était une évolution stupéfiante. D'un seul coup, Dodd se rendait compte que Hitler avait émasculé la Société des Nations et pratiquement invalidé le traité de Versailles, déclarant clairement son intention de réarmer l'Allemagne. Il annonçait aussi qu'il avait dissous le Reichstag et que de nouvelles élections auraient lieu le 12 novembre. Le vote serait également pour le public l'occasion de se prononcer sur sa politique étrangère par le truchement d'un référendum. Secrètement, Hitler donna aussi l'ordre au général Werner von Blomberg, son ministre de la Défense, de se tenir prêt à une action militaire éventuelle de la part des membres de la SDN qui pourraient vouloir imposer le respect du traité de Versailles – même si Blomberg savait parfaitement que la petite armée allemande ne pouvait espérer l'emporter devant l'action conjuguée de la France, la Pologne et la Tchécoslovaquie. «Il est certain que, à cette époque, non seulement les Alliés auraient pu facilement battre[23] l'Allemagne, mais une telle action aurait également écrasé dans l'œuf le Troisième Reich l'année même de sa naissance», analyse William Shirer dans *Le Troisième Reich, des origines à la chute*, devenu un classique. Cependant, Hitler «avait jaugé le courage de ses adversaires étrangers d'une façon aussi experte et mystérieuse qu'il avait su évaluer celui de ses opposants de l'intérieur».

Même si Dodd continuait d'entretenir l'espoir que le gouvernement allemand deviendrait plus fréquentable, il reconnut que ces deux décisions d'Hitler étaient de mauvais augure et allaient dans le sens inverse de la modération. Le moment était venu, il le savait, de rencontrer Hitler face à face.

Dodd alla se coucher, ce soir-là, l'esprit profondément troublé.

Le mardi 17 octobre 1933, peu avant midi, le «progressiste acharné» de Roosevelt partit en chapeau haut-de-forme et frac à son premier rendez-vous avec Adolf Hitler.

19

L'ENTREMETTEUR

Putzi Hanfstaengl connaissait les multiples liaisons de Martha, mais, à l'automne 1933, il songea à lui donner un nouveau partenaire.

Imaginant que Hitler serait un dirigeant beaucoup plus raisonnable s'il tombait amoureux, Hanfstaengl s'improvisa entremetteur. Il savait que la tâche ne serait pas facile. Étant un des plus proches acolytes du Führer, il était conscient que l'histoire des relations d'Hitler avec les femmes était bizarre, entachée de tragédies et de rumeurs persistantes d'un comportement douteux. Hitler aimait les femmes, mais plus pour le décor que pour les rapports intimes et l'amour qu'elles pouvaient lui apporter. De nombreuses liaisons avaient été évoquées[1], en règle générale avec des femmes beaucoup plus jeunes que lui – en particulier, Maria Reiter, âgée de seize ans. Eva Braun, pour sa part, avait vingt-trois ans de moins que lui et il avait avec elle une liaison intermittente depuis 1929. Jusque-là, cependant, sa seule aventure dévorante avait été avec sa jeune nièce, Geli Raubal.

On l'avait retrouvée morte, tuée par balles, chez Hitler, avec le revolver de celui-ci à proximité. L'explication la plus vraisemblable était le suicide, un moyen pour elle d'échapper à la jalousie exclusive et étouffante d'Hitler – sa «possessivité moite»[2], selon les termes de l'historien Ian Kershaw. Hanfstaengl soupçonnait que Hitler avait été un temps attiré par sa propre femme, Helena, mais elle lui avait assuré qu'il n'avait aucune raison d'être jaloux. «Crois-moi[3], lui dit-elle, il est totalement asexué, ce n'est pas un homme.»

Hanfstaengl appela Martha chez elle.

«Hitler a besoin d'une femme[4], déclara-t-il. Hitler devrait avoir une Américaine... une femme charmante pourrait changer tout le destin de l'Europe.»

Il en vint au fait: «Martha, cette femme, c'est toi!»

Quatrième partie

UN SQUELETTE QUI GRELOTTE DE FROID

Le Tiergarten, janvier 1934.

20

LE BAISER DU FÜHRER

D odd gravit un large escalier conduisant au bureau d'Hitler, croisant à chaque tournant des SS en armes le bras levé dans le genre « *ave* César », selon Dodd. Il répondait en hochant la tête et entra enfin dans la salle d'attente d'Hitler. Quelques instants plus tard, la haute porte noire de son bureau s'ouvrit. Le ministre des Affaires étrangères, von Neurath, sortit pour accueillir Dodd et le conduire auprès du dictateur. Le bureau était une pièce immense, environ quinze mètres sur quinze, d'après l'estimation de Dodd, avec des murs et un plafond richement décorés. Hitler, « impeccable et raide »[1], portait un complet-veston ordinaire. Dodd remarqua qu'il avait une meilleure apparence que sur les photographies de presse.

Malgré tout, Hitler n'avait pas une folle allure. C'était rarement le cas. Dans les débuts de son ascension, ceux qui le rencontraient avaient tendance à le négliger en raison de son insignifiance. Il avait des origines plébéiennes et n'avait réussi à se distinguer en aucune manière, ni à la guerre, ni au travail, ni dans l'art, bien qu'il crût posséder du talent dans ce dernier domaine. On le disait indolent. Il se levait tard, travaillait peu et s'entourait des esprits les plus ternes du Parti avec lesquels il se sentait en parfaite harmonie, un entourage d'esprits sans prétentions intellectuelles que Putzi Hanfstaengl désignait par dérision sous le sobriquet de la « Chauffeureska »[2], composée de gardes du corps, d'aides de camp et d'un chauffeur. Il aimait le cinéma – *King Kong* était un de ses films préférés[3] – et adorait la musique de Richard Wagner. Il s'habillait mal. À part sa moustache et ses yeux, les traits de son visage étaient indistincts et très quelconques, comme s'ils avaient été modelés dans l'argile sans être passés au feu. Se souvenant de sa première impression d'Hitler, Hanfstaengl écrivait : « Hitler avait l'air d'un coiffeur de banlieue[4] pendant son jour de congé. »

Néanmoins, l'homme avait une capacité remarquable à s'imposer avec une force de conviction énorme, surtout quand il parlait en public ou lors de rencontres privées quand un sujet le faisait sortir de ses gonds. Il avait également le don pour exhaler une sincérité qui aveuglait l'assistance sur ses véritables motifs et croyances. Dodd n'avait pas encore pris la mesure de cet aspect de son caractère.

Pour commencer, Dodd évoqua[5] les nombreuses attaques dont les Américains étaient l'objet. Hitler se montra cordial et navré, et assura à Dodd que les auteurs de ces actes seraient « sévèrement punis ». Il promit également de diffuser largement ses précédents décrets dispensant les étrangers d'exécuter le salut nazi. Après un échange insipide au sujet des dettes de l'Allemagne à ses créanciers américains, Dodd passa au sujet qu'il avait particulièrement en tête, la « question omniprésente du coup de tonnerre allemand de samedi dernier ». À savoir la décision d'Hitler de se retirer de la Société des Nations.

Quand Dodd lui demanda pourquoi l'Allemagne se retirait de la SDN, Hitler s'emporta. Il s'en prit au traité de Versailles et au désir de la France de conserver la supériorité des armes sur l'Allemagne. Il vitupéra contre l'« indignité » qu'il y avait à garder l'Allemagne dans un état d'infériorité, incapable de se défendre contre ses voisins.

La rage soudaine d'Hitler décontenança Dodd. Il s'efforça de rester imperturbable, à présent moins diplomate que professeur en présence d'un étudiant aux nerfs fragiles. « Il y a une injustice évidente dans l'attitude française ; mais la défaite dans une guerre s'accompagne toujours d'injustice », répondit-il. Il prit pour exemple les retombées de la guerre de Sécession et le traitement « terrible » infligé au Sud par le Nord.

Hitler le regarda fixement. Après un bref moment de silence, la conversation reprit et, pendant quelques instants, les deux hommes échangèrent ce que Dodd appela « des civilités ». Mais alors, l'ambassadeur demanda si « un incident sur la frontière polonaise, autrichienne ou française, qui attirerait un ennemi à l'intérieur du Reich » suffirait pour que Hitler déclenche une guerre.

« Non, non », affirma Hitler.

Dodd voulut pousser plus loin. Supposons, demanda-t-il, qu'un pareil incident concerne la vallée de la Ruhr, une région industrielle au sujet de laquelle l'Allemagne était particulièrement chatouilleuse. La France avait occupé la Ruhr entre 1923 et 1925, ce qui avait provoqué beaucoup d'émoi sur le plan économique et politique en Allemagne. Dans l'hypothèse d'une autre incursion, s'enquit Dodd, l'Allemagne réagirait-elle elle-même par la voie militaire ou demanderait-elle une conférence internationale pour résoudre la question ?

« Cela serait mon objectif, déclara Hitler, mais nous risquons de ne pas pouvoir retenir le peuple allemand.

– Si vous attendiez pour convoquer une conférence internationale, l'Allemagne retrouverait sa popularité à l'extérieur. »

Peu après, l'entrevue prit fin. Elle avait duré quarante-cinq minutes. Bien que la séance eût été difficile et étrange, Dodd quitta néanmoins le chancelier avec la conviction que Hitler était sincère dans son désir de paix. Il était toutefois inquiet à l'idée d'avoir de nouveau violé les usages diplomatiques. « Peut-être me suis-je montré trop franc[6], écrivit-il plus tard à Roosevelt. Mais je me devais d'être honnête. »

À dix-huit heures ce jour-là, il envoya un câble de deux pages au secrétaire Hull avec un compte rendu de la rencontre qu'il conclut en ces termes : « L'effet global de l'entrevue[7] a été plus favorable, en vue du maintien de la paix, que je ne l'escomptais. »

Dodd communiqua également ces impressions au consul général Messersmith, qui adressa alors une lettre au sous-secrétaire Phillips – de dix-huit pages, une bonne longueur – dans laquelle il semblait résolu à saper la crédibilité de Dodd. Il contestait l'appréciation de l'ambassadeur sur Hitler. « Les assurances du chancelier[8] ont été si satisfaisantes et si inattendues que je pense qu'elles sont dans l'ensemble trop belles pour être vraies, écrit Messersmith. Nous devons garder à l'esprit, à mon sens, que quand Hitler déclare quelque chose il se persuade sur le moment que c'est vrai. Il est fondamentalement sincère ; mais c'est en même temps un fanatique. »

Messersmith recommandait le plus grand scepticisme concernant les protestations de bonne foi d'Hitler. «Je crois que, pour le moment, il désire sincèrement la paix, mais c'est une paix selon ses termes et avec une armée qui ne cesse de se renforcer afin d'imposer sa volonté au moment crucial. » Il réaffirmait sa conviction que le gouvernement d'Hitler ne pouvait être considéré comme un organe rationnel. «Il y a tellement de cas pathologiques impliqués qu'il est impossible de dire d'un jour à l'autre ce qui va arriver, tout comme le gardien d'une maison de fous est dans l'incapacité de dire ce que ses internés feront dans l'heure ou le jour suivant. »

Il conseillait vivement la prudence, incitant en réalité Phillips à considérer avec scepticisme la conviction de Dodd que Hitler voulait la paix. «Je crois que pour le moment... nous devons nous garder de tout optimisme exagéré suscité par les déclarations apparemment rassurantes du chancelier. »

Le matin du rendez-vous que Putzi Hanfstaengl avait organisé entre Martha et Hitler, celle-ci s'habilla avec soin, considérant qu'elle avait été «désignée pour changer le cours de l'histoire de l'Europe»[9]. Cela lui semblait être une plaisanterie de premier ordre. Elle était curieuse de rencontrer cet homme qu'elle prenait autrefois pour un clown, mais dont elle était à présent convaincue qu'il «avait une personnalité éclatante et radieuse, qui devait posséder une puissance et un charme irrésistibles». Elle décida de mettre «ce qu'elle avait de plus sage et de plus intéressant», rien de trop spectaculaire ou révélateur, car l'idéal féminin des nazis était une femme qui portait peu de maquillage, s'occupait de son mari et donnait naissance à de très nombreux enfants. Les Allemands, écrit-elle, «veulent que leurs femmes se fassent voir mais pas entendre, et encore, qu'elles soient vues seulement comme des appendices du splendide mâle qu'elles accompagnent». Elle envisagea de porter une voilette.

Hanfstaengl vint la prendre dans son énorme limousine pour la conduire au Kaiserhof, sept rues plus loin sur la Wilhelm Platz, tout près du coin sud-est du Tiergarten. C'est dans ce grand hôtel au hall profond et au portique voûté à l'entrée que Hitler avait résidé jusqu'à son accession aux fonctions de chancelier. À présent, il venait souvent pour déjeuner ou pour le thé, entouré de sa «Chauffeureska».

Putzi avait fait en sorte que vienne les rejoindre un autre invité, un ténor polonais, Jan Kiepura, âgé de trente et un ans. Hanfstaengl, connu et au physique facilement repérable, était traité avec déférence par le personnel du restaurant. Une fois assis, Martha et les deux hommes bavardèrent en prenant un thé et attendirent. Un peu plus tard, un brouhaha se fit entendre à l'entrée de la salle de restaurant et bientôt monta l'inévitable raclement des chaises sur le sol au milieu des cris de *«Heil Hitler!»*.

Hitler et ses sbires – comprenant, effectivement, son chauffeur – prirent place à la table voisine. D'abord, Jan Kiepura fut placé aux côtés d'Hitler avec lequel il parla musique. Hitler ne semblait pas conscient que, en vertu de la loi nazie, Kiepura était catalogué comme juif du côté de sa mère. Quelques moments plus tard, Hanfstaengl s'approcha de lui et se pencha pour parler à l'oreille du Führer. Il revint promptement vers Martha pour lui annoncer que Hitler allait maintenant la voir.

Elle s'approcha de la table et resta debout pendant que Hitler se levait pour la saluer. Il lui prit la main et la baisa, prononça quelques mots tranquilles en allemand. Elle le dévisagea soigneusement : « Un visage faible, mou, des cernes sous les yeux, les lèvres pleines et une ossature à peine visible. » À cette distance, la moustache « ne semblait pas aussi ridicule qu'elle apparaissait sur les photographies... en fait, ce fut tout juste si j'y ai prêté attention ». Ce qu'elle remarqua le plus, ce furent les yeux. Elle avait entendu dire qu'il y avait quelque chose de perçant et d'intense dans son regard et à présent, immédiatement, elle comprit. « Les yeux d'Hitler, écrit-elle, étaient saisissants et inoubliables... ils semblaient de couleur bleu pâle, étaient intenses, fixes, hypnotiques. »

Cependant, il avait des manières douces – « excessivement douces », précise-t-elle –, plutôt celles d'un adolescent timide que d'un dictateur inflexible. « Effacé, expansif, sans façons, il avait un certain charme tranquille, presque une tendresse dans le discours et le regard. »

Hitler se retourna vers le ténor et, avec ce qui semblait être un intérêt réel, raviva leur conversation sur la musique.

Il « semblait modeste, de classe moyenne, plutôt terne et complexé – mais avec cette étrange tendresse et cette faiblesse émouvante, poursuit-elle. J'avais du mal à croire que cet homme était l'un des plus puissants d'Europe ».

Martha et Hitler se serrèrent de nouveau la main et, pour la seconde fois, il l'effleura de ses lèvres. Elle retourna à sa table et à Hanfstaengl.

Ils s'attardèrent encore un peu, finirent leur thé, tendant l'oreille pour saisir la conversation entre Kiepura et Hitler. De temps à autre, Hitler lançait dans la direction de la jeune femme «des regards curieux, embarrassés», d'après elle.

Ce soir-là, au dîner, elle raconta à ses parents sa rencontre et combien le Führer s'était montré charmant et paisible. Dodd fut amusé et concéda que «Hitler n'était pas sans charme[10] en tant que personne».

Il taquina sa fille, lui disant de noter exactement l'endroit où les lèvres du Führer avaient effleuré sa peau et lui recommanda que si elle devait absolument se laver la main, qu'elle prenne grand soin de contourner le pourtour du baiser.

«J'étais un peu furieuse[11] et vexée», conclut-elle.

Il n'y eut pas de nouvelle rencontre entre Martha et Hitler, et elle n'avait pas sérieusement espéré que cela se produise, même s'il se révéla, quelques années plus tard, qu'elle revint à l'esprit du Führer en au moins une autre occasion. Pour sa part, tout ce qu'elle avait voulu, c'était rencontrer l'homme et satisfaire sa curiosité. Il y avait d'autres hommes dans son cercle qu'elle trouvait infiniment plus attirants.

L'un de ceux-ci était revenu dans sa vie, en l'invitant pour une rencontre des plus exceptionnelles. À la fin d'octobre, Rudolf Diels était rentré à Berlin et avait récupéré son ancien poste de chef de la Gestapo, paradoxalement avec plus de pouvoir qu'avant son exil en Tchécoslovaquie. Non seulement Himmler avait présenté à Diels des excuses pour la descente à son domicile, il lui avait également promis le grade de *Standartenführer*, ou colonel des SS.

Diels lui envoya des remerciements mielleux : « En m'accordant le grade [12] de *Obersturmbannführer der SS*, vous m'avez causé plus de joie que je ne saurais l'exprimer en ces quelques mots de remerciements. »

Hors de danger pour le moment, Diels invita Martha à assister à la prochaine séance du procès pour l'incendie du Reichstag, qui se déroulait à la Cour suprême de Leipzig depuis presque un mois, mais allait se poursuivre à Berlin, la scène du crime. Le procès était censé être expédié rapidement et se terminer par la condamnation et, dans l'idéal, la peine de mort pour les cinq accusés. Mais il ne se déroulait pas comme Hitler l'avait espéré.

À présent, la comparution d'un « témoin » spécial était annoncée.

21

LE PROBLÈME
DE GEORGE

D ans toute l'Allemagne, un vaste mouvement s'était amorcé, entraînant inexorablement le pays vers un lieu ténébreux qui ne correspondait pas aux souvenirs de l'ancienne Allemagne que Dodd avait connue pendant ses études. Tandis que l'automne avançait et que le Tiergarten se parait de couleurs vives, il se rendait compte à quel point il avait vu juste à Chicago, au printemps, quand il avait constaté que son tempérament ne convenait pas à la « haute diplomatie » : il était incapable de jouer les menteurs en se mettant à genoux. Il voulait influer sur le cours des événements : l'Allemagne devait prendre conscience des dangers de sa politique, et il souhaitait amener le gouvernement d'Hitler à adopter une voie plus humaine et plus rationnelle. Il s'apercevait vite, cependant, que ses moyens étaient limités. Particulièrement étrange à ses yeux était cette fixation des nazis sur la pureté raciale. Le projet d'un nouveau code pénal avait commencé à circuler, proposant d'en faire le pilier central du droit allemand. Le vice-consul américain de Leipzig, Henry Leverich, trouvant ce document extraordinaire, rédigea une analyse : « Pour la première fois, dans l'histoire[1] juridique allemande, un projet de loi contient des propositions précises en vue de protéger la race allemande contre ce qui est considéré comme une désintégration provoquée par un métissage avec du sang juif ou de couleur. » Si le code était institué – et il ne doutait pas qu'il le serait –, désormais « il serait considéré comme un crime pour un gentil, homme ou femme, d'épouser un Juif ou une Juive ou une personne de couleur ». Il nota aussi que le code tenait la protection de la famille comme primordiale et, de ce fait, rendait hors la loi l'avortement, exception faite des cas où un tribunal autoriserait la procédure, l'enfant à naître possédant un mélange de sang allemand et juif ou de couleur. « À en juger d'après les commentaires des journaux, précisait le vice-consul Leverich, cette partie du projet va presque certainement être inscrite dans la loi. »

Une autre loi nouvellement proposée retint particulièrement l'attention de Dodd, une loi « permettant d'éliminer les malades incurables »[2], comme il le décrivit dans une note au Département d'État datée du 26 octobre 1933. Les patients gravement malades pouvaient demander à être euthanasiés, mais s'ils étaient incapables de le formuler eux-mêmes, leur famille pouvait le faire à leur place. Cette proposition, « s'ajoutant à la législation déjà promulguée concernant la stérilisation des personnes atteintes d'imbécillité héréditaire ou d'autres anomalies similaires, est conforme au but d'Hitler d'élever les critères physiques du peuple allemand, signalait Dodd. D'après la philosophie nazie, seuls les Allemands en bonne forme physique appartiennent au Troisième Reich, et ce sont eux qui sont censés avoir de grandes familles».

Les agressions contre les Américains continuaient en dépit des protestations de l'ambassadeur, et les poursuites judiciaires semblaient pour le moins languissantes. Le 8 novembre, Dodd fut informé par le ministère des Affaires étrangères qu'aucune arrestation ne serait effectuée à la suite de l'agression dont le fils de H.V. Kaltenborn avait été victime, car le père «ne pouvait se rappeler ni le nom[3] du coupable ni le numéro de sa carte d'immatriculation au Parti, de sorte qu'aucun indice n'était utilisable dans le cadre de l'enquête».

Peut-être en raison d'un sentiment croissant d'impuissance, Dodd modifia son angle d'attaque, passant du domaine des affaires internationales à un état des lieux dans sa propre ambassade. Il se trouva – lui, si parcimonieux, adepte de Jefferson – poussé de plus en plus à se focaliser sur les défaillances de son personnel et les dépenses excessives de la mission diplomatique.

Il intensifia sa campagne contre le coût des télégrammes et les dépêches trop longues et inutiles, qui étaient dus, selon lui, au fait d'avoir tant d'hommes fortunés dans la carrière. «Les diplomates aisés[4] veulent assister à des cocktails dans l'après-midi, à des parties de cartes le soir et se lever le lendemain à dix heures, se plaignit-il au secrétaire Hull. Cela tend à réduire l'étude et le travail effectifs... et cela rend les hommes indifférents au coût de leurs comptes rendus et télégrammes.» Ceux-ci devraient être divisés de moitié, affirmait-il. «Une habitude tenace ici résiste à mes efforts pour raccourcir les télégrammes, au point que certains "piquent des crises" quand j'efface de longs passages. Je vais devoir les rédiger moi-même... »

Ce que Dodd n'avait pas totalement saisi, c'est que, en se plaignant de la richesse, de l'habillement et des habitudes de travail des fonctionnaires d'ambassade, il s'en prenait de fait au sous-secrétaire Phillips, à Moffat, chef des Affaires de l'Europe occidentale, et à leurs collègues, ceux-là mêmes qui incarnaient les usages et les traditions des Affaires étrangères – le « bon petit club » – que Dodd trouvait tellement affligeants. Ceux-ci considéraient ses reproches sur les dépenses comme insultants, lassants et déplacés, surtout compte tenu de la nature de son poste. N'y avait-il pas des questions de plus grande importance qui requéraient son attention ?

Phillips en prit particulièrement ombrage et commanda au service des communications du Département d'État une étude chargée de comparer le volume des câbles en provenance de Berlin avec celui des autres ambassades. Le chef de la division, un certain D. A. Salmon, constata que Berlin avait envoyé trois télégrammes de moins que Mexico, et seulement quatre de plus que la minuscule légation de Panamá. « Il semblerait qu'au vu[5] de la gravité de la situation en Allemagne, écrivait Salmon, l'activité télégraphique de l'ambassade américaine à Berlin a été extrêmement limitée depuis l'entrée en fonction de l'ambassadeur Dodd. »

Phillips adressa le rapport à Dodd, accompagné d'une note en trois phrases dans laquelle, avec une moue aristocratique, il faisait état de la récente allusion de l'ambassadeur à « l'activité télégraphique frénétique[6] à l'ambassade de Berlin ». Phillips ajoutait : « Dans l'idée que cela pourrait vous intéresser, je vous envoie ci-joint unc copie du rapport.»

«Ne croyez pas que la comparaison[7] établie par M. Salmon entre mon travail et celui de mon ami M. Daniels à Mexico m'affecte en quelque manière, répondit Dodd. M. Daniels et moi sommes amis depuis mes dix-huit ans ; et je puis vous assurer qu'il n'a jamais su comment synthétiser un rapport !»

Dodd croyait que, en raison des excès du passé – «un autre héritage»[8], dit-il à Phillips –, son ambassade avait trop de personnel et, plus particulièrement, trop de ses membres étaient juifs. «Nous avons six ou huit membres de la "race élue" ici qui occupent des fonctions extrêmement utiles mais très en vue», signalait-il. Plusieurs étaient ses meilleurs collaborateurs, admettait-il, mais il craignait que leur présence parmi l'équipe ne détériore les relations de l'ambassade avec le gouvernement d'Hitler et n'entrave le fonctionnement au jour le jour de l'ambassade. «Je ne saurais envisager de les faire muter. Toutefois, leur nombre est trop important et l'une d'entre eux – il voulait parler de Julia Swope Lewin, la réceptionniste de l'ambassade – est tellement enflammée et visible, chaque jour, que des échos me parviennent de cercles semi-officiels.» Il donnait aussi l'exemple du comptable qui, quoique «très compétent», appartenait également «au "peuple élu" et cela le met dans une position de faiblesse avec les banques d'ici».

À cet égard, curieusement, Dodd se faisait aussi des soucis pour George Messersmith. «Son poste est important[9] et il est très capable, écrivit Dodd à Hull, mais les fonctionnaires allemands ont déclaré à un membre de notre personnel : "C'est aussi un Hébreu." Je ne suis pas un partisan de l'antagonisme racial, mais nous en avons un grand nombre ici, et cela affecte le service et ajoute à ma charge.»

À ce moment, Dodd ne semblait pas se rendre compte que Messersmith n'était pas juif. Il s'était laissé abuser[10], apparemment, par une rumeur lancée par Putzi Hanfstaengl après que Messersmith lui avait publiquement reproché, lors d'une réception à l'ambassade, de faire des avances déplacées à une invitée.

La supposition de Dodd aurait indigné Messersmith, qui trouvait suffisamment pénible d'écouter les réflexions des fonctionnaires nazis sur l'origine juive supposée de tel ou tel. Le vendredi 27 octobre, Messersmith donna un déjeuner chez lui, au cours duquel il présenta Dodd à un certain nombre de nazis particulièrement enragés, afin d'ouvrir les yeux de l'ambassadeur sur le véritable caractère du Parti. Un nazi pondéré et intelligent, en apparence, exprima comme un fait avéré la croyance parmi les membres du Parti que le président Roosevelt et sa femme n'étaient entourés que de conseillers juifs. Messersmith confia le lendemain au sous-secrétaire Phillips : «Ils ont l'air de croire[11] que, parce que des Juifs occupent des fonctions officielles ou que des gens importants chez nous ont des amis juifs, notre politique serait dictée par les Juifs seuls et que, en particulier, le président et Mme Roosevelt fomentent une propagande anti-allemande sous l'influence d'amis et de conseillers juifs.» Messersmith signalait combien cela l'avait hérissé. «Je leur ai dit que ce n'était pas parce qu'un mouvement antisémite avait cours en Allemagne que les gens raisonnables et bien intentionnés aux États-Unis allaient renoncer à fréquenter des Juifs. Je leur ai dit que l'arrogance de certains dirigeants du Parti ici était leur pire défaut et que leur conviction de pouvoir imposer leurs idées au reste du monde était une de leurs plus grandes faiblesses.»

Il mentionnait cette façon de penser comme un exemple de la «mentalité extraordinaire» qui régnait en Allemagne. «Vous aurez du mal à croire que de telles idées ont cours parmi des gens de valeur au sein du gouvernement allemand, poursuit-il. Mais j'ai constaté qu'elles existent et j'ai saisi cette occasion pour affirmer dans les termes les plus clairs à quel point ils se trompaient et à quel point une telle arrogance leur causait du tort.»

Étant donné l'antipathie personnelle que Phillips nourrissait à l'égard des Juifs, il est tentant d'imaginer ce qu'il pensait réellement des remarques de Messersmith, mais les archives ne contiennent pas de traces de cet aspect de la question.

Ce que l'on sait, en revanche, c'est que, parmi les Américains qui entretenaient des penchants antisémites, il était courant de surnommer la présidence de Franklin Roosevelt «l'administration Rosenberg»[12].

L'empressement de Dodd à penser que Messersmith était juif avait peu à voir avec son propre antisémitisme larvé, mais semblait plutôt être le symptôme de doutes plus profonds qu'il avait commencé à entretenir à l'égard du consul général. De plus en plus, il se demandait si celui-ci était totalement son allié.

Il ne mettait pas en cause la compétence de Messersmith ni sa courageuse éloquence quand des citoyens ou des intérêts américains étaient en jeu, et il reconnaissait que Messersmith disposait «de nombreuses sources d'information[13] qui me font défaut». Mais dans deux lettres au sous-secrétaire Phillips, rédigées à deux jours d'intervalle, Dodd laissait entendre que Messersmith n'était plus indispensable à Berlin. «Je dois ajouter qu'il a travaillé[14] ici durant trois ou quatre ans au cours d'une période très excitante et troublée, remarque Dodd dans une de ses missives. Et je pense qu'il a acquis une sensibilité voire une ambition qui le rendent agité et mécontent. Mes paroles sont peut-être excessives, mais je ne le crois pas.»

Dodd apportait peu de preuves pour étayer son analyse. Il pointait un seul défaut évident : le penchant du consul général à rédiger des dépêches interminables sur tous les sujets, graves ou parfaitement terre à terre. Selon Dodd, les dépêches de Messersmith pourraient être réduites de moitié «sans le moindre préjudice»[15], et il devrait être plus judicieux dans le choix de ses sujets. «Hitler ne peut pas oublier son chapeau dans une machine volante sans qu'il en fasse le récit.»

Cependant, ces dépêches étaient pour Dodd une cible commode qui symbolisait d'autres sources de mécontentement qu'il avait plus de mal à cerner. À la mi-novembre, son insatisfaction vis-à-vis de son collègue avait commencé à virer à la méfiance. Il sentait que Messersmith convoitait son propre poste, et son incessante production de rapports lui apparaissait comme la manifestation de ses ambitions. «Il me vient à l'esprit[16], signalait-il à Phillips, qu'il sent qu'une promotion lui est due et, semble-t-il, que ses services l'exigent ; mais je suis sûr d'une chose, c'est que la période la plus utile de sa mission ici est terminée. Vous savez comme moi qu'au vu des circonstances et des conditions, et parfois des déceptions, il est plus sage de muter même les employés de l'État les plus capables.» Il enjoignait Phillips de s'entretenir de la question avec le chef du service consulaire, Wilbur Carr, «pour voir si une telle chose est envisageable».

«Il va sans dire que j'espère que tout cela restera entièrement confidentiel», concluait-il.

Que Dodd ait imaginé que Phillips garderait le secret donne à penser qu'il ignorait que Phillips et Messersmith correspondaient régulièrement en dehors du flot des rapports officiels. Quand Phillips répondit à Dodd à la fin novembre, ce fut avec son ironie habituelle ; son ton était léger et plaisant, ce qui suggère qu'il cherchait simplement à faire plaisir à Dodd, se montrant réceptif tout en faisant peu de cas de l'affaire. «Les lettres et dépêches[17] de votre consul général sont pleines d'intérêt, mais devraient être réduites de moitié... comme vous dites. Je vous souhaite bon courage ! Je compte sur vous pour appliquer partout cette réforme fort souhaitable.»

Le dimanche 29 octobre[18], vers midi, Dodd longeait la Tiergartenstrasse pour se rendre à l'Hôtel Esplanade. Il remarqua une grande procession de Sturmtruppen vêtus de chemises brunes révélatrices se dirigeant vers lui. Les piétons s'arrêtaient et criaient *«Heil Hitler!»*.

Dodd quitta la rue et s'enfonça dans le parc.

22
BRUIT DE BOTTES AU TRIBUNAL

Le temps fraîchissait et, chaque jour, le crépuscule nordique semblait progresser de manière notable. Il y avait du vent, de la pluie et du brouillard. En ce mois de novembre, la station météo de l'aéroport de Tempelhof enregistra la présence de brouillard quatorze jours sur trente. La bibliothèque du 27 a Tiergartenstrasse devint d'un confort irrésistible, avec les livres et les murs damassés ambrés par les flammes de la grande cheminée. Le samedi 4 novembre, au terme d'une semaine de pluie et de vent particulièrement maussade, Martha se mit en route pour le bâtiment du Reichstag, où un tribunal de fortune avait été édifié en vue de l'audience à Berlin du procès du grand incendie. Elle avait sur elle un ticket que lui avait procuré Rudolf Diels.

Des «nuées» de policiers armés de fusils et d'épées encerclaient le bâtiment, selon un observateur. Tous ceux qui essayaient d'entrer étaient arrêtés et contrôlés. Quatre-vingt-deux correspondants étrangers s'entassaient dans la tribune de presse au fond de la salle. Les cinq juges, sous la houlette du président du tribunal Wilhelm Bünger, étaient vêtus d'une toge écarlate. Dans le public se trouvaient des SS en noir et les SA en chemise brune, de même que des civils, des fonctionnaires et des diplomates. Martha découvrit avec stupéfaction que son ticket la plaçait non seulement au rez-de-chaussée, mais dans les premiers rangs de la salle, parmi divers dignitaires. «Je me suis avancée, la gorge serrée[1], car j'étais placée beaucoup trop près», raconte-t-elle.

Le coup d'envoi de la journée se situait à neuf heures quinze, mais le témoin vedette, Hermann Göring, était en retard. Probablement pour la première fois depuis que les audiences avaient commencé en septembre, il y avait un réel suspense dans la salle. Le procès aurait dû être bref et offrir simplement aux nazis une scène mondiale pour condamner les maux du communisme et, en même temps, récuser l'opinion largement répandue qu'ils avaient mis le feu eux-mêmes. Au contraire, malgré l'évidence que le président du tribunal était acquis à l'accusation, les débats s'étaient poursuivis comme dans un vrai procès, les deux parties présentant une profusion de preuves. L'État espérait prouver que les cinq accusés avaient joué un rôle dans l'incendie, même si Marinus Van der Lubbe soutenait qu'il avait agi seul. Les procureurs appelèrent à la barre d'innombrables experts dans l'espoir de démontrer que les dégâts causés au bâtiment étaient beaucoup trop étendus, avec plusieurs petits foyers en divers points, pour être l'œuvre d'un seul criminel. Dans le processus, d'après Fritz Tobias, auteur d'un livre majeur sur l'événement et ses conséquences, ce qui aurait dû être un procès excitant, significatif, se révéla «d'un ennui abyssal[2]».

Jusque-là.

Göring devait arriver à tout instant. Connu pour son tempérament versatile et son franc-parler, vêtu avec flamboyance et toujours en quête d'attention, Göring allait probablement ajouter du piment au procès. La salle bruissait du crissement de la flanelle et du mohair tandis que les gens se tournaient pour regarder en direction de l'entrée.

Une demi-heure passa et Göring n'apparaissait toujours pas. Diels n'était visible nulle part.

Pour tuer le temps, Martha observa les prévenus. Il y avait Ernst Torgler, un député communiste au Reichstag avant l'ascension d'Hitler, l'air pâle et fatigué. Trois étaient des communistes bulgares – Georgi Dimitrov, Simon Popov et Vassili Tanev – qui avaient l'air « secs et nerveux, coriaces et indifférents »[3]. Le principal accusé, van der Lubbe, offrait « une des visions les plus horribles que j'aie jamais eues de la nature humaine. Grand, corpulent, le visage et le corps d'un sous-homme, il était si répugnant et dégénéré que je pouvais à peine supporter de le regarder ».

Une heure s'écoula. La tension dans la salle montait, mêlant l'impatience et la concentration.

Une clameur retentit au fond de la salle – des bruits de bottes et des ordres, tandis que Göring et Diels entraient au milieu d'une escouade en uniforme. Göring, quarante ans, cent quinze kilos ou plus, avançait d'un pas assuré sur le devant de la salle, en veste de chasse et culotte de cheval marron, avec des bottes de la même couleur montant aux genoux. Cela ne pouvait en rien masquer sa corpulence ou la ressemblance qu'il présentait avec « la partie postérieure d'un éléphant »[4], comme un diplomate américain l'avait décrit. Diels, dans un beau costume sombre, avait l'air d'une ombre filiforme.

«Tout le monde se leva d'un bond, comme électrifié[5], remarqua un reporter suisse, et tous les Allemands, y compris les juges, levèrent le bras pour faire le salut hitlérien.»

Diels et Göring se tinrent debout à l'avant de la salle, tout près de Martha. Les deux hommes discutèrent tout bas.

Le président du tribunal invita Göring à prendre la parole. Göring fit un pas en avant. Il paraissait pompeux et arrogant, précise Martha, mais elle perçut aussi une onde de malaise.

Göring se lança dans une harangue préparée à l'avance qui dura près de trois heures. D'une voix dure et rauque, qui de temps à autre devenait un cri, il fulmina contre le communisme, les accusés et l'incendie criminel qu'ils avaient commis contre l'Allemagne. Des «bravos!» et de forts applaudissements retentirent dans la salle.

«D'une main, il faisait des gestes frénétiques[6], rapporte Hans Gisevius dans son livre sur la Gestapo. Un mouchoir parfumé dans l'autre main, il épongeait la transpiration sur son front.» S'efforçant de fixer l'esprit du moment, Gisevius décrit le visage des trois principaux acteurs dans la salle : «Celui de Dimitrov, plein de mépris, celui de Göring, contorsionné par la rage, celui du président du tribunal Bünger, blême de peur.»

Et il y avait Diels, impeccable, sombre, le visage impénétrable. Diels avait participé à l'interrogatoire musclé de Van der Lubbe la nuit de l'incendie et avait conclu que le suspect était un «fou» qui avait effectivement mis le feu tout seul. Cependant, Hitler et Göring avaient immédiatement décrété que la main du Parti communiste se cachait derrière et que l'incendie annonçait un soulèvement plus important. Cette première nuit, Diels avait observé le visage d'Hitler devenir pourpre de rage tandis qu'il criait que tous les fonctionnaires et députés communistes devaient être fusillés. L'ordre fut abrogé, remplacé par des arrestations massives et des actes de violence impromptus par les SA.

À présent, Diels se tenait debout, le coude posé sur le banc des magistrats. De temps à autre, il changeait de position comme pour mieux admirer Göring. Martha fut convaincue que Diels avait organisé le numéro de Göring, et avait peut-être même rédigé son discours. Elle se souvint que Diels était «particulièrement désireux de me voir présente[7] ce jour-là, presque comme pour me faire admirer son œuvre».

Diels s'était prononcé contre un procès à tout autre que Van der Lubbe et prédit l'acquittement des autres prévenus. Göring ne l'avait pas suivi, bien qu'il admît l'importance de l'enjeu. «Un procès bâclé[8], avait reconnu Göring, pourrait avoir des conséquences désastreuses.»

Dimitrov se leva pour prendre la parole. Maniant le sarcasme et le calme logique, il espérait clairement faire exploser Göring, célèbre pour ses colères. Il déclara que l'enquête de police concernant l'incendie et l'instruction du procès avaient été influencées par les directives politiques de Göring, «empêchant de ce fait l'arrestation[9] des véritables incendiaires».

«S'il a été permis que la police soit influencée dans une direction quelconque, affirma Göring, elle n'a pu l'être que dans le bon sens.

– C'est votre opinion, contra Dimitrov. La mienne est très différente.

– Mais c'est la mienne qui compte», trancha Göring.

Dimitrov souligna que le communisme, que Göring avait qualifié de «mentalité criminelle», dominait en Union soviétique. Ce pays «a des contacts diplomatiques, politiques et économiques avec l'Allemagne. Ses commandes fournissent du travail à des centaines de milliers de travailleurs allemands. Le ministre sait-il cela ?

– Certainement, assura Göring en ajoutant que ce débat était hors de propos. Ici, je ne m'intéresse qu'au Parti communiste d'Allemagne et aux canailles communistes de l'étranger qui viennent chez nous pour mettre le feu au Reichstag.»

Ils continuèrent à croiser le fer, le président du tribunal intercédant de temps à autre pour empêcher Dimitrov de «faire de la propagande communiste».

Göring, n'ayant pas l'habitude d'être défié par quelqu'un qu'il jugeait comme un inférieur, devenait de plus en plus furibond.

«Mes questions vous effraient beaucoup, remarqua calmement Dimitrov. N'est-ce pas, *Herr Minister*?»

Sur ce, Göring perdit son sang-froid. «C'est vous qui aurez peur quand je vous aurai pris. Attendez que je vous attrape en dehors de l'autorité du tribunal, espèce de voyou!»

Le juge ordonna l'expulsion de Dimitrov; le public explosa en applaudissements. Mais ce fut la menace finale de Göring qui fit les gros titres. Le moment était révélateur à deux égards – premièrement, parce qu'il trahissait la peur de Göring que Dimitrov soit acquitté, et, deuxièmement, parce qu'il permettait d'entrevoir, comme par une entaille au scalpel, dans le cœur irrationnel, meurtrier, de Göring et du régime hitlérien.

Cette journée affaiblit davantage la sympathie de Martha pour la révolution nationale-socialiste. Göring s'était montré arrogant et menaçant, Dimitrov calme et charismatique. Martha était impressionnée. Dimitrov, écrit-elle, était «un homme brillant, séduisant, sombre[10], dont il émanait une vitalité, un courage étonnants, comme je n'en avais encore jamais vu chez un homme en proie à la tension. Il était vivant, il se consumait».

Le procès retrouva son état lymphatique, mais le mal était fait. Le reporter suisse, comme des dizaines d'autres correspondants étrangers présents dans la salle d'audience, reconnut que l'explosion de Göring avait transformé les débats : «Car le monde a appris[11] que, peu importe si l'accusé est condamné ou acquitté par la cour, son sort est déjà scellé.»

23

LA DEUXIÈME MORT
DE BORIS

Comme l'hiver approchait, Boris occupa le centre de la vie sentimentale compliquée de Martha. Ils inscrivirent des centaines de kilomètres au compteur de sa Ford décapotable, avec des incursions dans la campagne autour de Berlin.

Au cours d'une de ces excursions, Martha repéra un vestige de l'ancienne Allemagne, un calvaire au bord de la route, et voulut s'arrêter pour le regarder. Elle découvrit une représentation très frappante de la crucifixion. Le visage de Jésus était contorsionné dans une expression de douleur atroce, ses blessures barbouillées de sang. Après quelques instants, elle jeta un regard à Boris derrière elle. Même si elle ne se serait jamais définie comme très croyante, elle était choquée par ce qu'elle voyait.

Boris se tenait les bras écartés, les chevilles croisées, et la tête tombant sur la poitrine.

« Boris, arrête ![1] s'écria-t-elle. Que fais-tu ?

– Je meurs pour toi, ma chérie. Je suis prêt à mourir pour toi, tu le sais. »

Elle affirma que sa parodie n'était pas drôle et s'éloigna.

Il s'excusa.

« Je ne voulais pas te choquer. Mais je ne comprends pas pourquoi les chrétiens adorent l'effigie d'un homme torturé. »

Ce n'était pas la question, répliqua-t-elle. « Ils adorent celui qui s'est sacrifié pour sa foi.

– Oh, vraiment ? demanda-t-il. C'est ce que tu crois ? Y a-t-il tellement de gens qui soient prêts à mourir pour leur foi, à suivre son exemple ? »

Elle mentionna Dimitrov et sa bravoure face à Göring au procès du Reichstag.

Boris lui adressa un sourire angélique.

« Oui, *liebes Fraulein*, mais *lui*, il est communiste. »

24

UN VOTE MASSIF

Le dimanche 12 novembre, par un matin froid, avec du crachin et du brouillard, les Dodd trouvèrent une ville étrangement calme : c'était le jour qu'Hitler avait fixé pour faire plébisciter le retrait de l'Allemagne de la Société des Nations et réclamer l'égalité des armes. Partout où les Dodd allaient, ils croisaient des gens portant un petit insigne qui indiquait non seulement qu'ils avaient voté, mais qu'ils avaient voté oui. À midi, presque tout le monde dans les rues semblait arborer cet insigne, donnant à penser que les électeurs s'étaient levés de bonne heure pour aller voter, ne voulant pas être soupçonnés de manquer à leur devoir civique.

Même la date des élections avait été choisie avec soin. Le 12 novembre était le lendemain du quinzième anniversaire de la signature de l'armistice qui avait mis fin à la Grande Guerre. Hitler, qui parcourait l'Allemagne en avion pour faire campagne en faveur du oui, déclara une fois devant son public : « Lors d'un 11 novembre[1], le peuple allemand a perdu officiellement son honneur ; quinze ans plus tard, lors d'un 12 novembre, le peuple allemand a retrouvé son honneur.» Le président Hindenburg faisait également pression pour un vote positif. «Montrez demain votre fermeté dans l'union nationale[2] et votre solidarité avec le gouvernement, proclama-t-il dans un discours le 11 novembre. Soutenez, avec moi et le chancelier du Reich, le principe de l'égalité des droits et de la paix dans l'honneur.»

Le scrutin se composait de deux consultations principales. En premier, on demandait aux Allemands d'élire des délégués au Reichstag nouvellement reconstitué, mais seuls des candidats nazis se présentaient ; l'assemblée qui en résulterait serait ainsi tout acquise aux décisions de Hitler. L'autre portait sur la politique étrangère, et avait été articulée pour recueillir un soutien maximal. Chaque Allemand trouverait une raison[3] de voter pour... s'il voulait la paix, s'il pensait que le traité de Versailles avait fait du tort à l'Allemagne, s'il pensait que l'Allemagne devait être traitée sur un pied d'égalité avec les autres peuples ou s'il souhaitait simplement exprimer son soutien à Hitler et à son gouvernement.

Hitler voulait une approbation retentissante. Dans toute l'Allemagne, l'appareil du parti nazi avait pris des mesures extraordinaires pour mobiliser les électeurs. Un rapport indiquait que les malades[4] alités seraient transportés sur des brancards dans les bureaux de vote. Victor Klemperer, le philologue juif à Berlin, nota dans son journal la «propagande extravagante»[5] en vue de faire triompher le oui. «Sur chaque véhicule commercial, camionnette postale, vélo de facteur, sur chaque maison et dans chaque vitrine, sur de larges banderoles déployées à travers la rue, des citations de Hitler clament partout et toujours "oui" pour la paix ! C'est la plus monstrueuse des hypocrisies. »

Les membres du Parti et les SA avaient à l'œil qui votait et qui ne votait pas ; les retardataires recevaient une visite d'une escouade de Sturmtruppen qui soulignaient la pertinence de se rendre immédiatement au bureau de vote. Pour quiconque était suffisamment obtus pour ne pas comprendre, ce dimanche matin, le *Völkischer Beobachter*, le journal du Parti, publiait cette déclaration : « Afin d'être toujours plus clairs[6], nous devons le répéter à nouveau. Celui qui ne se joint pas à nous aujourd'hui, celui qui ne vote pas ou ne vote pas "oui" aujourd'hui montrera qu'il est, sinon notre ennemi juré, du moins un élément destructeur et qu'on ne peut plus rien pour lui. »

Et la cerise sur le gâteau : « Il vaudrait mieux pour lui ainsi que pour nous qu'il n'existe plus. »

Quelque 45 100 000 Allemands[7] étaient habilités à voter et 96,5 % obtempérèrent. Là-dessus, 95,1 % des suffrages se prononcèrent en faveur de la politique étrangère de Hitler. Plus intéressant, cependant, 2,1 millions d'Allemands – presque 5 % de l'électorat inscrit – prirent le risque de voter non.

Hitler publia par la suite une déclaration afin de remercier le peuple allemand pour son « engagement historique[8] en faveur d'un véritable amour de la paix, tout en proclamant son honneur et nos droits éternels à l'égalité ».

Le résultat fut acquis pour Dodd bien avant le décompte des votes. « Ces élections sont une farce »[9], fit-il savoir à Roosevelt.

Rien n'indiquait cela plus clairement[10] que le vote à l'intérieur du camp de Dachau : 2 154 prisonniers sur

2 242 – 96 % – avaient plébiscité le gouvernement de Hitler. Sur le sort des quatre-vingt-huit personnes qui refusèrent de voter ou votèrent non, l'histoire est muette.

Le lundi 13 novembre, le président Roosevelt prit quelques instants pour rédiger une lettre à Dodd. Il le remercia pour ses précédents courriers et, faisant apparemment allusion aux inquiétudes de Dodd après son entrevue avec Hitler, il confia à l'ambassadeur : «Je suis content[11] que vous ayez été franc avec certaines personnes. Je crois que c'est une bonne chose.»

Il médita sur une observation du chroniqueur Walter Lippmann selon lequel seulement 8 % de la population mondiale, autrement dit l'Allemagne et le Japon, étaient capables, «en raison d'une attitude impérialiste», de menacer la paix et le désarmement pour le reste du monde.

«J'ai parfois l'impression, remarqua le président, que les problèmes du monde empirent au lieu de s'améliorer. Dans notre pays, toutefois, en dépit des critiques sournoises, du "resquillage" et des grognements de l'extrême droite et de l'extrême gauche, nous remettons réellement les gens au travail et élevons les valeurs.»

Il concluait par un jovial : «Continuez votre bon travail!»

À Washington, le secrétaire Hull et d'autres hauts fonctionnaires, dont le sous-secrétaire Phillips, passèrent la première moitié du mois à organiser la visite imminente de Maxime Litvinov, le commissaire soviétique aux Affaires étrangères, qui devait commencer par des discussions avec Roosevelt en vue de la reconnaissance de l'Union soviétique par les États-Unis. L'idée était profondément impopulaire auprès des isolationnistes américains, mais Roosevelt y voyait des avantages stratégiques importants : la Russie pourrait s'ouvrir aux investissements américains et aiderait à contenir les ambitions japonaises en Asie. Les « entretiens Roosevelt-Litvinov », souvent ardus et contrariants pour les deux parties, aboutirent finalement à la proclamation par Roosevelt de la reconnaissance officielle de l'URSS le 16 novembre 1933.

Une semaine plus tard, Dodd remit sa redingote et son « tuyau de poêle » et fit sa première visite officielle à l'ambassade soviétique. Un photographe de l'Associated Press demanda de pouvoir prendre Dodd debout auprès de son homologue soviétique. Le Russe y était disposé, mais Dodd s'excusa, craignant « que certains journaux réactionnaires[12] aux États-Unis n'exagèrent le fait de ma visite et ne réitèrent leurs attaques contre Roosevelt en raison de cette reconnaissance ».

25

LES SECRETS
DE BORIS

Désormais, Martha et Boris se sentaient plus libres de révéler au monde leur relation, même s'ils savaient l'un et l'autre que la discrétion était toujours de mise, étant donné la désapprobation persistante des supérieurs de Boris et des parents de Martha. Leur liaison devenait de plus en plus sérieuse, malgré les efforts de Martha pour que les choses restent légères et sans engagement. Elle continuait de fréquenter Armand Bérard de l'ambassade de France et sans doute Diels, et d'accepter de sortir avec de nouveaux prétendants éventuels, ce qui rendait Boris fou de jalousie. Il lui envoyait des avalanches de messages, des fleurs, des disques et lui téléphonait sans arrêt. «Je voulais l'aimer à la légère seulement[1], écrit-elle dans un texte inédit. J'essayais de le traiter avec autant de désinvolture que mes autres amis. Je me forçais à lui être indifférente une semaine; puis la suivante, je devenais stupidement jalouse. Je le négligeais, puis j'étais tout entière à lui. Cette contradiction était insupportable, cruelle et très pénible pour nous deux.»

Martha entendait toujours considérer la révolution nazie sous son meilleur jour, mais Boris ne se faisait aucune illusion sur ce qui se produisait autour d'eux. Il cherchait toujours les motifs sous-jacents aux actions des dirigeants nazis et des divers personnages qui se rendaient à l'ambassade américaine, ce qui irritait Martha.

« Tu vois toujours le mauvais côté des choses[2], lui reprocha-t-elle avec colère. Tu devrais essayer de considérer ce qui est positif en Allemagne et chez nos visiteurs, pas toujours les soupçonner d'avoir des arrière-pensées. »

Elle insinua que lui aussi, par moments, était coupable de cacher ses motivations. « Je pense que tu es jaloux d'Armand, dit-elle, ou de quiconque sort avec moi. » Le lendemain, elle reçut un paquet de Boris. À l'intérieur, elle trouva trois petits singes en céramique et une carte de visite sur laquelle il avait écrit : « Ne rien voir de mal, ne rien entendre de mal, ne rien dire de mal. » Il concluait par ces mots : « Je t'aime[3]. »

Martha éclata de rire. À son tour, elle lui envoya une petite statuette de bonne sœur en bois sculpté avec un message qui lui assurait qu'elle se pliait aux ordres des singes.

Derrière tout cela planait cette incertitude : où leur relation pouvait-elle les conduire ? « Je ne pouvais supporter de penser à l'avenir[4], avec ou sans lui, écrit-elle. J'aimais ma famille, mon pays, et je ne voulais pas envisager l'éventualité de me séparer de l'un ou de l'autre. »

Cette tension conduisit à des malentendus et du chagrin. Boris souffrait.

« Martha ! écrivit-il[5] dans une lettre embrasée de souffrance. Je suis tellement triste que je ne puis trouver les mots justes pour tout ce qui s'est passé. Pardonne-moi si j'ai commis quelque chose de méchant ou de mal envers toi. Ce n'était pas mon intention ni mon désir. Je te comprends, mais pas complètement, et je ne sais pas comment me comporter. Que faire ?

« Adieu, Martha, sois heureuse sans moi, et ne pense pas du mal de moi. »

Ils se réconciliaient toujours. Chaque séparation semblait intensifier davantage leur attirance, mais aussi amplifiait les moments d'incompréhension et de colère – jusqu'à ce que, un dimanche après-midi de la fin novembre, leur relation subisse un changement concret. L'événement était gravé dans sa mémoire dans le moindre détail.

Le jour était morose[6], le ciel comme maculé de charbon de bois, l'air froid, mais pas suffisamment pour inciter Boris à relever la capote de sa Ford. Ils se mirent en route pour un petit restaurant agréable qu'ils appréciaient, installé dans un hangar à bateaux sur des pilotis au-dessus d'un lac dans la région du Wannsee. Une forêt de pins odorante enserrait le rivage.

Ils trouvèrent le restaurant presque vide mais toujours charmant. Des tables de bois entouraient une petite piste de danse. Quand le gramophone ne jouait plus, on pouvait entendre le clapotis de l'eau qui venait lécher doucement les pilotis à l'extérieur.

Martha commanda une soupe à l'oignon, de la salade et de la bière ; Boris opta pour la vodka, un chachlik et du hareng au vinaigre et aux oignons. Et encore de la vodka. Boris adorait manger, notait Martha, mais ne semblait jamais prendre du poids.

Après le déjeuner, ils dansèrent. Boris faisait des progrès mais avait toujours tendance à traiter la danse et la marche comme des phénomènes interchangeables. À un moment donné, quand leurs corps se rapprochèrent, ils s'immobilisèrent, se souvint Martha ; elle se sentit envahie par une soudaine chaleur.

Boris s'écarta brutalement. Il lui prit le bras et la conduisit dehors sur un ponton de bois qui surplombait l'eau. Elle le regarda et vit sa souffrance – les sourcils rapprochés, les lèvres serrées. Il semblait agité. Ils se tinrent près de la rambarde, observant un bataillon de cygnes blancs.

Il se tourna vers elle, l'air presque sombre. « Martha, dit-il, je t'aime. » Il lui avoua qu'il était amoureux d'elle depuis l'instant où il l'avait vue pour la première fois chez Sigrid Schultz. Il la tint devant lui, les mains comme des étaux autour de ses coudes. Toute son insouciance s'était envolée.

Il recula et la regarda. « Ne joue pas avec moi, *darling*, dit-il. *Du hast viele Bewerber.* Tu as beaucoup de prétendants. Ne te décide pas encore. Mais ne me traite pas à la légère. Je ne peux pas le supporter. »

Elle détourna les yeux. « Je t'aime, Boris. Tu le sais. Et tu sais à quel point je fais tout pour l'éviter. »

Boris se tourna vers le lac. « Oui, je le sais, dit-il avec chagrin. Ce n'est pas facile pour moi non plus. »

Mais son abattement ne durait jamais longtemps. Son sourire reparut, un sourire éclatant. « Mais ton pays et le mien sont amis maintenant, officiellement, et ça rend les choses plus faciles. Tout devient possible, non ? »

Oui, mais...

Il y avait un autre obstacle. Boris avait gardé un secret. Martha le connaissait, mais ne le lui avait pas encore dit. À présent, se tournant vers lui, elle prononça d'une voix tranquille : « Et puis tu es marié. »

De nouveau, Boris s'écarta. Son teint, déjà rougi par le froid, devint sensiblement plus pourpre. Il s'approcha de la rambarde et s'appuya sur ses coudes. Son long corps formait un arc élancé et gracieux. Ils se taisaient tous deux.

« Je suis navré, dit-il. J'aurais dû te le dire. Je croyais que tu étais au courant. Pardonne-moi. »

Elle répondit qu'elle ne le savait pas, au début, jusqu'à ce qu'Armand et ses propres parents lui montrent le nom de Boris dans le répertoire diplomatique publié par le ministère allemand des Affaires étrangères. À côté du nom de Boris, il était fait mention de sa femme, qui était « *abwesend* ». Autrement dit, absente.

« Elle n'est pas "absente", expliqua-t-il. Nous sommes séparés. Nous ne sommes plus heureux ensemble depuis longtemps. Il ne figurera plus rien à cet endroit dans le prochain répertoire diplomatique. » Il lui révéla également qu'il avait une fille, qu'il adorait. C'était seulement par son intermédiaire, dit-il, qu'il continuait d'être en contact avec sa femme.

Martha remarqua qu'il avait les larmes aux yeux. Cela lui était déjà arrivé devant elle et elle trouvait toujours cela émouvant mais aussi gênant. Un homme qui pleure – c'était nouveau pour elle. Aux États-Unis, les hommes ne pleuraient pas. Pas encore. Jusqu'à ce jour, elle avait vu une seule fois son père les larmes aux yeux, lors de la mort de Woodrow Wilson, qu'il considérait comme un véritable ami. Il y aurait une autre occasion mais cela n'arriverait que quelques années plus tard.

Ils retournèrent au restaurant, regagnèrent leur table. Boris commanda une autre vodka. Il semblait soulagé. Ils se tinrent les mains par-dessus la table.

Mais, à présent, Martha lui fit un aveu à son tour.

« Moi aussi, je suis mariée », dit-elle.

L'intensité de sa réaction la surprit. Il resta sans voix et prit l'air sombre. « Martha, non ! » Il garda ses mains dans les siennes, mais il semblait déconcerté et peiné. « Pourquoi ne m'as-tu rien dit ? »

Elle expliqua que son mariage avait été un secret depuis le début, pour tous à part sa famille – que son mari était un banquier de New York, qu'elle l'avait aimé autrefois, profondément, mais, à présent, ils étaient légalement séparés, n'ayant plus qu'à remplir les formalités pour le divorce.

Boris laissa tomber sa tête sur ses bras. À mi-voix, il articula quelque chose en russe. Elle lui caressa les cheveux.

Il se releva brusquement et sortit de nouveau. Martha resta à sa place. Quelques instants plus tard, il revint.

« *Ach*, mon Dieu... » Il éclata de rire. Il lui baisa la tête. « Oh, dans quel foutoir on est ! Une femme mariée, un banquier, la fille d'un diplomate étranger... ça pourrait difficilement être pire. Mais on va trouver une solution. Les communistes ont l'habitude d'accomplir l'impossible. Mais tu dois m'aider. »

Le soleil n'allait pas tarder à se coucher quand ils quittèrent le restaurant et reprirent le chemin de la ville, la capote de l'automobile toujours baissée. Cela avait été une journée importante. Martha s'en souvenait en détail : le vent arrivant à flots défit ses cheveux qu'elle portait en torsade sur la nuque, et comme Boris conduisait, son bras droit entourait l'épaule de Martha, sa main autour de son sein, comme c'était son habitude. Les forêts denses le long de la route s'obscurcissaient dans la lumière déclinante et exhalaient de riches senteurs d'automne. Ses cheveux flottaient derrière elle en vrilles d'or.

Même si aucun n'en parlait directement, ils comprenaient qu'il s'était passé quelque chose de crucial. Elle était tombée profondément amoureuse de lui et ne pouvait plus le traiter comme ses autres conquêtes. Elle ne l'avait pas voulu, mais c'était arrivé, et tout le monde considérait que ce choix était extrêmement mal venu.

26

LE PETIT BAL
DE LA PRESSE

Chaque année en novembre, l'Association de la presse étrangère à Berlin organisait un dîner et un bal à l'Hôtel Adlon, un événement prestigieux auquel étaient conviés les principaux hauts fonctionnaires, diplomates et personnalités de la ville. L'événement était surnommé le Petit Bal de la presse parce qu'il était de moindre envergure et beaucoup moins guindé que la réception annuelle donnée par la presse nationale allemande, qui était devenue encore plus formelle depuis que les journaux du pays étaient presque entièrement tombés sous la coupe de Joseph Goebbels et de son ministère à l'Éducation du peuple. Pour les correspondants étrangers, le Petit Bal de la presse était d'une utilité pratique immense. « Il est toujours plus facile de soutirer une information à quelqu'un[1] quand sa femme et lui sont vos invités et qu'ils dansent à votre bal, que si vous le voyez seulement pendant les heures de bureau », écrivait Sigrid Schultz. En 1933, le Petit Bal de la presse se tint le soir du vendredi 24 novembre, six jours avant que la communauté américaine de la ville fête Thanksgiving.

Peu avant vingt heures, l'Adlon commença à accueillir une longue procession de grosses automobiles, dont beaucoup avaient des phares de la taille d'un demi-melon. En descendit un bataillon d'officiels nazis, ambassadeurs, artistes, réalisateurs, actrices, écrivains et, bien sûr, les correspondants étrangers eux-mêmes, de pays grands et petits, tous emmitouflés dans de gros manteaux et des fourrures contre l'air humide, presque glacial. Parmi les arrivants figuraient le secrétaire d'État Bülow, le ministre des Affaires étrangères von Neurath, l'ambassadeur de France François-Poncet, sir Eric Phipps, l'ambassadeur de Grande-Bretagne, et, bien sûr, le gigantesque et omniprésent Putzi Hanfstaengl. Vint aussi la chroniqueuse mondaine, Bella Fromm, travaillant pour «Tante Voss», pour qui le banquet serait marqué par la plus sombre tragédie, de celles qui devenaient de plus en plus courantes à Berlin, loin des regards. Les Dodd, au complet, vinrent dans leur vieille Chevrolet; le vice-chancelier de Hitler, Franz von Pape, débarqua dans une automobile considérablement plus grosse et plus tape-à-l'œil et, comme Dodd, amenait sa femme, sa fille et son fils. Louis Adlon, rayonnant en smoking et queue-de-pie, saluait chaque arrivant prestigieux, tandis que les employés du vestiaire emportaient fourrures, manteaux et hauts-de-forme.

Comme Dodd n'allait pas tarder à le découvrir, dans l'ambiance électrique de Berlin, où chaque action publique d'un diplomate acquérait un poids symbolique exorbitant, même une bribe d'un échange verbal au-dessus d'une table de banquet pouvait donner corps à une légende mineure.

Les invités pénétrèrent dans l'hôtel, d'abord dans les salons élégants pour les cocktails et les hors-d'œuvre, puis dans le hall du jardin d'hiver, assombri par des milliers de chrysanthèmes poussés en serre. La salle était toujours « péniblement bondée »[2], de l'avis de Schultz, mais la tradition voulait que le bal ait lieu au Adlon. La coutume exigeait également que les invités viennent en tenue de soirée mais « sans faire étalage de leur ordre[3] ou de leur rang officiel », comme l'écrivait Fromm dans son journal intime, même si certains convives, désireux d'afficher leur soutien enthousiaste au Parti national-socialiste, arboraient la chemise brune des Sturmtruppen. L'un d'eux, un duc du nom d'Eduard von Koburg, commandant des Forces motorisées de la SA, se déplaçait avec un poignard que lui avait offert Mussolini.

Les convives furent conduits à des tables d'un genre en faveur auprès des organisateurs de banquets berlinois, si atrocement étroites qu'elles mettaient les invités à portée de main de leur vis-à-vis. Une telle proximité avait la faculté de créer des situations délicates sur le plan social et politique – mettant, par exemple, la maîtresse d'un industriel en face de la femme de celui-ci –, de sorte que les hôtes de chaque table s'assuraient que le plan de table avait été vérifié par divers responsables du protocole. Certains voisinages ne pouvaient toutefois pas être évités. Les hauts fonctionnaires allemands les plus importants devaient être placés non seulement à la table d'honneur, qui cette année-là distinguait les correspondants de la presse américaine, mais étaient également installés à proximité de Schultz et Louis Lochner, chef du bureau berlinois de l'Associated Press, qui présidaient la table, et de l'ambassadeur Dodd, la personnalité américaine la plus importante de la soirée. Ainsi le vice-chancelier von Papen se retrouva assis juste en face de Schultz, malgré le fait que von Papen et Schultz nourrissaient une antipathie notoire l'un pour l'autre.

Mme Dodd occupait aussi une place importante, de même que le secrétaire d'État Bülow et Putzi Hanfstaengl; Martha, Bill Jr et de nombreux autres invités occupaient le reste des sièges autour de la table. Des photographes tournaient autour de la tablée et prenaient image sur image, l'éclat de leurs flashs éclairant les volutes de fumée de cigare.

Von Papen était bel homme – il ressemblait au personnage de Topper interprété plus tard par l'acteur Leo G. Carroll à la télévision. Mais il avait la réputation douteuse d'un opportuniste peu digne de confiance, et beaucoup de gens le trouvaient arrogant à l'extrême. Bella Fromm l'appelait le «fossoyeur de la république de Weimar»[4], faisant allusion au rôle clé qu'il avait joué dans l'accession de Hitler au poste de chancelier. En outre, il était un protégé du président Hindenburg, qui l'appelait affectueusement Fränzchen, ou «petit Franz». Avec le vieux maréchal dans leur camp, von Papen et ses acolytes avaient imaginé qu'ils parviendraient à contrôler Hitler. «J'ai la confiance de Hindenburg[5], se vantait-il. Dans deux mois, Hitler sera tellement acculé qu'il couinera.» Ce fut peut-être la plus grosse erreur de calcul du XXe siècle. Comme l'écrit l'historien John Wheeler-Bennett: «Ce n'est que lorsqu'ils eurent fixé[6] les fers à leurs propres poignets qu'ils comprirent qui était le prisonnier et qui était le geôlier.»

Dodd aussi considérait von Papen avec répugnance, mais en raison d'une trahison plus concrète. Peu avant l'entrée des États-Unis dans la précédente guerre, von Papen avait été attaché militaire assigné à l'ambassade d'Allemagne à Washington, où il avait planifié et aidé à exécuter divers actes de sabotage, dont le dynamitage de lignes de chemin de fer. Il avait été arrêté et expulsé du pays.

Quand tous furent installés, la conversation commença à fuser en divers points de la table. Dodd et Frau von Papen parlèrent du système universitaire américain, dont Mme von Papen loua l'excellence : pendant que les von Papen étaient en poste à Washington, leur fils avait fréquenté l'université de Georgetown. Putzi, fidèle à lui-même, était turbulent. Même assis, il dominait les convives qui l'entouraient. Un silence tendu séparait Schultz et von Papen, au-dessus de la nappe de lin, du cristal et de la porcelaine. Qu'il y avait un froid entre eux sautait aux yeux. « Quand il arriva, il était aussi suave[7] et poli que sa réputation l'exigeait, écrivit Schultz, mais durant les quatre premiers plats du dîner, ce monsieur s'appliqua à ne pas me voir avec une constance remarquable [...]. Ce n'était pas chose facile car c'était une table étroite et j'étais assise à environ un mètre de lui. »

Elle fit tout son possible pour entamer la conversation avec lui, n'essuyant que des rebuffades. Elle s'était promis qu'elle « essaierait d'être une hôtesse parfaite et qu'elle éviterait les sujets à controverse », mais plus von Papen refusait de lui prêter attention, moins elle était tentée de le faire. Sa résolution, confie-t-elle, « s'effritait devant les mauvaises manières de von Papen ».

Après le quatrième plat, à bout de patience, elle regarda von Papen et, adoptant ce qu'elle décrivit comme «un ton le plus ingénu possible», elle déclara: «Monsieur le chancelier, il y a un passage dans les Mémoires du président von Hindenburg que je suis sûre que vous pourrez élucider pour moi.»

Von Papen lui accorda enfin son attention. Ses sourcils se haussèrent à leur extrémité comme des plumes donnant à son regard l'expression glaciale d'un rapace.

Schultz conserva son air angélique et poursuivit: «Il se plaint que, durant la dernière guerre, en 1917, le Haut Commandement allemand n'a jamais eu vent des propositions de paix du président Wilson et que s'il en avait été informé, la dangereuse campagne sous-marine n'aurait pas eu lieu. Comment une telle chose a-t-elle pu se produire?»

Malgré son ton tranquille, tout le monde se trouvant à portée de voix se tut brusquement et prêta attention. Dodd observait von Papen; le secrétaire d'État Bülow se pencha vers les interlocuteurs avec, d'après Schultz, «une lueur malicieuse dans l'œil».

«Le président Wilson n'a fait aucune proposition de paix», lâcha von Papen.

C'était stupide de sa part d'affirmer une telle chose, Schultz le savait, compte tenu de la présence de l'ambassadeur Dodd, un spécialiste de Wilson et de la période en question.

Tranquillement mais fermement, sa voix marquée par l'accent brumeux de Caroline du Nord – «gentleman sudiste jusqu'au bout des ongles», précisait Schultz –, Dodd considéra von Papen et dit: «Oh! si. Il en a fait une.» Et il donna la date précise.

Schultz était aux anges. «Les longues dents cheva-lines de von Papen s'allongèrent, écrit-elle. Il n'essaya pas même d'imiter le ton tranquille de l'ambassadeur Dodd.»

Il se contenta d'aboyer sa réponse : «De toute façon, je n'ai jamais compris pourquoi l'Amérique et l'Allemagne se sont affrontées dans cette guerre.» Il regarda les visages autour de lui, «triomphalement fier de l'arrogance avec laquelle il avait prononcé ces paroles», expliqua Schultz.

La minute suivante, Dodd s'acquit l'«admiration et la reconnaissance éternelles» de Schultz.

En attendant, à une autre table, Bella Fromm était tenaillée par une angoisse qui n'avait aucun rapport avec la conversation qui l'entourait. Elle était venue au bal parce qu'on s'y amusait toujours et que c'était très utile pour sa chronique sur la communauté diplomatique de Berlin. Mais cette année, elle refoulait un profond senti-ment de malaise. Même si elle passait du bon temps, de temps à autre son esprit retournait à sa meilleure amie, Wera von Huhn, également une chroniqueuse importante, que presque tout le monde surnommait «Poulette», traduction française de son nom de famille, Huhn.

Dix jours plus tôt, Fromm et Poulette étaient allées en balade dans le Grunewald, une forêt de quatre mille hectares à l'ouest de Berlin. Comme le Tiergarten, elle était devenue un refuge pour les diplomates et d'autres gens cherchant un peu de répit à la surveillance des nazis. Rouler dans la forêt procurait à Fromm un rare sentiment de sécurité. «Plus le moteur fait de bruit[8], écrit-elle dans son journal, plus je me sens à l'aise.»

Cependant, cette dernière excursion n'avait rien d'insouciant. Leur conversation se concentra sur la loi adoptée le mois précédent qui interdisait aux Juifs de publier et d'écrire dans les journaux allemands et demandait aux membres de la presse nationale de présenter des pièces d'état civil et un certificat de baptême pour prouver qu'ils étaient « aryens ». Certains Juifs pouvaient encore conserver leur emploi, principalement ceux qui s'étaient battus dans la guerre précédente, ou qui avaient perdu un fils, ou qui écrivaient pour des journaux juifs, mais seulement un petit nombre pouvait prétendre à ces dérogations. Tout journaliste non agréé qui se faisait prendre à écrire ou publier risquait un an de prison. La date limite était fixée au 1er janvier 1934.

Huhn avait l'air profondément perturbée. Fromm trouvait cela bizarre. Elle n'ignorait pas les conditions requises, bien sûr. Étant juive, elle s'était résignée au fait qu'elle serait privée d'emploi l'an prochain. Mais Poulette ?

« En quoi cela te concerne-t-il ?[9] avait demandé Fromm.

– J'ai une bonne raison, ma chère Bella. J'ai demandé mes papiers, j'ai dû courir partout pour les obtenir. J'ai fini par découvrir que ma grand-mère était juive. »

Avec cette information, sa vie avait basculé de façon brutale et irrévocable. Dès janvier, elle allait rejoindre une strate sociale entièrement nouvelle composée de milliers de gens abasourdis d'apprendre qu'ils avaient de lointaines racines juives. De manière automatique, peu importe à quel point ils s'identifiaient aux Allemands, ils étaient classés comme non-aryens et se trouvaient expédiés en marge du monde réservé aux seuls Aryens que le gouvernement hitlérien édifiait.

«Personne n'en savait rien, avait expliqué Poulette à Fromm. Maintenant, je perds mon gagne-pain.»

C'était une mauvaise nouvelle en soi, mais cela coïncidait avec l'anniversaire de la mort du mari de Poulette. À la grande surprise de Fromm, Poulette avait décidé de ne pas assister au Petit Bal de la presse ; elle se sentait trop déprimée.

Fromm l'avait laissée seule à contrecœur ce soir-là, mais elle avait prévu, après le bal, d'aller rendre visite à son amie le lendemain et de la ramener chez elle, où Poulette adorait jouer avec ses chiens.

Durant toute la soirée, quand son esprit n'était pas occupé par les gesticulations de ceux qui l'entouraient, Fromm fut obnubilée par le souvenir de la dépression inhabituelle de son amie.

Pour Dodd, la réflexion de von Papen comptait comme une des plus stupides qu'il ait entendues depuis son arrivée à Berlin. Et il en avait entendu beaucoup. Une forme curieuse de pensée fantaisiste semblait avoir envahi l'Allemagne jusqu'au plus haut niveau du gouvernement. Au cours de l'année, par exemple, Göring avait proclamé[10] avec un aplomb que trois cents Américains d'origine allemande avaient été assassinés au début de la guerre de 14-18 devant l'Independence Hall à Philadelphie. Dans une dépêche, Messersmith remarquait que même les Allemands intelligents, grands voyageurs, pouvaient «s'asseoir et vous sortir[11] tranquillement les sornettes les plus extraordinaires».

Et voilà que le vice-chancelier du pays prétendait ne pas savoir pourquoi les États-Unis étaient entrés en guerre contre l'Allemagne.

Dodd dévisagea von Papen : « Je puis vous le dire[12], déclara-t-il d'une voix aussi calme et égale qu'à l'ordinaire. Ce fut en raison de la stupidité totale et achevée des diplomates allemands. »

Von Papen parut sidéré. Sa femme, selon Sigrid Schultz, avait l'air étrangement contente. Un nouveau silence plana sur la table – pas celui de l'attente, comme avant, mais un vide pesant – jusqu'à ce que brusquement chacun cherche à remplir l'abîme de bribes de conversation divertissante.

Dans un autre monde, un autre contexte, cela aurait été un incident mineur, un éclat d'ironie mordant promptement oublié. Mais au milieu de l'oppression et de la *Gleichschaltung* de l'Allemagne nazie, c'était infiniment plus significatif et symbolique. Après le bal, comme le voulait la coutume, un petit groupe de convives se retira dans l'appartement de Schultz, où sa mère avait préparé des piles de sandwichs et où l'histoire du duel verbal de Dodd fut racontée avec moult fioritures probablement puisées dans l'alcool. Dodd n'était pas présent, étant donné son habitude de quitter les festivités aussi tôt que la politesse le lui permettait et de rentrer chez lui pour terminer la soirée avec un verre de lait, un bol de pêches cuites et le réconfort d'un bon livre.

Malgré des moments d'angoisse envahissante, Bella Fromm trouva le bal charmant. C'était un tel plaisir de voir comment les nazis se conduisaient après quelques verres et de tendre l'oreille quand ils se mettaient en pièces réciproquement dans des commentaires cinglants prononcés à mi-voix. À un moment donné, le duc porteur de poignard, von Koburg, passa à côté de

Fromm en se pavanant pendant qu'elle discutait avec Kurt Daluege, un responsable de police qu'elle décrit comme «brutal et sans pitié»[13]. Le duc semblait vouloir donner une impression d'arrogance, mais l'effet, d'après Fromm, était rendu ridicule par «sa silhouette voûtée d'avorton». «Ce Koburg marche comme s'il était sur des échasses», lança Daluege à Fromm. Puis il ajouta d'un ton menaçant: «On va finir par apprendre que sa grand-mère a trompé le grand duc avec le banquier juif de la cour.»

À dix heures le lendemain matin, Fromm appela Poulette mais ne put joindre que la vieille bonne qui annonça: «Madame la baronne a laissé un message dans la cuisine pour demander qu'on ne la dérange pas.»

Poulette ne dormait jamais aussi tard. «Soudain, je compris», écrit Fromm.

Poulette ne serait pas la première Juive, ou *Mischling**, à vouloir se suicider à la suite de l'accession de Hitler au pouvoir. Les rumeurs de suicides étaient courantes[14], et, en effet, une étude de la communauté juive de Berlin a révélé que, en 1932-1934, il y eut 70,2 suicides pour 100 000 Juifs à Berlin, représentant une hausse brutale par rapport aux 50,4 des années 1924-1926.

Fromm fonça à son garage et se rendit aussi vite que possible chez Poulette.

À la porte, la servante lui dit que celle-ci dormait encore. Fromm fila en direction de la chambre à coucher. La pièce était sombre. Fromm écarta les rideaux. Elle trouva Poulette allongée dans son lit, respirant avec

---

* *Mischling*: métis, catégorie spécifique pour ceux qui n'ont qu'un seul grand-parent juif. (*NdT.*)

peine. Auprès du lit, sur la table de chevet, elle découvrit deux tubes vides de Véronal, un barbiturique.

Elle trouva également un message qui lui était adressé. « Je ne peux plus vivre[15] parce que je sais que je vais être obligée de renoncer à mon travail. Tu as été ma meilleure amie, Bella. Je t'en prie, prends tous mes dossiers et fais-en bon usage. Je te remercie pour tout l'amour que tu m'as donné. Je sais que tu es courageuse, plus que moi ; tu dois vivre parce que tu dois penser à ton enfant et je suis sûre que tu mèneras la lutte beaucoup mieux que moi. »

La maison s'anima. Les médecins arrivèrent mais restèrent impuissants.

Le lendemain, un fonctionnaire des Affaires étrangères appela Fromm pour lui présenter ses condoléances, ainsi qu'un message indirect. « Frau Fromm, dit-il, je suis bouleversé. Je sais combien cette perte est terrible pour vous. Frau von Huhn est morte de pneumonie.

– Stupide ! s'écria Bella. Qui vous a dit ça ? Elle s'est...

– Frau Bella, comprenez-moi, notre amie a eu une pneumonie. Des explications supplémentaires ne sont pas souhaitables. Dans votre intérêt également. »

Au dire de la plupart des invités, le bal avait représenté une agréable distraction. « Nous avons tous passé un très bon moment[16], écrit Louis Lochner dans une lettre à sa fille qui étudiait aux États-Unis, et la fête était très gaie. » L'ambassadeur Dodd, comme il était prévisible, avait un point de vue différent. « Le dîner fut assommant[17], bien que, en d'autres circonstances, la compagnie aurait pu se montrer fort instructive. »

Il y eut un résultat inattendu. Au lieu d'envenimer les rapports entre Dodd et von Papen, il se développa entre eux une relation chaleureuse et durable. « Dès ce jour [18], remarqua Sigrid Schultz, von Papen cultiva l'amitié de l'ambassadeur Dodd avec la plus grande assiduité. » Le comportement de von Papen avec Schultz s'améliora également. Il semblait avoir décidé, d'après elle, qu'« il valait mieux prendre des gants avec moi ». Cela, découvrit-elle, était typique d'un certain genre d'Allemand. « Quand ils sont confrontés à quelqu'un qui ne supporte pas leur arrogance, ils descendent de leur perchoir et se comportent normalement. Ils respectent les tempéraments auxquels ils font face et si plus de gens s'étaient montrés fermes envers le factotum de Hitler, von Papen, et ses acolytes dans leurs petits contacts quotidiens de même que dans les grosses affaires d'État, l'essor des nazis aurait été ralenti. »

Des bruits coururent sur la cause véritable de la mort de Poulette. Après les funérailles, Bella Fromm rentra chez elle en compagnie d'une bonne amie pour laquelle elle ressentait un lien filial – « Mammi » von Carnap, femme d'un ancien chambellan du Kaiser et qui avait été longtemps une excellente source d'informations pour la chronique de Fromm. Bien que fidèles à la vieille Allemagne, les Carnap éprouvaient de la sympathie pour Hitler et sa campagne en vue de rétablir la puissance de la nation.

Mammi semblait être préoccupée. Après quelques instants, elle soupira : « *Bellachen*, ma petite Bella, nous sommes tous si bouleversés [19] de voir que les nouvelles dispositions ont un pareil effet !

– Mais Mammi, répliqua Fromm, sidérée. Vous ne vous rendez pas compte ? Ce n'est que le début. Tout cela va se retourner contre vous tous qui avez aidé à le créer. »

Mammi ne tint pas compte de la remarque.

«Frau von Neurath vous conseille de vous dépêcher de vous faire baptiser, dit-elle. Ils sont très soucieux aux Affaires étrangères d'éviter un deuxième incident.»

Fromm trouva stupéfiant que quelqu'un puisse être ignorant des nouvelles réalités de l'Allemagne, au point de croire qu'un simple baptême puisse vous conférer le statut d'Aryen.

«Pauvre vieille idiote!» écrivit Fromm dans son journal.

27

MON BEAU SAPIN

Noël était presque là. Le soleil d'hiver, quand il se montrait, ne parcourait que la moitié de sa course et projetait des ombres crépusculaires dès la mi-journée. Un vent glacial soufflait des plaines environnantes. « Berlin est un squelette[1] qui grelotte de froid, écrit Christopher Isherwood en parlant des hivers qu'il devait supporter quand il était en fonction à Berlin dans les années 1930. C'est mon propre squelette qui souffre. Je sens dans mes os la douleur aiguë du gel dans les poutrelles des caténaires au-dessus de ma tête, dans le fer forgé des balcons, dans les ponts, les voies de tramway, les lampadaires, les latrines. Le fer palpite et se rétracte, la pierre et la brique souffrent sourdement, le plâtre est engourdi. »

La morosité ambiante était un peu allégée par le jeu des lumières dans les rues mouillées – les réverbères, les devantures, les phares, l'intérieur chaudement éclairé des innombrables tramways – et par les préparatifs de Noël. Les bougies apparaissaient dans chaque

fenêtre et des grands sapins décorés de lumières électriques ornaient les places, les parcs et les coins de rue
les plus fréquentés, reflétant un amour passionné pour
cette période de l'année, que même les Sturmtruppen
ne pouvaient réprimer et, de fait, récupéraient à leur
profit. Ils monopolisaient le commerce des sapins
de Noël[2], qu'ils vendaient dans les gares de triage,
apparemment pour soutenir le Winterhilfe – l'«Aide
hivernale» –, l'œuvre de charité des SA pour les pauvres
et les chômeurs, l'idée étant largement répandue
parmi les Berlinois cyniques qu'elle finançait les fêtes
et les banquets de Sturmtruppen, dont l'opulence et la
débauche étaient légendaires, avec le champagne qui
coulait à flots. Les SA allaient de porte en porte, équipés
de boîtes de collecte rouges. Les donateurs recevaient de
petits écussons à accrocher à leur vêtement et ils
veillaient à les porter, faisant ainsi une pression indirecte
sur ceux, courageux ou imprudents, qui avaient omis de
donner leur obole.

Un autre Américain eut des problèmes avec le
gouvernement, ayant été dénoncé à tort par «des
personnes qui lui en voulaient»[3], d'après un rapport du
consulat. C'était l'exemple même de l'esprit de délation
qui, des décennies plus tard, deviendrait un motif récur-
rent des films sur l'époque nazie.

Vers quatre heures et demie du matin, le mardi
12 décembre 1933, un Américain, nommé Erwin
Wollstein, se tenait sur un quai de gare à Breslau et attendait un train pour Oppeln, en haute Silésie, où il comptait
s'occuper d'affaires. Il partait très tôt car il espérait rentrer
le soir même. À Breslau, il partageait un appartement
avec son père, qui avait la nationalité allemande.

Deux hommes en costume s'approchèrent de lui et l'appelèrent par son nom. Ils se présentèrent comme des membres de la Gestapo et lui demandèrent de les accompagner à un poste de police situé dans la gare.

« On m'a donné l'ordre de retirer mon pardessus, ma veste, mes chaussures, mes demi-guêtres, mon col et ma cravate », déclara Wollstein dans sa déposition sous serment. Les fonctionnaires se mirent alors à le fouiller, de même que ses affaires. Cela prit près d'une demi-heure. Ils examinèrent son passeport et le pressèrent de questions sur sa nationalité. Il confirma qu'il était de nationalité américaine et demanda que le consulat américain à Breslau soit informé de son arrestation.

Les agents de la Gestapo l'emmenèrent ensuite en voiture au commissariat de police de Breslau, où il fut enfermé dans une cellule. On lui donna un « petit déjeuner frugal ». Il resta en cellule pendant neuf heures. Entre-temps, son père fut arrêté et leur appartement fouillé. La Gestapo confisqua leur correspondance personnelle et commerciale ainsi que d'autres documents, y compris deux passeports américains expirés et résiliés.

À dix-sept heures quinze, les deux agents de la Gestapo emmenèrent Wollstein dans les étages et lui lurent enfin les chefs d'inculpation dont il faisait l'objet, citant des dénonciations de la part de trois personnes de sa connaissance : sa logeuse, une deuxième femme et un domestique qui faisait le ménage dans l'appartement. Mlle Bleicher, sa logeuse, l'accusait d'avoir déclaré, deux mois plus tôt : « Tous les Allemands sont des chiens. » L'employé, Richard Kuhne, accusait Wollstein d'avoir affirmé que, si une autre guerre mondiale survenait, il se battrait contre l'Allemagne. La troisième, une certaine

Mlle Strausz, accusait Wollstein d'avoir prêté à son mari «un livre communiste». Ce livre était *Pétrole!*[*] d'Upton Sinclair.

Wollstein passa la nuit en prison. Le lendemain matin, il eut droit à une confrontation avec ses dénonciateurs. Il les accusa d'avoir menti. À présent, non protégés par le voile de l'anonymat, ils se montrèrent hésitants. «Les témoins apparaissaient eux-mêmes perdus et peu sûrs du terrain sur lequel ils s'étaient aventurés», expliqua Wollstein dans sa déposition.

Dans l'intervalle, le consul américain de Breslau signala l'arrestation au consulat de Berlin, où le vice-consul Raymond Geist faisait office de consul général en l'absence de Messersmith. Geist, à son tour, se plaignit auprès du chef de la Gestapo, Rudolf Diels, et réclama un rapport complet sur l'arrestation de Wollstein. Ce soir-là, Diels téléphona pour faire savoir à Geist qu'il avait donné l'ordre de relâcher Wollstein.

Sur place à Breslau, les deux agents ordonnèrent à Wollstein de signer une déclaration où il s'engageait à ne jamais se montrer «ennemi de l'État allemand». Le document comprenait une offre magnanime : si jamais il sentait sa sécurité menacée, il pouvait demander à être mis en détention provisoire.

Il fut libéré.

Martha s'était donné pour mission[4] de décorer l'arbre familial, un énorme sapin placé dans la salle de bal au deuxième étage de la maison. Elle recruta l'aide de

---

[*] Paru en 1927, trad. par Henri Delgove et R.-N. Raimbault, éd. Gutenberg, 2008. (*NdT.*)

Boris, de son frère Bill, de Fritz le majordome, du chauffeur familial et de divers amis qui firent un saut pour participer à l'entreprise. Elle avait décidé que son arbre serait entièrement blanc et argent, et avait donc acheté des boules argentées, des cheveux d'ange, une grosse étoile d'argent et des bougies blanches, renonçant aux lumières électriques au profit de cette décoration plus traditionnelle et infiniment plus dangereuse. «À cette époque, écrit-elle, c'était une hérésie de penser à mettre des ampoules électriques sur un arbre.» Avec ses auxiliaires, elle gardait des seaux d'eau à portée de main.

Son père, écrit-elle, était «las de toutes ces sottises», et se tenait à l'écart, de même que sa mère, qui était occupée par une multitude d'autres préparatifs pour les fêtes. Bill se montrait utile jusqu'à un certain point, mais avait tendance à s'éclipser en quête d'occupations plus passionnantes. L'entreprise nécessita deux jours et deux soirées.

Martha trouvait drôle que Boris fût disposé à l'aider, étant donné qu'il affirmait ne pas croire en l'existence de Dieu. Elle souriait en le voyant à l'œuvre sur l'escabeau, l'aidant consciencieusement à apprêter ce symbole du jour le plus sacré de la religion chrétienne.

«Mon athée chéri, s'enquit-elle, pourquoi m'aides-tu à décorer le sapin de Noël pour célébrer la naissance du Christ?»

Il éclata de rire.

«Ce n'est pas pour les chrétiens ni pour le Christ, *liebes Kind*, s'exclama-t-il. Seulement pour des païens comme toi et moi. De toute façon, c'est très joli. Qu'est-ce qui te plairait? demanda-t-il, assis au sommet de l'échelle. Veux-tu que j'accroche ces orchidées blanches tout en haut? Ou préférerais-tu une belle étoile rouge?»

Elle la voulait blanche.

Il protesta. «Mais le rouge est plus beau que le blanc, *darling.*»

Malgré le sapin, Boris et la gaieté générale de la saison, elle sentait qu'un élément fondamental était absent de sa vie à Berlin. Ses amis lui manquaient – Sandburg, Wilder et ses collègues du *Chicago Tribune* – de même que leur maison confortable à Hyde Park. En ce moment, ses amis et voisins devaient se réunir pour passer des soirées agréables, chanter des chants de Noël et boire du vin chaud.

Le jeudi 14 décembre, elle écrivit une longue lettre à Wilder. Elle se sentait profondément liée à lui. Le seul fait qu'elle le connaissait lui donnait une certaine crédibilité, comme si elle possédait, par réfraction, un certain cachet littéraire. Mais elle lui avait envoyé une nouvelle qu'elle avait écrite et il n'avait rien répondu. «Avez-vous perdu votre intérêt littéraire[5] pour moi ou, dirais-je, votre intérêt pour mon moi littéraire (ce qu'il en reste, s'il y en eut jamais un au départ)? Et votre voyage en Allemagne? Le laisserez-vous totalement passer? Mince, vous m'avez vraiment abandonnée, pour que je glisse comme ça dans l'argot berlinois!»

Elle avait peu écrit par ailleurs, lui disait-elle, même si elle prenait un certain plaisir à rédiger des critiques de livres et à en parler, grâce à sa nouvelle amitié avec Arvid et Mildred Harnack. Ensemble, disait-elle à Wilder, «nous avons conclu que nous étions les seules personnes à Berlin véritablement intéressées par les écrivains». Mildred et elle avaient commencé à tenir une rubrique littéraire. «Elle est grande et belle, avec une lourde masse de cheveux couleur de miel – du miel sombre sous un certain éclairage... Quelqu'un de très pauvre, de réel et de bien, mais qui n'a pas la cote même si c'est une vieille famille très respectée. Une véritable oasis pour moi qui meurs de soif!»

Elle laissait entendre que son père avait l'impression qu'une conspiration se montait contre lui au Département d'État. «Tout un dédale de haine et d'intrigue à notre ambassade, dans lequel on n'a pas réussi jusqu'ici à nous piéger», précisait-elle.

Une haine bien personnelle l'avait également prise pour cible. Aux États-Unis, son mariage secret avec Bassett, de même que ses démarches également secrètes pour divorcer étaient devenues de notoriété publique. «C'est affreux ce que mes ennemis ont inventé sur mon compte à Chicago», confiait-elle à Wilder. Une femme, notamment, que Martha appelait Fanny, avait commencé à répandre des bruits particulièrement déplaisants par jalousie, de l'avis de Martha, à la suite de la publication d'une de ses nouvelles. «Elle soutient que nous avons eu, vous et moi, une aventure, et cela m'a été répété par deux personnes différentes. Je lui ai écrit l'autre jour pour pointer le danger qu'il peut y avoir à colporter des calomnies et lui ai indiqué qu'elle risquait de se mettre dans de sales draps.» Elle ajoutait: «Je suis navrée pour elle, mais cela ne change rien au fait que c'est une garce qui raconte plein de saletés.»

Elle cherchait à faire ressentir à Wilder la ville hivernale derrière ses vitres, ce nouveau monde dans lequel elle se trouvait projetée. «La neige est douce et profonde ici – une fumée cuivrée embrume Berlin le jour et il y a l'éclat de la lune déclinante la nuit. Le gravier crisse sous ma fenêtre la nuit – un Diels austère, à la sinistre figure et aux lèvres délicieuses, Diels de la police secrète prussienne doit monter la garde et le gravier crépite sous ses semelles silencieuses pour m'alerter. Il porte ses profondes balafres aussi fièrement que je me promènerais avec une couronne d'edelweiss. »

Elle exprimait un chagrin profond, envahissant. « L'odeur de la paix est loin, l'air est froid, les cieux sont cassants, et les feuilles sont enfin tombées. Je porte un manteau en poulain dont la peau est comme de la soie moirée, avec un manchon d'agneau. Mes doigts se réfugient dans des profondeurs de chaleur. J'ai une veste de paillettes argentées et de lourds bracelets de riches coraux. Je porte au cou une chaîne de lapis-lazuli et de perles enfilés sur trois rangs. Mon visage est recouvert de douceur et de contentement, tel un voile de clair de lune doré. Et je n'ai jamais de ma vie été aussi solitaire. »

Bien que l'allusion de Martha à un « dédale de haine » fût un peu excessive, Dodd commençait en effet à sentir qu'une campagne était orchestrée contre lui au Département d'État, campagne dont les instigateurs étaient les hommes de fortune et de tradition. Il soupçonnait aussi qu'ils avaient le soutien d'un ou plusieurs membres du personnel de son ambassade, qui fournissaient en catimini des renseignements sur lui et le fonctionnement de ses bureaux. Dodd devenait de plus en plus soupçonneux et prudent, de sorte qu'il commençait à écrire ses lettres les plus sensibles à la main car il ne se fiait plus aux sténographes de l'ambassade pour garder la confidentialité.

Il avait lieu de s'inquiéter. Messersmith continuait sa correspondance sous le manteau avec le sous-secrétaire Phillips. Raymond Geist, le numéro deux de Messersmith (également un ancien de Harvard), suivait également de près les affaires de Dodd et de l'ambassade. Pendant un séjour à Washington, Geist avait eu un long entretien secret avec Wilbur Carr, chef des services consulaires, au cours duquel il avait fourni un vaste éventail de renseignements, dont des détails sur les soirées échevelées données par Martha et Bill, qui, parfois, duraient jusqu'à cinq heures du matin. «À une occasion, l'hilarité était si grande»[6], confia Geist à Carr, qu'elle avait entraîné une plainte écrite au consulat. Cela avait poussé Geist à appeler Bill dans son bureau, où il l'avait averti : «Si une pareille conduite se répète, cela sera signalé de manière officielle.» Geist avait également critiqué la prestation de Dodd : «L'ambassadeur est d'un naturel doux et terne, alors que, pour réussir à traiter avec le gouvernement nazi, il faut un homme intelligent et imposant, capable d'adopter une attitude dictatoriale avec le gouvernement et d'insister pour que ses exigences soient satisfaites. M. Dodd est incapable de tout cela.»

L'arrivée à Berlin d'un nouvel homme, John C. White, devant remplacer George Gordon comme conseiller d'ambassade, ne pouvait qu'accentuer la lassitude de l'ambassadeur. Outre qu'il était riche et enclin à donner des réceptions raffinées, White était marié à la sœur du chef des Affaires de l'Europe occidentale, Jay Pierrepont Moffat. Les deux beaux-frères entretenaient une correspondance amicale, s'appelant «Jack» et «Pierrepont». Dodd n'aurait pas trouvé terriblement rassurante la façon dont White commençait une de ses premières lettres de Berlin : «Il semble qu'il y ait une machine à écrire en trop ici[7], de sorte que je puis t'écrire sans témoins.» Dans une de ses réponses, Moffat qualifiait Dodd de «drôle de personnage[8] que je trouve pratiquement impossible à diagnostiquer».

Afin de rendre l'atmosphère encore plus oppressante pour Dodd, un autre nouveau fonctionnaire, Orme Wilson, entra en poste à peu près au même moment en tant que secrétaire d'ambassade; il était le neveu du sous-secrétaire Phillips.

Quand le *Chicago Tribune* consacra un article à la demande de Dodd de quitter Berlin au cours de la nouvelle année, évoquant l'idée qu'il pourrait abandonner son poste, Dodd se plaignit à Phillips qu'il y avait eu une fuite au Département concernant sa demande de congé, avec la volonté de lui nuire. Ce qui exaspérait particulièrement Dodd, c'était un commentaire dans l'article attribué à un porte-parole anonyme du Département d'État: «Le professeur Dodd n'envisage pas[9] de se retirer définitivement du poste d'ambassadeur en Allemagne, a-t-on affirmé.» Avec la logique perverse de la publicité, le démenti soulevait en fait la question du sort de Dodd: allait-il démissionner, ou était-il poussé vers la sortie? La situation à Berlin était suffisamment difficile sans ces supputations, fit remarquer Dodd à Phillips. «Je crois que von Neurath et ses collègues seraient extrêmement mécontents si ce rapport tombait entre leurs mains.»

Phillips répondit avec son ton suffisant habituel: «Je ne puis imaginer qui a informé le *Tribune*[10] concernant votre éventuel congé au printemps prochain. Assurément, ce n'est pas à moi qu'on a posé la question... Une des grandes joies du monde journalistique est de lancer des ragots sur des démissions. À un certain moment, il nous arrive à tous de souffrir de cette phobie, et nous ne devons pas le prendre au sérieux.»

En conclusion, Phillips notait que Messersmith, qui était alors en congé à Washington, était venu au Département. « Messersmith a passé quelques jours avec nous et nous avons eu quelques intéressantes discussions sur les divers aspects de la situation en Allemagne. »

Dodd aurait eu un motif sérieux de s'inquiéter de ces dernières lignes. Au cours d'une de ces visites dans le bureau de Phillips, Messersmith lui avait fourni ce que Phillips décrivait dans son journal comme « un aperçu intime des conditions[11] à l'ambassade de Berlin ». À ce moment aussi, la question de Martha et de Bill avait été abordée. « Apparemment, écrivait Phillips, le fils et la fille de l'ambassadeur ne sont d'aucun secours à l'ambassade et ne sont que trop disposés à courir les night-clubs avec des Allemands d'une réputation douteuse ainsi qu'avec les journalistes. »

Messersmith rencontra aussi Moffat et sa femme. Ils passèrent l'après-midi ensemble à discuter de l'Allemagne. « Nous l'avons examinée sous tous les angles »[12], note Moffat dans son journal. Le lendemain, il déjeuna avec Messersmith et, quelques semaines plus tard, ils se retrouvèrent. Au cours d'une conversation, d'après le journal de Moffat, Messersmith déclara qu'il était « très inquiet des lettres[13] qu'il recevait de Dodd indiquant qu'il se retournait contre son personnel ».

George Gordon, le conseiller qui était récemment parti, se trouvait en congé de longue durée aux États-Unis en même temps que Messersmith. Bien que les relations de Gordon avec Dodd eussent connu un début difficile, Dodd en était venu malgré lui à considérer ce dernier comme un atout. « Notre ami commun G.S.M.[14] [autrement dit Messersmith] a mené une campagne très active en faveur de sa candidature à la légation de Prague.» (Messersmith espérait depuis longtemps quitter ses fonctions pour devenir un diplomate à part entière ; à présent que l'ambassade de Prague était disponible, il voulait tenter sa chance.) Gordon nota qu'un torrent de lettres et d'éditoriaux témoignant de «l'excellent travail» de Messersmith avait commencé à arriver au Département. «J'ai reconnu quelque chose de familier, remarquait Gordon, quand j'ai entendu qu'il avait confié à l'un des hauts fonctionnaires qu'il était un peu gêné par tous les éloges que lui adressait la presse, parce qu'il n'aimait pas du tout ce genre de chose!!!»

Et Gordon ajouta à la main : *«Ô sancta virginitas simplicitasque.»* («Sainte candeur virginale!»)

Le vendredi 22 décembre, Dodd reçut la visite de Louis Lochner, qui était porteur de nouvelles inquiétantes. Cette visite n'était pas inhabituelle, car Dodd et le chef du bureau de l'Associated Press étaient devenus amis et se rencontraient souvent pour discuter des événements et échanger des informations. Un haut fonctionnaire de la hiérarchie nazie[15] avait fait savoir à Lochner que le lendemain matin, dans le cadre du procès du Reichstag, le juge allait prononcer son verdict et que tous les accusés seraient acquittés sauf Van der Lubbe. Cette nouvelle était stupéfiante et, si elle se confirmait, elle constituerait un coup sérieux au prestige du gouvernement de Hitler et un véritable camouflet pour Göring. Ce serait précisément le «procès bâclé» que celui-ci redoutait. Mais l'informateur de Lochner avait également appris que Göring, encore outré de l'impudence de Dimitrov pendant leur confrontation au tribunal, voulait maintenant la tête de ce dernier. Il serait éliminé peu après la fin du procès. Lochner refusait d'identifier sa source mais il dit à Dodd que, en transmettant l'information, son informateur espérait empêcher que la réputation internationale déjà chancelante de l'Allemagne continue de se dégrader. Dodd pensait que cet informateur était Rudolf Diels.

Lochner envisageait d'empêcher l'assassinat en rendant public le complot, mais il voulait d'abord consulter l'ambassadeur au cas où celui-ci estimait que les répercussions diplomatiques seraient trop graves. Dodd approuva mais consulta à son tour sir Eric Phipps, l'ambassadeur britannique, qui donna lui aussi son feu vert.

Lochner soupesait tous les détails de l'exécution de son plan. Curieusement, l'idée d'éventer l'assassinat qui se préparait lui avait été suggérée par l'aide de camp Martin Sommerfeldt, attaché de presse de Göring, qui avait également appris que le meurtre se préparait. Sa source, selon ses propres dires, était Putzi Hanfstaengl, bien qu'il fût tout à fait possible que Hanfstaengl le tenait de Diels. Sommerfeldt avait confié à Lochner qu'il savait d'expérience qu'«il n'y avait qu'une seule façon de dissuader le général. Quand la presse étrangère affirme une chose à son sujet, il s'entête à faire le contraire». Sommerfeldt proposa que Lochner attribue l'information à «une source sûre» et qu'il souligne que le meurtre aurait un «retentissement international considérable». Néanmoins, Lochner se trouvait confronté à un dilemme. S'il publiait une dépêche aussi incendiaire par le biais de l'Associated Press, Göring risquait, sous l'effet de la colère, de vouloir fermer le bureau de presse de Berlin. Et il avait peu de temps. Il semblait nettement préférable, selon Lochner, de publier la nouvelle dans un journal britannique. Lui, Sommerfeldt et Hanfstaengl modifièrent leurs plans.

Lochner savait qu'un reporter très inexpérimenté venait d'intégrer le bureau de Reuters à Berlin. Il l'invita à boire un verre à l'Hôtel Adlon, où Hanfstaengl et Sommerfeldt vinrent se joindre à eux. Le jeune homme se réjouit d'assister à cette rencontre apparemment fortuite de hauts fonctionnaires.

Au bout de quelques instants, Lochner évoqua à Sommerfeldt le bruit qui courait concernant une menace contre Dimitrov. Sommerfeldt, conformément au plan, feignit la surprise : Lochner devait certainement se tromper, car Göring était un homme d'honneur et l'Allemagne, un pays civilisé.

Le reporter de Reuters comprit qu'il tenait un scoop et demanda à Sommerfeldt l'autorisation de citer son démenti. Avec beaucoup de réticence, Sommerfeldt y consentit.

L'employé de Reuters fila pour écrire son papier.

En fin d'après-midi, la dépêche fut publiée dans la presse en Grande-Bretagne et Lochner en informa Dodd. Lochner lui montra également un télégramme adressé par Goebbels à la presse étrangère : celui-ci, en tant que porte-parole du gouvernement, niait l'existence d'un complot destiné à assassiner Dimitrov. Göring publia également un démenti, déclarant qu'il s'agissait d'une « rumeur ignoble ».

Le 23 décembre, comme Lochner l'avait prévu, le président du tribunal dans le procès du Reichstag annonça le verdict : Dimitrov, Torgler, Popov et Tanev étaient acquittés, mais Van der Lubbe était déclaré coupable de «haute trahison, incendie insurrectionnel[16] et tentative d'incendie criminel». La cour le condamna à mort, tout en indiquant – malgré quantité de témoignages du contraire – «que les complices de Van der Lubbe doivent être recherchés dans les rangs du Parti communiste, que le communisme est de ce fait coupable de l'incendie du Reichstag, que le peuple allemand se trouvait dans la première partie de l'année 1933 au bord du chaos dans lequel les communistes cherchaient à le précipiter, et que le peuple allemand a été sauvé *in extremis*».

Toutefois, le sort ultérieur de Dimitrov restait incertain.

Enfin, le jour de Noël arriva. Hitler était à Munich; Göring, von Neurath et d'autres hauts fonctionnaires avaient également quitté Berlin. La ville était tranquille, réellement en paix. Les tramways faisaient penser à des jouets sous le sapin.

À midi, tous les Dodd prirent la Chevrolet familiale pour aller faire une visite surprise aux Lochner. Louis Lochner écrivit dans une lettre collective à sa fille aux États-Unis: «Nous étions assis en train de boire le café[17] quand brusquement la famille Dodd au complet – l'ambassadeur, Mme Dodd, Martha et le jeune M. Dodd – a débarqué comme une avalanche de neige juste pour nous souhaiter un joyeux Noël. C'était fort gentil de leur part, n'est-ce pas? J'apprécie M. Dodd davantage à mesure que je travaille avec lui; c'est un homme de grande culture et qui est doté d'un des esprits les plus fins qu'il m'ait été donné de rencontrer.» Lochner décrit Mme Dodd comme «une femme charmante, féminine qui... comme son mari, préfère rendre visite à une famille amie plutôt que subir tout le bazar diplomatique artificiel. Les Dodd ne se prennent pas pour des célébrités, et je respecte cela chez eux».

Dodd admira pendant quelques instants le sapin des Lochner et les autres décorations, puis il prit Lochner à part et lui demanda les dernières nouvelles sur l'affaire Dimitrov.

Jusque-là, Dimitrov semblait avoir échappé au pire, expliqua Lochner. Il signala aussi que sa source qui occupait des fonctions élevées – et dont il ne voulait toujours pas révéler l'identité – l'avait remercié pour avoir réglé l'affaire avec autant de doigté.

Dodd craignait toutefois d'autres répercussions. Il restait convaincu que Diels avait joué un rôle crucial dans la révélation du complot. Diels continuait de le surprendre. Il connaissait sa réputation de cynique et d'opportuniste de premier ordre mais, de temps à autre, il trouvait en lui quelqu'un d'intègre et digne de respect. Ainsi, au début du mois, Diels avait persuadé Göring et Hitler de décréter une amnistie de Noël pour les internés des camps de concentration qui n'étaient pas des criminels endurcis ou manifestement dangereux pour la sécurité de l'État. On ne connaît pas les motifs précis de Diels[18], mais il considéra cette époque, où il se rendait de camp en camp pour sélectionner les prisonniers qui seraient libérés, comme un des meilleurs moments de sa carrière.

Dodd craignait que Diels ne soit allé trop loin. Le jour de Noël, il écrivit dans son journal : «Le chef de la police secrète[19] a fait une chose extrêmement dangereuse et je ne serais pas surpris d'apprendre plus tard qu'on l'a jeté en prison.»

En traversant la ville, ce jour-là, Dodd fut de nouveau frappé par l'«extraordinaire» goût des Allemands pour les décorations de Noël. Il voyait des sapins partout, sur chaque place et derrière chaque fenêtre.

«On pourrait penser[20], notait-il, que les Allemands croient en Jésus et qu'ils mettent ses enseignements en pratique!»

Cinquième partie
ANXIÉTÉ

Hitler et Röhm

28
JANVIER 1934

Le 9 janvier, Marinus Van der Lubbe, le principal accusé du procès du Reichstag, fut informé par le procureur qu'il serait exécuté le lendemain.

«Merci de me prévenir[1], répondit Van der Lubbe. Je vous vois donc demain.»

Le bourreau portait une redingote, un haut-de-forme et, dénotant un esprit tatillon, des gants blancs. Il utilisa la guillotine.

L'exécution de Van der Lubbe mit un point final, aussi clair que sanglant, à la saga de l'incendie du Reichstag, étouffant une source de turbulence qui entretenait le trouble en Allemagne depuis le mois de février précédent. Quiconque désirait un dénouement pouvait pointer du doigt la déclaration officielle: Van der Lubbe avait mis le feu et, à présent, Van der Lubbe était mort. Dimitrov, toujours en vie, devait être expédié par avion à Moscou. L'Allemagne pouvait maintenant se rétablir en toute tranquillité.

En ce début d'année, l'Allemagne semblait apparemment s'être stabilisée, provoquant la déception de bon nombre d'observateurs et diplomates étrangers qui continuaient d'espérer que les pressions économiques entraîneraient l'effondrement du régime. Au terme de sa première année en tant que chancelier, Hitler paraissait plus rationnel, presque conciliant, et alla jusqu'à laisser entendre qu'il soutiendrait un pacte de non-agression avec la France et la Grande-Bretagne. Anthony Eden, lord du Sceau privé, se rendit en Allemagne pour le rencontrer et, comme Dodd, repartit impressionné par la sincérité de Hitler dans son désir de paix. Sir Eric Phipps, ambassadeur britannique en Allemagne, nota dans son journal : « Herr Hitler semblait éprouver une véritable sympathie[2] pour M. Eden, qui a manifestement réussi à faire ressortir chez cet être étrange des qualités humaines qui, pour moi, étaient restées jusque-là obstinément dormantes. » Dans une lettre à Thornton Wilder, Martha écrivit : « Hitler s'améliore indéniablement[3]. »

Ce sentiment d'une normalisation imminente se révélait également dans d'autres sphères. Le nombre officiel des chômeurs[4] était en rapide déclin, passant de 4,8 millions en 1933 à 2,7 millions en 1934, même si cela était en bonne partie dû à des mesures consistant à attribuer à deux personnes l'emploi d'une seule, et à une propagande appuyée destinée à décourager les femmes de rechercher un emploi. Les camps de concentration « improvisés » avaient été fermés, grâce en partie au chef de la Gestapo, Rudolf Diels. Au ministère de l'Intérieur[5], on évoquait la possibilité de supprimer complètement la détention provisoire et les camps de concentration.

Même Dachau semblait être devenu civilisé. Le 12 février 1934, un représentant des Quakers, Gilbert L. MacMaster, put inspecter le camp, ayant obtenu l'autorisation de rendre visite à un interné, George Simon, un ancien député du Reichstag de soixante-deux ans qui avait été arrêté parce qu'il était socialiste. MacMaster prit un train à Munich et, une demi-heure plus tard, descendit au bourg de Dachau, qu'il décrivit comme un « village d'artistes ». De là, il marcha pendant une autre demi-heure pour arriver au camp.

Il fut surpris par ce qu'il découvrit. « Les rapports sur des atrocités[6] proviennent de ce camp, plus que de tout autre en Allemagne, écrit-il. Cependant, son aspect extérieur est plus favorable que tout autre camp que j'ai visité. » L'ancienne usine de munitions dans laquelle le camp était installé datait de la précédente guerre mondiale. « Il y a des bâtisses correctes pour les chimistes et les officiers ; les baraques des ouvriers sont plus stables, et toute l'usine est chauffée à la vapeur, nota MacMaster. De ce fait, Dachau semble mieux équipé pour le confort des prisonniers, surtout en saison froide, qu'un camp provisoire installé dans une ancienne usine ou une ferme. En fait, l'aspect de l'ensemble évoque davantage celui d'une institution permanente que d'un camp. »

L'interné, Simon, fut bientôt conduit au poste de garde pour rencontrer MacMaster. Il portait un uniforme gris de prisonnier et semblait en bonne santé. « Il n'exprimait pas de grief particulier, poursuit MacMaster, sauf qu'il souffrait énormément d'un rhumatisme aigu. »

Plus tard dans la journée, MacMaster s'entretint avec un responsable de police qui lui dit que le camp hébergeait deux mille prisonniers. Seulement vingt-cinq étaient juifs ; ceux-ci, souligna le responsable, étaient détenus pour des délits politiques, non en raison de leur religion. Cependant, MacMaster avait eu connaissance de rapports indiquant qu'au moins cinq mille prisonniers étaient incarcérés et que quarante ou cinquante étaient juifs, parmi lesquels seulement « un ou deux » avaient été arrêtés pour des motifs politiques ; les autres avaient été arrêtés à la suite de dénonciations par des gens « qui voulaient leur nuire dans leur commerce et d'autres parce qu'ils étaient accusés de fréquenter des jeunes filles non juives ». Il fut surpris d'entendre le responsable lui répondre qu'il considérait les camps « comme temporaires et se réjouirait le jour où on pourrait s'en passer ».

MacMaster trouva que Dachau avait même une certaine beauté. « La matinée était très froide, raconte-t-il. Il y avait eu un brouillard tellement dense la nuit précédente que j'avais eu du mal à trouver mon hôtel. Au matin, le ciel était limpide, les couleurs de la Bavière étaient au blanc des nuages et au bleu du ciel, et le brouillard de la nuit précédente recouvrait les arbres d'une épaisse couche de givre. » Tout était décoré d'une dentelle scintillante de cristaux de glace qui donnait au camp un air éthéré, comme dans une fable. Au soleil, les bouleaux de la lande environnante devenaient des flèches de diamant.

Mais comme c'était souvent le cas dans l'Allemagne nouvelle, l'aspect extérieur de Dachau était trompeur. La propreté et l'efficacité du camp avaient peu de liens avec le désir de traiter humainement les détenus. Au mois de juin de l'année précédente, un officier SS, Theodor Eicke, avait pris la direction de Dachau et établi un ensemble de règles qui servirent par la suite de modèle pour tous les autres camps. Entériné le 1er octobre 1933, ce règlement codifiait les rapports entre les gardiens et les prisonniers. Désormais, l'administration du châtiment ne relevait plus du domaine de l'impulsion et du caprice ; la discipline devenait systématique, dépassionnée et prévisible. À présent, chacun connaissait au moins les règles, mais ces règles étaient dures et ne laissaient clairement aucune place à la pitié.

« Tolérance veut dire faiblesse[7], écrit Eicke dans l'introduction de son règlement. À la lumière de cette idée, la punition sera infligée sans pitié chaque fois que les intérêts de la patrie le justifieront. » Des délits mineurs entraînaient des coups de canne et un séjour en cellule d'isolement. Même l'ironie coûtait cher. Huit jours à l'isolement et « vingt-cinq coups » étaient infligés à « quiconque faisait des remarques dévalorisantes ou ironiques à un membre des SS, négligeant délibérément le code de respect prescrit ou pour tout autre geste prouvant l'absence de volonté de se soumettre aux mesures disciplinaires ». Une clause fourre-tout, l'article 19, portait sur les « punitions annexes », qui comprenaient les réprimandes, le passage à tabac et la possibilité de « ligoter à un poteau » l'interné. Une autre section précisait les règles pour la mort par pendaison. Était puni de mort quiconque, « dans l'objectif de créer de l'agitation », parlait de politique ou était surpris dans un rassemblement avec d'autres. Même recueillir « des informations vraies ou fausses au sujet du camp de concentration », recevoir ces informations ou en parler avec d'autres pouvaient valoir la pendaison. « Si un prisonnier tente de s'évader, stipulait Eicke, il doit être abattu sans sommation. » Une balle était également la réponse nécessaire aux révoltes de prisonniers. « Les tirs de sommation, était-il spécifié, sont proscrits par principe. »

Eicke s'assurait que tous les nouveaux gardiens soient parfaitement endoctrinés, comme Rudolf Höss, l'une de ses nouvelles recrues, en attestera plus tard. Höss fut gardien à Dachau en 1934 et il se souvenait que Eicke martelait sans arrêt le même message. « Toute pitié quelle qu'elle soit[8] à l'égard des "ennemis de l'État" était indigne d'un SS. Il n'y avait pas de place dans les rangs des SS pour des hommes au cœur faible, et ceux-ci feraient mieux de se retirer vite dans un monastère. Il n'avait besoin que d'hommes durs, déterminés, capables d'obéir impitoyablement à tous les ordres. » Bon élève, Höss parvint aux fonctions de commandant d'Auschwitz.

À première vue, la persécution des Juifs semblait aussi s'être calmée. « Extérieurement, Berlin présentait[9] une apparence normale durant mon récent séjour, écrivait David J. Schweitzer, un cadre de l'American Joint Distribution Committee, surnommé "le Joint", une œuvre caritative juive. L'air n'est pas pesant, les gens sont généralement polis. » Les Juifs qui avaient fui durant l'année précédente avaient commencé à revenir. Environ dix mille Juifs[10] qui étaient partis au début de 1933 étaient de retour un an plus tard, même si l'émigration vers l'étranger – quatre mille Juifs en 1934 – se poursuivait par ailleurs. « Que cela reflète la situation réelle ou que celle-ci soit soigneusement masquée, j'ai entendu un Américain venant juste de séjourner une semaine, avant de passer dans un pays voisin, déclarer qu'il n'avait rien vu de ce qui préoccupait tellement le monde extérieur. »

Mais Schweitzer était conscient que c'était en grande partie une illusion. La violence visible contre les Juifs semblait effectivement avoir régressé, mais une forme plus subtile d'oppression l'avait remplacée. « Ce que notre ami n'a pas su détecter derrière les apparences, c'est cette tragédie qui frappe chaque jour les employés qui perdent progressivement leur emploi », expliquait Schweitzer. Il donnait l'exemple des grands magasins berlinois, dont les propriétaires et le personnel étaient souvent juifs. « Alors que d'un côté, on peut observer un grand magasin juif rempli comme à l'ordinaire de non-Juifs aussi bien que de Juifs, on observera dans l'établissement voisin l'absence totale d'employés juifs. » De même, la situation variait d'une agglomération à l'autre. Une ville pouvait bannir les Juifs, alors que, dans la ville voisine, les Juifs et les non-Juifs continuaient à « côtoyer leurs voisins et vaquaient de leur mieux à leurs occupations sans se faire maltraiter ».

De même, Schweitzer notait des points de vue divergents parmi les dirigeants juifs. « La tendance de certains est qu'il n'y a rien à espérer, car la situation ne peut qu'empirer, écrit-il. L'autre tendance, tout à fait à l'opposé, est tout aussi catégorique : fondant leur réflexion sur la situation en mars 1934 au lieu de mars 1933, certains se résignent à la situation actuelle et acceptent le statut de l'inévitable ; ils s'habituent à se mouvoir dans leur propre cercle restreint en espérant que, tout comme les choses se sont améliorées entre mars 1933 et mars 1934, elles continueront d'évoluer d'une manière favorable. »

Les incessantes protestations pacifiques de Hitler constituaient l'imposture officielle la plus flagrante. Quiconque prenait la peine de se rendre à la campagne autour de Berlin le comprenait instantanément. Raymond Geist, consul général par intérim, se déplaçait beaucoup à bicyclette. «Avant la fin de l'année 1933[11], au cours de mes fréquentes excursions, j'ai découvert en dehors de Berlin, le long de pratiquement chaque route partant de la ville, de nouveaux établissements militaires neufs, avec des terrains d'entraînement, aéroports, casernes, terrains d'essai, postes antiaériens et d'autres bâtiments de ce genre.»

Même un nouveau venu comme John White pouvait constater cette réalité. «Quiconque sort en auto dans la campagne[12] un dimanche peut voir des chemises brunes s'entraîner dans les bois», signale-t-il à son beau-frère, Jay Pierrepont Moffat.

White fut stupéfait d'apprendre que la fillette d'un de ses amis devait passer ses mercredis après-midi à s'exercer à l'art du lance-grenades.

La normalité apparente de l'Allemagne masquait également le conflit croissant entre Hitler et Röhm. Dodd et d'autres qui avaient longtemps séjourné sur place savaient pertinemment qu'Hitler était résolu à accroître les rangs de l'armée régulière, la Reichswehr, malgré l'interdiction explicite du traité de Versailles, et que Röhm, à la tête de la *Sturmabteilung*, voulait que tous ces développements s'accompagnent de l'incorporation d'unités entières de SA, dans le cadre de sa tentative pour prendre le contrôle de l'armée. Le ministre de la Défense, Blomberg, et les principaux généraux détestaient Röhm et traitaient de haut ses légions de Sturmtruppen, des brutes en chemise brune. Göring abhorrait Röhm, lui aussi, et voyait dans son appétit de pouvoir une menace pour ses propres ambitions concernant l'aviation allemande, grande source d'orgueil et de joie, qu'il s'occupait à développer discrètement mais avec énergie.

Ce qui restait peu clair, c'était ce qu'Hitler pensait de la question. En décembre 1933, Hitler avait nommé Röhm à son cabinet. La veille du 1er janvier, il avait adressé à celui-ci des vœux chaleureux, publiés dans la presse, dans lesquels il faisait l'éloge de son allié de longue date, qui avait construit une légion aussi efficace. «Sachez que je bénis le destin [13], qui me permet de qualifier un homme comme vous d'ami et de frère d'armes.»

Peu après, cependant, Hitler ordonna [14] à Rudolf Diels de rédiger un rapport sur les débordements des SA et sur les pratiques homosexuelles de Röhm et de son entourage. Diels affirma par la suite qu'Hitler lui avait aussi demandé de tuer Röhm et un autre «traître», mais qu'il avait refusé.

Le président Hindenburg, censé être l'ultime rempart contre Hitler, paraissait inconscient des pressions qui s'accumulaient dans la hiérarchie. Le 30 janvier 1934, le vieux maréchal publia une déclaration pour féliciter Hitler des «grands progrès» que l'Allemagne avait accomplis au cours de l'année où il avait accédé au poste de chancelier. «Je suis convaincu [15], écrivait-il, que, dans l'année à venir, vous et vos collaborateurs poursuivrez et, avec l'aide de Dieu, mènerez à bien cette œuvre majeure qu'est la reconstruction de l'Allemagne, entreprise par vous avec une telle énergie, fondée sur l'unité nationale nouvelle et heureusement achevée du peuple allemand.»

Ainsi commença donc l'année nouvelle, avec un optimisme apparent et, pour les Dodd, une nouvelle tournée de fêtes et de réceptions. Les invitations officielles arrivaient sur des cartons imprimés sous enveloppe, accompagnés comme toujours de plans de table. Les dirigeants nazis privilégiaient une disposition curieuse où les tables formaient un large fer à cheval rectangulaire avec les convives disposés à l'intérieur et à l'extérieur de cette configuration. Ceux assis sur le côté intérieur passaient la soirée dans les affres de l'inconfort social, sous les yeux de ceux qui étaient attablés dans leur dos. Une de ces invitations fut adressée à l'ambassadeur et sa famille de la part de leur voisin, le capitaine Röhm.

Martha aurait une bonne raison, plus tard, de conserver un exemplaire du plan de table. Röhm, le *Hausherr*, leur hôte[16], était assis au centre du fer à cheval et avait une vue panoramique sur tous ceux assis devant lui. Dodd était à la droite de Röhm, la place d'honneur. De l'autre côté de la table, juste en face de Röhm, à la place la plus inconfortable du fer à cheval, se trouvait Heinrich Himmler, qui le haïssait.

29

« COMPRENNE
QUI POURRA ! »

À Washington, le sous-secrétaire Phillips
convoqua Jay Pierrepont Moffat dans son
bureau «pour lire toute une série de lettres[1] de l'ambassadeur Dodd», comme le chef des Affaires de l'Europe
occidentale l'indique dans son journal. Parmi celles-ci se
trouvaient des missives récentes dans lesquelles Dodd
renouvelait ses récriminations au sujet de la fortune des
fonctionnaires des Affaires étrangères et du nombre de
Juifs parmi son personnel[2], en plus d'un courrier où il se
risquait à suggérer une ligne de politique étrangère pour
les États-Unis. Le pays, écrivait Dodd, doit renoncer à
sa «réserve vertueuse»[3] parce qu'«une autre lutte pour
la vie et la mort en Europe serait un tracas pour nous
tous... surtout si elle se doublait d'un conflit similaire
en Extrême-Orient (comme cela est envisagé, crois-je
comprendre, dans des réunions secrètes)». Dodd admettait la réticence du Congrès à se laisser entraîner dans un
conflit outre-mer, mais il ajoutait : «Je pense néanmoins
que les faits importent, même s'ils nous déplaisent.»

Bien que Phillips et Moffat fussent désillusionnés au sujet de Dodd, ils devaient admettre qu'ils avaient un pouvoir limité sur lui du fait de ses contacts personnels avec Roosevelt : Dodd pouvait contourner le Département d'État et communiquer directement avec le président à son gré. À présent, dans le bureau de Phillips, ils lisaient les missives de Dodd en hochant la tête. « Comme d'habitude[4], consigne Moffat dans son journal, il est mécontent de tout. » Dans une de ces lettres, Dodd jugeait deux fonctionnaires de son ambassade « compétents mais non qualifiés », poussant Moffat à se rebiffer : « Comprenne qui pourra ! »

Le mercredi 3 janvier, Phillips prit la plume pour répondre, d'un ton distant et hautain, à certains des griefs de l'ambassadeur, notamment celui concernant la mutation à Berlin de son propre neveu, Orme Wilson. Son arrivée au mois de novembre précédent avait provoqué une crise de rivalités au sein l'ambassade. À présent, Dodd se faisait chapitrer pour n'avoir pas correctement géré la situation. « J'espère qu'il ne vous sera pas trop difficile[5] de décourager d'autres propos de nature indésirable parmi les membres de votre personnel. »

Quant à ses éternels griefs au sujet des habitudes de travail et des qualifications des fonctionnaires du service, Phillips écrivit : « J'avoue que je ne sais que vous dire[6] concernant votre sentiment que "quelqu'un au Département encourage chez les gens des attitudes et des comportements erronés". »

Il évoqua la remarque précédente de Dodd concernant la présence d'un trop grand nombre de Juifs parmi le personnel administratif de l'ambassade, mais s'avoua « quelque peu embarrassé » quant à la façon de résoudre la question. Dodd lui avait déclaré précédemment qu'il ne souhaitait pas de mutations, mais il apparaissait à présent qu'il les réclamait. «Désirez-vous effectuer des mutations? demanda Phillips, ajoutant: si... la question raciale nécessite des rectifications au vu des conditions particulières en Allemagne, il sera parfaitement possible pour le Département de s'en acquitter sur une recommandation précise de votre part.»

Ce même mercredi, à Berlin, Dodd écrivit une lettre à Roosevelt; il jugeait le sujet tellement sensible que non seulement il rédigea ce courrier à la main, mais il l'adressa d'abord à son ami le colonel House, afin que celui-ci puisse le remettre au président en main propre. Il insistait pour que Phillips se voie retirer son poste de sous-secrétaire et soit muté à d'autres fonctions, peut-être un poste d'ambassade ailleurs. Il suggérait Paris et ajoutait que le départ de Phillips de Washington «réduirait un peu le favoritisme[7] qui règne là-bas».

«Ne croyez pas que je poursuive des intérêts personnels ou quelque grief personnel. J'espère [sic] que seul le service public motive la présente lettre.»

30

PRÉMONITION

Martha se consumait pour Boris. Son amant français, Armand Bérard, consigné à l'arrière-plan, se morfondait. Diels prit aussi de la distance, même si elle le voyait encore souvent.

Début janvier, Boris fixa un rendez-vous[1] à Martha, qui donna lieu à l'une des soirées romantiques les plus étranges qu'elle eût jamais vécues ; elle n'en sut rien à l'avance si ce n'est que Boris lui avait demandé de porter sa robe préférée – une soie dorée, épaules nues, décolleté profond et révélateur, moulante à la taille. Elle ajouta un collier d'ambre et un petit bouquet que Boris lui avait offert, des gardénias.

Fritz, le majordome, accueillit Boris à la porte, mais avant qu'il puisse annoncer la présence du visiteur, Boris grimpa les marches quatre à quatre jusqu'au premier. Fritz le suivit. Martha était dans le couloir et s'approchait de l'escalier, comme elle le raconte dans un récit détaillé de la soirée. En la voyant, il mit un genou à terre.

« *Oh my darling* ! lança-t-il en anglais ; puis en allemand : tu es merveilleuse. »

Elle était enchantée et légèrement embarrassée. Fritz fit un large sourire. Boris la conduisit à sa Ford – la capote relevée, heureusement, en raison du froid – et les conduisit au Horcher, un restaurant dans la Lutherstrasse, à quelques rues au sud du Tiergarten. C'était une des meilleures adresses de Berlin, spécialisée dans le gibier, et réputée être le restaurant préféré de Göring. Horcher était aussi censé être, d'après une nouvelle datée de 1929 de Gina Kaus, un écrivain très en vogue à l'époque, l'endroit idéal pour un rendez-vous galant[2]. On pouvait être placé sur une des banquettes en cuir et, à quelques tables de vous, il y avait Göring, resplendissant dans son uniforme du jour. En d'autres temps, on pouvait y croiser des écrivains, artistes et musiciens célèbres, et d'importants financiers et scientifiques juifs – voire Einstein en personne, connu pour son goût de la bonne chère – mais, désormais, la plupart avaient fui ou se trouvaient brusquement confinés dans une existence qui ne leur permettait pas de s'offrir des soirées onéreuses en ville. Le restaurant demeurait le même malgré tout, comme indifférent à tout ce qui avait changé dans le monde extérieur.

Boris avait réservé un salon, où ils dînèrent fastueusement de saumon fumé, de caviar, de soupe de tortue, et d'un poulet à la Kiev. Pour le dessert, ils prirent une crème bavaroise au cognac. Le tout arrosé de champagne et de vodka. Martha apprécia les plats, l'alcool, les plafonds hauts, mais elle était perplexe. « Pourquoi tout cela, Boris ? demanda-t-elle. Qu'est-ce que nous fêtons ? »

En guise de réponse, il sourit. Après le dîner, il roula vers le nord et tourna dans la Tiergartenstrasse comme s'il la raccompagnait chez elle, mais, au lieu de s'arrêter devant la maison, Boris continua sa route. Il longea la bordure sombre du parc jusqu'à ce qu'ils parviennent à la porte de Brandebourg et sur Unter den Linden, dont les soixante mètres de large étaient embouteillés par des automobiles dont les phares transformaient l'avenue en un canal de platine. À une rue à l'est de la porte, Boris se gara devant l'entrée de l'ambassade soviétique, située au 7 Unter den Linden. Il fit entrer Martha dans le bâtiment et lui fit traverser plusieurs couloirs, puis monter une volée de marches jusqu'à ce qu'ils parviennent devant une porte anonyme.

Il sourit et poussa la porte, puis fit un pas de côté pour la laisser passer. Il alluma une lampe à pied et deux bougies rouges. La pièce rappela d'abord à Martha une chambre de résidence universitaire, bien que Boris eût fait son possible pour lui donner une apparence plus agréable. Elle vit une chaise, deux fauteuils et un lit. Sur l'oreiller, il avait posé un tissu brodé dont il lui précisa qu'il provenait du Caucase. Un samovar pour faire le thé occupait une table près de la fenêtre.

Dans un coin de la pièce, sur une étagère, Martha trouva une série de photographies de Vladimir Lénine centrées autour d'un seul grand portrait qui le représentait sous un jour que Martha n'avait encore jamais vu, comme un ami fixé sur un instantané, pas le Lénine au visage sévère de la propagande soviétique. Étaient aussi disposées diverses brochures en russe, l'une avec ce titre scintillant, traduit par Boris : « Équipes d'inspection d'ouvriers et de paysans. » Boris présenta tout

cela comme son « coin Lénine », son équivalent soviétique des images pieuses que les Russes orthodoxes
accrochent traditionnellement dans le coin d'une pièce.
« Mon peuple, comme tu as dû le lire dans les romans
russes que tu apprécies, avait, et continue de garder, un
coin pour les icônes, précisa-t-il. Mais je suis un Russe
moderne, un communiste ! »

Dans un autre coin, elle trouva un deuxième autel,
dont la pièce maîtresse, découvrit-elle, n'était autre
qu'elle-même. Boris l'appelait son « coin Martha ». Une
photographie d'elle était posée debout sur une petite
table, miroitant dans la lueur rougeoyante d'une bougie.
Plusieurs lettres de la jeune femme et d'autres photographies étaient également exposées. Photographe
amateur passionné, il avait pris de nombreux clichés
au cours de leurs excursions autour de Berlin. Il y avait
aussi des souvenirs – un mouchoir en fil qu'elle lui avait
offert et la tige de menthe sauvage de leur pique-nique
de septembre 1933, à présent séchée mais dont émanait
encore une vague senteur. Se trouvait là aussi la statuette
de religieuse en bois sculpté qu'elle lui avait envoyée
en réponse à ses trois petits singes de la sagesse ; Boris
l'avait complétée en y ajoutant une minuscule auréole
composée de fil d'or fin.

Plus récemment, il avait disposé des pommes de pin
et des rameaux de sapin sur son autel à Martha et les
senteurs de la forêt envahissaient la chambre. Il les avait
ajoutés, lui expliqua-t-il, pour montrer que son amour
pour elle serait « toujours vivace ».

« Mon Dieu, Boris ! s'exclama-t-elle en riant, tu es
si romantique ! Est-ce bien convenable de la part d'un
communiste endurci comme toi ? »

Après Lénine, lui fit-il savoir, « tu es celle que j'aime le plus ». Il embrassa son épaule nue et devint brusquement grave. « Mais au cas où tu ne comprendrais pas encore, mon parti et mon pays passeront toujours avant. »

Le brusque changement, l'expression de son visage... de nouveau, elle rit. Elle dit à Boris qu'elle comprenait. « Les sentiments de mon père pour Thomas Jefferson sont presque les mêmes que les tiens pour Lénine », dit-elle.

Ils commençaient à flirter quand, soudain, sans bruit, la porte s'ouvrit et une fillette blonde, à laquelle Martha donnait environ neuf ans, entra. Elle comprit aussitôt qu'elle devait être la fille de Boris. Elle avait exactement les yeux de son père – « extraordinaires, lumineux », écrit Martha – bien que, par ailleurs, elle parût totalement différente. Elle avait un visage quelconque et n'avait pas la gaieté irrépressible de son père. Elle avait l'air sombre. Boris se leva et s'approcha d'elle.

« Pourquoi fait-il si noir ici ? demanda la gamine. Ça ne me plaît pas. »

Elle parlait russe et Boris traduisait. Martha soupçonnait que la fillette comprenait l'allemand, puisqu'elle était scolarisée à Berlin, mais qu'elle s'exprimait en russe pour signifier sa mauvaise humeur.

Boris alluma au plafond une ampoule nue. Sa lumière crue dissipa immédiatement l'atmosphère romantique qu'il avait réussi à créer avec les bougies et les autels. Il dit à sa fille de serrer la main de Martha et la fillette s'exécuta, bien qu'avec réticence. Martha trouva l'hostilité de la fillette déplaisante mais compréhensible.

« Pourquoi êtes-vous aussi bien habillée ? » demanda-t-elle en russe à Martha.

Boris lui expliqua que c'était elle, Martha, dont il lui avait parlé. Elle était très élégante, précisa-t-il, car c'était sa toute première visite à l'ambassade soviétique et donc, une grande occasion.

La fillette jaugea la visiteuse, et un soupçon de sourire apparut. «Elle est très jolie, conclut-elle. Mais elle est trop maigre.»

Boris expliqua qu'elle était en très bonne santé.

Il consulta sa montre. Il était presque dix heures. Il assit sa fille sur ses genoux, la tint contre lui et lui passa la main dans les cheveux avec douceur. Les deux adultes discutèrent de choses sans importance tandis que l'enfant ne quittait pas Martha des yeux. Après quelques instants, Boris arrêta de lui caresser la tête et la serra contre lui, une façon de lui signifier qu'il était temps pour elle d'aller se coucher. Elle fit la révérence et articula tout bas à contrecœur en allemand : «*Auf Wiedersehen, Fräulein Martha.*»

Boris lui prit la main et sortit avec elle de la pièce.

En son absence, Martha examina plus en détail la chambre et en poursuivit l'examen après son retour. De temps à autre, elle jetait un coup d'œil dans sa direction.

«Lénine était très humain, dit-il en souriant. Il aurait compris que tu aies ton coin à toi.»

Couchés sur le lit, ils s'enlacèrent. Il lui parla de sa vie, lui confia que son père avait abandonné sa famille et que, à seize ans, il avait rejoint l'Armée rouge. «Je veux que ma fille ait une vie plus facile.» Il désirait la même chose pour son pays. «Nous n'avons connu que la tyrannie, la guerre, la révolution, la guerre civile, la famine. Si personne ne nous attaque, nous aurons peut-être une chance de bâtir quelque chose de nouveau et d'unique dans l'histoire de l'humanité. Tu comprends ça ?»

Par moments, tandis qu'il racontait son histoire, des larmes coulaient sur ses joues. Elle s'y était habituée. Il lui parla de ses rêves pour l'avenir.

«Ensuite, il m'a serrée contre son corps, écrit-elle. Depuis son col jusqu'à son nombril, il était couvert de poils couleur de miel aussi doux que du duvet... Vraiment, cela m'a paru magnifique et j'ai éprouvé un profond sentiment de chaleur, de confort et de complicité.»

Comme la soirée touchait à sa fin, il prépara du thé qu'il versa dans des tasses traditionnelles : des verres transparents dans un support métallique.

«Voilà, ma *darling*, dit-il. Au cours de ces dernières heures, tu as eu un petit avant-goût d'une soirée russe.»

«Comment aurais-je pu lui dire, écrira-t-elle plus tard, que ce fut une des soirées les plus étranges de ma vie ?» Un vague pressentiment gâchait son plaisir. Elle se demandait si Boris, en s'impliquant à ce point dans sa relation avec elle – dressant son autel à Martha dans une pièce de l'ambassade et osant l'emmener dans ses appartements privés –, n'avait pas transgressé un interdit tacite. Elle sentait qu'un «œil malveillant» en avait pris note. «C'était comme si un vent mauvais avait pénétré dans la pièce.»

Tard dans la nuit, Boris la raccompagna chez elle.

31

TERREURS NOCTURNES

La vie de la famille Dodd connut un subtil changement. Alors que, jusque-là, ils s'étaient sentis libres d'exprimer ce qu'ils voulaient sous leur propre toit, ils étaient à présent soumis à une nouvelle contrainte. Leur vie était ainsi gagnée par les miasmes qui imprégnaient largement la ville au-delà des murs de leur jardin. Une histoire avait commencé à circuler : un homme téléphone à un autre et, au cours de la conversation, demande : « Comment va l'oncle Adolf[1] ? » Peu après, la Gestapo débarque chez lui et exige qu'il prouve qu'il a réellement un oncle Adolf et que la question n'était pas une allusion codée à Hitler. Les Allemands devenaient de plus en plus réticents à séjourner dans des refuges de montagne collectifs, de peur de parler dans leur sommeil. Ils repoussaient les opérations chirurgicales à cause des effets secondaires de l'anesthésie qui dénouent la langue. Les rêves reflétaient l'angoisse ambiante. Un Allemand rêva qu'un SA[2] venait chez lui et ouvrait la porte de son four, qui dévidait toutes les critiques ayant prononcées sous son toit contre le gouvernement. Après avoir vécu dans l'Allemagne nazie, Thomas Wolfe écrivit : « Il y avait là un peuple tout entier[3]... infesté par la contagion d'une peur omniprésente. C'était une sorte de paralysie insidieuse qui déformait et dégradait toutes les relations humaines. »

Les Juifs étaient évidemment touchés de plein fouet. Une étude sur ceux qui fuirent l'Allemagne, effectuée entre 1993 et 2001 par Eric A. Johnson et Karl-Heinz Reuband, spécialistes de l'histoire sociale, montre que 33 % avaient vécu dans « la crainte constante de l'arrestation »[4]. Parmi ceux qui avaient habité dans de petites villes, plus de la moitié se souvenaient avoir redouté cela. La plupart des non-Juifs, cependant, affirmaient avoir eu rarement peur – à Berlin, par exemple, seulement 3 % parlaient d'une crainte constante de l'arrestation – mais ils ne se sentaient pas totalement à l'aise. À vrai dire, la plupart des Allemands vivaient dans une sorte de réalité parallèle. Ils étaient gagnés par l'idée que leur capacité à mener une vie normale « dépendait de leur acceptation du régime nazi, en gardant la tête baissée et en évitant de se faire remarquer ». S'ils restaient dans le rang, acceptaient d'être « mis au pas », ils étaient en sécurité – bien que l'étude relève également une tendance surprenante parmi les Berlinois non juifs à faire preuve d'une certaine audace. Quelque 32 % déclaraient avoir raconté des blagues anti-nazies[5] et 49 % affirmaient avoir écouté des émissions de radio interdites en provenance d'Angleterre et d'ailleurs. Toutefois, ils n'osaient commettre ces infractions qu'en privé ou parmi des amis de confiance, car ils savaient que les conséquences pouvaient être terribles.

Pour les Dodd, au début, cette situation était tellement inédite et invraisemblable qu'elle était presque risible. Martha éclata de rire la première fois que son amie Mildred Fish Harnack insista pour qu'elles aillent dans la salle de bains afin d'avoir une conversation discrète. Selon Mildred, les salles de bains étant peu meublées, il était plus difficile d'y dissimuler des appareils d'écoute que dans une salle à manger encombrée. Et même alors, Mildred «chuchotait de façon quasi inaudible»[6], d'après Martha.

Ce fut Rudolf Diels qui, le premier, fit comprendre à Martha la réalité nullement comique de la pratique émergente de la surveillance. Un jour, il l'invita dans son bureau[7] et, avec une fierté manifeste, déploya toute une variété d'appareils servant à enregistrer les conversations téléphoniques. Il l'amena à penser qu'un système d'écoute avait bien été installé à l'intérieur de la chancellerie de l'ambassade américaine et à la résidence. L'idée la plus courante voulait que les espions nazis cachent leurs micros dans les téléphones pour recueillir les conversations dans les pièces environnantes. Un soir tard, le comportement de Diels parut confirmer cela. Il avait emmené Martha danser. Ensuite, arrivé chez elle, Diels l'accompagna à la bibliothèque à l'étage pour boire un verre. Il était mal à l'aise et voulait parler. Martha prit un gros coussin, puis traversa la pièce en direction de la table de son père. Diels, perplexe, lui demanda ce qu'elle faisait. Elle lui dit qu'elle comptait poser le coussin sur le téléphone. Diels hocha la tête, lentement, et «un sourire sinistre se dessina sur ses lèvres»[8], précise-t-elle.

Elle raconta cela à son père le lendemain. La nouvelle le surprit. Même s'il admettait que le courrier était probablement intercepté, le téléphone et les lignes télégraphiques mis sur écoute, comme probablement à la chancellerie, il n'aurait jamais imaginé qu'un gouvernement aurait l'effronterie de placer des micros à l'intérieur de la résidence privée d'un diplomate. Néanmoins, il prit cela au sérieux. Il avait déjà eu tout loisir de constater chez Hitler et ses subalternes un comportement imprévisible ; il savait que tout était possible. Il bourra de coton une boîte en carton[9], raconte Martha, et s'en servit pour couvrir son propre téléphone lorsqu'il abordait des questions confidentielles dans la bibliothèque.

Le temps passant, les Dodd se trouvèrent confrontés à une anxiété diffuse qui imprégnait leurs journées et, peu à peu, transforma leur façon de mener leur vie. Le changement s'opéra lentement, se propagea comme une brume pâle qui se glisse dans le moindre interstice. Ce phénomène semblait affecter tous ceux qui vivaient à Berlin. On se mettait à considérer d'un autre œil celui ou celle qu'on retrouvait pour déjeuner, et, de même, le café ou le restaurant qu'on choisissait, parce que des bruits circulaient sur les établissements qui étaient la cible privilégiée des agents de la Gestapo – le bar de l'Adlon, par exemple. On s'attardait au coin de la rue pour vérifier si les visages qu'on avait aperçus au carrefour précédent venaient de tourner ici aussi. Dans les situations les plus décontractées, on parlait avec prudence et on prêtait attention à qui vous entourait comme on ne l'avait jamais fait auparavant. Les Berlinois se mirent à pratiquer ce qu'on appelait « le coup d'œil allemand »[10] – *der deutsche Blick* –, un regard rapide alentour quand on rencontre un ami ou une relation dans la rue.

La vie familiale des Dodd devint de moins en moins détendue. Ils en vinrent à se méfier de leur majordome,

Fritz, qui avait l'art de se mouvoir sans bruit. Martha le soupçonnait d'écouter aux portes quand elle recevait ses amis et ses amants. Quand il apparaissait[11] au milieu d'une conversation familiale, la discussion se tarissait et devenait décousue, une réaction presque inconsciente.

Après des vacances ou des week-ends d'excursion, le retour de la famille était toujours assombri à l'idée probable que de nouveaux dispositifs avaient été installés en leur absence, ou qu'on avait rénové les anciens. «Il n'y a aucun moyen au monde[12] de décrire, avec la froideur des mots sur le papier, l'effet que cet espionnage peut produire sur un être humain, écrit Martha. Cela bridait les conversations quotidiennes – les discussions familiales et notre liberté de parole et d'action étaient tellement circonscrites que nous perdions toute apparence d'une famille américaine normale. Quand nous voulions discuter, nous devions regarder partout dans les coins et derrière les portes, examiner le téléphone et parler en chuchotant.» Cet effort permanent mit à rude épreuve la mère de Martha. «À mesure que le temps passait[13] et que l'horreur croissait, sa courtoisie et sa bienveillance à l'égard des responsables nazis qu'elle était obligée de rencontrer, recevoir et auprès desquels elle devait s'asseoir, sont devenues pour elle un fardeau intense, presque insupportable.»

Martha eut finalement recours à un code rudimentaire[14] pour communiquer avec ses amis, une pratique de plus en plus courante en Allemagne. Son amie Mildred utilisait un code dans ses échanges[15] avec les États-Unis, dans lequel elle composait des phrases qui signifiaient l'inverse de ce que les mots indiquaient. Les gens à l'extérieur avaient du mal à comprendre que

de telles pratiques soient devenues courantes et nécessaires. Un professeur américain, ami des Dodd, Peter
Olden, écrivit à l'ambassadeur le 30 janvier 1934 pour
lui annoncer qu'il avait reçu un message de son beau-
frère en Allemagne dans lequel ce dernier décrivait un
code qu'il projetait d'utiliser dans sa correspondance
future. Le mot «pluie», dans ce contexte, signifierait
qu'il avait été envoyé en camp de concentration. Le mot
«neige» indiquerait qu'il était torturé. «Cela paraît totalement invraisemblable[16], confia Olden à Dodd. Si vous
pensez que tout cela n'est qu'une mauvaise blague, vous
pourriez peut-être me le faire savoir dans une lettre.»

Dodd répondit prudemment, en maniant subtile-
ment l'omission, bien que son message fût limpide.
Il en était venu à croire que même la correspondance
diplomatique était interceptée par des agents allemands.
Le nombre d'employés allemands qui travaillaient au
consulat et à l'ambassade était un sujet d'inquiétude
croissante. L'un d'eux en particulier avait attiré l'attention des responsables consulaires : Heinrich Rocholl
était un employé de longue date qui aidait à préparer les
rapports pour l'attaché commercial américain, dont
les bureaux se situaient au premier étage du consulat
de Bellevuestrasse. Durant son temps libre, Rocholl
avait fondé un groupe pronazi, l'Association des anciens
étudiants allemands en Amérique, qui diffusait une publication intitulée *Rundbriefe*. Récemment, Rocholl s'était
fait prendre en train de tenter de «prendre connaissance
du contenu[17] des rapports confidentiels de l'attaché
commercial», selon une note que le consul général par
intérim Geist envoya à Washington. «Il s'est aussi entretenu avec d'autres membres allemands du personnel qui

participent à la rédaction des rapports, et leur a signifié que leurs travaux devaient à tous égards être favorables au présent régime.» Geist trouva dans un numéro de *Rundbriefe* un article dans lequel «des remarques désobligeantes étaient faites au sujet de l'ambassadeur ainsi que de M. Messersmith». Pour Geist, ce fut la goutte de trop. Invoquant «un manque manifeste de loyauté à l'égard de ses supérieurs», Geist le renvoya.

Dodd comprit que le meilleur moyen de mener une conversation vraiment privée avec quelqu'un était de donner ses rendez-vous au Tiergarten en se promenant, comme il le faisait souvent avec sir Eric Phipps, son homologue britannique. «J'irai marcher à onze heures trente[18] dans la Hermann-Göring-Strasse aux abords du Tiergarten, signala-t-il un matin à Phipps au téléphone, à dix heures. Pourriez-vous m'y rejoindre pour parler un moment avec moi?» Et Phipps, en une autre occasion, envoya à Dodd une note manuscrite lui demandant: «Pourrions-nous nous rencontrer demain matin[19] à midi à Siegesallee, entre la Tiergartenstrasse et la Charlottenburger Chaussee, sur le côté droit (en venant d'ici)?»

Il est impossible de savoir si l'ambassade et la résidence des Dodd étaient réellement truffées d'appareils d'écoute, mais l'essentiel est que la famille ressentait la surveillance des Allemands comme omniprésente. Malgré le malaise[20] que cela faisait peser sur leurs vies, ils croyaient détenir un avantage important sur leurs homologues allemands: il ne pouvait leur arriver aucun mal. Toutefois, le statut privilégié de Martha n'offrait aucune protection à ses amis; Martha avait là un vrai motif d'inquiétude, en raison de la nature des hommes et des femmes qu'elle fréquentait.

Elle devait se montrer particulièrement prudente dans ses rapports avec Boris – qui, représentant un gouvernement honni par les nazis, était sans l'ombre d'un doute l'objet d'une surveillance rapprochée – et avec Mildred et Arvid Harnack, qui s'opposaient de plus en plus fermement au régime et commençaient à rassembler un groupe informel d'hommes et de femmes décidés à résister au pouvoir en place. «Lorsque je rencontrais des gens assez courageux[21] ou imprudents pour exprimer leur opposition à Hitler, écrit Martha dans ses mémoires, je passais des nuits blanches à me demander si un dictaphone ou un téléphone avait enregistré notre conversation, ou si des hommes avaient tout suivi et entendu.»

Durant l'hiver 1933-1934, son anxiété se transforma en une sorte de terreur qui «frôlait l'hystérie»[22], comme elle l'écrivit plus tard. Jamais elle n'avait eu aussi peur. Elle était couchée dans son lit, dans sa chambre, avec ses parents à l'étage, manifestement à l'abri, et cependant, quand les ombres projetées par les faibles réverbères remuaient sur son plafond, malgré elle, la nuit s'imprégnait de terreur.

Elle entendait, ou croyait entendre, le crissement de semelles rigides sur le gravier dans l'allée en contrebas, un bruit discret et intermittent, comme si quelqu'un surveillait sa chambre. Le jour, ses nombreuses fenêtres laissaient entrer la lumière et les couleurs; la nuit, elles lui donnaient un sentiment de vulnérabilité. Le clair de lune projetait des ombres mouvantes sur les pelouses et les trottoirs et auprès des grands piliers de la grille à l'entrée. Certaines nuits, elle croyait entendre des conversations chuchotées, même des coups de feu lointains, alors que, le jour, elle était capable d'identifier ces bruits comme étant le vent soufflant sur le gravier et les pétarades des moteurs.

Mais tout était possible. « Il m'arrivait d'éprouver[23] une telle terreur que, parfois, je réveillais ma mère et lui demandais de venir dormir dans ma chambre », raconte-t-elle.

32

AVIS DE TEMPÊTE

En février 1934, Dodd eut vent de rumeurs selon lesquelles le conflit entre Hitler et Röhm, le chef des SA, s'aggravait. Ces rumeurs étaient fondées.

Vers la fin du mois, Hitler se présenta devant un rassemblement d'officiers des SA de Röhm, des SS de Heinrich Himmler et de la Reichswehr, l'armée régulière. À ses côtés sur la tribune, se tenaient Röhm et le ministre de la Défense, Verner von Blomberg. L'atmosphère dans la salle était tendue. Toutes les personnes présentes étaient au courant du conflit qui couvait entre les SA et l'armée, et s'attendaient à ce qu'Hitler aborde la question.

Le Führer commença par parler de sujets plus généraux. L'Allemagne, déclara-t-il, avait besoin de davantage de place pour se développer, « de davantage d'espace vital pour notre population croissante »[1]. Et l'Allemagne, ajouta-t-il, devait être prête à s'en saisir. « Les puissances occidentales ne nous céderont jamais cet espace vital, tonna-t-il. C'est pourquoi une série de coups décisifs pourra se révéler nécessaire... d'abord à l'Ouest, puis à l'Est.»

Après avoir développé son propos, il se tourna vers Röhm. Tous dans la salle connaissaient les ambitions du chef des SA. Quelques semaines plus tôt, Röhm avait proposé formellement que la Reichswehr, les SA et les SS soient regroupés au sein d'un seul ministère, lequel serait placé – il ne l'avait pas précisé mais, dans son esprit, cela allait de soi – sous son autorité. À présent, en regardant Röhm bien en face, Hitler décréta : «Les SA doivent s'en tenir à leur mission politique.»

Röhm resta impassible. Hitler poursuivit : «Le ministère de la Guerre pourra faire appel aux SA pour le contrôle des frontières et pour la préparation militaire.»

Cela était aussi une humiliation. Non seulement Hitler consignait les SA aux tâches clairement déshonorantes de la surveillance des frontières et de l'entraînement militaire, mais mettait explicitement Röhm dans une position inférieure à Blomberg, dont il devait recevoir des ordres au lieu d'être le décisionnaire. Röhm ne réagit toujours pas.

«J'attends des SA qu'ils exécutent loyalement la tâche qui leur est confiée», précisa Hitler.

Une fois son discours terminé, le Führer se tourna vers Röhm, lui prit le bras et lui empoigna la main. Ils échangèrent un long regard. Il s'agissait d'un moment orchestré, destiné à exprimer leur réconciliation. Hitler partit. Jouant son rôle, Röhm invita les officiers présents à déjeuner dans son quartier général. Le banquet, à la façon typique des SA, fut somptueux, le champagne coulait à flots, mais l'ambiance n'était pas à la fête. À un moment opportun, Röhm et ses SA se levèrent pour indiquer que le repas était terminé. Les talons claquèrent,

une forêt de bras jaillit pour faire le salut nazi, on aboya
« *Heil Hitler !* », et les dirigeants militaires prirent congé.

Röhm et ses hommes demeurèrent sur place. Ils
burent encore du champagne, mais l'atmosphère était
morose.

Pour Röhm, les paroles de Hitler constituaient une
trahison de leur longue amitié. Hitler semblait avoir
oublié le rôle crucial que les Sturmtruppen avaient joué
dans son ascension au pouvoir.

« C'est un nouveau traité de Versailles »[2], lança Röhm
à la cantonade. Quelques instants plus tard, il ajouta :
« Hitler ? Si seulement on pouvait se débarrasser de ce
pantin... »

Les SA s'attardèrent encore un moment, échangeant
des commentaires rageurs au sujet du discours de Hitler,
tout cela sous l'œil d'un officier supérieur des SA, Viktor
Lutze, qui trouvait ces propos profondément inquié-
tants. Quelques jours plus tard, Lutze rapporta l'épisode
à Rudolf Hess, un des plus proches adjoints de Hitler à
l'époque, qui l'encouragea à rencontrer le Führer en
personne afin de tout lui raconter.

« Il faut laisser mûrir les choses »[3], déclara ce dernier
après avoir entendu le récit de Lutze.

33

UNE CONVERSATION AVEC HITLER

L'impatience avec laquelle Dodd attendait son prochain congé fut gâchée par deux demandes inattendues. La première arriva le lundi 5 mars 1934 : le ministre des Affaires étrangères, von Neurath, le convoqua dans son bureau et exigea avec colère qu'il fasse son possible pour arrêter un simulacre de procès de Hitler devant se tenir deux jours plus tard à Madison Square Garden, à New York. Le procès était organisé par l'American Jewish Congress, avec le soutien de l'American Federation of Labor (la Fédération américaine du travail) et une vingtaine d'autres organismes juifs et antinazis. Le projet mettait Hitler hors de lui, au point qu'il avait ordonné à son ministre et aux diplomates allemands à Berlin et à Washington de l'empêcher à tout prix.

Il en résulta un déluge de protestations, réponses et rapports officiels qui révélèrent à la fois la susceptibilité allemande vis-à-vis de l'opinion du monde extérieur, et les efforts des hauts fonctionnaires américains pour éviter de critiquer directement Hitler et son parti. Le ton de retenue de ces échanges aurait été comique si les enjeux n'avaient été aussi graves, soulevant la question suivante : qu'est-ce qui empêchait le Département d'État et le président Roosevelt d'exprimer franchement leur réprobation au sujet d'Hitler, à un moment où de telles déclarations auraient manifestement pu entamer son prestige dans le monde ?

Dès février, l'ambassade d'Allemagne à Washington avait eu vent du procès en préparation, qui était annoncé par des encarts dans le *New York Times*. L'ambassadeur d'Allemagne aux États-Unis, Hans Luther, s'était promptement plaint auprès du secrétaire d'État Hull, dont la réaction avait été prudente : « J'ai fait valoir que j'étais navré[1] de voir apparaître des différends entre des ressortissants de son pays et du mien ; que j'accorderais à la question toute l'attention possible et justifiable en ces circonstances. »

Le 1er mars 1934, Rudolf Leitner, numéro deux de l'ambassade d'Allemagne, rencontra un haut fonctionnaire du Département d'État, John Hickerson, afin que celui-ci « s'efforce d'empêcher ce procès[2] car, s'il devait se tenir, il aurait un effet déplorable sur l'opinion publique allemande ». Hickerson répondit que, en raison de « nos garanties constitutionnelles protégeant la liberté d'expression », le gouvernement fédéral ne pouvait rien faire pour l'empêcher.

Leitner avait du mal à comprendre cela. « Si la situation était inversée[3], affirma-t-il à Hickerson, le gouvernement allemand trouverait certainement le moyen d'"arrêter une telle procédure". »

Sur ce point, Hickerson n'avait aucun doute[4]. «J'ai répondu que je n'étais pas sans savoir que, dans une telle situation, le gouvernement allemand a plus de latitude pour agir que le gouvernement américain.»

Le lendemain, le vendredi 2 mars, l'ambassadeur Luther rencontra une deuxième fois le secrétaire Hull afin de protester contre le procès.

Personnellement, Hull aurait préféré que le simulacre de procès n'eût pas lieu. Cela compliquait les choses et risquait de réduire encore la bonne volonté de l'Allemagne, s'agissant du remboursement de la dette. En même temps, il détestait le régime nazi. En se gardant de toute critique directe, il prenait un malin plaisir à répéter à l'ambassadeur d'Allemagne que les orateurs dans le cadre du procès «n'étaient en aucune façon[5] sous le contrôle du gouvernement fédéral», et, de ce fait, le Département d'État était impuissant à intervenir.

C'est alors que le ministre allemand des Affaires étrangères convoqua Dodd dans son bureau. Von Neurath le fit attendre dix minutes, ce que Dodd «remarqua et n'apprécia pas»[6]. Ce retard lui rappelait la façon dont le même ministre l'avait snobé en octobre dernier, après son discours de Columbus Day sur Gracchus et César.

Von Neurath lui tendit un mémorandum – une déclaration écrite remise par un diplomate à un autre, généralement sur une question grave où chaque mot doit être pesé pour ne pas déformer le message désiré. Le contenu de celui-ci était dénué de réserve et étonnamment menaçant. Il traitait le faux procès prévu de «démonstration malveillante»[7] et faisait état d'un ensemble de «manifestations insultantes» similaires qui avaient eu lieu aux États-Unis au cours de l'année précédente, décrivant celles-ci comme des « agissements équivalents à une ingérence directe dans les affaires intérieures d'un autre pays ». Le document s'en prenait aussi au boycott juif américain des produits allemands prôné par l'American Jewish Congress. Jouant sur la crainte des États-Unis d'une cessation de paiement des obligations allemandes, il prétendait que le boycott avait réduit la balance des paiements de l'Allemagne vis-à-vis des États-Unis au point que « le maintien des engagements des sociétés allemandes à l'égard de leurs créanciers américains n'est plus désormais que partiellement envisageable ».

Von Neurath concluait en déclarant que le pseudo-procès rendait extrêmement difficile « le maintien de relations amicales, sincèrement souhaitées par les deux gouvernements ».

Après l'avoir lu, Dodd expliqua tranquillement que, aux États-Unis, « personne ne pouvait interdire[8] une réunion privée ou publique », un point que les Allemands semblaient totalement incapables de comprendre. Dodd fit entendre également que l'Allemagne s'était attiré elle-même ces problèmes de relations publiques. « J'ai rappelé au ministre[9] que beaucoup d'événements qui continuent de se produire ici sont choquants pour l'opinion publique étrangère. »

Après le rendez-vous, Dodd appela le secrétaire d'État Hull et lui dit que le gouvernement allemand était « extrêmement troublé »[10] par le pseudo-procès. L'ambassadeur Dodd fit traduire le document de von Neurath par le personnel de l'ambassade et ne l'envoya qu'après à Hull, par courrier.

Le matin qui précéda le simulacre du procès, l'ambassadeur allemand Luther tenta encore de l'arrêter. Cette fois, il s'adressa au sous-secrétaire William Phillips, qui lui répéta qu'on ne pouvait rien faire. Luther exigea que le Département annonce immédiatement que « le gouvernement se désolidarisait[11] de toute déclaration qui serait faite au cours du rassemblement ».

Là aussi, Phillips rechigna[12]. Il ne restait pas suffisamment de temps pour préparer un tel communiqué, objecta-t-il ; il ajouta que le secrétaire d'État ne pouvait décemment anticiper ce que les intervenants déclareraient durant ce procès.

Luther fit une ultime tentative, en exigeant que le Département d'État publie au moins un désaveu le lendemain matin du procès.

Phillips répondit qu'il ne pouvait engager le Département mais que « la question ferait l'objet de toute son attention »[13].

Le procès eut lieu comme prévu[14], sous la garde de trois cent vingt policiers new-yorkais en uniforme. À l'intérieur du Madison Square Garden, quarante policiers en civil circulaient parmi les vingt mille personnes présentes. Les vingt « témoins » qui apparurent au cours du procès comprenaient le rabbin Stephen Wise, le maire Fiorello LaGuardia et un ancien secrétaire d'État, Bainbridge Colby, qui exposa les faits. Le procès conclut à la culpabilité d'Hitler : « Nous déclarons que le gouvernement d'Hitler[15] oblige le peuple allemand à renoncer à la civilisation pour retourner à un despotisme archaïque et barbare qui met en danger les progrès de l'humanité en vue de la paix et de la liberté, et représente actuellement une menace pour la civilisation dans le monde. »

Lors d'une conférence de presse, le lendemain, Phillips déclara qu'il n'avait « aucun commentaire à faire[16], si ce n'est souligner de nouveau la nature privée du rassemblement et qu'aucun membre du gouvernement n'y était présent».

Phillips et ses collègues se concentrèrent sur d'autres dossiers. Cependant, comme cela ne tarderait pas à apparaître, l'Allemagne n'était pas disposée à tourner la page.

Avant son départ, l'ambassadeur devait s'acquitter d'une deuxième tâche déplaisante : rencontrer Hitler. Le secrétaire Hull le lui avait demandé ; il le chargeait de transmettre au chancelier la consternation des États-Unis devant la vague de propagande nazie qui avait récemment déferlé en Amérique. Putzi Hanfstaengl organisa le rendez-vous, qui devait être privé et secret – juste Hitler et Dodd – et ainsi, le mercredi 7 mars, peu avant treize heures, Dodd se retrouva une fois de plus dans la chancellerie du Reich : il se dirigea vers le bureau d'Hitler, en passant devant l'alignement habituel de gardes qui le saluèrent en claquant des talons.

Tout d'abord, Dodd demanda à Hitler[17] s'il avait un message personnel destiné à Roosevelt, que Dodd pourrait remettre au président quand il le rencontrerait à Washington.

Hitler marqua une pause. Il dévisagea Dodd un moment.

«Je vous suis très obligé, répondit-il, mais votre demande me prend au dépourvu et je souhaite que vous me donniez le temps de réfléchir à ce sujet, et je vous en reparlerai.»

Pendant quelques instants, l'ambassadeur et Hitler échangèrent des banalités, puis Dodd en vint à la question du jour – «la propagande fâcheuse qui a lieu aux États-Unis», comme le note Dodd dans un rapport qu'il rédigea après la rencontre.

Hitler «feignit l'étonnement», selon Dodd, puis il demanda des détails.

Au cours des dix derniers jours, expliqua l'ambassadeur, un tract nazi avait commencé à circuler aux États-Unis qui contenait, d'après Dodd, «un appel aux Allemands ressortissants d'autres pays de continuer à se considérer comme des Allemands qui devaient une allégeance morale, si ce n'est politique, à leur patrie». Dodd compara cela à un document de propagande similaire distribué aux États-Unis en 1913, bien avant l'entrée en guerre de l'Amérique.

Hitler explosa. «*Ach!* le rembarra-t-il, tout ça, ce sont des mensonges des Juifs; si jamais je trouve qui a fait ça, je le chasserai du pays immédiatement.»

Puis la conversation s'orienta vers une question plus vaste et plus vipérine: le «problème juif». Hitler condamnait tous les Juifs en bloc et les tenait pour responsables de toute antipathie ayant pu surgir aux États-Unis à l'égard de l'Allemagne. Il fulmina: «Au diable, les Juifs!»

Devant la rage du Führer, Dodd jugea prudent de ne pas aborder le sujet du pseudo-procès, qui devait avoir lieu plus tard dans la journée, heure de New York. Hitler n'y fit pas allusion non plus.

À la place, Dodd en vint à la situation des Juifs, qui pouvait, d'après lui, se résoudre de façon pacifique et humaine. «Vous savez qu'il existe un problème juif dans d'autres pays», dit-il. Et il entreprit de décrire comment le Département d'État apportait un soutien discret à un nouvel organisme mis en place par la Société des Nations sous la direction de James G. McDonald, récemment nommé haut-commissaire pour les réfugiés provenant d'Allemagne, pour s'efforcer de réinstaller les Juifs, comme l'exprima Dodd, « sans trop de souffrance ».

Hitler balaya ses propos d'un revers de main. Cela ne mènerait à rien, proclama-t-il, quel que soit le montant que la commission pourrait rassembler. Les Juifs en feraient une arme pour « attaquer l'Allemagne et causer des ennuis à n'en plus finir ».

Dodd rétorqua que la démarche actuelle de l'Allemagne causait beaucoup de tort à sa réputation aux États-Unis. Curieusement, Dodd s'efforça de trouver une sorte de terrain d'entente avec le dictateur. « Vous savez que les Juifs occupent actuellement beaucoup de hautes fonctions dans notre pays, à New York comme dans l'Illinois. » Il cite plusieurs « Hébreux impartiaux, remarquables », dont Henry Morgenthau Jr, le secrétaire au Trésor de Roosevelt depuis janvier. « Quant à la question de savoir où l'activisme juif dans les universités ou l'administration publique pose problème, nous avons réussi à redistribuer les postes en évitant de trop froisser les susceptibilités, afin que les Juifs fortunés continuent de soutenir les institutions qui ont réduit le nombre de Juifs dans les postes élevés. » Dodd cita un exemple à Chicago et ajouta : « Les Juifs de l'Illinois ne représentent pas un problème sérieux. »

Dodd expliqua dans son rapport : « Mon idée était de lui suggérer une façon de procéder différente de celle qui avait été poursuivie ici – sans jamais donner un avis appuyé, bien sûr. »

Hitler rétorqua : « Les Juifs occupent 59 % de la haute fonction publique en Russie ; ils ont ruiné ce pays et ils ont pour projet de ruiner l'Allemagne. » Plus enragé que jamais, il martela : « S'ils continuent à s'activer ainsi, nous nous débarrasserons de façon définitive de tous ceux qui sont dans ce pays. »

Ce fut un moment étrange. Dodd, l'humble adepte de Jefferson qui avait appris à considérer les hommes politiques comme des créatures rationnelles, était assis en face du dirigeant d'un des plus grands pays d'Europe, qui était en pleine crise d'hystérie et menaçait d'anéantir une partie de sa propre population. C'était extraordinaire, sans aucun lien avec tout ce qu'il avait connu auparavant.

Dodd ramena calmement la conversation à la vision que les Américains avaient de l'Allemagne. « L'opinion publique aux États-Unis est fermement convaincue que le peuple allemand, pour ne pas dire son gouvernement, est militariste, si ce n'est belliciste. La plupart des Américains ont le sentiment que l'Allemagne a pour objectif un jour de déclarer la guerre. Cela repose-t-il sur une réalité ? s'enquit l'ambassadeur.

– Cela ne repose sur rien », affirma Hitler.

Sa fureur parut retomber. « L'Allemagne désire la paix et fera tout en son pouvoir pour préserver la paix ; mais l'Allemagne exige et obtiendra l'égalité des droits en matière d'armement. »

Roosevelt accordait une très grande importance au respect des frontières nationales existantes, lui rappela le diplomate.

À cet égard, assura Hitler, l'attitude de Roosevelt était identique à la sienne et, pour cela, il affirma être « très reconnaissant ».

Dans ce cas, l'Allemagne envisagerait-elle de participer à une nouvelle conférence internationale sur le désarmement ?

Hitler écarta la question et s'en prit de nouveau aux Juifs. C'étaient eux, accusa-t-il, qui avaient répandu l'idée que l'Allemagne voulait la guerre.

Dodd le ramena au sujet. Hitler serait-il d'accord sur ces deux points : « Aucun pays ne doit outrepasser les frontières d'un autre pays, et tous les pays d'Europe devraient se mettre d'accord sur un comité de surveillance et respecter les décisions d'un tel organisme. »

« Oui », affirma Hitler, et il parlait, d'après Dodd, « de bonne foi ».

Plus tard, il fit une description d'Hitler dans son journal. « C'est un esprit romantique et mal informé en ce qui concerne les grands faits et hommes de l'histoire allemande. » Il avait un casier « quasi criminel ». « Il a incontestablement déclaré à plusieurs reprises qu'un peuple survit en luttant et meurt du fait d'une politique pacifiste. Son influence a toujours été totalement belliqueuse. »

Comment concilier cela avec les nombreuses professions de foi d'Hitler en faveur de la paix ? Il avait cru le désir de paix d'Hitler « absolument sincère ». À présent, l'ambassadeur se rendait compte, comme Messersmith avant lui, que le véritable but d'Hitler était de gagner du temps, afin de permettre à l'Allemagne de se réarmer. Hitler voulait la paix uniquement pour préparer la guerre. « Au fond de son esprit, écrivit Dodd, il y a cette ancienne volonté germanique de dominer l'Europe par la guerre. »

Dodd prenait des dispositions pour son voyage. Même s'il s'absentait deux mois, il avait décidé de laisser sa femme, Martha et Bill à Berlin. Ils lui manqueraient, mais il brûlait d'impatience d'embarquer à bord du bateau à destination de l'Amérique et de sa ferme en Virginie. La perspective des réunions qui l'attendaient au Département d'État, dès son arrivée, était moins réjouissante. Il comptait profiter de l'occasion pour poursuivre sa campagne en vue de rendre la diplomatie américaine plus égalitaire en affrontant, face à face, les membres du «bon petit club»: le sous-secrétaire Phillips, Moffat, Carr, et un secrétaire d'État adjoint de plus en plus influent, Sumner Welles, un autre ancien de Harvard et confident de Roosevelt (dont il avait été, de fait, le garçon d'honneur à son mariage en 1905); il avait joué un rôle clé dans la mise au point de la politique étrangère du président démocrate en peaufinant sa «politique de bon voisinage». Dodd aurait aimé rentrer aux États-Unis avec une preuve concrète que son approche de la diplomatie, incarnant les valeurs américaines comme le lui avait demandé Roosevelt, avait exercé une influence modératrice sur le régime d'Hitler. Mais tout ce qu'il avait acquis jusque-là, c'était une aversion pour Hitler et ses subalternes, et du chagrin pour l'Allemagne perdue de sa jeunesse.

Peu avant son départ, néanmoins, survint une étincelle de lumière qui lui réchauffa le cœur et donna à penser que ses efforts n'avaient pas été vains. Le 12 mars, Hans-Heinrich Dieckhoff, haut fonctionnaire[18] du ministère allemand des Affaires étrangères, annonça lors d'une réunion au club de la presse allemand que, dorénavant, le gouvernement allait demander qu'un mandat soit délivré préalablement à toute arrestation et que le camp de Columbia-Haus, de sinistre réputation, serait fermé. Dodd pensait avoir pesé personnellement sur cette décision.

Il aurait été moins réjoui d'apprendre la réaction de Hitler en privé après leur dernière rencontre, telle que la rapporte Putzi Hanfstaengl : « Dodd n'a guère fait impression[19]. Hitler avait presque pitié de lui. » Après l'entretien, le Führer avait déclaré : « *Der gute* Dodd. C'est tout juste s'il parle l'allemand et il a raconté n'importe quoi. »

Ce qui concorde assez bien avec la réaction, à Washington, de Jay Pierrepont Moffat. « L'ambassadeur Dodd, sans aucune consigne à cet égard[20], écrivit-il dans son journal, a abordé avec Hitler le concept de non-agression du président et lui a demandé à brûle-pourpoint s'il était supposé participer à une conférence internationale sur ce sujet. D'où l'ambassadeur tient-il l'idée que nous désirons une autre conférence internationale est un mystère. »

Et de conclure, avec une exaspération évidente : « Je suis content qu'il rentre bientôt pour ses congés. »

La veille au soir de son départ, Dodd monta dans sa chambre à coucher et trouva Fritz, le majordome, qui faisait ses valises. Dodd en fut agacé. Il ne faisait pas confiance à Fritz, mais ce n'était pas la question. En réalité, les efforts de Fritz heurtaient son attachement aux principes de Jefferson. « Je ne trouve pas qu'il soit déshonorant[21] pour un homme de préparer ses propres bagages », note-t-il dans son journal.

Le mardi 13 mars, il se rendit en famille à Hambourg, situé à deux cent quatre-vingt-dix kilomètres au nord-ouest de Berlin, où il fit ses adieux à chacun et s'installa dans sa cabine à bord du *Manhattan* des United States Lines.

Dodd savourait le bonheur d'être en pleine mer quand la colère du gouvernement allemand, causée par le faux procès d'Hitler, éclata de nouveau. Le Troisième Reich, semblait-il, n'arrivait pas à se faire une raison.

Au moment du départ de Dodd, six jours après le procès, l'ambassadeur Luther à Washington avait rappelé le secrétaire Hull. D'après le récit de ce dernier, Luther protesta contre «des actes aussi déplaisants et insultants[22] de la part de la population d'un pays contre le gouvernement et les dirigeants d'un autre pays».

Hull commençait à perdre patience. Après avoir exprimé ses regrets pour la forme et réitéré que le gouvernement américain n'avait aucun lien avec le pseudo-procès, il lança une attaque sournoise. «J'ai déclaré en outre être confiant[23] qu'à l'avenir le peuple de chaque pays montrerait une certaine retenue et s'abstiendrait de manifestations ou démonstrations excessives ou déplacées du fait des actions d'un peuple étranger. J'ai tenté de rendre claire cette allusion voilée à l'Allemagne. J'ai ajouté de manière plus générale que le monde semblait être largement en ébullition, ce qui explique que, dans plusieurs pays, les gens ne pensent ni n'agissent normalement.»

Dix jours plus tard, en pleine tempête de neige, l'ambassadeur allemand revint à l'attaque, plus en colère que jamais. Quand Luther entra dans le bureau de Hull, le secrétaire lança qu'il espérait que l'ambassadeur

« ne serait pas aussi glacial[24] que la neige qui tombait dehors ».

Employant un langage que Hull décrivit comme « presque violent », Luther passa les trois quarts d'heure suivants à citer avec fureur une « kyrielle d'expressions injurieuses et insultantes utilisées par des citoyens américains contre le gouvernement hitlérien ».

Hull se dit peiné que les États-Unis soient devenus la cible des critiques des Allemands mais nota au moins ceci : « Mon gouvernement ne se trouve pas seul dans cette situation ; presque tous les gouvernements voisins de l'Allemagne, ainsi que les gens à l'intérieur et à l'extérieur du pays, entretiennent certains griefs ; et le gouvernement allemand tel qu'il est constitué à l'heure actuelle semble être, pour quelque raison, presque totalement isolé de tous les autres pays, même si je me suis gardé de laisser entendre qu'il était en quelque façon responsable. Je lui ai dit que son gouvernement ferait peut-être bien, toutefois, d'analyser les circonstances de son isolement et de déterminer où se situe le problème ou la responsabilité. »

Hull souligna également que les relations des États-Unis avec les précédents gouvernements allemands avaient « toujours été agréables », faisant valoir que « c'était seulement sous le règne du présent gouvernement que les ennuis dont on se plaignait étaient apparus, à notre grand regret tant personnel qu'officiel ». Il prenait soin de noter que c'était certainement pure « coïncidence ».

Le problème serait entièrement réglé, laissait entendre Hull, si seulement l'Allemagne « agissait afin que cessent ces attaques personnelles dont il était fait état dans les comptes rendus qui parvenaient régulièrement aux

États-Unis en provenance d'Allemagne, suscitant un âpre ressentiment chez un grand nombre de gens ici».

Hull précisait : « Tout le long de la conversation, nous avons fait clairement allusion à la persécution des Juifs. »

Une semaine plus tard, le secrétaire Hull lança ce qui se révéla être la dernière salve sur la question. Il avait enfin reçu la traduction du mémorandum que von Neurath avait remis à Dodd. C'était à présent au tour de Hull d'être furieux. Il envoya son propre mémorandum à remettre en personne à von Neurath par l'intermédiaire du chargé d'affaires américain à Berlin, John C. White, qui dirigeait l'ambassade en l'absence de Dodd.

Après avoir reproché à von Neurath le « ton d'une âpreté inhabituelle[25] dans les échanges diplomatiques » qui imprégnait le document allemand, Hull lui fit un cours concis sur les principes constitutionnels des États-Unis.

« Il est bien connu, écrivait-il, que le libre exercice de la religion, la liberté d'expression et de la presse, et le droit de se réunir pacifiquement, ne sont pas seulement garantis à nos concitoyens par la Constitution des États-Unis, mais sont des croyances profondément ancrées dans la conscience politique du peuple américain. » Or, faisait valoir Hull, von Neurath avait décrit dans son mémorandum des incidents au sujet desquels l'Allemagne estimait que le gouvernement américain devait passer outre à ces principes. « Il apparaît, par conséquent, que les points de vue de nos deux gouvernements, relatifs aux questions de la liberté d'expression et de réunion, sont inconciliables et que toute discussion concernant ces différences ne saurait améliorer les relations que le gouvernement des États-Unis souhaite préserver sur une base aussi amicale que l'exige l'intérêt commun des deux peuples. »

Et c'est ainsi que la bataille du simulacre de procès prit fin, les relations diplomatiques restant glaciales mais intactes. Une fois encore, les membres du gouvernement américain s'étaient gardés de faire toute déclaration publique en soutien au procès ou de critiquer le régime hitlérien. La question demeurait : de quoi avait-on peur ?

Millard E. Tydings, sénateur du Maryland, tenta d'obliger Roosevelt à se prononcer contre la persécution des Juifs en introduisant au Sénat une résolution qui aurait demandé au président « de communiquer sans équivoque au gouvernement du Reich allemand[26] la surprise et la douleur profondément ressenties par le peuple des États-Unis en apprenant les discriminations et l'oppression dont sont victimes les citoyens juifs du Reich ».

Une note du Département d'État sur cette résolution rédigée par l'ami de Dodd, R. Walton Moore, secrétaire d'État adjoint, jette une lumière sur la réticence du gouvernement. Après avoir examiné la résolution, le juge Moore conclut que cela risquait de mettre Roosevelt « dans une situation embarrassante »[27]. Moore s'expliquait en ces termes : « S'il refuse d'accéder à la demande, il sera en butte à des critiques considérables. D'un autre côté, s'il obtempère, non seulement il s'attirera le ressentiment du gouvernement allemand, mais risque de se trouver impliqué dans une discussion très acrimonieuse avec ce même gouvernement qui pourrait en théorie, par exemple, lui demander pourquoi les Noirs de notre pays ne jouissent pas pleinement du droit de vote ; pourquoi on ne met pas un terme ou on ne punit pas sévèrement le lynchage des Noirs dans l'État du sénateur Tydings et d'autres États ; et comment se fait-il que le sentiment antisémite aux États-Unis, qui semble malheureusement croissant, ne soit pas enrayé. »

La résolution échoua. Le secrétaire Hull, d'après un historien, « usa de son influence[28] auprès de la commission des relations étrangères pour qu'elle soit enterrée ».

34

DIELS, EFFRAYÉ

Tandis que le printemps approchait, la température franchissant enfin le seuil des dix degrés, Martha commença à noter un changement chez Diels. Habituellement si maître de lui et aimable, il paraissait sur les nerfs. Et ce n'était pas sans raison.

Le capitaine Röhm revendiquait l'autorité sur les forces armées et Heinrich Himmler cherchait à renforcer sa mainmise sur les opérations de la police secrète dans toute l'Allemagne, ce qui rendait sa position plus risquée. Diels avait un jour déclaré que son travail exigeait de lui qu'il soit installé «des deux côtés de la clôture en même temps»[1], mais, à présent, même lui devait reconnaître que sa situation n'était plus tenable. Sa vision des coulisses du pouvoir lui montrait l'intensité des passions en jeu et la nature inflexible des ambitions de chacun. Il savait aussi que tous les acteurs concernés considéraient la prison et le meurtre comme des moyens d'action politiques nécessaires. Il confia à Martha que, même s'il était maintenant officiellement colonel des SS de Himmler, ce dernier et ses subalternes le détestaient. Il sentait sa vie en danger et il dit un jour à Martha et à Bill qu'il pouvait se faire abattre à tout moment. « Nous n'avons pas pris ses paroles trop au sérieux »[2], précise-t-elle. Il avait tendance à dramatiser, bien qu'elle admît que, « avec le poste qu'il occupait, on devenait facilement hystérique ou paranoïaque ». Mais la pression semblait mettre sa santé à l'épreuve. Il se plaignait, écrit-elle, « de troubles gastriques et cardiaques aigus ».

Sentant qu'une crise politique ne tarderait pas à éclater, Diels rencontra Hermann Göring, toujours théoriquement son chef, pour lui demander un congé de la Gestapo. Il invoqua pour motif son état de santé. Dans son livre de souvenirs, il décrit la réaction de Göring.

« Vous êtes malade ?[3] siffla Göring entre ses dents. Vous feriez mieux de vous décider à être *très* malade.

– Oui, je suis vraiment malade », répondit Diels.

Il dit à Göring qu'il avait fait tout son possible pour « remettre le train de l'État sur les rails ». Mais, à présent, il ajouta : « Je n'en peux plus.

– Fort bien, vous êtes malade, décréta Göring. De ce fait, vous ne pouvez continuer à servir un jour de plus. Vous êtes consigné chez vous, puisque vous êtes malade. Interdiction de recevoir des appels de province, ou d'écrire des lettres. Par-dessus tout, attention où vous mettez les pieds. »

La prudence dicta une autre solution. De nouveau, Diels quitta le pays[4], mais cette fois il se présenta dans un sanatorium en Suisse. La rumeur disait, de manière plausible, qu'il avait emporté dans sa fuite un ensemble de dossiers secrets destinés à un ami à Zurich, qui devait tout publier dans le cas où Diels serait abattu.

Quelques semaines plus tard, Diels rentra à Berlin et, peu après, il invita Martha et Bill dans son appartement. La femme de Diels conduisit les invités dans la salle de séjour, où ils trouvèrent Diels allongé sur un divan, l'air très mal en point. Deux pistolets étaient posés sur une table à côté de lui près d'une grande carte. Diels renvoya sa femme, que Martha décrivit comme une « créature pitoyable, à l'air passif »[5].

Le plan, précise Martha, était couvert de symboles et de notes griffonnés avec des encres de différentes couleurs qui représentaient tout un système de postes de surveillance et d'agents de la police secrète. Martha trouva cela terrifiant, « un vaste réseau d'intrigues ».

Diels, lui, était fier. « Vous savez, c'est en majeure partie mon œuvre, dit-il. J'ai réellement organisé le système d'espionnage le plus efficace que l'Allemagne ait jamais connu. »

S'il possédait un tel pouvoir, lui demanda Martha, pourquoi avait-il manifestement aussi peur ?

« Parce que j'en sais trop », répliqua-t-il.

Diels avait besoin de consolider ses défenses. Il dit à Martha que, plus ils pourraient être vus ensemble, elle et lui, plus il se sentirait en sécurité. Ce n'était pas une simple phrase destinée à raviver leur ancienne flamme. Même Göring en était venu à le considérer comme un atout dévalué. Dans le tumulte des passions qui s'affrontaient à Berlin ce printemps-là, le plus grave danger pour Diels tenait à son refus de choisir son camp, ce qui provoquait la méfiance de tous à des degrés divers. Il devint paranoïaque au point de croire qu'on essayait de l'empoisonner.

Martha n'était pas opposée à l'idée de passer davantage de temps avec lui. Elle aimait s'afficher en sa compagnie et obtenir le point de vue de quelqu'un au centre du pouvoir. «J'étais jeune et assez audacieuse[6] pour vouloir me placer aussi près que possible du cœur de l'action», écrit-elle. Mais, là encore, elle possédait ce que Diels n'avait pas : en tant que fille de l'ambassadeur américain, elle ne courait aucun risque.

Toutefois, un ami la mit en garde : dans cette affaire, elle «jouait avec le feu».

Durant les semaines qui suivirent, Diels resta près de Martha et se comporta «comme un lapin effrayé»[7], bien qu'elle crût percevoir que Diels – le vieux Lucifer plein d'assurance – prenait un certain plaisir à s'extirper de cette situation délicate.

«Dans une certaine mesure, le danger[8] dont il se sentait menacé lançait un défi à sa ruse et son habileté, écrit-elle. Arriverait-il à se montrer plus malin qu'eux, pourrait-il leur échapper ?»

35

AFFRONTER LE CLUB

L e bateau de Dodd accosta à Quarantine Station, dans le port de New York, le vendredi 23 mars. Il avait espéré que son arrivée échapperait à la presse, mais, de nouveau, ses plans furent contrariés. Des reporters venaient souvent guetter l'arrivée des grands transatlantiques en présumant, souvent à juste titre, qu'un important personnage se trouverait à bord. À tout hasard, Dodd avait préparé une brève déclaration en cinq phrases et il la lut bientôt devant deux journalistes qui l'avaient repéré. Il expliqua qu'il était rentré aux États-Unis «pour un bref congé[1]... afin de prendre un peu de repos nécessaire étant donné l'atmosphère tendue en Europe». Il ajouta: «Contrairement aux prédictions de beaucoup d'observateurs des problèmes internationaux, je suis à peu près certain que nous ne subirons pas la guerre dans un proche avenir.»

Il fut ragaillardi de voir que le vice-consul allemand à New York était venu l'accueillir à sa descente de bateau, porteur d'une lettre d'Hitler à remettre à Roosevelt. Dodd fut particulièrement heureux que son ami le colonel House ait envoyé sa «belle limousine»[2] pour l'emmener à la demeure du colonel à Manhattan dans la 68e rue Est, au coin de Park Avenue, en attendant son train pour Washington – une chance, écrivit Dodd dans son journal, parce que les chauffeurs de taxi étaient en grève «et si j'étais allé à l'hôtel, les gens de la presse m'auraient harcelé jusqu'au départ de mon train pour Washington». Dodd et le colonel eurent une discussion franche. «House m'a fourni des renseignements précieux sur les responsables qui me sont hostiles au Département d'État et avec lesquels je dois négocier.»

Mieux que tout, peu après son arrivée, Dodd réceptionna le dernier chapitre de son *Vieux Sud*, fraîchement dactylographié par Mildred Fish Harnack, l'amie de Martha, et envoyé par la valise diplomatique.

À Washington, Dodd descendit au Cosmos Club, qui se trouvait à l'époque sur Lafayette Square, juste au nord de la Maison-Blanche. Le matin de son premier jour à Washington, il se rendit à pied au Département d'État pour le premier d'un grand nombre de réunions et de déjeuners.

À onze heures, il rencontra le secrétaire Hull et le sous-secrétaire Phillips. Ils passèrent beaucoup de temps à composer une réponse à la lettre d'Hitler. Le Führer louait les efforts de Roosevelt en vue de restaurer l'économie américaine et déclarait que «le devoir, le sens du sacrifice[3] et la discipline» étaient des vertus qui devraient primer dans toutes les cultures. «Ces exigences morales que le président impose à chaque citoyen des

États-Unis sont également la quintessence de la philosophie de l'État allemand, qui trouve son expression
dans la devise : "Le bien public transcende les intérêts de
l'individu." »

Phillips le qualifiait de « curieux message »[4]. Pour
Dodd, de même que pour Hull et Phillips, il était évident
qu'Hitler espérait établir un parallèle entre Roosevelt et
lui, et que la réponse américaine officielle devait être
rédigée avec beaucoup de soin. Cette tâche incombait à
Phillips et au chef des Affaires de l'Europe occidentale,
Moffat, l'objectif étant, selon ce dernier, « d'éviter de
tomber dans le piège d'Hitler »[5]. La lettre qui en résulta
remerciait Hitler pour ses aimables déclarations et notait
que son message ne s'appliquait pas à Roosevelt personnellement mais au peuple américain dans son ensemble,
« qui a librement et volontiers consenti des efforts
héroïques[6] en vue de notre redressement ».

Dans son journal, Phillips nota : « Nous cherchions à
éviter de donner l'impression[7] que le président devenait
fasciste. »

Le lendemain, lundi 26 mars, Dodd se rendit à pied
à la Maison-Blanche pour déjeuner avec Roosevelt.
Ils discutèrent de la poussée d'hostilité envers l'Allemagne
qui avait surgi à New York à la suite du pseudo-procès,
un peu plus tôt ce même mois. Dodd avait entendu un
New-Yorkais exprimer la crainte que « tout cela dégénère
en petite guerre civile »[8] à New York. « Le président a
également abordé le sujet, écrit Dodd, et m'a demandé si
je pouvais faire en sorte que les Juifs de Chicago annulent
leur simulacre de procès prévu pour mi-avril. »

Dodd accepta. Il écrivit aux dirigeants juifs, dont Leo
Wormser, pour leur demander « de calmer les choses

autant que possible »[9] et s'adressa aussi au colonel House pour lui demander d'exercer son influence dans le même sens.

Aussi impatient que fût Dodd de rejoindre sa ferme en Virginie, il se réjouissait à l'idée de la réunion prévue au début de cette semaine, durant laquelle il aurait enfin la possibilité de présenter directement aux membres du bon petit club ses critiques des comportements et des pratiques du service diplomatique.

Il s'adressa à un public où figuraient Hull, Moffat, Phillips, Wilbur Carr et Sumner Welles. Contrairement à son discours de Columbus Day à Berlin, il parla avec franchise, sans prendre de précautions oratoires.

L'époque du « style Louis XIV et victorien »[10] était finie, proclama-t-il. Les pays sont ruinés, « y compris le nôtre ». Il était temps « d'arrêter de mener grand train ». Il fit état d'un officier consulaire américain qui avait expédié suffisamment de mobilier pour remplir une maison de vingt pièces... alors que sa famille se composait de deux personnes. Il ajouta qu'un de ses simples adjoints « avait un chauffeur, un concierge, un major-dome, un valet, deux cuisinières et deux femmes de chambres à son service ».

Chaque fonctionnaire devrait vivre dans les limites de son traitement, que ce fût trois mille dollars par an pour un officier subalterne ou les dix-sept mille cinq cents dollars qu'il recevait lui-même en tant qu'ambassadeur en titre, et chacun devrait connaître l'histoire et les coutumes du pays d'accueil. On devait seulement envoyer à l'étranger des hommes qui « pensent aux intérêts de leur pays, et un peu moins à porter une tenue différente chaque jour ou à assister à des dîners et des spectacles joyeux mais stupides tous les soirs jusqu'à une heure du matin».

Dodd sentit que ce dernier point avait fait mouche. Il nota dans son journal: «Sumner Welles tiqua un peu: il est propriétaire d'un manoir à Washington qui éclipse la Maison-Blanche à plusieurs égards et est presque aussi spacieux.» La demeure de Welles, que certains appelaient «la maison aux cent pièces»[11], se tenait sur Massachusetts Avenue, après Dupont Circle, et était célèbre pour son opulence. Welles et sa femme possédaient aussi une propriété d'une centaine d'hectares aux abords de la ville, Oxon Hill Manor.

Quand Dodd eut conclu son exposé, son public le félicita et l'applaudit. «Je n'étais pas dupe, cependant, après deux heures d'un prétendu assentiment.»

En effet, sa conférence[12] avait aggravé l'antipathie du bon petit club à son égard. Au moment de son allocution, certains de ses membres, plus particulièrement Phillips et Moffat, avaient commencé à exprimer en privé une hostilité marquée[13].

Dodd se rendit dans le bureau de Moffat. Plus tard le même jour, Moffat consigna un bref jugement sur l'ambassadeur dans son journal: «Il est... loin de posséder une pensée claire[14]. Il exprime une grande insatisfaction vis-à-vis d'une situation, puis rejette toute proposition pour y remédier. Il désapprouve tout son personnel mais ne souhaite pas de mutation. Il se méfie à tour de rôle de presque tous les gens avec qui il est en contact, et il est un peu jaloux.» Moffat le qualifiait de «pauvre inadapté».

Dodd semblait ne pas se rendre compte qu'il libérait des énergies qui risquaient de mettre en danger sa carrière. Au contraire, il prenait plaisir à titiller l'esprit clanique de ses adversaires. Avec une grande satisfaction, il dit à sa femme : « Leur protecteur en chef[15] – probablement voulait-il parler de Phillips ou de Welles – est très troublé. S'il attaque, ce ne sera certainement pas à découvert. »

36

SAUVER DIELS

La peur que Diels éprouvait augmenta au point que, en mars, il réclama de nouveau l'aide de Martha, cette fois dans l'espoir d'obtenir, par son intermédiaire, l'assistance de l'ambassade américaine. Ce fut un moment singulier : le chef de la Gestapo quêtait de l'aide auprès des fonctionnaires américains. Diels avait entendu dire que Himmler voulait l'arrêter, peut-être le jour même. Il ne se faisait pas d'illusion : Himmler voulait sa peau.

Diels savait qu'il avait des alliés à l'ambassade américaine, à savoir Dodd et le consul général Messersmith, et il pensait qu'ils pourraient contribuer à assurer sa sécurité : ils interviendraient auprès du régime d'Hitler en exprimant leur intérêt pour sa bonne santé. Mais comme il le savait, Dodd était en congé. Diels demanda à Martha de consulter Messersmith, qui était maintenant de retour de vacances, pour voir s'il pouvait faire quelque chose.

Même si, aux yeux de Martha, Diels avait tendance à dramatiser, cette fois, elle le crut face à un péril mortel. Elle alla trouver Messersmith au consulat.

Elle était «visiblement dans un état de grande agitation»[1], remarqua Messersmith. Elle éclata en sanglots et lui annonça que Diels allait être arrêté ce jour-là, «et qu'il était presque certain qu'il serait exécuté».

Elle retrouva son calme et supplia Messersmith d'aller voir Göring immédiatement. Elle tenta la flatterie en disant que Messersmith était le seul homme qui pouvait intervenir «sans mettre en danger sa propre vie».

Messersmith resta impassible. Désormais, il n'éprouvait plus que de l'antipathie pour Martha. Sa conduite – ses multiples aventures – le répugnait. Étant donné ses relations supposées avec Diels, Messersmith n'était pas surpris qu'elle soit venue le trouver «dans un état hystérique». Il lui dit qu'il ne pouvait rien faire «et avec de grandes difficultés, je suis parvenu à la faire sortir de mon bureau».

Quand elle fut partie, toutefois, Messersmith réfléchit. «J'ai commencé à réexaminer la question et me suis rendu compte qu'elle avait raison sur un point : Diels, après tout, était l'un des meilleurs éléments du régime en place, de même que Göring, et au cas où il arriverait quelque chose à Diels et que Himmler s'imposait, cela affaiblirait la position de Göring et des membres les plus raisonnables du Parti.» Si Himmler dirigeait la Gestapo, d'après Messersmith, Dodd et lui auraient infiniment plus de mal à contrer les agressions futures contre les Américains, «car Himmler était connu pour être encore plus insensible et impitoyable que le Dr Diels».

Messersmith avait un déjeuner prévu ce jour-là au Herrenklub, un cercle conservateur réservé aux hommes, sur l'invitation de deux éminents généraux de la Reichswehr. Mais à présent, comprenant qu'une entrevue avec Göring était infiniment plus importante, il se dit qu'il devrait peut-être l'annuler. Il appela le bureau de Göring pour demander un rendez-vous et apprit que celui-ci venait justement de partir pour un déjeuner qu'il avait de son côté... au Herrenklub. Messersmith ignorait, jusqu'à cet instant, qui était l'invité d'honneur au déjeuner des généraux.

Il saisit alors deux choses : premièrement, qu'il allait pouvoir s'entretenir avec Göring sans difficulté et deuxièmement, que le déjeuner était un moment historique : « C'était la première fois depuis que les nazis étaient au pouvoir que les officiers supérieurs de l'armée allemande... allaient s'asseoir à table avec Göring ou un autre dirigeant du régime nazi. » Il eut l'impression que ce déjeuner était peut-être le signe que l'armée et le gouvernement resserraient les rangs contre le capitaine Röhm et ses SA. Dans ce cas, c'était de mauvais augure, car il était peu probable que Röhm renonce à ses ambitions sans se battre.

Messersmith arriva au club peu après midi et trouva Göring qui conversait avec les généraux. Celui-ci passa un bras autour des épaules de Messersmith et annonça aux autres : « Messieurs, voici un homme qui ne m'aime pas du tout, un homme qui n'a pas une très haute opinion de moi, mais c'est un grand ami de notre pays. »

Messersmith attendit le moment opportun pour prendre Göring à part. « En très peu de mots, je lui ai dit qu'une personne en laquelle j'avais toute confiance était venue me trouver ce matin pour m'annoncer que Himmler était résolu à se débarrasser de Diels dans le courant de la journée et qu'il allait se faire liquider. »

Göring le remercia pour l'information. Ils rejoignirent les autres invités mais, quelques instants plus tard, Göring présenta ses excuses et s'éclipsa.

Ce qui se passa ensuite – quelles menaces furent prononcées, quels compromis furent passés, Hitler intervint-il en personne – n'est pas clair, mais à dix-sept heures, le 1er avril 1934, Messersmith apprit que Diels avait été nommé *Regierungspräsident*, ou commissaire régional, de la région de Cologne tandis que la Gestapo passait sous l'autorité de Himmler.

Diels avait sauvé sa peau, mais Göring avait subi une défaite significative. Il avait agi non pas en vertu d'une amitié ancienne, mais poussé par la colère à l'idée que Himmler essayait d'arrêter Diels sur son propre terrain. Himmler, cependant, avait remporté le plus gros trophée, le dernier élément de son empire, et le plus important, celui de la police secrète. « C'était le premier revers que Göring subissait depuis les débuts du régime nazi », nota Messersmith.

Une photographie du moment[2] où Himmler prit officiellement la direction de la Gestapo, lors d'une cérémonie le 20 avril 1934, montre celui-ci parlant à la tribune, l'air aussi terne que d'habitude, tandis que Diels se tient à proximité, face à l'objectif. Il semble avoir le visage bouffi du fait d'un excès d'alcool ou du manque de sommeil, et ses cicatrices sont particulièrement prononcées. Il est l'image même d'un homme contraint et forcé.

Lors d'une conversation avec un fonctionnaire de l'ambassade britannique qui eut lieu à la même période, citée dans une note classée plus tard au ministère des Affaires étrangères à Londres, Diels s'épancha sur son propre malaise moral : « Tout le monde n'est pas capable d'infliger un châtiment corporel[3], de sorte que, naturellement, nous n'étions que trop contents de pouvoir recruter des hommes disposés à ne montrer aucune sensiblerie devant les tâches à accomplir. Malheureusement, nous ne savions rien du côté freudien de cette affaire et ce n'est qu'après un certain nombre de cas de flagellations et d'actes de cruauté inutiles que j'ai compris que mon organisation avait attiré tous les sadiques d'Allemagne et d'Autriche à mon insu, depuis un certain temps. Elle avait également attiré des sadiques inconscients, c'est-à-dire des hommes qui ignoraient, avant de tenir un fouet entre les mains, qu'ils avaient en eux des penchants sadiques. Et pour finir, elle avait réellement créé des sadiques. Car il semble que le châtiment corporel finisse par faire naître des tendances sadiques chez des hommes et des femmes d'apparence normale. Freud pourrait expliquer cela. »

Avril fut singulièrement peu pluvieux, mais apporta une exceptionnelle moisson de nouveaux secrets. Au début du mois, Hitler et Blomberg, le ministre de la Défense, apprirent que le président Hindenburg était tombé malade, gravement, et avait peu de chances de survivre à l'été. Ils n'ébruitèrent pas la nouvelle. Hitler briguait l'autorité présidentielle que possédait encore Hindenburg et projetait, à la mort du président, de réunir en sa seule personne le rôle de chancelier et celui de président, acquérant ainsi le pouvoir absolu. Mais deux obstacles potentiels demeuraient : la Reichswehr et les SA de Röhm.

À la mi-avril, Hitler se rendit en avion[4] à la base navale de Kiel et embarqua à bord d'un cuirassé de poche, le *Deutschland*, pour un voyage de quatre jours, accompagné par Blomberg, l'amiral Erich Raeder, commandant en chef de la marine, et le général Werner von Fritsch, membre du haut commandement de la Wehrmacht. Les détails sont peu nombreux, mais apparemment, dans le confinement intime du bâtiment, Hitler et Blomberg établirent un marché secret, un véritable pacte diabolique, dans lequel Hitler liquiderait Röhm et les SA en échange du soutien de l'armée pour son accession au pouvoir présidentiel au moment de la mort de Hindenburg.

Le marché était d'une valeur inestimable pour Hitler, car désormais il pourrait aller de l'avant sans avoir à s'inquiéter de ce que ferait l'armée.

Dans l'intervalle, Röhm réclamait avec de plus en plus d'insistance le pouvoir sur l'armée nationale. En avril, au cours d'une de ses promenades matinales à cheval au Tiergarten, il considéra un groupe de notables nazis qui passaient puis se tourna vers son compagnon : « Regarde ces gens là-bas[5]. Le Parti n'est plus une force politique ; il se transforme en un hospice de vieillards. Des gens comme ça... On devrait s'en débarrasser en vitesse. »

Il n'hésitait plus à exprimer son mécontentement. Lors d'une conférence de presse, le 18 avril, il déclara :

«Les réactionnaires, les conformistes bourgeois[6], nous avons envie de vomir quand nous pensons à eux.»

Il ajouta: «Les SA sont la révolution nationale-socialiste.»

Cependant, deux jours plus tard[7], une annonce du gouvernement sembla affaiblir les déclarations de Röhm au sujet de sa propre importance: tous les SA avaient reçu l'ordre de partir en permission pour le mois de juillet.

Le 22 avril, Heinrich Himmler désigna son jeune protégé, Reinhard Heydrich, âgé de tout juste trente ans, pour occuper le poste de Diels à la tête de la Gestapo. Heydrich était blond, grand, svelte, et passait pour être bel homme, sauf qu'il avait une tête oblongue et les yeux trop rapprochés. Il avait presque une voix de fausset, en curieux décalage avec sa réputation d'arrogance et de cruauté. Hitler le surnomma «l'homme au cœur de fer»[8], et cependant Heydrich était censé jouer du violon avec une telle passion qu'il pleurait en exécutant certains passages. Tout au long de sa carrière, il dut répondre à des rumeurs au sujet de ses prétendues origines juives, malgré une enquête d'une commission d'évaluation du Parti qui affirma l'absurdité de ces allégations.

Avec le départ de Diels, la Gestapo se débarrassa de ses dernières traces de civilité. Hans Gisevius, le mémorialiste de la Gestapo, comprit aussitôt que, sous Himmler et Heydrich, la Gestapo subirait un changement de nature: «Je pouvais très bien me risquer[9] à me battre contre Diels, le play-boy instable qui, conscient d'être un dissident, avait bon nombre d'inhibitions qui l'empêchaient de commettre des coups bas. Mais dès que Himmler et Heydrich sont entrés dans l'arène, j'aurais dû me retirer prudemment. »

Vers la fin avril, le gouvernement[10] révéla enfin au public l'état de santé déplorable de Hindenburg. Brusquement, la question de la succession faisait l'objet de conversations pressantes partout. Tous ceux qui connaissaient l'abîme grandissant entre Röhm et Hitler comprenaient qu'un nouvel élément de suspense accélérait désormais le tempo.

37

L'ŒIL DE MOSCOU

Pendant que tous ces événements se déroulaient, la famille Dodd avait attiré l'attention des espions d'un autre pays. En avril, les relations de Martha et Boris n'avaient pas échappé aux supérieurs de ce dernier au NKVD. Ils tenaient là une occasion rêvée. «Dites à Boris Winogradov[1] que nous voulons faire appel à lui pour exécuter un projet qui nous intéresse», signale un message adressé au chef de l'agence de Berlin.

D'une manière ou d'une autre – peut-être par l'intermédiaire de Boris –, Moscou avait été averti que l'enthousiasme de Martha pour la révolution nazie commençait à s'émousser.

Le message précisait: «Il s'agit du fait que, d'après nos informations, les sentiments de la personne en question (Martha Dodd) sont maintenant mûrs pour que nous la ralliions une fois pour toutes à notre cause.»

38

ESCROQUÉ

Ce qui perturba le plus Dodd, durant son congé, ce fut l'impression que ses adversaires au Département d'État se faisaient plus offensifs. Il commençait à s'inquiéter de ce qu'il considérait comme une série de fuites sur des sujets confidentiels, informations qui semblaient destinées à saper sa réputation. Un incident troublant[1] intervint le soir du samedi 14 avril, au moment où il quittait le dîner annuel du Gridiron Club à Washington. Un jeune fonctionnaire du Département d'État, qu'il ne connaissait pas, l'aborda et entama une conversation ; il mit ouvertement en cause son appréciation de la situation en Allemagne, faisant état d'une dépêche confidentielle que l'ambassadeur avait câblée de Berlin. Le jeune homme était beaucoup plus grand que Dodd et s'approchait de très près, d'une manière que l'ambassadeur trouva physiquement intimidante. Dans une lettre furieuse que Dodd comptait remettre en personne au secrétaire Hull, il décrivit cette rencontre comme «un affront délibéré».

Le plus pénible pour Dodd, cependant, c'était la question de savoir comment le jeune homme avait pu se procurer la dépêche. «J'ai dans l'idée[2], écrit Dodd, [...] qu'il y a un groupe de gens au sein du Département qui pensent à leur propre personne plutôt qu'à leur pays, et qui, face à la moindre tentative d'un ambassadeur ou d'un fonctionnaire pour effectuer des économies ou des améliorations, unissent leurs efforts pour le discréditer et le faire échouer. C'est la troisième ou la quatrième fois qu'une information totalement confidentielle fournie par moi est traitée comme un ragot... ou transformée en ragot. Je ne suis pas devenu diplomate pour en tirer un bénéfice personnel ni obtenir la réussite sociale ni pour mon statut, je suis prêt à faire tout mon possible pour améliorer mon travail et notre coopération, mais je ne souhaite pas œuvrer seul ni devenir un objet d'intrigues et de manœuvres incessantes. Toutefois, je ne démissionnerai pas en silence si ce genre de choses devait se poursuivre.»

Dodd décida finalement de ne pas remettre sa lettre à Hull. Elle se retrouva classée parmi des documents sous l'étiquette : «Non distribuée».

Ce que Dodd ne savait pas encore visiblement, c'est que, avec quinze autres ambassadeurs, il faisait l'objet d'un grand article dans le numéro d'avril 1934 du magazine *Fortune*. Malgré l'importance de cette publication et le fait qu'elle avait certainement donné lieu à des discussions enfiévrées au sein du Département d'État, Dodd en apprit l'existence[3] beaucoup plus tard, après son retour à Berlin, quand Martha rapporta à la maison un exemplaire qu'on lui avait donné lors d'un rendez-vous chez son dentiste berlinois.

Titré «Leurs Excellences[4], nos ambassadeurs», l'article fournissait le nom des intéressés et indiquait leur fortune personnelle, en plaçant un nombre variable de symboles du dollar à côté de leur nom. Jesse Isidor Straus – ambassadeur en France et ancien président de R.H. Macy & Company – était cité comme «$$$$ Straus». Dodd avait un simple «¢» à côté de son nom. L'article tournait en dérision son approche pingre de la diplomatie et laissait entendre que, en louant au rabais sa maison berlinoise à un banquier juif, il profitait de la détresse des Juifs allemands. «Ainsi, annonçait l'article, les Dodd ont-ils trouvé une agréable petite maison, très bon marché, qu'ils gèrent avec seulement quelques domestiques.» L'article notait que Dodd avait emporté sa vieille Chevrolet fatiguée à Berlin. «Son fils était censé le conduire le soir, racontait le journaliste. Mais le fils veut fréquenter les endroits et s'adonner aux activités qui plaisent à la jeunesse, ce qui laisse M. Dodd sans chauffeur (mais en haut-de-forme) dans sa Chevrolet.» Dodd, prétendait-on, était obligé de se faire prendre dans la voiture des officiers subalternes de l'ambassade, «ceux-ci ayant la chance de posséder une limousine avec chauffeur».

L'auteur de l'article qualifiait Dodd d'«éléphant universitaire dans un jeu de quilles diplomatique», handicapé par sa relative pauvreté et son manque d'assurance diplomatique. «Moralement très courageux, il est tellement intellectuel, tellement distant des êtres humains ordinaires qu'il parle en utilisant des paraboles, comme un gentleman savant s'adressant à un autre; et les camarades de sang et d'acier en chemise brune ne le comprennent pas, quand bien même ils le voudraient.

Dodd bouillonne donc intérieurement et quand il essaie de durcir le ton, personne n'y prête vraiment attention.»

Dodd comprit immédiatement qu'un ou plusieurs hauts fonctionnaires, au sein du Département d'État et peut-être même de son bureau à Berlin, avaient livré des détails précis sur sa vie en Allemagne. Il s'en plaignit auprès du sous-secrétaire Phillips. L'article, écrivait-il, «témoigne d'une attitude curieuse[5] et même antipatriotique, vis-à-vis de mes états de service et de mon travail ici. Dans ma lettre d'acceptation, j'ai affirmé au président que je m'engageais à vivre conformément au montant de mon traitement. Comment se fait-il qu'une chose aussi simple et évidente pour moi suscite autant de débats?» Il cita des diplomates dans l'histoire qui avaient vécu modestement. «Pourquoi me condamner ainsi pour vouloir suivre de tels exemples?» Il dit à Phillips qu'il soupçonnait que des gens de sa propre ambassade étaient à l'origine de ces fuites, et citait d'autres articles qui avaient reproduit des informations erronées. «Pourquoi tous ces faux bruits, sans aucune allusion à la mission réelle que je m'efforce d'accomplir?»

Phillips attendit près d'un mois avant de réagir. «En ce qui concerne l'article dans *Fortune*[6], je n'y accorderais pas davantage d'attention. Je n'ai aucune idée d'où proviennent les informations auxquelles vous faites allusion, pas plus que je ne parviens à imaginer comment la presse déniche des ragots (généralement erronés) concernant ma personne ou d'autres de vos collègues.» Il pressa Dodd: «Ne vous laissez pas perturber le moins du monde par cette petite affaire.»

Dodd parvint néanmoins à passer un peu de temps à la Bibliothèque du Congrès pour avancer ses recherches sur son livre, et à séjourner deux semaines dans sa ferme en Virginie, où il écrivit et s'occupa de questions d'agriculture, et fut en mesure de se rendre à Chicago comme prévu, mais cela ne donna pas lieu aux plaisantes retrouvailles qu'il avait espérées. « Une fois sur place[7], écrivit-il à Martha, tout le monde voulait me voir : coups de téléphone, lettres, visites, déjeuners, dîners sans arrêt. » Il avait répondu à de nombreuses questions la concernant ainsi que son frère, ajoutant : « Mais un seul m'a interrogé au sujet de ton affaire à New York », autrement dit : le divorce de Martha. Un ami avait souhaité lui montrer des exemples « de la façon très correcte dont les journaux de Chicago en ont parlé », mais « cela ne m'intéressait pas de lire les coupures de presse ». Il prononça quelques discours et régla des disputes à l'université. Dans son journal, il signale que, suivant les instructions de Roosevelt, il avait également rencontré deux dirigeants juifs qu'il avait contactés plus tôt, dans le but d'apaiser les protestations de la communauté. Les deux hommes expliquèrent « comment, avec leurs amis, ils avaient calmé[8] leurs coreligionnaires et empêché comme prévu toute manifestation violente à Chicago ».

Un incident personnel vint compliquer les choses. Pendant qu'il se trouvait à Chicago, Dodd reçut un télégramme lui transmettant un message de sa femme. Après avoir éprouvé l'inquiétude inévitable que les télégrammes des êtres chers ne manquent pas de déclencher, Dodd apprit que la vieille Chevrolet, devenue la figure emblématique de son ambassade, avait rendu l'âme entre les mains de son chauffeur. Et le bouquet :

«ESPÈRE DONC QUE TU PEUX APPORTER NOUVELLE AUTO[9].»

Autrement dit, alors qu'il était censé prendre un congé réparateur, il se voyait enjoint, dans un style télégraphique, d'acheter un nouveau véhicule et de prendre les dispositions pour l'expédier à Berlin.

Il écrivit plus tard à Martha : «Je crains que Mueller n'ait conduit de façon imprudente[10], comme je l'ai remarqué à plusieurs reprises avant mon départ.» Dodd n'arrivait pas à comprendre cela. Lui-même avait fait le trajet en voiture entre sa ferme et Washington de nombreuses fois, et avait roulé dans toute la ville sans avoir aucun accrochage. «Même si cela ne prouve rien, cela donne à penser quelque chose. Les gens qui ne sont pas propriétaires de la voiture qu'ils conduisent sont beaucoup moins prudents que ceux qui le sont.» Quand on sait ce qui allait arriver quelques années plus tard, les affirmations de Dodd concernant son adresse au volant font froid dans le dos. Il voulait une Buick mais jugea le prix – mille trois cent cinquante dollars – trop élevé, étant donné le temps limité que la famille était censée rester à Berlin. Il était également préoccupé par les cent dollars qu'il devrait payer pour expédier la voiture en Allemagne.

Il finit par obtenir sa Buick. Il donna des instructions à sa femme pour qu'elle l'achète auprès d'un concessionnaire à Berlin. La voiture, écrivit-il, était un modèle standard qui devint la risée du service du protocole de l'ambassade, qui la trouvait «ridiculement simple pour un ambassadeur»[11].

Dodd eut le temps de faire une visite supplémentaire à sa ferme, ce qui le réjouit mais rendit aussi son départ d'autant plus douloureux. «C'était une journée magnifique[12], note-t-il dans son journal, le dimanche 6 mai 1934. Les arbres bourgeonnants, les pommiers en fleur avaient un charme d'autant plus irrésistible que je devais partir.»

Trois jours plus tard, son navire levait l'ancre à New York. Il avait l'impression d'avoir remporté une victoire en obtenant des dirigeants juifs qu'ils acceptent de réduire leurs protestations contre l'Allemagne et espérait que ces démarches encourageraient le gouvernement nazi à plus de modération. Ces espérances furent vite étouffées quand, le samedi 12 mai, alors qu'il se trouvait au milieu de l'océan, il apprit par un message radio que Goebbels venait de prononcer un discours, dans lequel le ministre de la Propagande appelait les Juifs «la syphilis de tous les peuples européens»[13].

Dodd se sentit trahi. Malgré les promesses des nazis concernant les mandats d'arrêt et la fermeture du camp de Columbia-Haus, manifestement, rien n'avait changé. Il craignait à présent de paraître naïf. Il écrivit à Roosevelt pour exprimer sa consternation, à la suite de ses démarches auprès des dirigeants juifs américains. Le discours de Goebbels avait ravivé «toutes les animosités de l'hiver précédent[14], expliquait-il. Et je me sens dans la peau de celui qui a été escroqué, ce qui est le cas».

Il arriva à Berlin le jeudi 17 mai à vingt-deux heures trente et trouva la ville changée. Pendant les deux mois de son absence, la sécheresse avait roussi le paysage comme jamais auparavant, mais il y avait autre chose. «J'étais enchanté d'être rentré[15], écrit-il, mais j'ai immédiatement senti la tension dans l'air.»

Sixième partie

BERLIN
AU CRÉPUSCULE

La chambre à coucher de Göring à Carinhall.

39

UN DÎNER
PLEIN DE DANGER

La ville semblait vibrer avec, en fond sonore, une sourde menace, comme si une immense ligne à haute tension la traversait de part en part. Tout le monde, dans le cercle de Dodd, le ressentait. Cette tension tenait en partie à la sécheresse inaccoutumée de ce mois de mai et à la crainte de mauvaises récoltes, mais la principale source d'inquiétude était la discorde grandissante entre Röhm, le chef des SA, et l'armée régulière. À l'époque, les gens décrivaient l'atmosphère qui régnait à Berlin comme un orage qui gronde – une sensation de lourdeur et d'attente.

Dodd avait peu de chance de retrouver son rythme de travail antérieur.

Dès le lendemain de son retour aux États-Unis, il dut se préparer à présider un grand banquet d'adieux pour Messersmith, qui avait enfin réussi à décrocher un poste convoité, pas à Prague néanmoins, sa cible d'origine. La concurrence pour Prague avait été rude et bien que Messersmith eût fait une campagne assidue et convaincu ses alliés de toutes tendances d'écrire des lettres de soutien, le poste lui échappa finalement. À la place, le sous-secrétaire Phillips proposa à Messersmith un autre poste vacant : l'Uruguay. Si Messersmith était déçu, il n'en montra rien. Il s'estimait déjà heureux de quitter le service consulaire. Mais la chance lui sourit alors. Le poste d'ambassadeur en Autriche[1] se libéra brusquement, et Messersmith était l'homme de la situation. Roosevelt accepta. Messersmith était absolument ravi. Dodd était également content d'en être débarrassé, bien qu'il eût préféré le savoir à l'autre bout du monde.

Il y eut de nombreuses festivités pour Messersmith – pendant quelque temps, tous les dîners et les déjeuners en ville semblèrent se donner en son honneur – mais le banquet de l'ambassade américaine le 18 mai fut le plus somptueux et le plus officiel. Pendant que Dodd se trouvait aux États-Unis[2], sa femme, avec l'assistance du service du protocole, avait fait dresser une liste d'invités de quatre pages, en interligne simple, qui semblait comprendre toutes les personnalités éminentes de Berlin, excepté Hitler. Pour tout connaisseur de la bonne société berlinoise, la véritable fascination n'était pas de savoir qui serait invité, mais qui ne le serait pas. Göring et Goebbels s'excusèrent, de même que le vice-chancelier von Papen et Rudolf Diels. Le ministre de la Défense Blomberg arriva, mais pas Ernst Röhm, le chef des SA.

Bella Fromm était présente, de même que Sigrid Schultz et divers amis de Martha, dont Putzi Hanfstaengl, Armand Bérard, et le prince Louis Ferdinand. Ce mélange ajoutait à l'atmosphère électrique de la soirée, car Bérard était toujours amoureux de Martha, le prince Louis Ferdinand soupirait pour elle, et elle était toujours folle de Boris (curieusement absent de la liste des invités). Le jeune attaché de liaison d'Hitler, Hans Thomsen, dit «Tommy», que connaissait Martha, vint, de même qu'Elmina Rangabe, une beauté sombre et sensuelle, qui l'accompagnait souvent – mais il y avait un hic ce soir-là : Tommy était venu avec sa femme. Il y avait la chaleur, le champagne, la passion, la jalousie et, en arrière-plan, ce sentiment qu'une menace pointait à l'horizon.

Bella Fromm bavarda brièvement avec Hanfstaengl et consigna la rencontre dans son journal.

«Je me demande pourquoi nous avons été invités ce soir[3], lui confia le chef de la propagande du Reich. Tous ces embarras au sujet des Juifs. Messersmith en est. Roosevelt aussi. Le Parti les déteste.

– Dr Hanfstaengl, nous en avons déjà discuté. Inutile de faire ce genre de numéro avec moi.

– D'accord. Même s'ils sont aryens, personne ne s'en douterait, à voir leur façon d'agir.»

À ce moment-là, Bella Fromm se sentait peu convaincue de la bonne volonté des nazis. Deux semaines plus tôt, Gonny, sa fille, était partie pour les États-Unis, avec l'aide de Messersmith, laissant Fromm déprimée mais soulagée. Une semaine auparavant, le journal libéral *Vossische Zeitung* – «Tante Voss», pour lequel elle avait travaillé pendant des années – avait fermé ses portes. Elle sentait que cette époque, où elle avait si bien réussi, touchait à sa fin.

«Bien sûr, si vous supprimez le bien et le mal pour le remplacer par "aryen" et "non-aryen", cela laisse peu de place pour les gens qui ont des notions démodées vis-à-vis du bien et du mal, de ce qui est correct ou choquant.»

Pour changer de sujet, elle reparla de Messersmith ; d'après elle, celui-ci était tellement vénéré par ses collègues qu'«on considère presque qu'il occupe le rang d'ambassadeur» – une remarque qui aurait hautement irrité Dodd s'il l'avait entendue.

Hanfstaengl adoucit sa voix.

«Entendu, entendu, fit-il. J'ai un tas d'amis aux États-Unis et ils défendent tous les Juifs, eux aussi. Mais, comme le souligne le programme du Parti...»

Il s'arrêta alors, comme s'il était inutile d'insister. Il plongea la main dans sa poche et en sortit un petit sachet de bonbons aux fruits. Des *Lutschbonbons*. Bella les adorait quand elle était enfant.

«Prenez-en un, dit Hanfstaengl. Ils sont confectionnés spécialement pour le Führer.»

Elle en prit un. Juste avant de le mettre dans sa bouche, elle vit qu'il était frappé d'une croix gammée. Même les bonbons aux fruits étaient «normalisés».

La conversation passa aux luttes politiques qui empoisonnaient l'atmosphère. Hanfstaengl lui confia que Röhm avait des vues, non seulement sur l'armée allemande mais aussi sur l'aviation de Göring. «Hermann est hors de lui ! assura Hanfstaengl. On peut tout lui faire sauf toucher à sa Luftwaffe, et il serait capable d'assassiner Röhm de sang-froid.» Il demanda : «Vous connaissez Himmler ?»

Fromm hocha la tête.

«Il élevait des poulets quand il n'espionnait pas pour la Reichswehr, précisa Hanfstaengl. Il a fait virer Diels de la Gestapo. Himmler ne supporte personne, mais Röhm moins que quiconque. Maintenant ils sont tous ligués contre Röhm : Rosenberg, Goebbels et l'éleveur de poules. »

Le Rosenberg en question était Alfred Rosenberg, un furieux antisémite, chef du bureau étranger du parti nazi.

Après avoir consigné leur conversation dans son journal, Fromm ajoutait : « Il n'y a pas un responsable du Parti national-socialiste qui n'égorgerait allègrement tous les autres dirigeants dans le but de favoriser sa propre promotion. »

On peut mesurer l'étrange climat qui régnait à Berlin au fait qu'un autre dîner, parfaitement inoffensif, devait se révéler avoir des conséquences absolument dévastatrices. La soirée se passait chez un banquier fortuné[4], Wilhelm Regendanz, un ami des Dodd, même si, heureusement, aucun membre de sa famille ne fut invité pour l'occasion. Regendanz donna ce dîner en mai dans sa luxueuse villa de Dahlem, dans la partie sud-ouest du Grand Berlin, connue pour ses charmantes propriétés et la proximité de la forêt de Grunewald.

Père de sept enfants, Regendanz était membre du Stahlhelm, ou « Casque d'acier », un groupement d'anciens officiers de l'armée de tendance conservatrice. Il aimait réunir des hommes aux positions diverses pour des repas, des débats et des conférences. Pour ce dîner, il avait prévu deux éminents invités, l'ambassadeur français André François-Poncet et le capitaine Röhm, qu'il avait reçus sous son toit en d'autres occasions.

Röhm arriva, accompagné de trois jeunes officiers SA, dont un jeune adjudant aux boucles blondes surnommé « comte Joli », qui était le secrétaire de Röhm et, à en croire la rumeur, son amant occasionnel. Hitler présenterait par la suite ce repas comme un « dîner secret », même si, en fait, les invités ne firent aucune tentative pour dissimuler leur présence. Ils garèrent leurs véhicules devant la maison, sous le regard de toute la rue, les plaques d'immatriculation bien en vue.

Les convives étaient curieusement assortis. François-Poncet détestait le chef des SA, comme il n'en fit pas mystère dans ses mémoires, *Souvenirs d'une ambassade à Berlin*[*]. « Ayant toujours éprouvé la plus vive répugnance à l'égard de Röhm, écrit-il, je l'évitai autant que possible malgré le rôle éminent qu'il jouait dans le Troisième Reich. » Mais Regendanz avait « supplié » l'ambassadeur de venir.

Plus tard, dans une lettre à la Gestapo, Regendanz tenta d'expliquer pourquoi il avait tenu à réunir les deux hommes. Il en attribua l'initiative à François-Poncet qui, affirmait-il, s'était déclaré agacé de ne pouvoir rencontrer Hitler et avait demandé à Regendanz de faire savoir à un proche du Führer qu'il désirait un rendez-vous. Regendanz avait suggéré que Röhm pourrait être un intermédiaire valable. À l'époque du dîner, affirmat-il, il ignorait le fossé qui s'était creusé entre Röhm et Hitler – « au contraire, déclara-t-il à la Gestapo, on pensait que Röhm avait l'oreille du Führer et était un de ses fidèles. En d'autres termes, on pensait informer le Führer quand on informait Röhm ».

Pour le dîner, les hommes furent rejoints par Mme Regendanz et un de ses fils, Alex, qui se destinait à devenir avocat international. Après le repas, Röhm et l'ambassadeur français se retirèrent dans la bibliothèque

---

[*] Flammarion, 1947.

de leur hôte pour une conversation informelle. Röhm parla de questions militaires et nia tout intérêt pour la politique, déclarant qu'il n'était qu'un soldat, un officier. « Le résultat de cette conversation, rapporta Regendanz à la Gestapo, fut absolument nul. »

La soirée tira à sa fin – heureusement, du point de vue de l'ambassadeur français. « Le repas fut lugubre, la conversation insignifiante, raconte-t-il. Je trouvai Röhm somnolent et pesant ; il se réveillait seulement pour se plaindre de sa santé et des rhumatismes qu'il espérait pouvoir soigner à Wiessee » – allusion à Bad Wiessee, ville thermale où Röhm projetait de faire une cure. « En rentrant chez moi, écrit encore François-Poncet, je maudis notre hôte pour cette soirée assommante. »

Comment la Gestapo avait été informée du dîner et de ses participants, on l'ignore, mais, à cette époque, Röhm devait être l'objet d'une surveillance rapprochée. Les plaques d'immatriculation des automobiles garées devant la maison de Regendanz auraient indiqué à tout observateur un peu averti l'identité des visiteurs.

Le dîner devint tristement célèbre. Plus tard, au milieu de l'été, l'ambassadeur de Grande-Bretagne, sir Eric Phipps, nota dans son journal que, sur les sept personnages qui assistaient au repas ce soir-là, quatre furent assassinés, un dût fuir le pays sous une menace de mort et un autre fut envoyé en camp de concentration.

« Le nombre de victimes pour un seul dîner aurait rendu jaloux les Borgias », ajoutait Phipps.

Et il se passa ceci :
Le jeudi 24 mai, Dodd se rendit à pied[5] pour déjeuner avec Hans-Heinrich Dieckhoff, un haut fonctionnaire

du ministère des Affaires étrangères, que Dodd décrivit comme étant «l'équivalent du secrétaire d'État adjoint». Ils se retrouvèrent dans un petit restaurant discret d'Unter den Linden, la large avenue qui menait vers l'est à partir de la porte de Brandebourg et, d'après Dodd, ils eurent une conversation inouïe.

Si Dodd voulait voir Dieckhoff, c'était surtout pour lui exprimer son désarroi ; le discours de Goebbels qui comparait les Juifs à la syphilis, pouvant le faire paraître naïf, après tous ses efforts pour calmer les protestations des Juifs aux États-Unis. Il rappela à Dieckhoff que le Reich avait annoncé son intention de fermer le camp de Columbia-Haus et d'appliquer des mandats d'arrêt et autres assurances que l'Allemagne «marquait un relâchement s'agissant des persécutions des Juifs».

Dieckhoff était réceptif. Il avoua son opinion personnelle négative au sujet de Goebbels et confia à Dodd qu'il s'attendait à voir bientôt Hitler renversé. Dodd écrivit dans son journal que Dieckhoff «apporta ce qu'il considérait comme des solides preuves que les Allemands ne supporteraient plus très longtemps un système sous lequel ils devaient faire sans arrêt des manœuvres militaires et mourir à moitié de faim».

Une telle franchise laissa Dodd pantois. Dieckhoff ouvrait son cœur aussi franchement que s'il se trouvait en Angleterre ou aux États-Unis, au point de dire qu'il espérait que les Juifs américains allaient continuer à organiser des manifestations. Sans eux, les chances de renverser Hitler étaient diminuées.

Dodd savait que, même pour un homme occupant la position de Dieckhoff, de tels propos étaient dangereux.

«J'ai senti la profonde inquiétude d'un haut fonctionnaire, qui risquait sa vie en critiquant ainsi le régime en place.»

Après avoir quitté le restaurant, les deux hommes arpentèrent Unter den Linden vers l'ouest, en direction de la Wilhelmstrasse, la principale artère du gouvernement. Ils se séparèrent «bien tristement», précise Dodd.

Dodd regagna son bureau, travailla deux heures, puis entreprit de faire le tour du Tiergarten.

40

UNE RETRAITE D'ÉCRIVAIN

L a montée croissante de l'oppression sociale et politique perturbait de plus en plus Martha, malgré sa passion pour les jeunes gens blonds et radieux qu'Hitler attirait par milliers. Un des grands moments de son éducation intervint en mai[1], quand un ami, Heinrich Maria Ledig-Rowohlt, un habitué du salon de Mildred et Arvid Harnack, l'invita avec Mildred à l'accompagner pour rendre visite à un des rares auteurs en vue ne s'étant pas joint à la longue procession des talents qui fuyaient l'Allemagne nazie, un exode qui comprenait Fritz Lang, Marlene Dietrich, Walter Gropius, Thomas et Heinrich Mann, Bertolt Brecht, Albert Einstein, et le compositeur Otto Klemperer, dont le fils, l'acteur Werner Klemperer, camperait plus tard un commandant de camp nazi sympathique, l'esprit embrouillé, dans la série télévisée *Stalag 13*. Ledig-Rowohlt était le fils illégitime de l'éditeur Ernst Rowohlt et travaillait comme éditeur pour l'entreprise paternelle. L'auteur en question était

Rudolf Ditzen, célèbre sous son pseudonyme, Hans Fallada[2].

La visite aurait dû intervenir plus tôt dans l'année, mais Fallada n'avait cessé de la reporter en raison de son inquiétude liée à la sortie de son dernier livre, *Qui a mangé à la gamelle ?* Fallada avait déjà connu la célébrité mondiale avec son roman *Quoi de neuf, petit homme ?* qui racontait la lutte d'un couple pendant la crise économique de la république de Weimar. La parution de *Qui a mangé à la gamelle ?* angoissait Fallada, parce que c'était sa première œuvre majeure à sortir depuis qu'Hitler était chancelier. Il n'était pas sûr que le livre trouverait grâce aux yeux de la Chambre de la culture du Reich, présidée par Goebbels, qui s'attribuait le droit de décider ce qui constituait la littérature acceptable. Pour faciliter l'accueil de son nouveau livre, Fallada avait ajouté à son introduction une déclaration remerciant les nazis d'avoir permis que la tragique situation au cœur de son livre ne puisse plus se reproduire. Même son éditeur, Rowohlt, pensait que Fallada avait été trop loin et jugeait l'introduction excessivement flagorneuse. Fallada la conserva.

Dans les mois qui suivirent l'accession d'Hitler au pouvoir, les écrivains allemands qui n'étaient pas ouvertement nazis s'étaient vite scindés en deux camps : ceux qui pensaient qu'il était immoral de rester en Allemagne et ceux qui croyaient qu'il était plus sage de se faire oublier, de se retirer le plus possible du monde, en attendant la chute du régime hitlérien. Cette dernière démarche fut baptisée « l'immigration de l'intérieur »[3].

Martha proposa à Boris de les accompagner. Il accepta, même s'il l'avait précédemment avertie que Mildred était quelqu'un à éviter.

Ils se mirent en route le dimanche 27 mai au matin pour un trajet de trois heures jusqu'à la ferme de Fallada, située à Carwitz, dans la région du lac de Mecklembourg, au nord de Berlin. Boris conduisait sa Ford et, bien sûr, il baissa la capote. Le matin était frais et doux, la circulation presque inexistante. Une fois sorti de la ville, Boris accéléra. La Ford fonçait sur les routes de campagne bordées de châtaigniers et d'acacias, l'air embaumait le printemps.

À mi-chemin, le paysage s'obscurcit. « Des éclairs aux traits acérés illuminaient le ciel, raconte Martha, rendant la scène sauvage et violente du fait des couleurs, du vert électrique intense et du violet, du mauve et du gris. » Brusquement, la pluie déferla en petites bombes à eau qui explosaient sur le pare-brise, mais là encore, au grand ravissement de tous, Boris laissa la capote baissée. La voiture filait sur un nuage d'embruns.

Soudain le ciel s'éclaircit, laissant une vapeur traversée de rayons de soleil et de couleurs inattendues, comme s'ils roulaient dans un tableau. L'odeur du sol humide montait dans l'air.

Comme ils s'approchaient de Carwitz, ils pénétrèrent dans une région de collines, de prairies et de lacs bleu vif, reliés les uns aux autres par des sentiers sablonneux. Les maisons et les granges étaient de simples rectangles au toit en pente raide. Ils n'étaient qu'à trois heures de Berlin, mais l'endroit semblait isolé et reculé.

Boris gara la Ford devant une ancienne ferme au bord d'un lac. La maison se tenait au bout d'une langue de terre appelée le Bohnenwerder qui avançait dans le lac et était agrémentée de collines.

Fallada sortit de la maison, suivi d'un garçon d'environ quatre ans et d'une femme blonde et bien en chair, qui tenait leur deuxième enfant, un bébé. Un chien bondit derrière eux. Fallada avait une silhouette râblée avec une tête carrée, la bouche large et des pommettes si rondes et si lisses qu'on aurait pu croire à des balles de golf greffées sous la peau. Il portait des lunettes cerclées de noir. Leurs hôtes leur firent d'abord brièvement visiter la ferme qui avait été acquise grâce au succès de *Petit homme.* Martha fut frappée par le contentement visible du couple.

Ce fut Mildred qui aborda les questions qui flottaient dans l'air depuis leur arrivée ; elle prit soin de s'exprimer avec nuance. Pendant qu'elle faisait une promenade jusqu'au lac avec Fallada, d'après un récit détaillé d'un des biographes de ce dernier, elle parla de sa vie aux États-Unis et combien elle aimait marcher au bord du lac Michigan.

« Ce doit être difficile pour vous de vivre dans un pays étranger, remarqua Fallada. Surtout pour quelqu'un qui s'intéresse à la littérature et à la langue. »

En effet, dit-elle, « mais cela peut être difficile aussi de vivre dans son propre pays quand votre passion est la littérature ».

Fallada alluma une cigarette.

Parlant à présent très lentement, il dit : « Je ne pourrais jamais écrire dans une autre langue, ni vivre ailleurs qu'en Allemagne.

– Où l'on vit est peut-être moins important, Herr Ditzen, que comment on vit », riposta-t-elle.

Il ne répondit pas.

Au bout d'un moment, elle demanda :

«Peut-on écrire ce qu'on veut ici, de nos jours?

– Cela dépend du point de vue que l'on adopte.»

Il y avait des difficultés et des exigences, des mots à éviter, mais, au final, la langue restait, expliqua-t-il. «Oui, je crois qu'on peut encore écrire ici à notre époque si on respecte les règles nécessaires et si on fait des concessions. Pas sur ce qui compte, bien sûr.

– Qu'est-ce qui compte et qu'est-ce qui ne compte pas?» demanda Mildred.

On déjeuna et on prit le café. Martha et Mildred grimpèrent à pied jusqu'au sommet du Bohnenwerder pour admirer la vue. Une brume légère adoucissait les contours et les couleurs, donnant une impression de paix aux alentours. En bas de la pente, cependant, l'humeur de Fallada avait viré à l'orage. Il jouait aux échecs avec Ledig-Rowohlt. La question de l'introduction de *Qui a mangé à la gamelle?* vint sur le tapis et Ledig-Rowohlt s'interrogea sur sa nécessité. Il dit à Fallada qu'elle avait été au centre de la conversation dans la voiture pendant le trajet jusqu'à Carwitz. En apprenant cela, Fallada se mit en colère. Il ne supportait pas d'être l'objet de commérages et doutait fort que quiconque eût le droit de le juger, surtout pas deux Américaines.

Quand Martha et Mildred eurent rejoint le groupe, la conversation se poursuivit; Mildred y prit part. Martha fit de son mieux pour écouter, mais son allemand n'était pas assez bon pour lui permettre de saisir tous les détails. Cependant, elle se rendait compte que Mildred «interrogeait avec tact» Fallada sur sa décision de se retirer du monde. À l'évidence, il ne supportait pas qu'on lui réclame des explications.

Plus tard, Fallada leur fit visiter la maison – il y avait sept pièces, l'éclairage électrique, un vaste grenier, et divers poêles. Il leur montra sa bibliothèque avec les diverses éditions étrangères de ses propres romans et les conduisit ensuite dans la chambre où son fils faisait la sieste. « Il se révéla mal à l'aise et gauche, raconte Martha, bien qu'il voulût paraître fier et heureux de son nourrisson, de son jardin qu'il entretenait lui-même, de sa grosse femme simple, des nombreuses traductions et éditions de ses livres tapissant les étagères. Mais c'était un homme malheureux. »

Fallada prit des photographies du groupe ; Boris fit de même. Sur le trajet du retour à Berlin, les quatre voyageurs parlèrent de nouveau de Fallada. Mildred le jugeait lâche et faible, mais ajouta : « Il a une conscience et c'est bien. Il n'est pas heureux, il n'est pas nazi, ce n'est pas un cas désespéré. »

Martha se rappela une autre impression : « J'ai vu pour la première fois l'empreinte de la peur manifeste sur le visage d'un écrivain. »

Fallada finit par devenir une figure controversée de la littérature allemande, honni dans certains cercles pour n'avoir pas su tenir tête aux nazis, mais défendu par d'autres pour avoir refusé de choisir le chemin plus sûr de l'exil. Dans les années qui suivirent la visite de Martha, Fallada dut de plus en plus conformer ses écrits aux desiderata de l'État nazi. Il en vint à corriger des traductions pour Rowohlt, parmi lesquelles *La Vie avec mon père*, de Clarence Day, à l'époque très populaire aux États-Unis, et à écrire des livres inoffensifs dont il espérait qu'ils ne heurteraient pas la susceptibilité des nazis, parmi lesquels une série d'histoires pour enfants au sujet d'un jouet qu'on tire : *Hoppelpoppel, wo bist du*? (*Hoppelpoppel, où es-tu ?*)

Il trouva sa carrière brièvement dynamisée par la publication en 1937 d'un roman intitulé *Wolf unter Wölfen* (*Loup parmi les loups*), que les dirigeants du Parti interprétèrent comme une attaque louable contre l'ancien monde de la république de Weimar et que Goebbels lui-même décrivit comme un « livre formidable ». Malgré tout, Fallada fit de plus en plus de concessions, autorisant au bout du compte Goebbels à suggérer le dénouement de *Gustave-de-Fer*, son roman suivant, qui décrivait les difficultés de la vie pendant la guerre de 1914-1918. Fallada considérait cela comme une concession prudente. « Je n'aime pas les grands gestes, écrit-il. Me faire massacrer devant le trône du tyran, stupidement, au profit de personne et au détriment de mes enfants, ce n'est pas ma façon de faire. »

Il admettait néanmoins que ses diverses capitulations avaient de lourdes conséquences sur son œuvre littéraire. Il écrivit à sa mère qu'il n'était pas satisfait de son travail. « Impossible de faire ce qui me plaît... si je veux rester en vie. Alors l'idiot ne donne pas tout ce qu'il a. »

D'autres écrivains, en exil, observaient avec dédain Fallada et les autres « émigrants de l'intérieur » capituler devant les goûts et les exigences du gouvernement. Thomas Mann, qui passa aux États-Unis les années du nazisme, prononça plus tard leur oraison funèbre : « Cela relève peut-être de la superstition[4] mais, à mes yeux, tous les livres qui ont pu être imprimés en Allemagne entre

1933 et 1945 n'ont pas la moindre valeur et on répugne à les toucher. L'odeur fétide du sang et de l'infamie s'y attache. On devrait tous les mettre au pilon.»

La peur et la tension que Martha observa chez Fallada vinrent compléter l'accumulation de preuves qui, au cours du printemps, avait commencé à saper son engouement pour l'Allemagne nouvelle. Son adhésion aveugle au régime hitlérien faiblit pour laisser d'abord place à une forme de scepticisme bienveillant mais, l'été approchant, elle éprouva une révulsion de plus en plus forte.

Alors qu'autrefois elle avait voulu interpréter l'incident du tabassage à Nuremberg comme un événement isolé, elle admettait désormais que la persécution des Juifs était devenue pour les Allemands une obsession nationale. Elle était rebutée par la propagande nazie qui ne cessait de vitupérer contre les Juifs, représentés comme les ennemis de l'État. À présent, quand elle écoutait les propos antinazis de Mildred et Arvid Harnack et de leurs amis, elle n'était plus encline à défendre les «êtres étranges» de la révolution naissante, qu'elle avait trouvés si exaltants dans le passé. «Au printemps 1934[5], écrit-elle, ce que j'avais entendu, vu et éprouvé me révélait que les conditions de vie étaient pires que dans la période précédant Hitler, que le système de terreur le plus élaboré et le plus désespérant gouvernait le pays, réprimait la liberté et le bonheur des gens, et que les dirigeants allemands conduisaient irrémédiablement ces masses dociles et bienveillantes vers une autre guerre, contre leur volonté et à leur insu.»

Cependant, elle n'était pas encore disposée à dévoiler en public sa nouvelle vision des choses. «Je m'efforçais encore de rester réservée au sujet de mon hostilité, je ne l'exprimais pas.»

Elle la révélait de façon indirecte en proclamant d'une façon délibérément anticonformiste un intérêt affirmé pour le plus grand ennemi du régime, l'Union soviétique. «Une curiosité commençait à grandir en moi au sujet de la nature de ce gouvernement, tellement vilipendé en Allemagne, et de son peuple, décrit comme totalement impitoyable», se souvient-elle.

Contre la volonté de ses parents, mais encouragée par Boris, elle commença à préparer un voyage en Union soviétique.

En juin, Dodd avait compris que le «problème juif», comme il continuait de l'appeler, était loin de s'être amélioré. Dans un courrier au secrétaire Hull, il s'exprimait ainsi: «La perspective d'une issue[6] m'apparaît de moins en moins probable.» Comme Messersmith, il constatait que les persécutions étaient omniprésentes, même si elles avaient changé de nature, pour devenir «plus subtiles et moins affichées».

En mai, il signala que le parti nazi[7] avait lancé une campagne contre les «râleurs et les mécontents» qui avait pour but de redynamiser la *Gleichschaltung*. Inévitablement, cette campagne accentua la pression sur les Juifs. *Der Angriff,* le journal de Goebbels, poussait ses lecteurs à «garder un œil vigilant sur les Juifs et à dénoncer chacun de leurs mouvements», rapportait Dodd. Les propriétaires juifs du *Frankfurter Zeitung* avaient été contraints d'abandonner leur participation majoritaire dans le journal, de même que les derniers patrons juifs du célèbre empire d'édition Ullstein. Une grande société de caoutchouc dut fournir la preuve qu'elle n'employait aucun Juif avant de répondre à des appels d'offres municipaux. La Croix-Rouge allemande se vit brusquement demander de certifier que ses nouveaux donateurs étaient d'origine aryenne. Et les juges de deux villes différentes accordèrent à deux hommes l'autorisation de divorcer pour la seule raison que leur épouse était juive, argumentant que ces mariages ne pouvaient produire qu'une progéniture de « sang-mêlé » qui affaiblirait la race allemande.

« Ces exemples et d'autres de moindre importance révèlent une méthode différente de traitement des Juifs, écrivit Dodd. Une méthode peut-être moins calculée pour entraîner des répercussions à l'étranger, mais reflétant néanmoins la détermination des nazis à chasser les Juifs du pays. »

La population aryenne de l'Allemagne[8] subissait également un contrôle plus sévère. Dans une autre dépêche rédigée le même jour, l'ambassadeur expliquait comment le ministère de l'Éducation avait annoncé que la semaine scolaire serait divisée de sorte que deux soirs – celui du samedi et du mercredi – seraient réservés aux exigences des Jeunesses hitlériennes.

Dorénavant, le samedi s'appelait le *Staatsjugendtag*, la journée nationale de la jeunesse.

Le temps restait chaud, avec de rares averses. Le samedi 2 juin 1934, la température frisait les vingt-sept degrés, et l'ambassadeur Dodd nota dans son journal : « Pour la première fois, l'Allemagne paraît aride[9] ; les arbres et les champs sont jaunes. Les journaux sont pleins d'articles sur la sécheresse en Bavière, et aux États-Unis aussi.»

À Washington, Moffat mentionnait aussi le temps. Dans son journal, il parle de «la canicule»[10] et il situait au dimanche 20 mai le jour où elle avait commencé, avec un record de trente-trois degrés. Il se trouvait dans son bureau.

Personne ne le savait encore, bien sûr, mais l'Amérique venait d'entrer dans une deuxième série de sécheresses catastrophiques qui allaient bientôt transformer les Grandes Plaines en *Dust Bowl*, un immense «bol de poussière».

41

DES PROBLÈMES
CHEZ LE VOISIN

Comme l'été approchait, la sensation de malaise à Berlin devenait de plus en plus aiguë. L'atmosphère était «tendue, électrique[1], écrit Martha. Chacun sentait qu'il y avait quelque chose dans l'air, sans savoir ce que c'était».

L'ambiance étrange et l'état fragile de l'Allemagne furent au centre des conversations d'un *Tee-Empfang* – une réception en fin d'après-midi – organisé chez Putzi Hanfstaengl le vendredi 8 juin 1934, en présence de la famille Dodd.

En rentrant chez eux dans la soirée, les Dodd ne purent s'empêcher de remarquer qu'il se passait quelque chose d'inhabituel sur la Bendlerstrasse, la dernière petite rue sur leur trajet avant qu'ils arrivent chez eux. Là, bien en vue, se dressaient les bâtiments du Bendler Block, le quartier général de l'armée. De fait, les Dodd et l'armée étaient presque voisins sur l'arrière, au fond du jardin – un homme au bras musclé, lançant un caillou depuis le terrain de la famille, aurait pu briser une des vitres du bâtiment de l'armée.

Le changement était manifeste[2]. Des soldats étaient postés sur le toit des bâtiments. Des patrouilles lourdement armées arpentaient les trottoirs. Des camions militaires et des voitures de la Gestapo obstruaient la chaussée.

Les forces restèrent déployées durant la nuit du vendredi au samedi. Puis, le matin du dimanche 10 juin, les soldats et les camions disparurent.

Dans la maison de l'ambassadeur, un courant d'air frais se glissait depuis le terrain boisé du Tiergarten. Des cavaliers se promenaient dans le parc, comme toujours, et on pouvait entendre le bruit sourd des sabots dans le silence du matin dominical.

42

LES JOUJOUX
D'HERMANN

Au milieu des nombreuses rumeurs d'un soulèvement imminent, Dodd et ses pairs du corps diplomatique avaient du mal à imaginer qu'Hitler, Göring et Goebbels pourraient résister beaucoup plus longtemps. Dodd les considérait toujours comme des adolescents incompétents et dangereux – «des gamins de seize ans», disait-il à présent –, confrontés à une accumulation de problèmes impressionnants. La sécheresse ne cessait de s'aggraver. L'économie ne donnait guère de signe d'amélioration, à part la baisse illusoire du chômage. Le fossé entre Röhm et Hitler semblait s'être approfondi. Et des scènes continuaient de survenir, étranges, absurdes, qui laissaient penser que l'Allemagne n'était que le décor d'une comédie grotesque, et non pas un pays sérieux à une époque sérieuse.

Le dimanche 10 juin 1934[1], eut lieu un de ces épisodes. Dodd, l'ambassadeur de France François-Poncet et sir Eric Phipps, celui de Grande-Bretagne, participèrent avec une trentaine d'invités à une sorte de journée portes ouvertes dans le vaste domaine de Göring, à une heure de route au nord de Berlin. Il l'avait baptisé Carinhall en souvenir de sa défunte femme suédoise, Carin, qu'il vénérait; plus tard ce même mois, il avait l'intention d'exhumer sa dépouille en Suède, de la faire transporter en Allemagne et de l'ensevelir dans un mausolée sur sa propriété. Ce jour-là, toutefois, Göring voulait seulement montrer ses bois et son nouvel enclos à bisons, où il espérait voir les animaux se reproduire avant de les lâcher en liberté sur ses terres.

La famille Dodd arriva tard dans la nouvelle Buick, qui avait subi en route une défaillance mécanique mineure, mais ils réussirent néanmoins à arriver avant Göring. Les indications leur disaient de rouler jusqu'à un point précis dans le domaine. Pour éviter à ses invités de se perdre, Göring avait posté à chaque croisement des soldats qui leur montraient la direction. Dodd et sa femme trouvèrent les autres invités attroupés autour d'un animateur qui dissertait sur certains aspects du domaine. Les Dodd apprirent qu'ils étaient à la limite de l'enclos aux bisons.

Göring arriva enfin, roulant vite, seul, dans une voiture de course, selon la description de Phipps. Il mit pied à terre, vêtu d'un uniforme qui était à moitié un costume d'aviateur, à moitié celui d'un chasseur médiéval. Il portait des bottes en caoutchouc et avait glissé dans sa ceinture un poignard.

Il prit la place du premier orateur. Il se servait d'un micro et parlait très fort, produisant un effet discordant dans ce décor sylvestre. Il expliqua qu'il entendait ouvrir une réserve forestière qui recréerait les conditions de l'Allemagne des origines, y compris la faune ancienne comme le bison qui se tenait aujourd'hui indolent, non loin d'eux. Trois photographes et un opérateur de « cinématographe » fixèrent l'événement sur pellicule.

Elisabetta Cerruti, la jolie femme de l'ambassadeur d'Italie, une Juive hongroise, raconte la suite.

« Mesdames et messieurs, déclara Göring, dans quelques minutes vous allez assister à un spectacle de la nature à l'œuvre. » Il fit un geste en direction de la cage en fer. « Dans cette cage se trouve un bison mâle puissant, un animal pratiquement inconnu sur notre continent... Il va rencontrer ici, sous vos propres yeux, la femelle de son espèce. Veuillez garder le silence et ne craignez rien. »

Les assistants de Göring ouvrirent la cage.

« Ivan le Terrible, tonna Göring, je t'ordonne de quitter ta cage ! »

Le taureau ne bougea pas.

Göring renouvela son ordre. Le taureau resta de marbre.

Les gardiens tentèrent de le faire remuer. Les photographes se préparèrent pour la charge libidineuse qui ne pouvait manquer de s'ensuivre.

L'ambassadeur de Grande-Bretagne écrivit dans son journal que le mâle sortit de sa cage « avec la plus extrême réticence et, après avoir considéré les femelles d'un œil morne, tenta d'y retourner ». Phipps retrace aussi la scène dans une note adressée ultérieurement à Londres et qui devint célèbre au Foreign Office sous le nom de « la dépêche du bison ».

Ensuite, Dodd, sa femme Mattie et les autres invités montèrent dans une trentaine de petites charrettes prévues pour deux passagers, conduites par des paysans, et entreprirent un long trajet sinueux à travers les forêts et les prairies. Göring était en tête dans une charrette tirée par deux grands chevaux, Mme Cerruti était assise à sa droite. Une heure plus tard, la procession s'arrêta près d'un marais. Göring mit pied à terre et prononça un autre discours, cette fois à la gloire des oiseaux.

De nouveau, les invités grimpèrent dans leurs charrettes et, après un autre parcours interminable, ils parvinrent à une clairière où leurs automobiles les attendaient. Göring hissa sa lourde carcasse dans sa voiture et partit à toute allure. Les invités suivirent plus lentement et, au bout de vingt minutes, parvinrent à un lac auprès duquel se dressait un pavillon de chasse immense, nouvellement construit, qui semblait vouloir évoquer la maison d'un lord médiéval. Göring les attendait, vêtu d'un costume totalement différent, « une nouvelle tenue d'été blanche superbe », nota Dodd – tennis blanches, pantalon de coutil blanc, chemise blanche, et une veste de chasse de cuir vert, avec le même couteau de chasse passé à la ceinture. Dans une main, il tenait un long instrument qui semblait être un croisement entre un bâton de berger et un harpon.

Il était à présent dix-huit heures et le soleil baignait le paysage d'une agréable teinte ambre. Le bâton à la main, Göring conduisit ses invités dans la maison. Une collection d'épées était accrochée juste à côté de la porte d'entrée. Il montra fièrement ses salons « doré » et « argenté », la salle de jeu, la bibliothèque, la salle de gymnastique et la salle de cinéma. Un couloir était hérissé de dizaines de ramures. Dans le grand salon, ils trouvèrent un arbre planté en terre, un bronze d'Hitler et un espace encore inoccupé dans lequel Göring avait l'intention d'installer une statue de Wotan, le dieu germanique de la guerre. Göring «étalait sa vanité à tout instant», remarque Dodd dans ses mémoires. Il nota que plusieurs invités échangeaient des discrets regards amusés.

Puis Göring refit sortir les invités, où ils reçurent l'ordre de s'asseoir aux tables disposées en plein air pour un repas orchestré par l'actrice Emmy Sonnemann, que Göring désigna comme sa «secrétaire particulière», bien qu'il fût de notoriété publique qu'ils avaient une liaison. (Mme Dodd appréciait Sonnemann et dans les mois qui suivirent, rapporte Martha, elle lui devint «assez attachée»[2].) L'ambassadeur Dodd s'installa à la même table que le vice-chancelier von Papen, Phipps et François-Poncet, entre autres. Il fut déçu par le résultat. «La conversation fut sans intérêt», écrivit-il, même s'il se trouva brièvement impliqué quand les échanges portèrent sur un nouveau livre concernant la marine allemande durant la guerre de 14-18, au cours desquels des propos extrêmement belliqueux incitèrent Dodd à déclarer: «Si les peuples connaissaient la vérité historique, il n'y aurait plus jamais de grande guerre.»

Phipps et François-Poncet rirent, mal à l'aise.

Quelques instants plus tard, la discussion reprit: «Nous sommes passés, écrit Dodd, à d'autres sujets moins risqués.»

Dodd et Phipps avaient cru – espéré, plutôt – que, le repas terminé, ils pourraient s'excuser et entreprendre le trajet de retour pour Berlin, où tous deux avaient des fonctions officielles à assumer, mais Göring les informa alors que le clou du spectacle – «cette curieuse comédie», selon Phipps – était encore à venir.

Le maître de céans conduisit ses invités sur une autre partie de la rive du lac, à environ cinq cents mètres, où il s'arrêta devant un tombeau dressé sur le rivage. Là, Dodd découvrit, selon ses termes, « l'édifice le plus élaboré en son genre que j'aie jamais vu ». Le mausolée était placé au milieu de deux grands chênes et de six gros blocs de grès sarsen rappelant les mégalithes de Stonehenge. Göring s'avança vers l'un des chênes et se planta devant, jambes écartées, tel un lutin des bois gargantuesque. Le couteau de chasse était toujours dans sa ceinture et, de nouveau, il brandit le bâton médiéval. Il disserta sur les vertus de sa défunte femme, l'emplacement idyllique de son tombeau, et ses projets pour faire transférer sa dépouille, ce qui aurait lieu en grande pompe dans dix jours, au moment du solstice d'été, jour que l'idéologie païenne des fidèles du national-socialisme avait chargé d'une importance symbolique. Hitler serait présent, de même qu'une noria d'officiers militaires, des SS et des SA.

Enfin, « lassés de cet étrange étalage », Dodd et Phipps allèrent en tandem faire leurs adieux à Göring. Mme Cerruti, qui guettait manifestement l'occasion de s'éclipser, les battit de vitesse. « Lady Cerruti vit notre intention, écrivit Dodd, et elle se leva promptement de sorte à ne laisser personne empiéter sur sa détermination à rester en tête, quoi qu'il arrive. »

Le lendemain, Phipps nota dans son journal, au sujet de la journée portes ouvertes chez Göring : « Tout le déroulement des opérations a été tellement étrange que cela donnait, par moments, une impression d'irréalité. » Mais l'épisode lui avait fourni un aperçu, aussi précieux que dérangeant, sur la nature de l'autorité nazie. «On était surtout frappé par la naïveté hautement pitoyable du général Göring, qui exhibait tous ses jouets comme un grand et gros enfant gâté : ses bois primitifs, son bison et ses oiseaux, son pavillon de chasse et le lac et la plage, sa blonde "secrétaire particulière", le mausolée de sa femme, les cygnes et les blocs de grès sarsen... Et puis je me suis souvenu de ses autres joujoux, moins innocents et dotés d'ailes, qui pourraient être lancés un jour dans leur mission meurtrière, dans le même esprit enfantin et avec la même jubilation enfantine.»

43

UN PYGMÉE
PREND LA PAROLE

Désormais, partout où Martha et son père allaient, ils entendaient des rumeurs selon lesquelles l'effondrement du régime hitlérien pourrait être imminent. Tandis que les chaudes journées de juin se succédaient, les rumeurs devenaient plus détaillées. Dans les cafés et les bars, les clients se lançaient dans leur jeu franchement hasardeux consistant à composer et comparer la liste de ceux qui constitueraient le prochain gouvernement. Les noms de deux anciens chanceliers[1] revenaient régulièrement : le général Kurt von Schleicher et Heinrich Brüning. Selon certains, Hitler resterait chancelier mais serait placé sous la houlette d'un nouveau cabinet, plus puissant, avec von Schleicher en tant que vice-chancelier, Brüning comme ministre des Affaires étrangères et le capitaine Röhm à la Défense. Le 16 juin 1934, onze mois après son arrivée à Berlin, Dodd écrivit au secrétaire d'État Hull : « Partout où je vais, on me parle de résistance[2], de putschs possibles dans les grandes villes. »

Et puis il y eut un événement qui, jusqu'à ce printemps, aurait paru inconcevable étant donné les redoutables obstacles à la dissidence dressés par l'autorité d'Hitler.

Le dimanche 17 juin, le vice-chancelier von Papen devait faire un discours à Marbourg à l'université de la ville, située à une courte distance au sud-ouest de Berlin en train. Il n'avait pas consulté le texte avant de monter à bord, à cause d'une conspiration entre le rédacteur de ses discours, Edgar Jung, et son secrétaire, Fritz Günther von Tschirschky und Boegendorff. Jung était un éminent conservateur et il était devenu si résolument opposé au parti nazi qu'il avait brièvement envisagé d'assassiner Hitler. Jusque-là, il n'avait laissé transparaître aucune opinion antinazie dans les discours de von Papen, mais il sentait que le conflit qui couvait au sein du gouvernement représentait une chance unique. Si von Papen s'élevait contre le régime, se disait Jung, ses propos pourraient enfin pousser le président Hindenburg et l'armée à chasser les nazis du pouvoir et à réprimer les SA, en vue de rétablir l'ordre dans le pays. Jung avait révisé minutieusement le discours avec Tschirschky, mais les deux hommes l'avaient volontairement remis à la dernière minute au vice-chancelier pour qu'il n'ait pas d'autre solution que de le prononcer. « Le discours avait exigé des mois de travail[3], expliqua Tschirschky par la suite. Il était nécessaire de trouver la bonne occasion pour qu'il le prononce, et nous avions dû tout préparer avec le plus de soin possible. »

À présent, dans le train, tandis que von Papen découvrait le texte, Tschirschky vit une expression de peur se dessiner sur son visage. Le fait qu'un homme comme von Papen, un personnage dénué d'héroïsme, a cru qu'il pourrait prononcer ce discours et s'en tirer sain et sauf donne la mesure du changement d'état d'esprit en Allemagne – le sentiment général qu'un changement spectaculaire était imminent. Encore qu'il n'eût guère le choix. «Nous l'avons plus ou moins forcé à faire ce discours», précise Tschirschky. Des exemplaires avaient déjà été distribués aux correspondants étrangers. Même si von Papen se dérobait à la dernière minute, le texte continuerait de circuler. Manifestement, des fuites avaient déjà eu lieu car, quand von Papen arriva sur place, la salle bruissait d'impatience. Son anxiété augmenta certainement quand il découvrit que plusieurs sièges étaient occupés par des hommes en chemise brune avec un brassard orné d'une croix gammée.

Von Papen s'approcha de la tribune.

«On m'a fait savoir[4], commença-t-il, que ma responsabilité dans les événements en Prusse et dans la formation du présent gouvernement...» – une allusion au rôle qu'il avait joué dans l'accession d'Hitler au poste de chancelier – «... a eu de telles répercussions sur les événements en Allemagne que je suis obligé de considérer ceux-ci d'un œil plus critique que la plupart des gens.»

Les remarques qui suivaient auraient valu le gibet à tout homme d'une moindre stature. «Le gouvernement, déclara von Papen, se rend bien compte de l'égoïsme, du manque de principes, de l'insincérité, du comportement discourtois, de l'arrogance qui ne cessent de se répandre au nom de la révolution allemande.» Si le gouvernement espérait établir «une relation approfondie et amicale avec le peuple, avertit-il, il ne doit pas sous-estimer son intelligence, la confiance doit être réciproque et il ne doit pas y avoir de tentatives permanentes d'intimidation».

Le peuple allemand, dit-il, suivra Hitler avec une loyauté à toute épreuve « à condition d'être autorisé à participer à la prise de décisions, que chaque parole critique ne soit pas immédiatement interprétée comme malintentionnée et que les patriotes désespérés ne soient pas catalogués comme traîtres ».

Le moment était venu, proclamait-il, « de réduire au silence les fanatiques doctrinaires ».

Le public réagit comme s'il attendait depuis très longtemps à entendre de tels propos. Tandis que von Papen concluait son discours, la foule se leva d'un bond. « Le tonnerre des applaudissements »[5], remarqua von Papen, noya les « protestations furieuses » des nazis en uniforme présents dans la salle. L'historien John Wheeler-Bennett, qui habitait Berlin à l'époque, remarque : « La joie avec laquelle ces propos[6] furent reçus en Allemagne est indescriptible. C'était comme si un poids avait brusquement été soulevé de l'âme allemande. L'impression de soulagement était presque palpable. Von Papen avait mis en mots ce que des dizaines de milliers de ses compatriotes avaient dissimulé dans leur cœur, de peur des conséquences épouvantables s'ils s'exprimaient. »

Le jour même, Hitler devait prendre la parole ailleurs en Allemagne, au sujet d'un voyage qu'il venait d'effectuer en Italie pour rencontrer Mussolini. Hitler profita de l'occasion pour lancer une attaque contre von Papen et ses alliés conservateurs, sans citer von Papen directement. « Tous ces petits nains[7] qui croient avoir quelque chose à revendiquer contre nos idées seront balayés par la force collective de celles-ci », vociféra Hitler.

Il s'insurgea contre «ce petit ver ridicule», ce «Pygmée qui s'imagine qu'il peut arrêter, par quelques phrases, la gigantesque renaissance vitale d'un peuple».

Il adressa un avertissement au camp de von Papen : «S'ils s'avisaient de tenter, à un moment quelconque[8], même d'une façon minime, de passer de la critique à un nouvel acte de parjure, ils peuvent être sûrs que ce n'est pas la bourgeoisie lâche et corrompue de 1918 qui les affrontera aujourd'hui, mais le poing du peuple tout entier. C'est le poing de la nation qui est serré et s'écrasera sur quiconque osera entreprendre la moindre tentative de sabotage.»

Goebbels intervint immédiatement pour censurer le discours de von Papen. Il en interdit la diffusion à la radio et ordonna la destruction des disques pour gramophone sur lesquels il avait été gravé. Il interdit aux journaux de publier le texte ou d'en rapporter le contenu, même si un journal au moins, le *Frankfurter Zeitung*, réussit à en reproduire de larges extraits. Goebbels était tellement résolu à empêcher la propagation du discours que des exemplaires du journal «furent arrachés des mains des clients[9] dans les restaurants et les cafés».

Les amis politiques de von Papen utilisèrent les presses du journal *Germania*, que dirigeait le vice-chancelier, pour imprimer des copies du discours qui furent distribuées discrètement auprès des diplomates, correspondants étrangers et autres. Le discours fit sensation à l'étranger. Le *New York Times* demanda que l'ambassade américaine à Berlin lui envoie le texte intégral par télégraphe. Les journaux de Londres et de Paris s'en firent largement l'écho.

L'événement augmenta l'impression d'inquiétude sourde qui imprégnait Berlin. «Quelque chose planait dans l'air étouffant[10], écrit Hans Gisevius, le mémorialiste de la Gestapo, et un flot de rumeurs vraisemblables aussi bien que totalement extravagantes se déversait sur la population intimidée. Des contes à dormir debout trouvaient volontiers crédit. Chacun chuchotait et propageait de nouvelles rumeurs.» Des hommes des deux côtés de l'abîme politique «commençaient à se demander avec une réelle inquiétude si des assassins avaient été recrutés pour les liquider et qui étaient ces tueurs».

Quelqu'un jeta une grenade[11] du haut du toit d'un immeuble sur Unter den Linden. Elle explosa, mais ne blessa que l'amour-propre des dirigeants du gouvernement et des SA qui se trouvaient dans les parages. Karl Ernst, le jeune et fringant chef de la division berlinoise des SA, était passé par là cinq minutes avant l'explosion et jura qu'il en était la cible et que Himmler était responsable.

Dans ce maelström de tension et de peur, l'idée que Himmler veuille tuer Ernst était tout à fait plausible. Même après que l'enquête policière eut identifié le prétendu assassin, un ouvrier à temps partiel mécontent, l'atmosphère de crainte et de doute subsista, comme la fumée qui s'échappe du canon d'un fusil. «Partout les gens chuchotaient[12], échangeaient des clins d'œil et des hochements de tête, écrit Gisevius. Des traces de soupçon subsistaient.»

Le pays semblait retenir son souffle, arrivé à la scène cruciale d'un film à suspense. «La tension était à son comble, raconte Gisevius. Le tourment de l'incertitude était plus dur à supporter que la canicule et l'humidité. Personne ne savait ce qui se préparait et chacun sentait que quelque chose d'effrayant menaçait.» Victor Klemperer, le philologue juif, le percevait aussi : «Partout l'incertitude, l'effervescence[13], les secrets, écrit-il dans son journal à la mi-juin. Nous vivons au jour le jour.»

Pour Dodd, le discours de von Papen à Marbourg semblait un révélateur de ce qu'il avait longtemps pensé : le régime d'Hitler était trop brutal et irrationnel pour perdurer. Le vice-chancelier d'Hitler s'était élevé contre le régime et avait survécu. Était-ce l'étincelle qui mettrait le feu au régime du chancelier ? Si c'était le cas, il était étrange que le coup ait été donné par quelqu'un d'aussi peu courageux que von Papen.

«L'atmosphère est survoltée en ce moment[14] en Allemagne, nota Dodd dans son journal le mercredi 20 juin. Tous les vieux intellectuels allemands sont ragaillardis.» Brusquement, des fragments d'autres informations commençaient à faire sens, dont la fureur accrue dans les discours d'Hitler et ses adjoints. «On dit que toute la garde rapprochée des dirigeants donne des signes de rébellion, écrit Dodd. Cependant, ceux qui circulent dans le pays signalent que les entraînements aériens, les exercices et les manœuvres militaires sont un spectacle de plus en plus courant.»

Le même mercredi, von Papen rendit visite à Hitler pour se plaindre de la censure qui frappait son discours. «Je me suis exprimé à Marbourg[15] en tant qu'émissaire du président, annonça-t-il au chancelier. L'intervention de Goebbels me force à démissionner. Je vais le faire savoir à Hindenburg sur-le-champ.»

Pour Hitler, c'était là une menace grave. Il était conscient que le président Hindenburg avait l'autorité constitutionnelle de le congédier, qu'il demeurait le chef de l'armée régulière, et que ces deux facteurs faisaient de Hindenburg le seul personnage véritablement puissant en Allemagne sur lequel il n'avait aucun pouvoir. Hitler comprenait aussi que Hindenburg et von Papen – le « Fränzchen » (petit Franz) du président – entretenaient des liens personnels très étroits et savait que Hindenburg avait télégraphié au vice-chancelier pour le féliciter après son discours.

Sur ce, von Papen déclara à Hitler qu'il allait se rendre chez Hindenburg à Neudeck pour lui demander de l'autoriser à publier l'intégralité de son discours.

Hitler s'efforça de l'amadouer. Il lui promit de lever l'interdiction du ministre[16] de la Propagande et lui dit qu'il l'accompagnerait à Neudeck afin de rencontrer Hindenburg ensemble. Dans un moment d'étonnante naïveté, von Papen accepta.

Cette nuit-là, les fêtards du solstice allumèrent des feux de joie dans toute l'Allemagne. Au nord de Berlin, le train funèbre qui transportait la dépouille de Carin, la femme de Göring, s'arrêta dans une gare proche de Carinhall. Des formations de soldats et d'officiers nazis occupaient la place devant la gare tandis qu'un orchestre interprétait la *Marche funèbre* de Beethoven. D'abord, huit policiers soulevèrent le cercueil puis, avec beaucoup de cérémonie, le transmirent à un autre groupe de huit hommes, et ainsi de suite jusqu'à ce que, enfin, il fût placé sur une voiture tirée par six chevaux pour achever le parcours jusqu'au mausolée au bord du lac, dans la propriété. Hitler participait à la procession. Des soldats portaient des torches. Près du tombeau, de grandes vasques étaient remplies de flammes. Ultime détail pour donner le frisson, minutieusement orchestré, le son plaintif des cors de chasse montait de la forêt par-delà la lueur rougeoyante des torches.

Himmler arriva. Il était dans tous ses états. Il prit Hitler et Göring à part et leur annonça une nouvelle troublante – fausse, comme il ne pouvait manquer de le savoir, mais un petit coup de pouce supplémentaire était utile pour inciter Hitler à agir contre Röhm. Himmler était hors de lui parce qu'on venait juste d'essayer de le tuer. Une balle avait traversé son pare-brise. Il en accusait Röhm et les SA. Il n'y avait pas un instant à perdre, affirmait-il : les SA étaient manifestement au bord de la révolte.

Le trou dans le pare-brise, cependant, n'avait pas été pratiqué par une balle. Hans Gisevius put consulter le rapport de police. Les dégâts correspondaient plutôt à l'impact d'un caillou projeté par le passage d'une voiture. « C'est donc délibérément, froidement[17], que [Himmler] rendit les SA responsables d'une tentative d'assassinat », écrit Gisevius.

Le lendemain, le 21 juin 1934[18], Hitler prit l'avion pour se rendre chez Hindenburg – sans von Papen, comme c'était certainement son intention dès le départ. À Neudeck, cependant, il rencontra d'abord le ministre de la Défense, Werner von Blomberg. Le général, en uniforme, l'accueillit sur les marches du château de Hindenburg. Le ministre n'y alla pas par quatre chemins. Il fit savoir à Hitler que Hindenburg s'inquiétait de la tension croissante à l'intérieur du pays. Si Hitler ne pouvait garder la situation sous contrôle, dit von Blomberg, Hindenburg déclarcrait la loi martiale et remettrait le pouvoir entre les mains de l'armée.

Quand Hitler rencontra Hindenburg, il reçut le même message. Sa visite à Neudeck dura en tout trente minutes. Il reprit l'avion pour Berlin.

Pendant toute la semaine, Dodd entendit parler du vice-chancelier von Papen et de son discours, et du fait que c'était un vrai miracle qu'il ait survécu. Les correspondants et les diplomates prirent note des activités de von Papen – les déjeuners auxquels il se rendait, avec qui il s'entretenait, qui l'évitait, où sa voiture était garée, s'il faisait encore ses promenades matinales au Tiergarten –, à l'affût de signes de ce qui se préparait pour lui, et pour l'Allemagne. Le jeudi 21 juin, Dodd et von Papen assistèrent à un discours de Hjalmar Schacht, le président de la Reichsbank. Après quoi, nota Dodd, von Papen parut recevoir plus d'attentions que l'orateur. Goebbels était également présent. Dodd remarqua que von Papen alla à sa table, lui serra la main et se joignit à lui pour une tasse de thé. Dodd était sidéré, car ce n'était plus le même Goebbels «qui, après le discours de Marbourg[19], aurait donné l'ordre de son exécution immédiate si Hitler et von Hindenburg n'étaient intervenus».

L'atmosphère à Berlin restait explosive, nota Dodd dans son journal le samedi 23 juin. «La semaine se termine tranquillement[20], mais on perçoit un grand malaise.»

44

LE MESSAGE DANS
LA SALLE DE BAINS

Von Papen se déplaçait dans Berlin, apparemment sans encombre et, le 24 juin 1934, il se rendit à Hambourg pour représenter Hindenburg au Deutsche Derby, une course hippique, où la foule l'acclama avec ardeur. Goebbels arriva et se fraya un chemin dans la cohue derrière une phalange de soldats, déclenchant sifflets et huées. Les deux hommes se serrèrent la main pendant que les photographes immortalisaient l'événement.

Edgar Jung, le rédacteur des discours de von Papen, cherchait à se faire oublier. À présent, il était convaincu que le discours de Marbourg allait lui coûter la vie. L'historien John Wheeler-Bennett fixa une rencontre clandestine avec lui dans un endroit boisé en dehors de Berlin. « Il était tout à fait calme et fataliste[1], rapporta Wheeler-Bennett, mais il parlait avec la liberté de celui qui n'a aucune perspective et de ce fait, rien à perdre, et il m'a raconté beaucoup de choses. »

La rhétorique du régime se faisait plus menaçante. Dans une allocution à la radio le lundi 25 juin, Rudolf Hess lança : « Malheur à celui qui manque à sa parole[2], croyant que, en se révoltant, il sert la révolution. » Le Parti, déclara-t-il, affronterait toute rébellion avec une force absolue, conformément au principe : « Si tu frappes, frappe fort ! »

Le lendemain matin, le mardi 26 juin, quand la gouvernante d'Edgar Jung arriva chez lui, elle trouva sa maison mise à sac, les meubles renversés, les vêtements et les papiers disséminés partout sur le sol. Sur l'armoire à pharmacie[3], Jung avait griffonné un seul mot : GESTAPO.

Diels se préparait à prêter serment en tant que président régional de Cologne. Göring vint sur place pour assister à l'événement. Son avion blanc apparut dans l'azur d'une « superbe journée d'été dans le Rheinland »[4], selon les mots de Diels. Pour la cérémonie, ce dernier portait son uniforme noir des SS, Göring un uniforme blanc de sa conception. Après quoi, Göring s'entretint avec Diels et le mit en garde : « Faites attention dans les prochains jours. »

Diels prit cet avertissement à cœur. Passé maître dans l'art de ménager ses sorties, il quitta la ville pour séjourner dans la région de l'Eifel, au sud de Cologne.

45

LE DÉSARROI
DE MME CERRUTI

L e jeudi 28 juin 1934, l'ambassadeur Dodd
nota dans son journal : « Ces cinq derniers
jours[1], des nouvelles de toutes sortes ont contribué à
rendre l'atmosphère de Berlin plus tendue qu'à aucun
moment depuis mon arrivée en Allemagne.» Le discours
de von Papen restait l'objet de discussions quotidiennes.
Avec une férocité croissante, Hitler, Göring et Goebbels
menaçaient de terribles représailles tous ceux qui
oseraient s'opposer au gouvernement. Dans un câble
adressé au Département d'État, Dodd comparait l'atmosphère menaçante à celle de la Révolution française :
« La situation rappelle beaucoup ce qui se passait à
Paris[2] en 1792, quand les Girondins et les Jacobins se
disputaient le pouvoir. »

Sa propre famille souffrait d'une source de tension
supplémentaire qui n'avait rien à voir avec la météorologie ou l'agitation politique. Contre la volonté de
ses parents, Martha s'obstinait à projeter un voyage en
Russie. Elle soutenait que sa motivation n'avait aucun

rapport avec le communisme en soi, mais tenait à son amour pour Boris et à son dégoût croissant pour la révolution nationale-socialiste. Elle admettait que Boris était un fidèle communiste, mais s'il l'influençait sur le plan politique, selon elle, c'était uniquement « du fait de son magnétisme et de sa simplicité[3], et de l'amour de son pays ». Elle avouait être tenaillée par une ambivalence « à son égard, concernant ses croyances, le système politique de son pays, notre avenir commun ». Elle tenait à faire ce voyage sans lui.

Elle voulait découvrir le plus possible de la Russie et n'écouta pas ses conseils de s'en tenir à quelques grandes villes. Il voulait qu'elle acquière une compréhension approfondie de sa patrie, et non pas la vision superficielle d'une touriste. Il admettait aussi que voyager dans son pays n'était pas aussi rapide et confortable qu'en Europe occidentale, et que les petites et grandes villes russes ne possédaient pas le charme instantané des villages pittoresques d'Allemagne ou de France. De fait, l'Union soviétique était tout sauf le paradis des prolétaires que beaucoup d'étrangers progressistes imaginaient. Sous Staline, les paysans avaient été contraints[4] de former de vastes coopératives. Beaucoup résistèrent et on estime que cinq millions de gens – hommes, femmes et enfants – ont tout simplement disparu, beaucoup ayant été expédiés dans des camps de travail lointains. Les logements étaient primitifs, les biens de consommation à peu près inexistants. L'Ukraine était ravagée par la famine. L'élevage subissait un déclin spectaculaire. De 1929 à 1933, le nombre total de têtes de bétail passa de 69,1 millions à 38,6 millions ; pour les chevaux, de 34 millions à 16,6 millions. Boris savait très bien que, pour un simple visiteur, le spectacle du pays et de la société, et surtout l'apparence terne des ouvriers russes sembleraient peu captivants, surtout si le voyageur se trouvait épuisé par un voyage difficile et la présence incontournable d'un guide de l'Intourist.

Néanmoins, Martha choisit le circuit n° 9, Volga-Caucase-Crimée[5], devant commencer le 6 juillet par un vol – pour elle, son baptême de l'air – de Berlin à Leningrad. Après deux jours à Leningrad, elle prendrait le train pour Moscou, y passerait quatre jours, puis emprunterait le train de nuit pour Gorki et, deux heures après son arrivée à dix heures quatre, elle devait prendre un bateau à vapeur sur la Volga pour une croisière de quatre jours avec escale à Kazan, Samara, Saratov et Stalingrad, où elle ferait la visite obligatoire d'une usine de tracteurs. De Stalingrad, un train l'emmènerait à Rostov-sur-le-Don, où elle aurait l'option de visiter une ferme d'État, avec un soupçon de capitalisme, car la visite de la ferme exigeait un « supplément ». Après quoi, Ordjonikidze, Tiflis, Batoumi, Yalta, Sébastopol, Odessa, Kiev et, pour finir, elle retournerait à Berlin par le train, où elle devait arriver le 7 août, au trente-troisième jour de son voyage, à – vision optimiste – dix-neuf heures vingt-deux précises.

Ses rapports avec Boris continuaient de s'approfondir, même avec les furieuses oscillations habituelles entre la passion et la colère, et l'habituelle cascade de missives implorantes et de fleurs fraîches qu'il lui adressait. À un moment donné, elle lui renvoya les trois singes en céramique. Il les lui retourna.

« Martha ! écrivait-il[6], cédant à sa passion pour le point d'exclamation :

«Je te remercie pour tes lettres et pour ta "non-amnésie". Tes trois singes ont grandi (ils sont devenus adultes) et veulent rester avec toi. Je te les renvoie. Je dois te le dire franchement : ces trois singes meurent d'envie de te voir. Et pas seulement les trois singes ; je connais un autre beau jeune homme blond (aryen !!) qui meurt d'être avec toi. Ce beau gosse (pas plus de trente ans)... c'est moi.

«Martha ! Je veux te voir, il faut que je te dise que je n'ai absolument pas oublié mon adorable charmante petite Martha !

«Je t'aime, Martha ! Que dois-je faire pour augmenter ta confiance ?

«Fidèlement, Boris.»

À n'importe quelle époque, leurs relations auraient certainement attiré l'attention mais, en ce mois de juin à Berlin, tout prenait une gravité accrue. Tout le monde observait tout le monde. À l'époque, Martha accordait peu d'intérêt à l'opinion des autres, mais des années plus tard, dans une lettre à Agnes Knickerbocker, la femme de son ami correspondant, Knick, elle reconnut à quel point la perception des autres pouvait facilement déformer la réalité. «Je n'ai jamais œuvré à la chute[7] ni même au renversement du gouvernement américain, ni en Allemagne ni aux USA ! écrivit-elle. Je crois cependant que le seul fait de connaître et d'aimer Boris suffisait pour que certains suspectent le pire.»

À l'époque, il n'y avait rien à suspecter, insistait-elle. «C'était plutôt une de ces passions totalement absorbantes qui n'avaient aucun fondement politique, sauf que, à travers lui, j'en suis venue à apprendre quelque chose de l'URSS.»

Le vendredi 29 juin 1934 régnait la même atmosphère d'orage imminent qui avait marqué les semaines précédentes. « C'était le jour le plus chaud[8] que nous avions eu cet été-là, rapporte Elisabetta Cerruti, la femme de l'ambassadeur italien. L'air était si lourd et si humide que nous avions du mal à respirer. Des nuages noirs se profilaient à l'horizon, mais un soleil implacable brûlait au-dessus de nos têtes. »

Ce jour-là, les Dodd donnaient un déjeuner chez eux, auquel étaient conviés von Papen et d'autres personnalités du corps diplomatique ou du gouvernement, dont les Cerruti et Hans Luther, l'ambassadeur d'Allemagne aux États-Unis, présent à Berlin à ce moment-là.

Martha y assistait aussi ; elle regarda son père et le vice-chancelier von Papen s'éloigner des autres pour une conversation privée dans la bibliothèque, devant la cheminée éteinte. « Von Papen semblait sûr de lui[9] et aussi affable qu'à l'ordinaire », écrit-elle.

À un moment donné, Dodd vit von Papen et Luther se rapprocher discrètement l'un de l'autre, « l'air assez tendu ». Dodd s'avança pour intervenir et les conduisit dans l'agréable jardin d'hiver, où un autre invité se joignit à leur conversation. Faisant allusion aux photographies de presse prises pendant le Derby de Hambourg, Dodd dit à von Papen : « Le Dr Goebbels et vous sembliez en très bons termes[10] à Hambourg l'autre jour. »

Von Papen rit.

Durant le déjeuner, Mme Cerruti était placée à la droite de l'ambassadeur américain et von Papen juste en face, près de Mme Dodd. L'inquiétude d'Elisabetta Cerruti était palpable, même pour Martha qui l'observait de loin. «Elle était assise à côté de mon père[11], au bord de l'effondrement, parlant à peine, blême, soucieuse et les nerfs à vif.»

«Votre Excellence, il va se passer quelque chose de terrible[12] en Allemagne, déclara-t-elle à l'ambassadeur américain. Je le sens dans l'air.»

Selon une rumeur ultérieure, elle savait déjà ce qui allait se produire. Elle trouvait cela stupéfiant[13]. Plus tard, elle affirma que sa réflexion à Dodd ne concernait que la météorologie.

Aux États-Unis, ce vendredi, la «grande vague de chaleur» s'aggrava. Dans des endroits humides comme Washington, il devenait quasi impossible de travailler. Moffat nota dans son journal: «Température: 38,5 °C à l'ombre aujourd'hui[14].»

La chaleur et l'humidité étaient si insupportables que, le soir approchant, Moffat et Phillips et un troisième haut fonctionnaire se rendirent dans la maison d'un ami de Moffat pour profiter de sa piscine. L'ami était absent à ce moment-là. Les trois hommes se déshabillèrent et se mirent[15] à l'eau. Elle était chaude et ne leur apporta qu'un maigre réconfort. Personne ne nagea. Ils restèrent assis à discuter tranquillement, seule leur tête émergeant de l'eau.

Ils parlèrent vraisemblablement de Dodd. Quelques jours plus tôt, Phillips avait évoqué dans son journal les sorties incessantes de Dodd contre la fortune des diplomates et des officiers consulaires. «Vraisemblablement, l'ambassadeur s'en est plaint[16] auprès du président», râlait Phillips. Dodd «n'arrête pas de se plaindre du fait qu'ils dépensent à Berlin plus que leur traitement ne le permet. Il s'y oppose vigoureusement, probablement pour la simple raison qu'il ne peut lui-même dépenser d'argent au-delà de son salaire. Il s'agit là, bien sûr, d'une attitude très provinciale».

Curieusement, la mère de Moffat, Ellen Low Moffat, se trouvait à Berlin ce vendredi pour voir sa fille (la sœur de Moffat), qui était mariée au secrétaire d'ambassade John C. White. Ce soir-là, Mme Moffat assista à un dîner où elle était assise aux côtés de von Papen. Le vice-chancelier était, comme elle le confia plus tard à son fils, «en forme et plein d'entrain»[17].

46

VENDREDI SOIR

Le soir de ce vendredi 29 juin 1934[1], Hitler descendit à l'hôtel Dreesen, un de ses endroits préférés, dans la station thermale de Bad Godesberg, située sur le Rhin juste à côté de Bonn. Il venait de Essen, où il avait reçu une nouvelle déplaisante – le vice-chancelier von Papen projetait de mettre sa menace à exécution et d'aller voir Hindenburg le lendemain, samedi 30 juin, afin de persuader le « Vieux » de prendre des mesures pour serrer la bride au gouvernement d'Hitler et aux SA.

Cette nouvelle, s'ajoutant aux rapports provenant de Himmler et de Göring que Röhm préparait un coup d'État, décida Hitler à passer à l'action. Göring partit pour Berlin afin de se préparer. Hitler donna l'ordre à la Reichswehr de rester en état d'alerte, même si les forces qu'il avait l'intention de déployer étaient principalement des unités de SS. Hitler téléphona à un des principaux adjoints de Röhm et convoqua tous les chefs SA à une réunion le samedi matin à Bad Wiessee, près de

Munich, où Röhm était déjà confortablement installé à l'hôtel Hanselbauer, faisant sa cure, laquelle, ce vendredi soir, comprenait une solide beuverie. Son aide de camp, Edmund Heines, couchait avec un joli Sturmtruppen de dix-huit ans.

Goebbels rejoignit Hitler à Bad Godesberg. Ils parlaient sur la terrasse de l'hôtel tandis qu'un défilé passait en hurlant en contrebas. Des éclairs bleus éclairaient le ciel au-dessus de Bonn et le tonnerre roulait partout, amplifié par l'étrange acoustique de la vallée du Rhin.

Goebbels livra plus tard un récit mélodramatique de ces moments grisants juste avant qu'Hitler eût pris sa décision finale. L'air était devenu immobile tandis que l'orage lointain s'approchait. Brusquement, une pluie battante déferla sur eux. Hitler et lui restèrent assis quelques moments, profitant de ce déluge purifiant. Hitler rit. Ils entrèrent à l'intérieur. L'orage passé, ils retournèrent sur la terrasse. « Le Führer semblait d'humeur songeuse, grave, rapporte Goebbels. Il contemplait la claire obscurité de la nuit qui, après l'orage purificateur, s'étendait paisiblement sur un vaste paysage harmonieux. »

La foule dans la rue s'attardait malgré l'orage. « Pas une parmi les nombreuses personnes qui se tiennent en bas ne sait la menace qui plane, écrit Goebbels. Même parmi ceux entourant le chef sur la terrasse, peu ont été informés. En cet instant, il est plus que jamais digne de notre admiration. Pas un frémissement sur son visage ne révèle ce qui bouillonne en lui. Cependant, nous qui nous tenons à ses côtés dans tous les moments difficiles, nous savons combien sa souffrance est profonde, mais aussi combien il est déterminé à écraser sans pitié les rebelles réactionnaires qui violent leur serment de fidélité au Führer, sous prétexte de procéder à une nouvelle révolution. »

Il était minuit passé quand Himmler téléphona pour annoncer une mauvaise nouvelle. Il dit à Hitler que Karl Ernst, commandant de la division des SA de Berlin, avait donné l'ordre à ses forces de se mettre en état d'alerte. « C'est un putsch ! » s'écria Hitler – en dépit du fait, comme Himmler le savait certainement, que Ernst venait de se marier et qu'il se dirigeait vers le port de Brême d'où il devait partir en croisière pour sa lune de miel.

À deux heures du matin le samedi 30 juin 1934, Hitler quitta l'hôtel Dreesen et fut conduit à vive allure à l'aéroport, où il embarqua à bord d'un Junkers Ju 52, un des deux avions mis à sa disposition. Il fut rejoint par deux sous-officiers et Viktor Lutze, un cadre des SA en qui il avait confiance. (C'était Lutze qui avait parlé à Hitler des remarques cinglantes de Röhm après le discours du Führer en février 1934 devant les chefs de l'armée et des SA.) Les chauffeurs d'Hitler grimpèrent également à bord. Le deuxième avion contenait un peloton de SS armés. Les deux avions s'envolèrent pour Munich, où ils se posèrent à quatre heures trente, au moment où le soleil commençait à se lever. Un des chauffeurs d'Hitler, Erich Kempka, fut frappé par la beauté du jour et la fraîcheur de l'air lavé par la pluie : l'herbe « scintillait dans la lumière matinale ».

Peu après l'atterrissage, Hitler reçut une dernière information qui mit le feu aux poudres : la veille, trois mille Sturmtruppen s'étaient déchaînés dans les rues de

Munich. Toutefois, on ne lui précisa pas que cette manifestation avait été spontanée, menée par des hommes qui lui étaient fidèles, qui eux-mêmes se sentaient menacés et trahis, et qui craignaient d'être l'objet d'une attaque de l'armée régulière.

La fureur d'Hitler était à son comble. Il déclara que c'était «le jour le plus noir de [sa] vie». Il décida qu'il ne pouvait même pas se permettre d'attendre la rencontre avec les chefs des SA prévue plus tard dans la matinée à Bad Wiessee. Il se tourna vers Kempka : «À Wiessee, le plus vite possible!»

Goebbels appela Göring et prononça le mot de code pour lancer la phase de l'opération à Berlin, un mot d'apparence innocente : « *Kolibri.* »

Comme l'oiseau.

À Berlin, les derniers feux du crépuscule nordique s'attardaient à l'horizon tandis que, ce vendredi, les Dodd passaient une paisible soirée. L'ambassadeur lisait un livre et mangeait son dessert habituel fait de pêches cuites et de lait. Sa femme laissa ses pensées s'arrêter un moment sur la grande garden-party que son mari et elle avaient prévue à l'occasion de la fête nationale américaine, le 4 juillet, moins d'une semaine plus tard, pour laquelle elle avait convié le personnel de l'ambassade et plusieurs centaines d'autres invités. Bill Jr passait la nuit chez eux et projetait de repartir au volant de la Buick familiale le lendemain matin. Martha attendait aussi avec impatience le matin, où elle avait prévu de faire une autre excursion dans la campagne avec Boris, cette fois pour pique-niquer et se bronzer sur une plage de la région du Wannsee. Dans six jours, elle prenait la route de la Russie.

Dehors, la lueur des cigarettes étoilait le parc, et de temps à autre une grosse voiture décapotable passait à vive allure sur la Tiergartenstrasse. Dans le parc, des insectes tachetaient le halo des réverbères et, dans la Siegesallee – l'allée de la Victoire –, les statues d'un blanc étincelant luisaient tels des fantômes. Bien que plus chaude et plus silencieuse encore, la nuit ressemblait beaucoup à la première que Martha avait passée à Berlin, paisible, baignée par cette sérénité provinciale qu'elle avait trouvée si envoûtante.

Septième partie

QUAND TOUT A BASCULÉ

47

« FUSILLEZ-LES ! »

L e lendemain matin, le samedi 30 juin 1934, Boris vint chercher Martha dans sa Ford décapotable et bientôt, munis d'un pique-nique et d'une couverture, les jeunes gens prirent la route du district de Wannsee au sud-ouest de Berlin. Lieu de rendez-vous galants, le Wannsee avait une histoire turbulente. Devant un lac nommé Kleiner Wannsee – le Petit Wannsee –, le poète allemand Heinrich von Kleist s'était donné la mort en 1811, après avoir abattu sa maîtresse en proie à une maladie incurable. Martha et Boris se dirigeaient vers un petit lac peu fréquenté, tout au nord, appelé Gross Glienicke, le préféré de Martha.

La ville autour d'eux somnolait dans la chaleur naissante. Même si la journée serait encore difficile pour les fermiers et les travailleurs agricoles, elle promettait d'être idéale pour ceux qui comptaient prendre un bain de soleil au bord du lac. Comme Boris roulait vers les abords de la ville, tout paraissait parfaitement normal.

D'autres habitants firent rétrospectivement la même réflexion. Les Berlinois «flânaient sereinement dans les rues[1], vaquaient à leurs occupations», remarqua Hedda Adlon, femme du propriétaire de l'Hôtel Adlon. L'hôtel suivait son rythme coutumier, même si la chaleur du jour risquait d'aggraver les problèmes d'organisation d'un banquet pour le roi de Siam, prévu ce jour-là au Schloss Bellevue – le château de Bellevue – à la bordure nord du Tiergarten, sur la Spree. L'hôtel devait expédier les canapés et les plats dans sa camionnette de livraison au milieu de la circulation, par une température qui devait avoisiner les 32 °C.

Au bord du lac, Boris et Martha étendirent la couverture. Ils nagèrent et s'allongèrent au soleil, dans les bras l'un de l'autre jusqu'à ce que la chaleur les sépare. Ils burent de la bière et de la vodka et mangèrent des sandwichs. «C'était une journée magnifique, d'un bleu serein[2], le lac miroitait et scintillait devant nos yeux, le soleil répandait son feu sur nous, écrit-elle. C'était un jour de silence et de douceur... nous n'avions pas la moindre énergie ni le désir de parler politique ou de discuter de la tension qui s'accumulait dans l'atmosphère.»

Ailleurs, ce matin-là, trois automobiles beaucoup plus grandes filaient à travers la campagne entre Munich et Bad Wiessee – celle d'Hitler et deux autres remplies d'hommes en armes. Ils arrivèrent à l'hôtel Hanselbauer, où le capitaine Röhm était endormi dans sa chambre. Hitler conduisit un peloton dans l'hôtel. Selon un compte rendu, il portait un fouet, selon un autre, un pistolet. Les hommes se ruèrent dans l'escalier avec un bruit de bottes retentissant.

Hitler frappa à la porte de Röhm puis fonça à l'intérieur, suivi par deux inspecteurs.

« Röhm, glapit Hitler[3], vous êtes en état d'arrestation. »

Röhm était groggy, en proie à une évidente gueule de bois. Il regarda Hitler : « *Heil mein Führer*! fit-il.

– Vous êtes en état d'arrestation », lui intima de nouveau Hitler, puis il retourna dans le couloir.

Il entra ensuite dans la chambre de l'adjudant de Röhm, Heines, le trouva au lit avec son jeune amant SA. Le chauffeur d'Hitler, Kempka, était présent dans le couloir. Il entendit Hitler brailler : « Heines, si vous n'êtes pas habillé dans cinq minutes, je vous fais abattre sur place! »

Heines émergea, précédé, d'après Kempka, d'« un garçon de dix-huit ans aux cheveux blonds, qui marchait en minaudant devant lui ».

Les couloirs de l'hôtel résonnaient des cris des SS qui rassemblaient les Sturmtruppen ensommeillés, stupéfaits et abrutis par l'alcool dans la blanchisserie au sous-sol de l'hôtel. Il y eut des moments qui, dans un autre contexte, auraient pu paraître comiques, par exemple quand un des hommes d'Hitler émergea d'une chambre à coucher et signala, d'un ton raide : « *Mein Führer*!... le chef de la police de Breslau refuse de s'habiller! »

Ou ceci : le médecin de Röhm, Ketterer, un *Gruppenführer* SA, sortit de sa chambre accompagné d'une femme. Au grand étonnement d'Hitler et de ses inspecteurs, la femme était celle de Ketterer. Viktor Lutze, l'officier SA de confiance qui avait participé aux plans d'Hitler, persuada celui-ci que le médecin était un allié fidèle. Hitler s'approcha de l'homme et le salua poliment. Il serra la main de Mme Ketterer, puis recommanda tranquillement au couple de quitter l'hôtel. Ils s'exécutèrent sans discussion.

À Berlin ce matin-là, Frederick Birchall du *New York Times* fut réveillé par la sonnerie tenace du téléphone à son chevet. Il était rentré tard dans la nuit et il fut tenté de ne pas décrocher. Il imagina, optimiste, que c'était sans importance, probablement juste une invitation à déjeuner. Le téléphone s'obstinait. À la fin, obéissant à l'adage : « Il n'est jamais prudent de négliger un coup de téléphone[4], surtout en Allemagne », il décrocha et entendit une voix de son bureau. « Tu ferais bien de te réveiller et de foncer. Il se passe des choses ici. » Ce que son interlocuteur ajouta retint toute son attention : « Apparemment, un tas de gens se font descendre. »

Louis Lochner, le correspondant de l'Associated Press, apprit d'une secrétaire arrivée en retard au bureau que la Prinz-Albrecht-Strasse, où la Gestapo avait son quartier général, était fermée à la circulation et complètement envahie de camions et de SS en armes, dans leur uniforme noir reconnaissable. Lochner passa quelques appels. Plus il en apprenait, plus cela semblait inquiétant. Par précaution – craignant que le gouvernement ne coupe toutes les communications téléphoniques vers l'international –, il appela le bureau de l'AP à Londres et demanda au personnel de le contacter tous les quarts d'heure jusqu'à nouvel ordre, partant du principe que les appels en provenance de l'étranger seraient peut-être encore autorisés.

Sigrid Schultz prit le chemin du quartier du gouvernement central, guettant minutieusement certaines plaques d'immatriculation, celle de von Papen en particulier.

Elle allait travailler non-stop jusqu'à quatre heures du matin, notant enfin dans son agenda : « Mortellement fatiguée... à en pleurer[5]. »

Une des rumeurs les plus alarmantes[6] faisait état de salves de tirs groupés en provenance de la cour de la respectable École des cadets, dans l'enclave habituellement paisible de Gross-Lichterfelde.

À l'hôtel Hanselbauer, Röhm revêtit[7] un costume bleu et sortit de sa chambre, toujours hébété et apparemment sans grand émoi devant la colère d'Hitler ou le branle-bas dans l'hôtel. Il avait un cigare planté au coin de la bouche. Deux inspecteurs le conduisirent à la réception de l'hôtel, où il s'assit dans un fauteuil et commanda un café à un serveur qui passait par là.

Il y eut d'autres arrestations, d'autres hommes jetés dans la blanchisserie. Röhm demeura assis dans le hall. Kempka l'entendit commander une autre tasse de café, la troisième à présent.

Röhm fut emmené en voiture ; le reste des prisonniers fut transporté dans un car privé à Munich, à la prison Stadelheim, où Hitler avait passé lui-même un mois en 1922. Les comploteurs empruntèrent des routes secondaires pour éviter tout risque de tomber sur des Sturmtruppen qui tenteraient de venir à la rescousse. Hitler et son groupe d'action dont les rangs grossissaient remontèrent en voiture, lesquelles étaient à présent au nombre de vingt, et foncèrent par une route plus directe pour Munich, stoppant tous les véhicules transportant des dirigeants SA qui, ignorant le cours des événements, s'apprêtaient à assister à la réunion prévue dans la matinée.

À Munich, Hitler passa en revue une liste de prisonniers et traça une croix en face de six noms. Il donna l'ordre que ces six personnes soient immédiatement fusillées. Un escadron de SS en fut chargé, annonçant aux hommes juste avant de faire feu : « Vous avez été condamnés à mort[8] par le Führer ! *Heil Hitler !* »

Avec obligeance, Rudolf Hess proposa d'exécuter lui-même Röhm, mais Hitler n'avait pas encore décidé de sa mort. Pour le moment, même lui trouvait répugnante l'idée de tuer un ami de longue date.

Peu après son arrivée à son bureau berlinois ce matin-là, Hans Gisevius, le mémorialiste de la Gestapo, alluma sa radio sur la fréquence de la police et entendit des rapports qui décrivaient une opération de grande envergure. Les principaux cadres des SA étaient arrêtés, de même que des hommes sans aucun rapport avec les Sturmtruppen. Gisevius et Kurt Daluege, son patron, en quête d'informations plus détaillées, se rendirent directement au palais de Göring, sur la Leipziger Platz, d'où le ministre de l'Intérieur dirigeait les opérations. Gisevius restait près de Daluege, se figurant qu'il était plus en sécurité en sa compagnie que seul. Il se disait aussi que personne n'irait le chercher à la résidence de Göring.

Le palais était facilement accessible à pied, mais ils y allèrent en voiture. Ils furent frappés par le calme absolu qui régnait dans les rues, comme s'il ne se passait rien d'inhabituel. Ils remarquèrent toutefois l'absence totale de Sturmtruppen.

Cette impression de normalité disparut dès qu'ils tournèrent le coin de la rue et arrivèrent au palais de Göring. Des mitrailleuses dépassaient de chaque promontoire. La cour était pleine de policiers.

Gisevius écrit : « Tandis que je suivais Daluege[9] en dépassant une succession de gardes et gravissais les quelques marches menant au vaste hall d'entrée, j'avais l'impression de pouvoir à peine respirer. Une atmosphère viciée, faite de précipitation, de nervosité, de tension et, par-dessus tout, de carnage, me frappa comme en pleine figure. »

Gisevius se rendit dans une pièce voisine du bureau de Göring. Des sous-officiers et des messagers passaient à la hâte. Un SA était assis, tremblant de peur, Göring lui ayant annoncé qu'on devait le fusiller. Des serviteurs apportaient des sandwichs. Bien que surpeuplée, la pièce était calme. « Tout le monde chuchotait, comme si on était à la morgue », rapporte Gisevius.

Par une porte ouverte, il vit Göring s'entretenir avec Himmler et Reinhard Heydrich, le nouveau chef de la Gestapo nommé par Himmler. Les messagers de la Gestapo arrivaient puis repartaient, emportant des feuillets de papier blanc sur lesquels, présumait Gisevius, figurait le nom des morts ou des condamnés. Malgré la nature grave de la situation, l'atmosphère dans le bureau de Göring était plus proche de l'ambiance d'un champ de courses. Gisevius entendait des rires gras et vulgaires, et périodiquement crier :

« Dehors !

– Ha, ha !

– Fusillez-le. »

« Toute la bande semblait être d'excellente humeur », précise Gisevius.

De temps à autre, il apercevait Göring qui arpentait la pièce dans une chemise blanche ondulante et un pantalon bleu gris fourré dans des bottes militaires noires qui lui montaient au-dessus des genoux. « Le Chat botté », se dit brusquement Gisevius.

À un moment donné, un commissaire de police au visage empourpré surgit du bureau, suivi par Göring, au teint aussi enflammé. Apparemment, une cible importante leur avait échappé.

Göring cria des instructions :

« Fusillez-les !... Prenez toute une compagnie... Fusillez ! Fusillez-les tout de suite ! »

Gisevius trouva ce spectacle absolument effroyable. « Les mots ne peuvent exprimer la soif de sang exhibée, la fureur, la haine revancharde et, en même temps, la peur, la trouille pure et simple que cette scène révélait. »

Dodd n'apprit rien du cataclysme qui balayait cette autre partie de la ville jusqu'au samedi après-midi, où il s'assit dans son jardin pour déjeuner avec sa femme. Presque au même moment, Bill, leur fils, apparut, rentrant tout juste de sa promenade en voiture. Il avait l'air agité[10]. Il leur raconta que plusieurs rues étaient fermées, dont Unter den Linden, au cœur du quartier des administrations, et que toutes ces rues étaient parcourues par des patrouilles de SS lourdement armés. Il avait aussi entendu dire qu'il y avait eu des arrestations au quartier général des SA, situé à quelques rues de là.

Aussitôt, Dodd et sa femme s'inquiétèrent pour leur fille, sortie toute la journée avec Boris Winogradov. Malgré son statut diplomatique, Boris était un homme que, même dans des circonstances ordinaires, les nazis pouvaient considérer comme un ennemi de l'État.

48

DES ARMES
DANS LE PARC

Boris et Martha passèrent la journée sur la plage, se réfugiant dans l'ombre quand le soleil brillait trop fort puis y retournant pour en profiter de nouveau. Il était dix-sept heures passées quand ils emballèrent leurs affaires et, à contrecœur, reprirent le chemin de la ville. «La tête nous tournait[1], raconte Martha, nous avions le corps brûlant de soleil.» Ils roulaient le plus lentement possible, ne voulant pas voir se terminer cette journée, tous deux se délectant de l'oubli qui naît du soleil miroitant sur l'eau. La température grimpait, tandis que le sol projetait dans l'atmosphère la chaleur accumulée.

Ils traversèrent un paysage bucolique adouci par la brume de chaleur qui montait des champs et des bois environnants. Des cyclistes les rattrapaient et les dépassaient, certains portant des petits enfants dans un panier sur le garde-boue avant ou dans des chariots attachés. Les femmes portaient des fleurs, et des hommes avec un sac à dos s'adonnaient à la passion allemande pour la marche à pied rapide. « C'était une ambiance familiale, chaleureuse et sympathique », nota Martha.

Pour profiter du soleil de la fin d'après-midi et de la brise qui soufflait sur la voiture découverte, Martha remonta l'ourlet de sa robe sur le haut de ses cuisses. « J'étais heureuse, écrit-elle, enchantée de ma journée et de mon compagnon, dans les meilleures dispositions envers le peuple allemand, des gens sérieux, simples et aimables, qui s'accordaient une randonnée ou un repos bien mérité, se distrayant et aimant leur campagne si intensément. »

À dix-huit heures, ils entrèrent en ville. Martha se redressa et fit retomber l'ourlet de sa jupe, « comme il convient à une fille de diplomate ».

La ville avait changé. Ils s'en rendirent compte peu à peu à mesure qu'ils se rapprochaient du Tiergarten. Il y avait moins de gens dans la rue qu'habituellement, et ils tendaient à former de « curieux groupes immobiles », rapporta Martha. La circulation avançait lentement. Au moment où Boris allait s'engager dans la Tiergartenstrasse, le flux des voitures s'immobilisa presque. Ils virent des camions militaires et des mitrailleuses, et s'apercevant brusquement qu'ils n'étaient entourés que d'uniformes, surtout le noir des SS et le vert des policiers de Göring. En revanche, les tenues brunes des SA étaient remarquablement absentes. C'était d'autant plus curieux que le quartier général des SA et la maison du capitaine Röhm se trouvaient juste à côté.

Ils arrivèrent à un poste de contrôle. La plaque d'immatriculation sur la voiture de Boris indiquait son statut diplomatique. Les policiers lui firent signe de passer.

Boris avança lentement dans un décor devenu brusquement sinistre. En face de la maison des Dodd, à la lisière du parc, étaient postés une rangée de soldats, des armes et des camions militaires. Plus loin dans la Tiergartenstrasse, à l'endroit où la rue croisait la Standartenstrasse – la rue de Röhm –, ils aperçurent d'autres soldats et une corde barrant le passage.

On se sentait suffoquer. Des camions ternes bloquaient la perspective du parc. Et il y avait la chaleur. C'était le soir, bien après dix-huit heures, mais le soleil était encore haut et brûlant. Après l'avoir trouvée si attirante, Martha jugea brusquement que le soleil était «cuisant». Les jeunes gens se séparèrent. Elle courut jusqu'à la porte et entra promptement. La pénombre soudaine et la fraîcheur minérale du vestibule la saisirent si brutalement qu'elle se sentit la tête tourner : «Mes yeux furent aveuglés un moment par le manque de lumière.»

Elle gravit l'escalier jusqu'à l'étage et y trouva son frère. «Nous étions inquiets pour toi», lui dit-il. Il lui annonça que le général Schleicher avait été exécuté. Son père était parti à l'ambassade pour préparer un message à l'intention du Département d'État. «On ne sait pas ce qui se passe, ajouta Bill. La loi martiale a été décrétée à Berlin.»

Sur le coup, le nom de Schleicher ne lui dit rien. Puis elle se souvint : Schleicher, le général, un homme au maintien militaire et intègre, un ancien chancelier et ministre de la Défense.

«Je me suis assise, l'esprit encore égaré, terriblement bouleversée», écrit Martha. Elle ne comprenait pas pourquoi on avait tué le général Schleicher. Elle se souvenait d'un homme «raffiné, séduisant, intelligent».

La femme de Schleicher avait subi le même sort, lui annonça Bill. Tous deux abattus dans le dos, dans leur jardin ; les deux avaient reçu plusieurs balles. Le récit officiel changerait dans les jours suivants, mais le fait irrévocable était que les époux Schleicher étaient morts.

Mme Dodd descendit à son tour. Tous trois se rendirent dans un des salons de réception. Ils s'installèrent dans des sièges proches les uns des autres et parlèrent sans élever la voix. Ils remarquèrent que Fritz se présentait avec une fréquence inhabituelle. Ils fermèrent toutes les portes. Fritz continua à venir pour signaler de nouveaux appels téléphoniques provenant d'amis et de correspondants. Il paraissait avoir peur ; il était « blême et effrayé », écrit Martha.

L'histoire que Bill raconta faisait froid dans le dos. Bien que chaque nouvelle fût brouillée par de nombreuses rumeurs, certains faits étaient clairs. La mort des Schleicher faisait partie des dizaines, voire des centaines de meurtres officiels commis ce jour-là, et la tuerie continuait. Röhm était censé être en état d'arrestation, son sort encore incertain.

Chaque appel apportait des nouvelles alarmantes, dont beaucoup paraissaient trop délirantes pour être crédibles. Des escadrons de la mort étaient censés parcourir le pays à la recherche de cibles précises. Karl Ernst, chef de file des SA de Berlin, avait été traîné hors du bateau qui l'emmenait vers sa lune de miel. Un personnage éminent de l'Église catholique avait été abattu dans son bureau. Un deuxième général avait été exécuté, de même qu'un critique musical dans un journal. Les assassinats semblaient être commis au hasard, arbitraires.

Ironie du sort, les Dodd reçurent un carton-réponse laconique du bureau de Röhm déclarant que, «à son grand regret»[2], il ne pourrait assister au dîner donné à la résidence le vendredi 6 juillet «car il partait en vacances pour suivre une cure afin de soulager ses maux».

«Au vu de l'incertitude de la situation[3], écrivit Dodd dans ses carnets, peut-être a-t-il bien fait de ne pas accepter.»

S'ajoutant à l'agitation ambiante de cette journée, une collision se produisit juste devant le 27 a; le chauffeur de l'ambassade – un certain Pickford – percuta une moto et cassa la jambe du motard. Une jambe de bois[4].

Au milieu de tout cela, une question particulièrement pressante restait en suspens pour Dodd: qu'était-il advenu de von Papen, le héros de Marbourg, qu'Hitler détestait tellement? Certains rapports affirmaient qu'Edgar Jung, l'auteur du discours du vice-chancelier, avait été exécuté et que son attaché de presse avait été également passé par les armes. Dans ce climat sanguinaire, von Papen avait-il pu survivre?

49

LES MORTS

Le samedi, à trois heures de l'après-midi, les correspondants étrangers de Berlin se rassemblèrent à la chancellerie du Reich dans la Wilhelstrasse pour une conférence de presse donnée par Hermann Göring. Hans Gisevius, qui semble avoir eu un don d'ubiquité ce jour-là, y assistait.

Göring arriva en retard, vêtu d'un uniforme, énorme et arrogant. Il faisait chaud dans la salle et il y régnait une « tension insupportable »[1], raconte Gisevius. Göring grimpa à la tribune. Prenant une pose très théâtrale, il parcourut du regard la foule, puis, avec une série de gestes qu'il semblait avoir répétée à l'avance, plaça la main sur son menton et roula des yeux, comme si ce qu'il allait dire était crucial, même pour lui. Il parla, dit Gisevius, « du ton lugubre et de la voix sans timbre d'un habitué des oraisons funèbres ».

Göring fit un bref récit de l'« action » qui, dit-il, était toujours en cours. « Pendant des semaines, nous avons observé[2] ; nous savions que certains dirigeants de la *Sturmabteilung* [SA] avaient adopté des positions très éloignées des buts et objectifs de notre mouvement, donnant la priorité à leurs intérêts et ambitions personnels, cédant à leurs penchants pervers regrettables.» Röhm était en état d'arrestation, précisa-t-il. Une «puissance étrangère» était également impliquée. Tout le monde dans la pièce supposa qu'il parlait de la France. «Le guide suprême à Munich et moi en tant que son adjoint à Berlin avons frappé avec la vitesse de l'éclair, sans distinguer les personnes.»

Göring accepta de répondre à des questions. Un reporter s'enquit, à propos de la mort de Jung, le rédacteur des discours du vice-chancelier von Papen, celle de Herbert von Bose, son attaché de presse, et celle d'Erich Klausener, un haut fonctionnaire catholique qui avait critiqué le régime : quel rapport ces gens pouvaient-ils avoir avec un putsch des SA ?

«J'ai étendu ma mission pour y inclure également les partisans de la réaction», répondit Göring, d'une voix aussi inexpressive que s'il lisait le Bottin.

Et le général Schleicher ?

Göring fit une pause et sourit largement :

«*Ach*, oui, vous autres, journalistes, vous aimez toujours avoir une anecdote pour faire les gros titres. Eh bien, la voilà. Le général von Schleicher avait comploté contre le régime. J'ai ordonné son arrestation. Il a eu la sottise de résister. Il est mort.»

Göring descendit de la tribune.

Nul ne savait combien de gens exactement avaient perdu la vie[3] pendant la purge. Le décompte officiel des nazis donnait un total inférieur à cent. Le ministre des Affaires étrangères von Neurath, par exemple, déclara à sir Eric Phipps, ambassadeur de Grande-Bretagne, que «quarante-trois ou quarante-six» exécutions avaient été effectuées et prétendait que toutes les autres évaluations étaient «peu crédibles et exagérées». Dans une lettre à son ami Daniel Roper, Dodd fit état de rapports en provenance des consulats américains dans d'autres villes allemandes qui suggéraient un total de deux cent quatre-vingt-quatre morts : «La plupart des victimes n'étaient à aucun égard coupables de trahison ; leur opposition était uniquement politique ou religieuse.» D'autres calculs de hauts fonctionnaires américains donnent un chiffre beaucoup plus élevé. Le consul du Brandebourg écrivit qu'un officier SS lui avait déclaré que cinq cents hommes avaient été tués et quinze mille arrêtés, et que Rudolf Diels aurait dû être assassiné mais qu'il avait été épargné à la demande de Göring. Une note d'un des secrétaires d'ambassade à Berlin indique également cinq cents exécutions et signale que des gens habitant à côté de la caserne de Lichterfelde «ont entendu les pelotons d'exécution à l'œuvre toute la nuit». Diels estima plus tard qu'il y avait eu sept cents morts ; d'autres proches du pouvoir placèrent ce total à plus d'un millier. Aucun décompte définitif n'existe.

La mort du général Schleicher fut confirmée – il avait reçu sept balles ; son corps et celui de sa femme furent découverts par leur fille de seize ans. Un autre général, Ferdinand von Bredow, membre du cabinet de Schleicher quand il était chancelier, fut également abattu. Malgré ces morts, les militaires continuèrent de rester à l'écart, leur haine des SA dépassant leur dégoût pour le meurtre de deux des leurs. Gregor Strasser, un ancien chef nazi ayant entretenu des liens dans le passé avec Schleicher, déjeunait en famille quand deux voitures de la Gestapo se garèrent devant chez lui. Six hommes frappèrent à sa porte. Il fut embarqué et abattu dans une cellule au sous-sol du siège de la Gestapo. Hitler était le parrain de ses jumeaux. Un ami de Strasser, Paul Schulz, cadre des SA, fut emmené dans la forêt et fusillé. Pendant que ses exécuteurs retournaient à leur voiture afin d'y prendre une bâche pour couvrir son corps, il se releva, fonça... et s'en tira. C'est cette fuite, apparemment, qui avait déclenché l'explosion de rage sanguinaire de Göring. Gustav Ritter von Kahr, qui, à soixante-treize ans, ne représentait guère une menace pour Hitler, fut également tué – «taillladé à coups de hache», d'après Ian Kershaw –, apparemment pour se venger de son rôle dans le fiasco du putsch nazi, dix ans plus tôt. Karl Ernst, marié depuis seulement deux jours, n'avait aucune idée de ce qui se passait quand il fut arrêté à Brême, juste avant de lever l'ancre pour sa lune de miel. Hitler avait assisté à son mariage. Quand Ernst comprit qu'il allait être fusillé, il cria : «Je suis innocent. Vive l'Allemagne ! *Heil Hitler !*» Cinq Juifs au moins furent tués pour le seul crime d'être juifs. Et puis il y eut les innombrables, les anonymes, passés au peloton d'exécution dans la caserne de Lichterfelde. La mère d'un Sturmtruppen reçut l'avis officiel de sa mort six mois après les faits, dans une note sèche d'un paragraphe qui déclarait qu'il avait été abattu dans le cadre de la défense de l'État, aucune explication supplémentaire n'étant nécessaire. La missive se terminait, comme tous les courriers de l'Allemagne nouvelle, par ces mots : *«Heil Hitler !»*

Là encore, il y eut des moments de sombre comédie. Une des cibles, Gottfried Reinhold Treviranus[4], un ministre du général Schleicher quand il était chancelier, se trouvait au milieu d'une partie de tennis au club de Wannsee quand il repéra quatre SS à l'extérieur. N'écoutant que son instinct, il s'excusa et prit ses jambes à son cou. Il escalada un mur, sauta dans un taxi et finit par débarquer en Angleterre.

Dans le centre de Berlin, un SA, qui travaillait au noir comme chauffeur de la camionnette du traiteur de l'Hôtel Adlon, fut arrêté par les SS à un barrage près de la porte de Brandebourg, non loin de l'hôtel. Le chauffeur, mal inspiré, avait gardé la chemise brune des SA sous sa veste.

L'officier SS lui demanda où il allait.

«Chez le roi de Siam»[5], répondit le chauffeur avec un sourire.

Le SS crut qu'il faisait le malin. Rendu furieux par l'impudence du chauffeur, ses acolytes et lui le traînèrent hors de la fourgonnette et le forcèrent à ouvrir les portes de derrière. L'espace utilitaire était rempli de plateaux de nourriture.

Toujours méfiant, l'officier SS accusa le chauffeur de livrer des plats pour une des agapes organisées par Röhm.

«Pas du tout, assura le chauffeur qui ne souriait plus. C'est pour le roi de Siam.»

Le SS restait convaincu que le chauffeur se payait sa tête. Deux hommes grimpèrent dans la fourgonnette et donnèrent l'ordre au chauffeur de poursuivre jusqu'au palais où la fête était censée avoir lieu. À leur grand dépit, ils apprirent qu'il y avait réellement un banquet pour le roi de Siam et que Göring figurait parmi les invités.

Et puis il y eut le pauvre Willi Schmid[6] – Wilhelm Eduard Schmid, un critique musical respecté d'un journal de Munich – qui jouait du violoncelle chez lui avec sa femme et ses trois enfants à ses côtés quand les SS se présentèrent à sa porte, l'embarquèrent et l'exécutèrent.

Les SS s'étaient trompés. Ils voulaient mettre la main sur un autre Schmid. Ou plutôt, un Schmitt.

Hitler envoya Rudolf Hess présenter ses excuses personnelles à la femme du critique défunt.

Le bruit courait que le nom de Putzi Hanfstaengl, dont les relations avec Hitler s'étaient refroidies, figurait sur les listes des hommes à abattre. Par une heureuse coïncidence, il se trouvait alors aux États-Unis[7] pour assister à une réunion à l'occasion des vingt-cinq ans de sa promotion à Harvard. Le fait qu'il fût invité avait créé un tollé aux États-Unis et, jusqu'au dernier moment, Hanfstaengl n'avait rien répondu qui permette de savoir s'il comptait y assister. Le soir du 10 juin 1934, il donna une réception, dont la date, avec le recul, paraît trop bien choisie pour ne pas laisser penser qu'il savait que la purge allait intervenir. Au cours du repas, il quitta la salle à manger, enfila un imperméable et des lunettes noires, et s'en alla. Il prit un train de nuit pour Cologne, où il monta dans un avion postal qui le conduisit directement à Cherbourg et, de là, embarqua à bord du transatlantique l'*Europa,* à destination de New York. Il avait cinq valises avec lui et trois caisses contenant des sculptures de bustes destinées à faire des cadeaux.

La police de New York, craignant des menaces à son encontre de la part des protestataires indignés, envoya six jeunes policiers à bord pour l'aider à débarquer. Ils portaient des vestes et des cravates de Harvard.

Le 30 juin 1934, le jour de la purge, Putzi assistait à Newport, Rhode Island, au mariage de Ellen Tuck French avec John Jacob Astor III, qui passait pour le célibataire le plus riche d'Amérique. Son père avait disparu avec le *Titanic*. Un millier de personnes se pressaient devant l'église pour entrevoir les futurs mariés et les invités à leur arrivée. Un des premiers « à provoquer l'émoi de la foule », écrivit le reporter mondain du *New York Times* volubile, fut Hanfstaengl, « en haut-de-forme, queue-de-pie noire et pantalon gris rayé ».

Hanfstaengl ne savait rien de ce qui se passait dans son pays avant d'être interviewé par des reporters. « Je n'ai aucun commentaire, dit-il. Je suis ici pour assister au mariage de la fille de mon ami. » Plus tard, quand il en apprit davantage, il déclara : « Mon chef, Adolf Hitler, devait agir et a donc agi comme toujours. Hitler ne s'est jamais montré plus magnanime ni plus humain que dans les dernières quarante-huit heures. »

Intérieurement, toutefois, Hanfstaengl s'inquiétait pour sa propre sécurité et pour celle de sa femme et de son fils restés à Berlin. Il prit discrètement la température auprès du ministre des Affaires étrangères, von Neurath.

Hitler regagna Berlin le soir même. Là encore, Gisevius peut témoigner. L'avion d'Hitler apparut « avec en toile de fond le ciel rouge sang[8], une mise en scène grandiloquente qu'on ne devait à personne en particulier», raconte Gisevius. Quand l'avion se fut posé, un petit groupe s'approcha pour accueillir Hitler, qui comprenait Göring et Himmler. Hitler fut le premier à descendre de l'appareil. Il portait une chemise marron, un blouson de cuir marron foncé, un nœud papillon noir, des bottes noires. Il paraissait pâle et fatigué et ne s'était pas rasé mais, sinon, il ne semblait pas troublé. « Il était clair que le meurtre de ses amis ne lui avait coûté strictement aucun effort, note Gisevius. Il n'avait rien éprouvé ; il s'était contenté de laisser libre cours à sa fureur. »

Dans une allocution radiodiffusée, le chef de la propagande Goebbels[9] rassura le pays. « Dans toute l'Allemagne, déclara-t-il, la paix et l'ordre règnent à présent. La sécurité publique a été rétablie. Le Führer n'a jamais été davantage maître de la situation. Qu'un destin favorable nous bénisse, afin que nous puissions parachever notre grande tâche grâce à Adolf Hitler ! »

Cependant, Dodd recevait encore des rapports qui indiquaient que la purge était loin d'être terminée. Rien n'était confirmé sur le sort réservé à Röhm et von Papen. Les coups de feu continuaient de résonner dans la cour de la caserne de Lichterfelde.

50

PARMI LES VIVANTS

Le dimanche matin, il faisait frais et ensoleillé, avec une petite brise. Dodd fut frappé par l'absence de traces visibles de ce qui s'était passé au cours des dernières vingt-quatre heures. «Ce fut un jour curieux[1], écrivit-il, avec seulement quelques nouvelles ordinaires dans les journaux.»

On disait que von Papen était en vie, en résidence surveillée avec sa famille dans son appartement. Dodd comptait faire usage du peu d'influence qu'il possédait pour l'aider à rester en vie – pourvu que les rapports le disant encore vivant fussent exacts. À en croire la rumeur, le vice-chancelier était sur la liste des condamnés et l'exécution pouvait intervenir à tout moment.

Dodd et Martha se rendirent dans la Buick familiale jusqu'à l'immeuble des von Papen. Ils passèrent devant l'entrée en roulant au pas[2], pour laisser les gardes remarquer la voiture et en reconnaître la provenance.

Le visage blafard du fils de von Papen apparut à une fenêtre, en partie caché par les rideaux. Un officier SS de garde à l'entrée de l'immeuble jeta un regard noir à l'automobile. Pour Martha, il était clair que le soldat avait compris que la plaque d'immatriculation était celle d'un diplomate.

Dans l'après-midi, Dodd retourna en voiture chez von Papen mais, cette fois, il s'arrêta et laissa une carte de visite à l'un des gardes sur laquelle il avait écrit : « J'espère que nous pourrons vous voir bientôt. »

Même si Dodd désapprouvait les manœuvres politiques de von Papen et sa conduite passée aux États-Unis, l'homme lui plaisait et il aimait s'affronter verbalement avec lui depuis leur vif échange à la soirée du Petit Bal de la presse. À présent, l'ambassadeur était révulsé à l'idée que des hommes soient exécutés sur un coup de tête d'Hitler, sans mandat ni procès.

Dodd rentra chez lui. Plus tard, le fils de von Papen confierait aux Dodd combien ses parents et lui leur étaient reconnaissants pour la seule apparition de la Buick dans la rue en ce sinistre après-midi.

Les rapports continuaient d'affluer à la résidence de l'ambassadeur américain, faisant état de nouvelles arrestations et de meurtres. Le dimanche soir, Dodd savait avec une certitude raisonnable que le capitaine Röhm était mort.

Voici comment les événements, reconstitués plus tard[3], se déroulèrent.

Au début, Hitler hésitait sur le sort qu'il réservait à son ancien allié, enfermé dans une cellule de la prison de Stadelheim, mais il finit par céder à la pression de Göring et Himmler. Toutefois, Hitler insistait pour que Röhm ait le choix de se donner lui-même la mort.

L'homme qui se vit confier la mission d'accorder à Röhm cette ultime faveur était Theodor Eicke, commandant de Dachau, qui se rendit à la prison le dimanche avec un adjoint, Michael Lippert, et un autre SS du camp. Les trois hommes furent conduits dans la cellule de Röhm.

Eicke remit à Röhm un Browning et la dernière édition du *Völkischer Beobachter*, contenant un article sur ce que le journal appelait le «putsch de Röhm», visiblement pour montrer à ce dernier qu'il n'avait plus rien à espérer.

Eicke quitta la pièce. Dix minutes passèrent sans aucun coup de feu. Eicke et Lippert retournèrent dans la cellule, retirèrent le Browning, puis revinrent avec leurs propres armes à la main. Ils trouvèrent Röhm debout devant eux, torse nu.

Les comptes rendus varient[4] sur ce qui se passa précisément ensuite. Certains affirment que Eicke et Lippert firent feu sans mot dire. D'après un autre témoignage, Eicke cria: «Röhm, préparez-vous!», sur quoi Lippert tira deux balles. Mais une autre version prête à Röhm un moment de panache: «Si je dois être tué, que ce soit de la main d'Adolf.»

La première salve ne le tua pas. Il resta allongé sur le sol à gémir: «*Mein Führer, mein Führer.*» Une balle fut tirée à bout portant dans la tempe.

Comme récompense[5], Eicke reçut une promotion: il fut nommé à la tête de tous les camps de concentration d'Allemagne. Il appliqua à tous les camps placés sous son autorité les mesures impitoyables qu'il avait mises en place à Dachau.

Ce dimanche-là, la Reichswehr reconnaissante s'acquitta d'un nouveau geste dans le cadre du marché conclu à bord du *Deutschland*. Le ministre de la Défense Blomberg, dans son ordre du jour de ce dimanche 1er juillet, déclara : « Le Führer, avec une résolution martiale[6] et un courage exemplaire, a attaqué lui-même et écrasé les traîtres et les assassins. L'armée, qui défend le peuple tout entier, à l'abri des conflits de la politique intérieure, témoignera de sa gratitude par son dévouement et sa loyauté. L'armée engagera volontiers de bonnes relations avec les nouveaux SA, comme le réclame le Führer, avec le sentiment que les idéaux de chacun sont partagés. L'état d'urgence est levé partout. »

Comme le week-end avançait, les Dodd apprirent qu'une nouvelle phrase faisait le tour de Berlin, qu'on prononçait quand on rencontrait un ami ou une connaissance dans la rue, de préférence en haussant un sourcil d'un air narquois : « *Lebst du noch?*[7] » que Martha traduisit par : « Tu es toujours parmi les vivants ? »

51

FINIE, LA SYMPATHIE

Malgré les rumeurs qui continuaient de faire état d'une purge d'une violence saisissante, l'ambassadeur américain et sa femme décidèrent de ne pas annuler la fête de la déclaration d'Indépendance américaine, le 4 juillet, à l'ambassade, pour laquelle ils avaient invité quelque trois cents personnes. À vrai dire, il y avait maintenant davantage de raisons de donner cette réception, ne serait-ce que pour présenter une manifestation symbolique de la liberté des États-Unis et offrir un répit face à la terreur généralisée. C'était la première occasion officielle, depuis le week-end, où les Américains et les Allemands se trouveraient face à face. Les Dodd avaient invité également plusieurs amis de Martha, dont Mildred Fish Harnack et son mari, Arvid. Boris n'y assista pas, apparemment. Bella Fromm, qui était conviée, nota «une tension électrique» dans l'atmosphère. «Les diplomates semblaient nerveux[1], rapporte-t-elle. Les Allemands étaient à cran.»

Dodd et sa femme se tenaient à l'entrée[2] de la salle de bal pour accueillir chaque nouvel arrivant. Martha vit que, en apparence, son père se conduisait comme toujours dans ce genre de circonstances, cachant son ennui derrière des plaisanteries et des boutades, l'air d'un sceptique amusé qui semblait sur le point d'éclater de rire. Sa mère portait une longue robe bleue et blanche et accueillait ses invités à sa manière tranquille habituelle – toute la grâce du Sud, les cheveux argentés et son aimable accent – mais Martha décela une rougeur inhabituelle sur les joues de sa mère et remarqua que l'iris presque noir de ses yeux, toujours frappant, était particulièrement sombre ce soir-là.

Les tables dans la salle de bal et le jardin étaient décorées de bouquets de fleurs rouges, blanches et bleues, et de petits drapeaux américains. Un orchestre jouait en sourdine des airs américains. Le temps était chaud mais nuageux. Les invités se promenaient dans la maison et le jardin. Globalement, c'était une scène paisible et irréelle, formant un puissant contraste avec le bain de sang des soixante-douze heures précédentes. Pour Martha et son frère, le décalage était trop flagrant pour passer inaperçu, de sorte qu'ils se firent un point d'honneur d'accueillir les plus jeunes de leurs invités allemands en lançant : « *Lebst du noch ?* »

« Nous pensions faire les bravaches, en laissant percevoir aux Allemands un peu de la colère que nous éprouvions, écrit-elle. Aucun doute que nombre d'entre eux trouvèrent la remarque de mauvais goût. Certains nazis se montrèrent extrêmement irrités. »

Des invités arrivèrent, porteurs de nouvelles. De temps à autre, un correspondant ou un employé d'ambassade tirait Dodd à l'écart pour quelques bribes de conversation. Il fut sûrement question, entre autres, d'une loi promulguée la veille par le Conseil des ministres qui légalisait tous les meurtres perpétrés ; elle les justifiait en tant qu'actions entreprises « pour la défense expresse de l'État ». Certains invités étaient pâles et tremblants en arrivant, craignant le pire pour leurs amis dans toute la ville.

Fritz, le majordome, fit savoir à Martha qu'un visiteur l'attendait au rez-de-chaussée : « *Der junge Herr von Papen*[3]. » Le jeune Franz von Papen, le fils du vice-chancelier. Martha l'attendait et avait prévenu sa mère que, s'il venait, elle devrait peut-être s'éclipser. Elle effleura le bras de sa mère et s'éloigna.

Franz était grand, blond et svelte, avec un visage aigu taillé à la serpe et, précise Martha, « une certaine finesse[4]... comme un renard cendré ». Il était gracieux aussi. Danser avec lui, écrit-elle, « c'était comme vivre au sein de la musique même ».

Franz lui prit le bras et l'entraîna vivement hors de la maison. Ils traversèrent la rue pour aller au Tiergarten, où ils se promenèrent un moment, tâchant de repérer s'ils étaient suivis. Ne remarquant rien, ils se rendirent à une terrasse de café, s'assirent à une table et commandèrent à boire.

La terreur des derniers jours avait laissé son empreinte sur le visage de Franz et dans son comportement. L'inquiétude bridait ses manières habituellement décontractées.

Bien qu'il fût reconnaissant pour l'apparition de l'ambassadeur américain sous les fenêtres de la maison familiale, Franz comprenait que ce qui avait réellement sauvé son père, c'était sa relation avec le président Hindenburg. Et cependant, même ces liens n'avaient pas empêché les SS de faire régner la terreur dans leur foyer, comme Franz le révélait à présent. Le samedi, des SS armés avaient pris position à l'intérieur de l'appartement et dans la rue, devant la porte d'entrée. Ils avaient annoncé au vice-chancelier que deux membres de son équipe avaient été exécutés, en lui précisant que c'était ce qui l'attendait. L'ordre arriverait d'un moment à l'autre. La famille avait passé un week-end solitaire et terrifiant.

Franz et Martha parlèrent un peu plus longtemps, puis il la raccompagna de l'autre côté du parc. Elle rejoignit seule les invités de la fête.

Un jour de la même semaine, en fin d'après-midi, Elisabetta Cerruti, femme de l'ambassadeur italien, regardait par la fenêtre de sa résidence, qui était située en face de la maison de Röhm. À cet instant, une grosse voiture s'arrêta. Deux hommes en descendirent et entrèrent dans la maison ; ils en ressortirent les bras chargés des costumes de Röhm et autres vêtements. Ils firent plusieurs allers-retours.

Ce spectacle rendit plus saisissants les événements du précédent week-end. « La vue de ces habits[5], à présent privés de leur propriétaire, était écœurante, raconte-t-elle dans ses mémoires. Ils étaient si clairement les "vêtements du pendu" que je dus détourner la tête. »

Elle fit « une bonne crise de nerfs ». Elle courut à l'étage et se jura de quitter immédiatement Berlin. Le lendemain, elle partit pour Venise.

Les Dodd apprirent que Wilhelm Regendanz, le riche banquier qui avait donné dans sa maison de Dahlem le malheureux dîner rassemblant le capitaine Röhm et l'ambassadeur François-Poncet, avait réussi à fuir Berlin le jour de la purge et à rejoindre Londres sans encombre. Mais il craignait à présent de ne jamais pouvoir rentrer. Pire, sa femme était restée à Berlin, et son fils adulte, Alex, qui avait également assisté au dîner avait été arrêté par la Gestapo. Le 3 juillet, Regendanz écrivit à Mme Dodd pour lui demander si elle pouvait se rendre à Dahlem afin de prendre des nouvelles de sa femme et de ses jeunes enfants, « en lui transmettant mes vœux les plus chaleureux »[6]. Il ajoutait : « Il semble que je sois suspect désormais, parce que j'ai reçu tant de diplomates sous mon toit et que j'étais également un ami du général von Schleicher. »

Mme Dodd et Martha allèrent à Dahlem rendre visite à Frau Regendanz. Une domestique les accueillit à la porte, les yeux rouges. Bientôt, Frau Regendanz apparut, l'air sombre et amaigrie, les yeux cernés, les gestes hésitants et nerveux. Elle reconnut la mère et la fille et eut l'air désemparée de les découvrir sur le pas sa porte. Elle les conduisit à l'intérieur. Après quelques minutes de conversation, Mme Dodd et sa fille transmirent à leur hôtesse le message de son mari. Elle mit les mains devant son visage et pleura doucement.

Frau Regendanz leur fit savoir que sa maison avait été fouillée et son passeport confisqué. « Quand elle se mit à parler de son fils[7], écrit Martha, son sang-froid disparut et elle devint folle d'angoisse. » Elle n'avait aucune idée de l'endroit où se trouvait Alex, ignorant s'il était mort ou vivant.

Elle supplia Martha et sa mère de tenter de retrouver Alex et de lui rendre visite, de lui apporter des cigarettes, n'importe quoi pour montrer à ses ravisseurs qu'il avait attiré l'attention de l'ambassade américaine. Les Dodd promirent d'essayer. Mme Dodd et Frau Regendanz convinrent d'un nom de code, Carrie, que celle-ci utiliserait désormais pour tout contact avec les Dodd ou l'ambassade.

Durant les jours suivants, les Dodd s'entretinrent de la situation avec des amis influents, diplomates et responsables gouvernementaux avec lesquels ils avaient sympathisé. Sans qu'on puisse savoir si leur intervention a joué un rôle, Alex fut libéré au bout d'un mois d'incarcération environ. Il quitta immédiatement l'Allemagne, par un train de nuit, et rejoignit son père à Londres.

Par des contacts, Frau Regendanz réussit à se procurer un autre passeport et à obtenir des réservations d'avion pour quitter l'Allemagne. Enfin parvenue à Londres avec ses enfants, elle envoya une carte postale à Mme Dodd : « Arrivée saine et sauve[8]. Avec toute ma reconnaissance. Affectueusement, Carrie. »

À Washington, le chef des Affaires de l'Europe occidentale, Jay Pierrepont Moffat, nota un afflux de demandes de la part de voyageurs américains qui voulaient savoir s'il était sans danger de se rendre en Allemagne. « Nous leur répondons[9], notait-il, que, dans toute cette agitation, jusqu'à maintenant aucun étranger n'a été molesté et que nous ne voyons aucun motif d'inquiétude s'ils s'occupent de leurs affaires et évitent les ennuis. »

Sa mère, pour commencer, avait traversé sans encombre l'épuration et affirmait qu'elle avait trouvé cela « tout à fait excitant » [10], signala plus tard Moffat dans son journal. Sa sœur habitait dans le quartier de Tiergarten, « qui avait été ceinturé par les soldats et elles devaient faire un grand détour pour entrer ou sortir ». Néanmoins, mère, fille et petite-fille partirent en voiture avec chauffeur pour faire comme prévu une visite de l'Allemagne.

Le Département d'État était surtout préoccupé par la dette en souffrance de l'Allemagne envers ses créanciers américains. Le décalage était étrange. L'Allemagne était à feu et à sang ; au Département d'État, à Washington, il n'était question que de cols blancs, de crayons rouges de Hull et de la frustration croissante à l'égard de Dodd qui n'avait pas réussi à plaider le dossier des États-Unis. Dans un télégramme en provenance de Berlin daté du vendredi 6 juillet, Dodd signalait qu'il avait rencontré le ministre des Affaires étrangères, von Neurath, sur la question des emprunts et que von Neurath avait promis qu'il ferait son possible pour que les intérêts soient honorés, mais que « cela serait extrêmement difficile » [11]. Quand Dodd avait demandé à von Neurath si les États-Unis pouvaient à tout le moins espérer le même traitement que d'autres créanciers internationaux, le ministre « a simplement exprimé l'espoir que cela soit réalisable ».

Le télégramme avait exaspéré le secrétaire d'État Hull et les vétérans du « bon petit club ». « De son propre aveu [12], notait Moffat dans son journal, [Dodd] ne s'est pas beaucoup bagarré et c'est plutôt von Neurath qui s'en tire haut la main. Le secrétaire a beau savoir que [Dodd] ne se soucie guère de nos intérêts financiers, il a été outré par le télégramme de Dodd. »

Hull, furieux, ordonna à Moffat[13] de répondre sèchement à Dodd afin de le pousser « non seulement à saisir, mais à susciter toutes les occasions de faire valoir le bien-fondé de nos griefs ».

Le résultat fut un câble transmis à seize heures le samedi 7 juillet au nom du secrétaire Hull, qui demandait à Dodd s'il s'était élevé contre le manquement de l'Allemagne à honorer son emprunt obligataire, en faisant preuve « d'une extrême vigueur[14] tant du point de vue de la logique, de l'équité que de ses répercussions sur les quelque soixante mille principaux porteurs innocents de notre pays... »

« C'était un télégramme plutôt rude[15], dont le secrétaire d'État, d'un tempérament naturellement bienveillant, modifia une phrase pour ne pas blesser l'amour-propre de Dodd », reconnut Moffat, qui précisait que, dans son service, les « irrévérencieux » avaient commencé à surnommer Dodd « l'ambassadeur Dud* »[16].

Au cours d'un autre rendez-vous, la même semaine, sur la question des emprunts, Hull exprima de nouveau son mécontentement au sujet de Dodd. Moffat écrivit : « Le secrétaire n'a cessé de répéter[17] que Dodd avait beau être un homme de qualité à nombre d'égards, il a décidément un tempérament curieux. »

Ce jour-là, Moffat se rendit à une garden-party chez un ami fortuné – celui qui possédait une piscine –, lequel avait invité « le Département d'État tout entier »[18]. Il y eut des matchs de tennis d'exhibition et des courses de natation. Toutefois, Moffat devait partir de bonne heure pour une croisière sur le Potomac sur un yacht à moteur

---

* Littéralement : « nul ». (*NdT.*)

«aménagé avec un luxe qui satisferait l'âme de n'importe quel sybarite».

À Berlin, Dodd resta de glace. Il était vain, lui semblait-il, d'exiger le remboursement intégral de la dette, tout simplement parce que l'Allemagne n'avait pas ces sommes, et ce qui se jouait alors lui paraissait infiniment plus important. Dans une lettre à Hull, quelques semaines plus tard, il écrivit : «Nos concitoyens devront perdre leurs emprunts[19].»

Le vendredi 6 juillet de bonne heure, Martha alla dans la chambre à coucher de son père pour lui faire ses adieux. Elle savait qu'il désapprouvait son voyage en Russie mais, tandis qu'ils s'embrassaient, il semblait à l'aise. Il l'exhorta à se montrer prudente, tout en espérant qu'elle ferait «un voyage intéressant»[20].

Sa mère et son frère la conduisirent à l'aéroport de Tempelhof ; Dodd resta en ville, craignant probablement que la presse nazie n'exploite sa présence à l'aéroport pour voir décoller sa fille vers cette Union soviétique honnie.

Martha escalada la haute volée de marches métalliques jusqu'au Junker trimoteur qui devait la transporter pour la première étape de son voyage. Un photographe capta son air enjoué en haut des marches[21], le chapeau campé d'un air crâne. Elle avait revêtu une veste simple sur un corsage à pois et un foulard assorti. Curieusement, étant donné la chaleur, elle portait un long manteau sur un bras et une paire de gants blancs.

Elle affirma plus tard qu'elle ne pensait pas que son voyage était susceptible d'intéresser la presse, ou que cela créerait presque un clash diplomatique. Cela paraît peu vraisemblable. Après avoir fréquenté pendant un an des maîtres de l'intrigue tels que Rudolf Diels et Putzi Hanfstaengl, elle ne pouvait manquer de savoir que, dans l'Allemagne d'Hitler, les moindres actions possédaient un pouvoir symbolique démesuré.

Sur le plan personnel, son départ marquait le fait que les dernières traces de sa sympathie à l'égard des «êtres étranges et nobles» de la révolution nationale-socialiste avaient disparu, et qu'elle le sût ou non, son départ, fixé sur pellicule par les photographes de presse et dûment enregistré par les cadres de l'ambassade et les observateurs de la Gestapo, était une déclaration publique de ses illusions perdues.

«J'avais vu assez de sang et de terreur[22] pour le restant de mes jours», écrit-elle.

Son père était parvenu à un tournant similaire dans ses positions. Au cours de cette première année en Allemagne, Dodd avait été frappé à plusieurs reprises par la curieuse indifférence de la nation devant les exactions commises, l'empressement de la population et des éléments modérés du gouvernement à accepter chaque nouveau décret répressif, chaque nouvel acte de violence, sans protester. Il avait l'impression d'être entré dans la forêt obscure d'un conte de fées où toutes les règles du bien et du mal étaient chamboulées. Il écrivit à son ami Roper: «Je n'aurais jamais pu imaginer cette explosion contre les Juifs[23], alors que tout le monde souffre, d'une façon ou de l'autre, du commerce en déclin. Pas plus qu'il n'était imaginable qu'un scénario de terreur tel que celui du 30 juin pût être autorisé dans les temps modernes.»

Dodd continuait d'espérer que les meurtres allaient tellement choquer l'opinion allemande que le régime tomberait mais, les jours passant, il ne vit aucun signe d'un déferlement de colère. Même l'armée était restée en retrait, malgré le meurtre de deux de ses généraux. Le président Hindenburg avait envoyé à Hitler un télégramme élogieux. « D'après les rapports qui se trouvent devant moi[24], je constate que, grâce à votre esprit de décision et votre courage personnel, vous avez étouffé dans l'œuf les agissements des traîtres. Vous avez sauvé la nation allemande d'un grave danger. Je vous exprime par ce télégramme ma profonde gratitude et mes remerciements très sincères. » Dans un autre télégramme, Hindenburg remerciait Göring pour ses « mesures énergiques qui avaient réussi[25] à écraser les actes de haute trahison ».

Dodd apprit que Göring avait ordonné personnellement plus de soixante-quinze exécutions. Quand Göring, comme Röhm avant lui, lui exprima ses regrets de ne pouvoir assister à la réception que les Dodd projetaient pour le vendredi 6 juillet au soir, il fut heureux. « Ce fut un soulagement qu'il n'apparaisse pas[26]. Je ne sais pas ce que j'aurais fait s'il était venu. »

Pour Dodd, diplomate par accident et non par tempérament, tous ces événements étaient effroyables. C'était un chercheur et un démocrate de l'école de Jefferson, un homme rural qui aimait l'histoire et la vieille Allemagne où il avait étudié dans sa jeunesse. À présent, l'État commettait des meurtres à une échelle terrifiante. Des amis et des relations de Dodd, qu'il avait invités sous son toit pour dîner et prendre le thé, avaient été exécutés.

Rien dans son passé ne l'avait préparé à cela. L'épisode mettait en évidence avec une extrême acuité ses doutes concernant ce qu'il pouvait accomplir en tant qu'ambassadeur. S'il ne servait à rien, à quoi bon demeurer à Berlin, quand son grand amour, son manuscrit du *Old South*, se morfondait sur son bureau ?

Quelque chose le quitta, une ultime parcelle d'espoir. Dans son journal, le 8 juillet, une semaine après le début de la purge et juste avant la date anniversaire de son arrivée à Berlin, il écrivit : « Ma tâche ici est d'œuvrer en faveur de la paix[27] et d'améliorer les relations. Je ne vois pas ce que nous pouvons accomplir tant qu'Hitler, Göring et Goebbels sont à la tête du pays. Je n'ai jamais entendu parler, ou lu au sujet de trois hommes aussi inaptes à occuper de hautes fonctions. Devrais-je démissionner ? »

Il se jura de ne jamais recevoir[28] Hitler, Göring ou Goebbels à l'ambassade, ni sous son toit, et résolut en outre de ne jamais plus « assister à une allocution du chancelier ni solliciter une entrevue pour moi-même hormis pour des motifs officiels. J'ai un sentiment d'horreur quand je regarde cet homme ».

52

LE BONHEUR
DU CHEVAL

C omme tout le monde à Berlin, apparemment, Dodd voulait cependant entendre ce qu'Hitler avait à déclarer au sujet de la purge. Le gouvernement annonça qu'Hitler s'exprimerait le soir du vendredi 13 juillet, lors d'un discours devant les députés du Reichstag dans la salle de l'opéra Kroll, où ils avaient temporairement élu domicile. Dodd décida de ne pas y assister mais de l'écouter à la radio. La perspective d'être présent lorsqu'Hitler justifierait le massacre devant des centaines de thuriféraires qui n'arrêteraient pas de lever le bras lui faisait horreur.

Ce vendredi après-midi, François-Poncet et lui avaient convenu de se retrouver au Tiergarten, comme ils l'avaient fait dans le passé pour éviter les oreilles indiscrètes. Dodd voulait savoir si François-Poncet avait l'intention d'assister au discours mais craignait que, s'il se rendait à l'ambassade de France, les espions de la Gestapo n'en concluent qu'il conspirait pour que les grandes puissances boycottent le discours – ce qu'il faisait effectivement. Dodd avait rendu visite à sir Eric Phipps à son ambassade cette semaine et avait appris que celui-ci avait également décidé de passer outre le discours. Deux visites à des ambassades majeures dans un intervalle aussi bref n'auraient pas manqué d'attirer l'attention.

Il faisait doux et ensoleillé et, de ce fait, le parc était envahi de promeneurs, la plupart à pied, mais un certain nombre de cavaliers s'avançaient lentement dans l'ombre. De temps à autre, l'atmosphère était ponctuée d'éclats de rire et des aboiements des chiens, et empanachée de la fumée des cigares s'évanouissant lentement dans l'air immobile. Les deux ambassadeurs marchèrent pendant une heure.

Comme ils s'apprêtaient à prendre congé, François-Poncet déclara spontanément: «Je n'assisterai pas au discours[1].» Il ajouta alors une remarque que Dodd ne se serait jamais attendu à entendre de la bouche d'un diplomate moderne d'une des grandes capitales d'Europe: «Je ne serais pas surpris de me faire abattre à tout moment dans les rues de Berlin, dit-il. C'est pour cela que ma femme reste à Paris. Les Allemands nous haïssent tellement et leur chef est complètement fou.»

À vingt heures, ce soir-là, dans la bibliothèque du 27 a Tiergartenstrasse, Dodd alluma sa radio pour écouter Hitler à la tribune faire son discours au Reichstag. Une dizaine de députés étaient absents, assassinés pendant la purge.

L'opéra se trouvait de l'autre côté du Tiergarten, à vingt minutes de marche de l'endroit où Dodd était assis à présent, l'oreille tendue. De ce côté du parc, tout était paisible et calme, le soir embaumait le parfum des fleurs nocturnes. Même à la radio, Dodd pouvait entendre les gens dans la salle se lever régulièrement pour crier « *Heil Hitler*! ».

«Messieurs les députés[2], commença Hitler. Membres du Reichstag allemand!»

Il décrivit en détail ce qu'il nomma le complot du capitaine Röhm pour usurper le pouvoir, avec l'aide d'un diplomate étranger dont il ne précisa pas le nom. En ordonnant la contre-offensive, affirma-t-il, il avait agi au mieux des intérêts de l'Allemagne, pour sauver la patrie du chaos.

«Seule une répression féroce et sanglante pouvait étouffer dans l'œuf la révolte», déclara-t-il à son auditoire. Il avait mené lui-même l'attaque à Munich, dit-il, tandis que Göring, «d'une poigne d'acier», s'en était chargé à Berlin. «Si on me demande pourquoi nous n'avons pas fait appel aux tribunaux réguliers, je répondrai : dans ces heures, je me suis trouvé responsable du destin de la nation allemande et, par conséquent, je représentais à moi seul l'autorité judiciaire suprême du peuple allemand.»

Dodd entendit la clameur tandis que l'auditoire se levait d'un bond, acclamant, saluant et applaudissant.

«J'ai donné l'ordre d'exécuter les meneurs de cette rébellion. Et j'ai donné l'ordre de cautériser les abcès causés par nos poisons internes et externes, jusqu'à brûler la chair vive. J'ai également ordonné que tout fauteur de troubles tentant de résister à son arrestation soit abattu sur-le-champ. La nation doit savoir que nul ne pourra mettre impunément son existence en danger, et que celui qui lève la main contre l'État est promis à la mort.»

Il évoqua la rencontre du «diplomate étranger» en question avec Röhm et d'autres conspirateurs supposés, et la déclaration ultérieure du diplomate, selon lequel la rencontre avait été «totalement inoffensive». C'était une allusion claire au dîner auquel l'ambassadeur François-Poncet avait assisté en mai chez Wilhelm Regendanz.

«Mais, poursuivit Hitler, quand trois hommes susceptibles de haute trahison ont rendez-vous en Allemagne avec un homme d'État étranger pour une rencontre qu'ils qualifient eux-mêmes de "réunion de travail", quand ils renvoient les domestiques et donnent des ordres stricts pour que je ne sois pas informé de cette rencontre, je fais fusiller ces hommes, même si, dans le cours de ces conversations secrètes, les seuls sujets qu'ils ont abordés étaient le temps, les pièces de monnaie anciennes et des choses similaires.»

Hitler reconnut que le coût de la purge «avait été très élevé», puis il mentit à l'auditoire en établissant le nombre des victimes à soixante-dix-sept. Il chercha même à modérer l'effet de ce modeste décompte en affirmant que deux des victimes s'étaient suicidées et – de manière risible – que le total comprenait trois SS exécutés pour avoir «maltraité des prisonniers».

«Je suis prêt, devant l'histoire, à assumer la responsabilité de ces vingt-quatre heures où j'ai dû prendre la décision la plus âpre de ma vie, pendant laquelle le destin m'a de nouveau enjoint de soutenir de toutes mes forces ce qui nous est le plus cher: le peuple allemand et le Reich allemand.»

La salle résonna d'un tonnerre d'applaudissements et la foule entonna le *Horst Wessel Lied*. Si Dodd avait été présent[3], il aurait vu deux jeunes filles offrir des bouquets de fleurs à Hitler, toutes les deux en uniforme des Bund Deutscher Mägel, branche féminine des Jeunesses hitlériennes, et il aurait observé Göring monter d'un pas vif à la tribune pour serrer la main d'Hitler, suivi d'une foule de personnalités officielles s'apprêtant à lui présenter leurs félicitations. Göring et Hitler restèrent à côté l'un de l'autre et gardèrent la pose pour les nuées de journalistes qui se pressaient à proximité. Fred Birchall, du *New York Times*, était présent : « Ils se tinrent face à face sur la tribune[4] pendant presque une minute, main dans la main, les yeux dans les yeux pendant que les flashs crépitaient. »

Dodd éteignit la radio. De ce côté du parc, la nuit était fraîche et sereine. Le lendemain, le samedi 14 juillet, il adressa un télégramme codé au secrétaire Hull : « RIEN DE PLUS RÉPUGNANT[5] QUE DE VOIR LE PAYS DE GOETHE ET BEETHOVEN RETOURNER À LA BARBARIE DE L'ANGLETERRE DES STUARTS OU DE LA FRANCE DES BOURBONS... »

En fin d'après-midi, il consacra deux heures tranquilles à son *Vieux Sud*, se plongeant dans un autre siècle, plus chevaleresque que celui-ci.

Putzi Hanfstaengl, assuré de sa sécurité par le ministre des Affaires étrangères von Neurath, prit le bateau pour rentrer. Quand il arriva à son bureau, il fut frappé par l'air sombre, hébété, des membres de son équipe. Ils se comportaient, écrit-il, « comme s'ils étaient sous chloroforme »[6].

La purge d'Hitler est restée célèbre sous le nom de « la Nuit des longs couteaux » et, rétrospectivement, elle est considérée comme un des épisodes clés de son ascension, le premier acte dans la grande tragédie de la conciliation. Sur le moment, toutefois, personne n'en saisit l'importance. Aucun gouvernement ne rappela son ambassadeur ni ne protesta ; la population ne manifesta pas sa révulsion.

La réaction la plus satisfaisante de la part d'un personnage public aux États-Unis fut celle du général Hugh Johnson, administrateur de la National Recovery Administration*, qui était désormais connu pour ses discours immodérés sur une variété de sujets. (Quand une grève générale avait eu lieu à San Francisco en juillet, menée par un docker originaire d'Australie, Johnson avait appelé à l'expulsion de tous les immigrants.) « Il y a quelques jours, en Allemagne[7], des événements sont intervenus qui ont choqué le monde, déclara Johnson lors d'une intervention publique. Je ne sais comment ils vous affectent, mais moi, j'en suis malade... pas au sens métaphorique, mais physiquement et très sérieusement malade. L'idée que des hommes adultes, responsables, puissent être arrachés à leur foyer, placés le dos contre le mur et fusillés, est innommable. »

Le ministère allemand des Affaires étrangères protesta. Le secrétaire Hull répliqua que Johnson « s'exprimait à titre personnel et pas au nom du Département d'État ou de l'Administration américaine ».

---

* En 1933, dans le cadre du New Deal de Franklin D. Roosevelt, le NRA devait aider les entreprises à lutter contre la concurrence sauvage en établissant un code « de bonne conduite », qui devait permettre aux employés de négocier des salaires minimaux et un nombre d'heures de travail hebdomadaire maximal, et aux entreprises de fixer un prix minimal pour la vente des produits. (*NdT.*)

Le manque de réaction tenait en partie au fait que beaucoup de gens, en Allemagne et dans le reste du monde, trouvaient plus commode de croire Hitler quand il affirmait avoir réprimé une rébellion imminente qui aurait causé un bain de sang infiniment pire. Il ne tarda pas à apparaître clairement, toutefois, que le récit d'Hitler était faux. Dodd parut tout d'abord porté à croire[8] qu'un complot avait réellement eu lieu, mais il devint vite sceptique. Un fait semblait clairement réfuter la position officielle : quand Karl Ernst, le chef des SA de Berlin, avait été arrêté, il s'apprêtait à partir en croisière pour sa lune de miel, ce qui n'est pas précisément le comportement de quelqu'un qui prépare un coup d'État pour ce même week-end. On ne sait pas si Hitler a cru d'abord à son propre scénario. Certainement Göring, Goebbels et Himmler avaient fait tout leur possible pour le convaincre. Sir Eric Phipps, l'ambassadeur de Grande-Bretagne, accepta tout d'abord[9] la version officielle ; il lui fallut six semaines pour se rendre compte qu'il n'y avait jamais eu de conspiration. Quand Phipps rencontra Hitler face à face plusieurs mois plus tard, ses pensées retournèrent à la purge. « Cela ne lui donne pas plus de charme[10] ni d'attrait, écrivit-il dans son journal. Tandis que je parlais, il me dévorait des yeux avidement comme un tigre. J'en ai tiré la nette impression que, eussent ma nationalité et mon statut été différents, j'aurais fait partie de son repas du soir. »

Dans cette évaluation, il ne fut pas loin de saisir le véritable message de l'épuration de Röhm, qui continuait d'échapper au reste du monde. Les meurtres démontraient en des termes irréfutables jusqu'où Hitler était prêt à aller pour conserver le pouvoir, mais les observateurs choisirent d'interpréter cette violence comme un règlement de comptes interne – « un genre de bain de sang entre truands[11] évoquant le massacre de la Saint-Valentin d'Al Capone, explique l'historien Ian Kershaw. Ils pensaient encore que, sur le plan diplomatique, ils pourraient traiter avec Hitler comme avec un homme d'État responsable. Les années suivantes leur réserveraient une amère leçon : ils comprendraient que le Hitler qui dirigeait les Affaires étrangères était le même qui avait fait preuve d'une brutalité sauvage et cynique dans son pays le 30 juin 1934 ». Dans son livre, Rudolf Diels admet que, sur le coup, il n'avait pas compris ce qui se passait. « Je... ne soupçonnais pas que cet éclair[12] annonçait une tempête, dont la violence allait renverser les vieilles digues pourries des gouvernements européens et mettre le feu au monde entier... parce que c'était cela, précisément, le sens du 30 juin 1934. »

Comme on peut s'y attendre, la presse muselée loua la détermination d'Hitler et, dans le public, sa popularité monta en flèche. Les Allemands étaient tellement lassés des intrusions des Sturmtruppen dans leur vie que la répression parut être une bénédiction. Un rapport du renseignement émanant des sociaux-démocrates en exil[13] relevait que beaucoup d'Allemands « portent Hitler aux nues pour sa détermination impitoyable » et que beaucoup de membres de la classe ouvrière « se sont également ralliés à la déification sans réserve d'Hitler ».

Dodd continuait d'espérer qu'un cataclysme précipiterait la fin du régime et croyait que la mort imminente de Hindenburg – le « seul esprit distingué » de l'Allemagne moderne, selon Dodd – la provoquerait, mais, là encore, il fut déçu. Le 2 août, trois semaines après le discours d'Hitler, Hindenburg s'éteignit chez lui à la campagne. Hitler ne perdit pas de temps. Avant la fin de la journée, il s'attribua les fonctions de président en plus de celles de chancelier, détenant ainsi le pouvoir absolu sur l'Allemagne. Faisant valoir avec fausse modestie que le titre de « président » ne pouvait être associé qu'à la personne de Hindenburg, qui avait occupé si longtemps ces fonctions, Hitler proclama que, dorénavant, son titre officiel serait « Führer et chancelier du Reich ».

Dans une lettre confidentielle au secrétaire Hull, Dodd pronostiqua « un régime de terreur encore plus terrible[14] que celui que nous supportons depuis le 30 juin ».

L'Allemagne accepta le changement sans broncher, au grand désarroi de Victor Klemperer, le philologue juif. Lui aussi avait espéré que la purge sanguinaire pousserait enfin l'armée à intervenir et à chasser Hitler. Rien ne se produisit. À présent, il y avait ce nouveau scandale. « Les gens ont à peine remarqué ce parfait coup d'État[15], écrit-il dans son journal. Tout se passe en silence, étouffé sous les hymnes au défunt Hindenburg. Je jurerais que des millions de gens ne se doutent même pas de la monstruosité qui vient d'être commise. »

Le journal munichois *Münchner Neueste Nachrichten* exultait : « Aujourd'hui, Hitler représente toute l'Allemagne »[16], préférant apparemment oublier que, juste un mois plus tôt, son aimable critique musical avait été exécuté par mégarde.

La pluie arriva ce week-end, trois jours d'un déluge qui détrempa la ville. Les SA étaient réduits à l'inaction, leurs uniformes bruns prudemment remisés au placard au moins pour le moment, et la nation pleurait la mort de Hindenburg : une rare sensation de paix s'étendit sur l'Allemagne, permettant à Dodd de méditer sur un sujet empreint de bizarrerie mais cher au fermier de Virginie, que, au fond, il demeurait.

Le dimanche 5 août 1934, Dodd consigna dans son journal un trait du caractère germanique qu'il avait relevé du temps de son séjour à Leipzig et qui persistait sous Hitler : l'amour des animaux, en particulier les chevaux et les chiens.

« À une époque où presque chaque Allemand[17] a peur de prononcer une parole sauf à ses plus proches amis, les chevaux et les chiens semblent si heureux qu'on a l'impression qu'ils ont envie de parler, écrit-il. Une femme capable de dénoncer le manque de "loyauté" d'un voisin, mettant ainsi la vie de celui-ci en danger, jusqu'à peut-être causer sa mort, emmène son bon gros toutou se promener au Tiergarten. Elle chuchote et le dorlote, assise sur un banc, pendant qu'il satisfait aux besoins de la nature. »

En Allemagne, comme Dodd l'avait remarqué, personne ne maltraitait un chien et, par conséquent, les chiens ne craignaient jamais le voisinage des hommes ; ils étaient toujours grassouillets et manifestement bien entretenus : « Seuls les chevaux semblent jouir d'un bonheur comparable, jamais les enfants ni les jeunes. Je m'arrête souvent en chemin vers mon bureau et j'échange quelques mots avec une paire de magnifiques chevaux qui attendent pendant qu'on décharge leur charrette. Ils sont si propres, gras et heureux qu'on a l'impression qu'ils sont sur le point de vous adresser la parole. » Il appelait cela « le bonheur du cheval » et avait remarqué le même phénomène à Nuremberg et à Dresde. Il savait que cela tenait en partie à la loi, qui interdisait la cruauté envers les animaux et punissait les contrevenants d'une peine de prison ; Dodd trouvait cela profondément bizarre. «À une époque où des centaines d'hommes sont mis à mort sans procès et sans la moindre preuve de leur culpabilité, et quand la population tremble de peur, les animaux possèdent des droits garantis, des droits que des hommes et des femmes ne peuvent espérer pour eux-mêmes.»

Et il ajoutait : «On pourrait facilement souhaiter être un cheval !»

53

JULIETTE N° 2

B oris avait raison. Martha avait préparé un itinéraire trop chargé et, de ce fait, elle ne trouva à son périple aucun agrément. Ce voyage la rendit grincheuse et critique vis-à-vis de Boris et de la Russie, qu'elle voyait comme une terre morne et fatiguée. Boris était déçu. «Je suis très triste[1] d'apprendre que tout ne te plaît pas en Russie, lui écrivit-il le 11 juillet 1934. Il faut que tu abordes ce pays avec un tout autre regard que pour l'Amérique. Tu ne dois pas te contenter d'un coup d'œil superficiel (concernant des mauvais vêtements et une mauvaise nourriture). Je t'en prie, chère Miss, regarde "à l'intérieur", un peu plus en profondeur.»

Ce qui énervait Martha, de manière injuste, c'était que Boris ne l'avait pas rejointe dans son périple, alors que, peu après son départ, il était également parti en Russie, d'abord à Moscou, puis dans le Caucase pour des vacances. Dans une lettre du 5 août écrite depuis son lieu de villégiature, Boris lui rappelait : «C'est toi qui as décidé[2] que nous n'avions pas besoin de nous retrouver en Russie.» Il reconnut cependant que d'autres obstacles s'étaient interposés, tout en restant vague sur leur nature. «Je ne pouvais pas passer mes vacances avec toi. C'était impossible pour diverses raisons. La plus importante étant que je devais rester à Moscou. Mon séjour à Moscou n'a pas été très heureux, mon sort est toujours en suspens.»

Il se déclarait blessé par ses courriers. «Tu ne devrais pas m'écrire des lettres aussi furieuses. Je ne l'ai pas mérité. J'étais déjà très triste à Moscou après certaines de tes lettres, puisque je te sentais loin et inaccessible. Mais après ton message plein de colère, je suis plus que triste. Pourquoi as-tu fait ça, Martha ? Que s'est-il passé ? Ne peux-tu pas rester deux mois loin de moi ?»

Tout comme elle avait brandi d'autres amants pour blesser son ex-mari, Bassett, elle fit comprendre à Boris qu'elle pourrait renouer avec Armand Bérard, le diplomate français. «Tu me menaces aussitôt d'Armand ? répond-il. Je ne peux rien te dicter ni te conseiller. Mais ne commets rien de stupide. Reste calme et ne détruis pas toutes les bonnes choses que nous avons ensemble.»

À un moment donné de son voyage, Martha avait été contactée par des émissaires[3] du NKVD soviétique qui cherchaient à la recruter en tant que source d'information clandestine. Il est probable que Boris reçût l'ordre de rester à l'écart pour ne pas interférer pendant cette opération, même s'il a aussi joué un rôle dans son recrutement, d'après les dossiers des services de renseignements exhumés et mis à la disposition des chercheurs par Alexandre Vassiliev, un des grands spécialistes de l'histoire du KGB (lui-même ancien membre de l'agence). Les supérieurs de Boris trouvaient qu'il ne se démenait pas assez pour formaliser le rôle de Martha. Il fut rappelé à Moscou puis muté à l'ambassade de Bucarest, poste qu'il détestait.

Dans l'intervalle, Martha rentra à Berlin. Elle aimait Boris, mais ils restèrent séparés ; elle sortait avec d'autres hommes, y compris Armand Bérard. À l'automne 1936, Boris fut de nouveau transféré, à Varsovie cette fois. Le NKVD chargea un autre agent, un certain camarade Bukhartsev, de recruter Martha. Un compte rendu périodique dans les archives du NKVD indique : « Toute la famille Dodd[4] hait le national-socialisme. Martha possède des contacts intéressants qu'elle utilise afin d'obtenir des renseignements pour son père. Elle entretient des rapports intimes avec certaines de ses fréquentations. »

Malgré leur séparation prolongée, et leurs querelles d'amoureux et les menaces de Martha concernant Armand et d'autres amants, sa liaison avec Boris arriva au point où, le 14 mars 1937, lors d'un deuxième séjour à Moscou, elle adressa à Staline une demande d'autorisation[5] de mariage. Nul ne sait si Staline a jamais vu ou répondu à sa requête, mais le NKVD considérait leur idylle d'un œil mitigé. Même si les maîtres de Boris prétendaient ne pas avoir d'objection à leur union, ils semblaient aussi désireux, parfois, de placer Boris en retrait afin de mieux centrer l'objectif sur Martha. À un moment donné, l'agence ordonna qu'ils restent séparés pendant six mois « dans l'intérêt de nos affaires »[6].

Il se trouve que Boris était encore plus réticent que Martha n'aurait pu l'imaginer. Dans une note rageuse à ses supérieurs à Moscou datée du 21 mars 1937, Boris se plaignait : « Je ne comprends pas bien[7] pourquoi vous accordez autant d'attention à notre mariage. Je vous ai demandé de lui signifier que c'était généralement impossible et que, de toute façon, cela ne pourra pas se produire avant plusieurs années. Vous avez parlé de façon plus optimiste de cette question, en ordonnant un délai de seulement six mois ou un an.» Mais qu'arriverait-il alors? demanda-t-il. «Six mois sont vite passés, et qui sait? Elle risque de présenter une note que ni vous ni moi ne pourrons payer. Ne vaut-il pas mieux lui faire des promesses un peu moins appuyées si vous lui en avez effectivement fait?»

Dans la même note, il appelle Martha: «Juliette n°2»[8]. Le spécialiste du KGB Alexandre Vassiliev et Allen Weinstein, dans leur livre *The Haunted Wood*, y voient le signe qu'il existait peut-être une autre femme dans sa vie, une «Juliette n°1».

Martha et Boris se retrouvèrent à Varsovie en novembre 1937, après quoi Boris envoya un rapport à Moscou. La rencontre s'était «bien passée[9], écrit-il. Elle était de bonne humeur». Elle était toujours décidée à l'épouser et attendait «l'accomplissement de notre promesse malgré les mises en garde de ses parents selon lesquels cela ne la mènerait nulle part».

Mais, de nouveau, Boris témoignait d'un net manque d'intérêt pour ce mariage. «Je pense qu'elle ne doit pas être laissée dans l'ignorance de la véritable situation, car, si nous la trompons, elle pourrait devenir aigrie et perdre foi en nous.»

54

UN RÊVE D'AMOUR

Dans les mois qui suivirent l'accession d'Hitler au pouvoir, l'impression de futilité de Dodd s'accentua, et il avait d'autant plus envie de retrouver sa ferme sur les douces pentes des Appalaches, parmi les pommes rouges et les vaches nonchalantes : « Je trouve tellement humiliant[1] de serrer la main d'assassins connus et avoués. » Il devint une des rares voix au sein de l'Administration américaine à dénoncer les véritables ambitions d'Hitler et des dangers de la position isolationniste des États-Unis. Dans une lettre au secrétaire Hull, datée du 30 août 1934, il affirmait : « L'Allemagne est unie comme jamais auparavant[2], et il y a 1 500 000 hommes qui s'arment et s'entraînent fébrilement, auxquels l'on enseigne chaque jour à croire que le continent européen doit leur être subordonné. » Il ajoutait : « Je pense que nous devons abandonner notre prétendu isolement. » Il écrivit au chef d'état-major, Douglas MacArthur : « Selon moi, les autorités allemandes[3] se préparent pour un grand combat continental. Des preuves solides en attestent. Ce n'est qu'une question de temps. »

Roosevelt partageait largement cette opinion, mais la majeure partie des Américains semblait plus que jamais désireuse de rester à l'écart des querelles européennes. Dodd s'en étonnait. Il écrivit à Roosevelt en avril 1935 : « Si les os de Woodrow Wilson[4] ne se retournent pas dans sa tombe dans la cathédrale, alors les corps ne remuent jamais dans les tombes. Peut-être pouvez-vous faire quelque chose, mais, d'après les rapports sur les positions du Congrès, je suis très dubitatif. Tant de gens... prennent l'isolement absolu pour la promesse du paradis. »

Dodd se résigna à ce qu'il appelait « la tâche délicate qui consiste[5] à observer en veillant scrupuleusement à ne rien faire ».

Son sentiment de révulsion morale le poussait à se retirer de tout engagement actif dans le Troisième Reich hitlérien. Le gouvernement, de son côté, reconnaissait qu'il était devenu un opposant irréductible et cherchait à l'isoler du débat diplomatique.

L'attitude de Dodd consternait Phillips, qui écrivit dans son journal : « À quoi diable peut servir[6] un ambassadeur qui refuse de parler avec le gouvernement auprès duquel il est accrédité ? »

L'Allemagne continuait sa progression vers la guerre et intensifiait la persécution des Juifs, faisant passer une série de lois en vertu desquelles les Juifs étaient dépouillés de leur nationalité, peu importe depuis combien de temps leur famille était installée en Allemagne ou s'ils s'étaient battus avec bravoure pour leur patrie pendant la Grande

Guerre. À présent, quand Dodd traversait le Tiergarten, il constatait que certains bancs étaient peints en jaune pour indiquer qu'ils étaient pour les Juifs. Le reste, les plus confortables, était réservé aux Aryens.

Dodd assista, totalement impuissant, à l'occupation de la Rhénanie par les troupes allemandes, le 7 mars 1936, sans rencontrer aucune résistance. Il vit Berlin transformé pour accueillir les jeux Olympiques tandis que les nazis nettoyaient la ville et retiraient leurs banderoles antisémites, et puis les persécutions reprirent de plus belle quand les visiteurs étrangers furent partis. Il vit la stature d'Hitler grandir en Allemagne jusqu'à devenir celle d'un dieu. Les femmes pleuraient quand il passait à proximité ; les collectionneurs de souvenirs ramassaient la terre là où il avait posé le pied. Au rassemblement du Parti en septembre 1936 à Nuremberg, auquel Dodd ne se rendit pas, Hitler plongea son public dans un état proche de l'hystérie. « Que vous m'ayez trouvé[7]... parmi tous ces millions de gens est le miracle de notre époque ! brailla-t-il. Et que je vous aie trouvés, c'est la chance de l'Allemagne ! »

Le 19 septembre 1936, dans une lettre portant la mention « ultra confidentiel », Dodd confia au secrétaire Hull combien il trouvait frustrant d'observer les événements sans que quiconque ose intervenir. « Avec une armée dont la taille[8] et la puissance augmentent de jour en jour ; avec des milliers d'avions prêts à lâcher immédiatement des bombes et à répandre du gaz toxique sur les grandes villes ; et avec tous les autres pays, petits et grands, en train de s'armer comme jamais auparavant, on ne peut se sentir nulle part en sécurité, écrivait-il. Quelles erreurs et quelles gaffes ont été commises depuis

1917, et surtout au cours des douze derniers mois... et aucun peuple démocratique n'agit, aucune sanction économique ni morale n'est prise, pour stopper le processus!»

L'idée de démissionner prenait de plus en plus d'attrait à ses yeux. Il écrivit à Martha: «Ne le dis à personne[9], mais je ne vois pas comment je puis continuer dans cette atmosphère au-delà du printemps prochain. Je ne peux rendre aucun service à mon pays et la tension est trop grande pour se contenter de ne rien faire.»

Entre-temps, ses adversaires au Département d'État accéléraient leur campagne pour le faire remplacer. Son rival de longue date, Sumner Welles, prit le poste de sous-secrétaire d'État, remplaçant William Phillips, devenu ambassadeur en Italie en août 1936. Plus près de lui, un nouveau contradicteur apparut, William C. Bullitt, un autre des hommes de Roosevelt triés sur le volet (au demeurant diplômé de Yale), qui fut muté de son poste d'ambassadeur en Russie à la tête de la légation américaine à Paris. Dans une lettre à Roosevelt, le 7 décembre 1936, Bullitt écrivait: «Dodd possède de nombreuses qualités[10] admirables et sympathiques, mais il est presque complètement inadapté pour son poste. Il déteste trop les nazis pour traiter avec eux ou en obtenir quelque chose. Nous avons besoin à Berlin de quelqu'un qui puisse au moins se montrer civil avec les nazis et parle l'allemand parfaitement.»

Le refus inébranlable de Dodd d'assister aux rassemblements du Parti leur restait sur le cœur. «Personnellement, je ne comprends pas pourquoi[11] il est aussi délicat», note Moffat dans son journal. Faisant allusion au discours de Dodd à Columbus Day en octobre 1933,

Moffat s'interrogeait : « Pourquoi est-il insupportable, selon lui, d'entendre les Allemands s'élever contre notre forme de gouvernement quand il a décidé, à la chambre de commerce, de critiquer devant un public allemand toute forme de gouvernement autocratique ? »

Les fuites persistaient, accentuant la pression en vue d'une mise à pied de Dodd. En décembre 1936, le journaliste Drew Pearson, qui animait avec Robert S. Allen une chronique publiée dans plusieurs journaux, intitulée « Le manège de Washington », publia une charge contre l'ambassadeur à Berlin, « m'accusant violemment [12], constata Dodd le 13 décembre, d'avoir complètement raté ma mission ici et soutenant que le président est du même avis. Première nouvelle ».

L'attaque de Pearson blessa profondément Dodd. Il avait passé presque quatre ans à s'acquitter du mandat de Roosevelt, représentant en son nom les valeurs de l'Amérique, et il pensait s'en être tiré honorablement, étant donné la nature étrange, irrationnelle et brutale du régime hitlérien. Il craignait que, s'il démissionnait maintenant, face à des accusations aussi graves, il ne donne l'impression d'avoir été poussé vers la sortie. « Ma position est difficile [13], mais, face à de telles critiques, je ne puis démissionner au printemps, comme je l'avais projeté, notait-il dans son journal. Renoncer à mes tâches ici en de telles circonstances me mettrait dans une position défensive et complètement fausse dans mon pays. » Sa démission « serait aussitôt considérée comme un aveu d'échec ».

Il décida de repousser son départ, même s'il savait que le moment était venu de quitter la scène. Dans l'intervalle, il demanda un autre congé aux États-Unis, pour aller se reposer dans sa ferme et rencontrer Roosevelt. Le 24 juillet 1937, il effectua avec sa femme le long trajet en voiture jusqu'à Hambourg, où il embarqua sur le *City of Baltimore* et, à dix-neuf heures, commença la lente descente de l'Elbe jusqu'à la mer.

Sa femme eut le cœur brisé quand elle le quitta à bord du paquebot. Le lendemain soir, un dimanche, elle lui écrivit une lettre pour qu'il la trouve à son arrivée : «J'ai pensé à toi, mon ami[14], sur tout le trajet du retour jusqu'à Berlin, et me suis sentie très déprimée et seule, surtout en te voyant partir si contrarié et si malheureux.»

Elle l'encourageait à se détendre et à essayer de calmer les «migraines nerveuses» persistantes qui l'accablaient depuis deux mois. «Je t'en prie, je t'en supplie, pour notre bien si ce n'est pour le tien, prends bien soin de toi et sois moins acharné et moins exigeant avec toi-même.» S'il se portait bien, lui dit-elle, il aurait encore du temps pour réaliser les projets qui lui tenaient à cœur... probablement faisait-elle allusion à l'achèvement de son *Vieux Sud*.

Elle craignait que tous ces soucis et cette tension, durant ces quatre années à Berlin, ne soient en partie de sa propre faute. «Peut-être ai-je été trop ambitieuse pour toi, mais cela ne veut pas dire que je t'aime moins. Je ne puis m'en empêcher – mes ambitions pour toi. C'est inné.»

Mais tout cela était bel et bien fini, lui assura-t-elle. «Décide ce qui est le mieux pour toi, ce que tu désires le plus, et je m'en contenterai.»

Sa lettre était désenchantée. Elle décrivit le chemin du retour à Berlin ce soir-là. «Nous avons bien roulé même si nous avons dépassé et croisé beaucoup de camions militaires – avec ces affreux instruments de mort et de destruction à l'intérieur. Je sens un frisson me parcourir chaque fois que j'en vois, ainsi que les multiples autres signes de la catastrophe à venir. N'y a-t-il aucun moyen d'empêcher les hommes et les nations de se déchirer ? C'est horrible !»

C'était en 1937. Quatre ans et demi plus tard, les États-Unis entraient en guerre.

Dodd avait besoin de souffler. Il avait commencé à avoir des problèmes de santé. Depuis son arrivée à Berlin, il souffrait de problèmes gastriques et de maux de tête ; récemment, ceux-ci s'étaient aggravés. Ses maux de tête duraient parfois des semaines d'affilée. La douleur, écrivait-il, «se propageait dans les connections nerveuses[15] entre l'estomac, les épaules et le cerveau, rendant le sommeil presque impossible». Les symptômes avaient empiré au point que, lors d'un de ses précédents congés, il avait consulté un spécialiste, le Dr Thomas R. Brown, chef du service des maladies digestives à Johns Hopkins Hospital à Baltimore (qui, lors d'un congrès sur la gastro-entérologie en 1934, indiquait avec une sobriété remarquable : «N'oublions jamais qu'il est essentiel d'étudier les selles sous tous les angles.») En apprenant que Dodd écrivait une histoire épique du Vieux Sud et que son achèvement était le but de sa vie, le Dr Brown lui conseilla en douceur de quitter son poste à Berlin. Il dit à Dodd : «À soixante-cinq ans, on doit faire le point[16], décider de ce qui est essentiel et dresser ses plans pour réaliser, autant que possible, les projets majeurs.»

À l'été 1937, Dodd faisait état de migraines quasi permanentes et de problèmes digestifs qui, dans un cas, l'empêchèrent de s'alimenter pendant trente heures.

Ses problèmes de santé étaient peut-être dus à quelque chose de plus grave que le stress au travail, même si le stress fut certainement un facteur déterminant. George Messersmith, qui avait fini par quitter Vienne pour Washington où il avait été nommé secrétaire d'État adjoint, écrivit dans un texte inédit que, à son sens, Dodd avait décliné intellectuellement. Il radotait dans ses lettres et son écriture se dégradait au point que d'autres dans le service les transmettaient à Messersmith pour les « déchiffrer ». Il écrivait de plus en plus à la main, se méfiant des sténographes. « Il est tout à fait évident[17] qu'il était arrivé quelque chose à Dodd, souligne Messersmith. Il souffrait d'une certaine forme de dégénérescence mentale. »

La cause de tout cela, d'après Messersmith, était l'incapacité de Dodd à s'adapter au comportement du régime nazi. La violence, la montée obsédante vers la guerre, le traitement impitoyable des Juifs... tout cela avait rendu Dodd « terriblement dépressif », remarquait le secrétaire adjoint. L'historien n'arrivait pas à comprendre que ces choses puissent se produire dans l'Allemagne qu'il avait connue et aimée quand il était jeune chercheur à Leipzig.

« Je crois qu'il était tellement atterré[18] par tout ce qui se passait en Allemagne et les dangers que cela représentait pour le monde qu'il n'était plus capable de pensée raisonnée ni de jugement », commentait Messersmith.

Après une semaine à la ferme, Dodd se sentit beaucoup mieux. Il se rendit à Washington et, le mercredi

11 août, rencontra Roosevelt. Au cours de leur conversation d'une heure, Roosevelt lui fit savoir qu'il aimerait
qu'il reste à Berlin quelques mois de plus. Il recommanda
vivement à Dodd de donner autant de conférences que
possible pendant son séjour aux États-Unis et de «dire
la vérité sur la situation»[19], un ordre qui confirmait à ses
yeux que le président lui faisait toujours confiance.

Mais pendant que Dodd se trouvait aux États-Unis,
le «bon petit club» lui infligea un singulier camouflet.
Un des derniers arrivés à l'ambassade de Berlin, Prentiss
Gilbert, le chargé d'affaires qui remplaçait l'ambassadeur
en son absence, se vit recommander par le Département
d'État d'assister au prochain rassemblement du parti nazi
à Nuremberg. Gilbert obtempéra. Il prit place dans le
train spécial des diplomates dont l'arrivée à Nuremberg
fut saluée par une escadrille de dix-sept avions militaires
volant en formant une croix gammée.

Dodd sentit la main du sous-secrétaire Sumner
Welles. «Je pense depuis longtemps que Welles[20]
s'oppose à moi et à toutes mes recommandations», nota
Dodd dans son journal. Le secrétaire adjoint R. Walton
Moore, un des rares alliés de Dodd au Département
d'État, partageait l'antipathie de Dodd à l'égard de
Welles et confirma ses craintes: «Il n'y a pas le moindre
doute[21] que vous avez pointé avec justesse l'influence qui
détermine très largement la politique du Département
depuis mai dernier.»

L'ambassadeur fulminait. C'était précisément en
restant à l'écart de ces congrès, pensait-il, qu'il pouvait
exprimer ses véritables sentiments, ainsi que ceux des
États-Unis, à l'égard du régime hitlérien. Il envoya une
protestation bien sentie et – croyait-il – confidentielle

au secrétaire Hull. À la consternation de Dodd, il y eut de nouveau une fuite. Le matin du 4 septembre 1937, le *New York Herald Tribune* publia un article sur ce sujet, qui reproduisait un paragraphe entier de sa lettre, ainsi qu'un télégramme ultérieur.

La lettre de Dodd mit en rage le gouvernement d'Hitler. Le nouvel ambassadeur allemand aux États-Unis, Hans-Heinrich Dieckhoff, déclara au secrétaire d'État Hull que, même s'il ne formulait pas une demande officielle en vue de la révocation de Dodd, il «entendait bien faire comprendre[22] que le gouvernement allemand considérait que celui-ci n'était plus *persona grata*».

Le 19 octobre 1937, Dodd rencontra une deuxième fois Roosevelt, cette fois au domicile du président à Hyde Park – «un endroit merveilleux»[23], d'après Dodd. Son fils Bill l'accompagnait. «Le président exprima son inquiétude concernant les affaires étrangères», nota Dodd dans son journal. Ils parlèrent du conflit sino-japonais, qui venait d'éclater, et de la perspective de la conférence de paix qui devait se tenir à Bruxelles dans l'espoir d'y mettre fin. «Une chose le préoccupait, rapporte Dodd. Les États-Unis, la Grande-Bretagne, la France et la Russie pouvaient-ils coopérer ?»

Ils discutèrent ensuite de l'Allemagne. Dodd demanda à Roosevelt de le maintenir en place au moins jusqu'au 1er mars 1938, «en partie parce que je ne souhaite pas que les extrémistes allemands s'imaginent que leurs réclamations... ont obtenu toute satisfaction». Il eut l'impression que Roosevelt était d'accord.

Dodd poussa le président à choisir un autre professeur d'histoire, James T. Shotwell de Columbia University, pour le remplacer. Roosevelt paraissait disposé à prendre cette idée en compte. Comme l'entretien parvenait à son terme, Roosevelt invita Dodd et Bill à rester pour le déjeuner. La mère de Roosevelt et d'autres membres du clan Delano se joignirent à eux. Dodd parle d'un «moment délicieux».

Comme il s'apprêtait à partir, Roosevelt lui dit: «Écrivez-moi personnellement concernant la situation en Europe. J'arrive très bien à déchiffrer votre écriture.»

«J'ai promis de lui envoyer ces lettres confidentielles, note-t-il dans son journal. Mais comment les lui ferai-je parvenir sans qu'elles soient lues par des espions?»

Dodd repartit pour Berlin. Dans son journal, le vendredi 29 octobre, il se montre bref mais éloquent: «De nouveau à Berlin[24]. Qu'y puis-je?»

Il ne se rendait pas compte que Roosevelt avait cédé à la pression du Département d'État et du ministère allemand des Affaires étrangères, et avait donné son accord pour que Dodd quitte Berlin avant la fin de l'année. Dodd fut sidéré quand il reçut un télégramme laconique de Hull le matin du 23 novembre 1937, portant la mention «strictement confidentiel», qui déclarait: «Bien que le président regrette tout désagrément personnel[25] que cela pourrait vous occasionner, il m'a chargé de vous demander de faire en sorte de quitter Berlin, si possible pour le 15 décembre, et, en tout cas, pas plus tard que Noël, en raison des complications que vous connaissez et qui risquent de s'aggraver.»

Dodd protesta, mais Hull et Roosevelt ne lâchèrent pas prise. Dodd réserva deux places pour sa femme et lui à bord du *Washington* qui levait l'ancre le 29 décembre 1937.

Martha avait embarqué pour les États-Unis deux semaines plus tôt, mais d'abord elle et Boris eurent le temps de se retrouver à Berlin pour se dire adieu. Pour ce faire, écrit-elle, il quitta sans autorisation son poste à Varsovie. Ce fut un interlude romantique et poignant, au moins pour elle. Elle lui déclara de nouveau son désir de l'épouser.

Ce fut leur dernière rencontre. Boris lui écrivit de Russie le 29 avril 1938 : « Jusqu'à ce jour, je garde le souvenir[26] de nos dernières retrouvailles à Berlin. Quel dommage que ce fût seulement pour deux nuits. Je veux prolonger ce moment pour le reste de nos vies. Tu as été si bonne et si gentille avec moi, ma chérie. Je ne l'oublierai jamais... Comment s'est passé le voyage ? Un jour nous traverserons l'océan ensemble et, tous les deux, nous regarderons les vagues éternelles et nous sentirons notre amour infini. Je t'aime. Je te sens en moi, je rêve de toi et de nous deux. Ne m'oublie pas. Bien à toi, Boris. »

De retour aux États-Unis, fidèle à elle-même sinon à Boris, Martha rencontra Alfred Stern, un New-Yorkais de sensibilité progressiste dont elle tomba promptement amoureuse. Son aîné de dix ans, mesurant un mètre soixante-quinze, il était beau, riche, et avait obtenu un règlement confortable pour son divorce avec une héritière de l'empire Sears Roebuck. Ils se fiancèrent[27] et, avec une rapidité époustouflante, se marièrent le 16 juin 1938, bien que des coupures de presse indiquent qu'il y eut une seconde cérémonie, plus tard, dans la ferme de Round Hill, en Virginie. Elle portait une robe de velours noir avec des roses rouges. Des années plus tard, elle écrivit que Stern était le troisième et dernier grand amour de sa vie.

Dans une lettre datée du 19 juillet 1938, elle parla de son mariage à Boris : « Tu sais, mon chéri[28], que tu as représenté plus dans ma vie que quiconque. Tu sais aussi que, si on a besoin de moi, je serai prête à venir dès qu'on m'appelle. [...] Je regarde vers l'avenir et je te vois de retour en Russie. »

Quand la lettre arriva en Russie, Boris était mort, exécuté, comme d'innombrables agents du NKVD qui étaient tombés, victimes de la paranoïa de Staline. Martha apprit plus tard que Boris avait été accusé de collaborer avec les nazis. Elle qualifia l'accusation d'« insensée ». Longtemps après, elle se demanda si ses relations avec lui, surtout leur dernière rencontre non autorisée à Berlin, avaient contribué à sceller son destin.

Elle ne sut jamais que la dernière lettre de Boris[29], dans laquelle il affirmait rêver d'elle, était un faux, qu'il avait rédigé sous les ordres du NKVD peu avant son exécution, afin que la mort de son ex-amant n'entame pas sa sympathie pour la cause soviétique.

55

QUAND VINRENT LES TÉNÈBRES

Une semaine avant son départ pour les États-Unis, Dodd donna un discours d'adieu lors d'un déjeuner à la chambre de commerce américaine, où, quatre ans plus tôt, il avait pour la première fois déclenché le courroux des nazis par ses allusions aux anciennes dictatures. Le monde, déclara-t-il, «doit se rendre à la triste évidence[1] que, à une époque où la coopération internationale devrait être essentielle, les nations sont plus divisées que jamais». Il dit à son auditoire que les leçons de la Grande Guerre n'avaient servi à rien. Il loua le peuple allemand, «fondamentalement démocrate, des gens bienveillants les uns envers les autres [...]. Je doute, ajouta-t-il, qu'un seul ambassadeur en Europe accomplisse correctement son devoir et mérite le salaire qu'il gagne».

Il changea de ton en débarquant aux États-Unis. Le 13 janvier 1938, à un dîner donné en son honneur au Waldorf-Astoria à New York, il déclara : «L'humanité se trouve en grand danger[2], mais on dirait que les gouvernements démocrates ne savent pas comment agir. S'ils ne font rien, la civilisation occidentale, les libertés religieuses, privées et économiques seront en grand danger.» Ces propos lui attirèrent une protestation immédiate de la part de l'Allemagne ; le secrétaire Hull répliqua que Dodd était désormais une personne privée et que, à ce titre, il pouvait s'exprimer librement. Cependant, il y eut un débat parmi les fonctionnaires du Département d'État pour savoir si le ministère devait tout de même s'excuser en publiant un communiqué dans le style : «Nous regrettons toutes les déclarations susceptibles de créer du ressentiment à l'étranger.» L'idée fut repoussée, du fait de l'opposition de Jay Pierrepont Moffat, qui nota dans son journal : «J'étais fermement convaincu[3] que, en dépit de mon antipathie et de mes désaccords avec M. Dodd, nous n'avions pas à présenter d'excuses pour ses propos.»

Après ce discours, Dodd se lança dans une campagne afin de donner l'alarme concernant les agissements d'Hitler, et pour se battre contre la dérive isolationniste croissante des États-Unis ; plus tard, on le baptisa la Cassandre des diplomates américains. Il fonda le American Council Against Nazi Propaganda (Conseil américain contre la propagande nazie), et devint membre des American Friends of Spanish Democracy (les Amis américains de la démocratie espagnole). Lors d'un discours, le 21 février 1938 à Rochester, dans l'État de New York, devant une assemblée de fidèles juifs, Dodd lança cet avertissement : dès qu'Hitler aura mis la main sur l'Autriche – ce qui paraissait imminent –, l'Allemagne cherchera à étendre son autorité au-delà, de sorte que la Roumanie, la Pologne et la Tchécoslovaquie étaient menacées. De plus, il prédit qu'Hitler poursuivrait librement ses ambitions, sans rencontrer de résistance armée des autres démocraties européennes, car celles-ci préféreraient faire des concessions, plutôt que d'entrer en guerre. « La Grande-Bretagne[4], précisat-il, est terriblement exaspérée, mais désire aussi fortement la paix. »

La famille se dispersa, Bill pour un poste d'enseignement et Martha à Chicago, puis à New York. Dodd et Mattie s'installèrent dans la ferme de Round Hill, en Virginie, mais se rendaient occasionnellement à Washington. Le 26 février 1938, juste après avoir déposé son mari à la gare de Washington pour le début d'une tournée de conférences, Mattie écrivit à Martha à Chicago : « J'aurais tellement souhaité que nous vivions plus près[5] les uns des autres pour pouvoir discuter des choses et passer du temps ensemble. Nos vies filent si vite. Ton père dit souvent souhaiter que tu nous rendes visite et quelle joie ce serait de vous avoir, toi et Billy, près de lui. J'aurais aimé qu'il fût plus jeune et plus vigoureux. Il est très délicat et sa vitalité diminue. »

Elle était profondément préoccupée par les événements en Europe. Dans une autre lettre à Martha, peu après, elle écrivit : « Le monde semble dans un tel chaos à présent, je ne sais pas ce qui va arriver. Dommage qu'on ait laissé si longtemps ce malade n'en faire qu'à sa tête. Nous nous trouverons peut-être, tôt ou tard, impliqués, Dieu nous préserve. »

Mme Dodd ne partageait pas la passion de son mari pour la ferme de Round Hill. C'était agréable l'été et pendant les vacances, mais pas pour y vivre en permanence. Elle espérait qu'ils arriveraient à acquérir un appartement à Washington où elle pourrait vivre une partie de l'année, avec ou sans lui. Entre-temps, elle se mit en devoir de rendre la ferme plus habitable. Elle acheta des rideaux de soie dorée, un nouveau réfrigérateur General Electric, et une nouvelle cuisinière. Comme le printemps avançait, elle se sentait de plus en plus malheureuse : elle n'avait pas encore trouvé son pied-à-terre à Washington, et les aménagements de la ferme n'avançaient pas. «Jusqu'ici, je n'arrive à rien[6] dans la maison, écrivait-elle à Martha, mais huit ou dix hommes travaillent sur les murets de pierre, embellissent les champs, ramassent les cailloux et les emportent, etc. Cela me donne envie de "jeter l'éponge" et d'envoyer balader toute cette affaire.»

Le 23 mai 1938, elle confia de nouveau à sa fille : «J'aimerais tant avoir un chez-moi[7]... à Washington, au lieu de Chicago. Ce serait merveilleux.»

Quatre jours plus tard, Mme Dodd était morte. Le matin du 28 mai 1938, elle ne vint pas rejoindre son mari pour le petit déjeuner, contrairement à son habitude. Ils dormaient dans des chambres séparées. Il alla la voir. «Ce fut le plus grand choc[8] de ma vie», écrit-il. Elle avait succombé à un arrêt cardiaque dans son lit, sans avoir montré de signe avant-coureur. «Elle n'avait que soixante-deux ans, et j'en avais soixante-huit, note Dodd dans son journal. Mais elle était là, allongée, bien morte, sans aucun recours ; je me sentis tellement abasourdi et tellement triste que je pouvais à peine prendre de décision.»

Martha attribua la mort de sa mère «à la tension et la terreur de la vie»[9] à Berlin. Le jour des funérailles,

Martha épingla des roses à la robe de la défunte et porta des roses assorties dans ses cheveux. À présent, pour la seconde fois seulement, Martha vit des larmes dans les yeux de son père.

Brusquement, la ferme de Round Hill devint moins un lieu de repos et de paix que de mélancolie. Le chagrin et la solitude de Dodd mirent à l'épreuve sa santé déjà fragile, mais il persévéra et donna des conférences un peu partout, au Texas, dans le Kansas, le Wisconsin, l'Illinois, le Maryland et l'Ohio, martelant toujours les mêmes thèmes : Hitler et le nazisme constituaient un grand danger pour le monde, la guerre en Europe était inévitable, et quand le conflit aurait commencé, les États-Unis ne pourraient rester en retrait. Une de ces conférences attira un public de sept mille personnes. Le 10 juin 1938, prenant la parole à Boston, au Harvard Club – le saint des saints –, Dodd parla de la haine d'Hitler pour les Juifs et avertit que son intention profonde était de « les tuer tous »[10].

Cinq mois plus tard, les 9 et 10 novembre, la *Kristallnacht* eut lieu, la Nuit de cristal, le pogrom nazi qui ébranla l'Allemagne et amena enfin Roosevelt à prononcer une condamnation publique. Il déclara à la presse qu'il pouvait « à peine croire qu'un tel événement[11] puisse se produire dans le XXᵉ siècle civilisé ».

Le 30 novembre, Sigrid Schultz écrivit à Dodd de Berlin : « J'imagine que vous dites ou pensez souvent[12] : "Ne l'avais-je pas prédit ?" Encore que ce ne soit pas une grande consolation d'avoir raison quand le monde semble divisé entre des vandales sans pitié et des gens honnêtes incapables de leur faire face. Nous étions témoins quand est survenue une bonne partie du naufrage et du pillage, et, cependant, on se demande parfois si ce que l'on a vu de ses propres yeux était bien réel – une atmosphère de cauchemar règne partout, encore plus oppressante que le 30 juin. »

Un étrange épisode mit Dodd sur la touche. Le 5 décembre 1938, comme il se rendait par la route pour prononcer un discours à McKinney, en Virginie, sa voiture heurta une petite fille noire de quatre ans appelée Gloria Grimes. Le choc provoqua une blessure importante dont, apparemment, une commotion cérébrale. Mais Dodd ne s'arrêta pas. «Ce n'était pas ma faute[13], expliqua-t-il plus tard à un reporter. L'enfant a foncé sur mon automobile à environ dix mètres de moi. J'ai écrasé les freins, dévié la voiture et j'ai continué parce que je croyais que la petite fille s'en était tirée.» Il aggrava la situation en donnant l'impression d'être indifférent quand, dans une lettre à la mère de la fillette, il écrivit: «En outre, je ne voulais pas que les journaux de tout le pays publient le récit de l'accident. Vous savez combien les journaux adorent exagérer ce genre de chose.»

Il fut mis en examen, mais le 2 mars 1939, le jour de l'ouverture du procès, il décida de plaider coupable. Son ami le juge Moore était assis auprès de lui, de même que Martha. La cour le condamna à une amende de deux cent cinquante dollars, mais ne lui imposa pas une peine de prison, citant sa mauvaise santé et le fait qu'il avait payé mille cent dollars de frais médicaux pour l'enfant, qui avait, semble-t-il, presque totalement récupéré. On lui retira son permis de conduire et son droit de vote, une privation particulièrement pénible pour un aussi ardent défenseur de la démocratie.

Ébranlé par l'accident, désillusionné par son expérience d'ambassadeur et épuisé par une santé déclinante, Dodd se retira dans sa ferme. Son état empira. On diagnostiqua qu'il était atteint d'un syndrome neurologique appelé paralysie bulbaire, une paralysie lente et progressive des muscles de la gorge. En juillet 1939, il fut admis au Mount Sinai Hospital à New York pour une intervention mineure à l'abdomen, mais, juste avant l'opération, il contracta une broncho-pneumonie, une complication fréquente dans ce type de maladie neurologique. Il tomba gravement malade. Alors qu'il était presque mourant, les nazis le brocardèrent de l'autre côté de l'Atlantique.

Un article à la une de *Der Angriff*[14], le journal de Goebbels, affirmait que Dodd se trouvait dans une « clinique juive ». Le titre annonçait : « Fin de William Dodd, fauteur de troubles anti-allemand notoire. »

Le style de l'article dégageait une forme de méchanceté puérile typique de *Der Angriff*. « Le septuagénaire, qui fut l'un des diplomates les plus étranges qui ait jamais existé, est de retour dans le giron de ceux qu'il a servis pendant vingt ans : les activistes juifs fauteurs de guerre. » Le journal décrivait Dodd comme « un petit homme sec, nerveux, pédant [...] dont la présence dans les rencontres diplomatiques et mondaines faisait inévitablement bâiller d'ennui ».

Il signalait la campagne de Dodd pour mettre en garde contre les ambitions d'Hitler. « Après son retour aux États-Unis, Dodd s'est exprimé de la façon la plus irresponsable et la plus impudente sur le Reich allemand, dont les représentants, avec une générosité quasi surhumaine, ont fermé les yeux pendant quatre ans sur les affaires scandaleuses, faux pas et indiscrétions politiques aussi bien de sa part que de celle de sa famille.»

Dodd ressortit de l'hôpital et se retira dans sa ferme, où il conservait l'espoir qu'il aurait le temps de finir les volumes restants de son *Vieux Sud*. Le gouverneur de Virginie lui restitua son droit de vote, expliquant que, au moment de l'accident, Dodd était «malade et pas entièrement responsable»[15].

En septembre 1939, les armées d'Hitler envahirent la Pologne, déclenchant la guerre en Europe. Le 18 septembre, Dodd écrivit à Roosevelt qu'on aurait pu l'éviter si «les démocraties européennes» avaient simplement agi de concert pour arrêter Hitler, comme il l'avait toujours prôné. «Si elles avaient coopéré[16], écrit-il, elles y seraient arrivées. À présent, il est trop tard.»

À l'automne, Dodd était grabataire[17], ne pouvant plus communiquer qu'avec un calepin et un crayon. Il végéta pendant plusieurs mois, jusqu'au début de février 1940, où il eut une nouvelle pneumonie. Il mourut dans son lit à Round Hill le 9 février 1940 à quinze heures dix, avec Martha et Bill à son chevet, laissant inachevée l'œuvre de sa vie, son *Vieux Sud*. Il fut enterré[18] deux jours plus tard dans son domaine, Carl Sandburg faisant partie de ceux qui portaient le cercueil.

Cinq ans plus tard[19], lors de l'assaut final sur Berlin, un obus russe tomba pile sur une écurie à l'extrémité ouest du Tiergarten. Le Kurfürstendamm, qui avait été une des principales artères commerçantes et un des lieux de promenade privilégiés de la capitale, fut le théâtre d'une scène extrêmement macabre : les chevaux, ces créatures choyées de l'Allemagne nazie, se ruèrent dans la rue, la crinière et la queue en feu.

Le jugement des Américains sur l'œuvre de leur ambassadeur semble dépendre en grande partie de quel côté de l'Atlantique ils se trouvaient à l'époque. Pour les isolationnistes, c'était un provocateur ; pour ses adversaires au Département d'État, Dodd était un franc-tireur qui se plaignait trop et n'avait pas su respecter les règles du « bon petit club ». Dans une lettre adressée à Bill Jr, Roosevelt se montrait d'une réserve frustrante : « Connaissant sa passion[20] pour la vérité historique et sa rare capacité à éclairer le sens de l'histoire, sa disparition est une perte profonde pour la nation. »

Pour ceux qui avaient côtoyé Dodd à Berlin et qui avaient été témoins de la répression et de la terreur que faisait régner le gouvernement nazi, il resterait toujours un héros. Sigrid Schultz appelait Dodd « le meilleur ambassadeur[21] que nous ayons eu en Allemagne », et elle louait son empressement à se dresser pour les valeurs de l'Amérique malgré l'opposition de son gouvernement. Elle écrivit : « Washington ne lui a pas apporté le soutien dû à un ambassadeur dans l'Allemagne nazie, en partie parce que trop d'hommes au Département d'État nourrissaient une passion pour les Allemands et parce que trop d'hommes d'affaires influents de notre pays croyaient qu'on "pouvait commercer avec Hitler". » Le rabbin Wise écrit dans ses mémoires, *Challenging Years* : « Dodd avait compris[22], des années avant le Département d'État, les implications politiques et morales de l'hitlérisme, et il a payé le prix de cette lucidité en étant pratiquement chassé de son poste, pour avoir eu la correction et le courage, seul parmi tous les ambassadeurs, de refuser d'assister aux célébrations annuelles de Nuremberg qui glorifiaient Hitler.»

Sur le tard, même Messersmith applaudit la lucidité de Dodd : «Je me dis souvent[23] que très peu d'hommes ont su saisir, comme lui, ce qui se produisait en Allemagne, et certainement très peu d'hommes ont su saisir mieux que lui les répercussions pour le reste de l'Europe, pour nous et pour le monde entier, des événements dans le pays.»

Le plus remarquable éloge vint du romancier Thomas Wolfe qui, lors d'une visite en Allemagne au cours du printemps 1935, avait eu une brève aventure avec Martha. Il écrivit alors à son éditeur, Maxwell Perkins, que l'ambassadeur Dodd avait contribué à susciter en lui «une fierté et une foi renouvelées[24] dans l'Amérique, et la conviction que, d'une manière ou d'une autre, un grand avenir nous était encore réservé». La maison habitée par les Dodd, au 27 a de la Tiergartenstrasse*, disait-il à Perkins, «est un havre de liberté et de courage pour les gens de toutes opinions, et les gens qui vivent dans la terreur peuvent y reprendre leur souffle sans aucune crainte et exprimer le fond de leur pensée. Je sais que cela est vrai et, en outre,

---

* D'après le témoignage de sa belle-fille recueilli par l'auteur, la famille du propriétaire de la maison louée par Dodd survécut. Alfred Panofsky quitta Berlin probablement en 1938 pour l'Amérique afin de rejoindre sa femme, ses enfants et sa mère partis l'année précédente. (*NdT.*)

l'indifférence nette, franche, sans fard, avec laquelle l'ambassadeur considère toute la pompe, les paillettes, les médailles et le bruit des bottes vous réjouirait le cœur».

Hugh Wilson, qui lui succéda, était un diplomate à l'ancienne contre lequel Dodd avait beaucoup récriminé. C'était Wilson, en fait, qui avait décrit le premier les Affaires étrangères comme «un bon petit club». La devise de Wilson, qu'il tenait de Talleyrand, n'était pas franchement exaltante : «Surtout, pas trop de zèle[25].» En tant qu'ambassadeur, Wilson fit tout pour mettre en avant les aspects positifs de l'Allemagne nazie et poursuivit sa propre campagne de conciliation. Il promit à Joachim von Ribbentrop, le nouveau ministre des Affaires étrangères, que, si la guerre éclatait en Europe, il ferait tout son possible pour maintenir les États-Unis à l'écart. Wilson accusa la presse américaine d'être «contrôlée par les Juifs»[26] et de chanter un «chant de haine alors qu'on s'efforce ici de construire un avenir meilleur». Il loua Hitler comme «l'homme qui a sorti son peuple[27] du désespoir moral et économique pour l'amener à cet état de fierté et de prospérité évidente dont ils bénéficient maintenant». Il admirait particulièrement l'organisation nazie «La Force par la joie», qui faisait partie du programme nazi et qui offrait à tous les travailleurs allemands des vacances et autres loisirs à peu de frais. Wilson y voyait un bon moyen pour aider l'Allemagne à résister aux incursions communistes et museler les revendications salariales des ouvriers – de l'argent que les ouvriers gaspillaient «généralement à des futilités»[28]. Pour lui, cette approche «allait bénéficier au monde dans son ensemble».

Dans une lettre de Paris datée du 7 décembre 1937, l'ambassadeur William Bullitt félicitait Roosevelt d'avoir opté pour Wilson : «Je crois sincèrement que les chances[29] de paix en Europe se trouvent hautement accrues du fait que vous avez nommé Hugh à Berlin, et je vous en remercie sincèrement.»

En fin de compte, bien sûr, ni l'approche de Dodd ni celle de Wilson ne faisaient guère de différence. Comme Hitler renforçait son pouvoir et effrayait son public, seul un geste fort exprimant le désaveu américain aurait pu avoir un effet, peut-être l'«intervention vigoureuse» suggérée par George Messersmith dès septembre 1933. Cependant, un tel acte était politiquement impensable dans une Amérique se laissant aller au fantasme qu'elle pourrait rester à l'écart des conflits en Europe. «Mais l'histoire[30], écrivit Claude Bowers, ami de Dodd et ambassadeur en Espagne puis au Chili, retiendra que, dans une période où les forces de la tyrannie se mobilisaient en vue d'exterminer la liberté et la démocratie en tout endroit, quand une politique de "conciliation" malvenue approvisionnait les arsenaux du despotisme et quand, dans de nombreux cercles de la haute société et quelques cercles politiques, le fascisme était à la mode et la démocratie l'anathème, [Dodd] défendit sans faillir notre système démocratique, mena un combat honorable et garda la foi, et quand la mort l'emporta, son pavillon continuait de flotter.»

En effet, on peut s'interroger : pour que le *Der Angriff* de Goebbels attaque Dodd quand il était prostré sur son lit d'hôpital, était-il donc aussi inefficace que ses ennemis le prétendaient ? Au final, Dodd se révéla être exactement ce que Roosevelt avait voulu : un ultime symbole de la liberté et de l'espérance américaines sur une terre en proie à des ténèbres grandissantes.

Le Tiergarten après l'offensive russe,
avec le bâtiment du Reichstag en arrière-plan.

Épilogue

Ce drôle d'oiseau en exil

Martha et Alfred Stern habitaient dans un appartement dans Central Park West à New York et possédaient une propriété à Ridgefield, dans le Connecticut. En 1939, Martha publia un livre de souvenirs, *Through Embassy Eyes*. L'Allemagne s'empressa d'interdire le livre, sans surprise compte tenu de certaines observations de Martha concernant les hauts dirigeants du régime. Par exemple : « Si les lois de stérilisation nazies[1] avaient eu quelque logique ou objectivité, le Dr Goebbels aurait été stérilisé depuis longtemps. » En 1941, elle publia avec son frère Bill les carnets de son père. Ils espéraient aussi sortir un recueil de correspondance de leur père et demandèrent à George Messersmith de les autoriser à reproduire plusieurs lettres qu'il avait envoyées à Dodd de Vienne. Celui-ci refusa. Quand Martha lui fit savoir qu'elle les publierait tout de même, Messersmith, qui ne l'avait jamais portée dans son cœur, ne prit pas de gants. « Je lui ai dit que si elle publiait mes lettres[2], à l'aide d'un éditeur irresponsable ou responsable, j'écrirais un petit article au sujet de ce que je savais d'elle et de certains épisodes de sa vie, et que mon article serait beaucoup plus intéressant que tout ce qui se trouverait dans son livre.» Et il ajouta : «La question a été réglée.»

Ces années furent particulièrement riches en événements. La guerre que Dodd avait présagée eut lieu et fut gagnée. En 1945, Martha réalisa enfin le rêve de sa vie : elle publia un roman. Sous le titre *Sowing the Wind* (*Semer le vent*), manifestement inspiré de la vie d'un de ses anciens amants, Ernst Udet, le livre décrivait la façon dont le nazisme avait réussi à séduire et avilir un as de l'aviation de la Première Guerre mondiale. La même année, son mari et elle adoptèrent un bébé qu'ils baptisèrent Robert.

Martha créa enfin son propre salon[3], un salon réputé, qui attirait de temps à autre des gens tels que Paul Robeson, Lillian Hellman, Margaret Bourke-White et Isamu Noguchi. La conversation y était brillante et agréable, et évoquait pour Martha les délicieux après-midi chez son amie Mildred Fish Harnack, bien que le souvenir de Mildred fût à présent encadré d'un filet noir. Martha avait reçu des nouvelles de sa vieille amie, qui revêtirent brusquement leur dernière rencontre à Berlin d'un lourd présage. Elle se souvenait qu'elles avaient choisi une table isolée dans un restaurant à l'écart et avec quelle fierté Mildred lui avait décrit «l'efficacité croissante»[4] du réseau clandestin qu'elle avait mis en place avec son mari, Arvid. Mildred n'était pas une femme très expansive, mais à la fin du déjeuner, elle embrassa Martha.

À présent, Martha savait que, quelques années[5] après cette rencontre, Mildred avait été arrêtée par la

Gestapo, de même qu'Arvid et des dizaines de membres de leur réseau. Arvid fut jugé et condamné à mort par pendaison ; il fut exécuté le 22 décembre 1942 à la prison de Plötzensee de Berlin. Le bourreau utilisa une corde courte pour faire durer le supplice pendant que Mildred était contrainte à regarder. À son propre procès, elle fut condamnée à six ans d'emprisonnement, jugement qui fut cassé par Hitler en personne. Lors du nouveau procès, la sentence fut la mort. Le 16 février 1943, à dix-huit heures, elle fut guillotinée. « Moi qui ai tant aimé l'Allemagne »[6], furent ses dernières paroles.

Pendant quelque temps, après son départ de Berlin, Martha continua de flirter discrètement avec le renseignement soviétique. Son nom de code était « Liza », même si cela paraît plus sensationnel que ce que révèlent les archives disponibles. Sa carrière d'espionne semble avoir consisté principalement à parler et à envisager des projets, bien que la perspective d'une participation plus spécifique séduisît certainement les responsables des services secrets soviétiques. Un câble secret de Moscou à New York en janvier 1942 la décrivait comme « une femme douée, intelligente et cultivée »[7], mais notait qu'« elle exige une surveillance permanente de son comportement ». Un agent soviétique un peu plus prude resta de glace. « Elle se considère comme communiste[8] et affirme accepter le programme du Parti. En réalité, "Liza" est parfaitement représentative de la bohème américaine, une femme sexuellement décadente prête à coucher avec n'importe quel bel homme. »
Sur les instances de Martha, son mari[9] se laissa approcher par le KGB – son nom de code était « Louis ». Martha

et Stern ne faisaient pas mystère de leur intérêt pour le communisme et les causes progressistes, et, en 1953, ils attirèrent l'attention de la commission de la Chambre des représentants sur les activités anti-américaines, alors présidée par le représentant Martin Dies, qui les assigna à comparaître pour entendre leur témoignage. Ils s'enfuirent au Mexique puis, comme la pression des autorités fédérales s'accentuait, ils repartirent et finirent par s'installer à Prague, où ils adoptèrent un style de vie résolument non communiste dans une villa de trois étages et douze pièces, avec des domestiques. Ils achetèrent une Mercedes noire toute neuve[10].

Au début, l'idée d'être une fugitive internationale séduisit Martha, qui s'était toujours considérée comme une femme flirtant avec le danger, mais, les années passant, la lassitude s'empara d'elle. Au cours des premières années d'exil, leur fils donna des signes de troubles psychiques et on diagnostiqua une schizophrénie. Martha devint «obsédée»[11], selon son mari, à l'idée que leur fuite agitée et les voyages qui s'ensuivirent étaient la cause de la maladie de Robert.

Pour Martha et Stern, Prague était un lieu étrange, dont la langue était impénétrable. «Nous ne pouvons pas affirmer que nous nous plaisons ici[12], pour être vraiment sincères, écrivit-elle à des amis. Naturellement, nous préférerions rentrer à la maison, mais la maison ne veut toujours pas de nous... C'est une vie extrêmement limitée sur le plan intellectuel et sur le plan créatif (d'autant que nous ne parlons pas la langue, un gros handicap); nous nous sentons isolés et souvent très seuls.» Elle passait son temps à s'occuper de sa maison et à jardiner: «Des fruitiers, des lilas, des légumes, des fleurs, des oiseaux, des insectes... un seul serpent en quatre ans!»

Martha apprit pendant cette période qu'un de ses anciens amants, Rudolf Diels, était mort, d'une façon totalement inattendue pour ce champion de la survie. Après deux ans à Cologne[13], il était devenu commissaire régional à Hanovre, avant d'être licencié pour excès de zèle. Il prit un emploi de directeur des transports fluviaux pour une société civile, mais fut ensuite arrêté dans le vaste coup de filet qui suivit la tentative d'assassinat contre Hitler, le 20 juillet 1944. Diels survécut à la guerre et, pendant les procès de Nuremberg, il témoigna à charge. Plus tard, il devint haut fonctionnaire du gouvernement d'Allemagne de l'Ouest. Sa chance le lâcha le 18 novembre 1957 au cours d'une partie de chasse. Comme il sortait son fusil de sa voiture, le coup partit et le tua.

Martha perdit ses illusions concernant le communisme tel qu'il se pratiquait dans la vie quotidienne. Son désenchantement devint un réel dégoût pendant le printemps de Prague, en 1968, quand, un matin au réveil, elle vit les tanks soviétiques dévaler la rue devant sa maison, envahissant la Tchécoslovaquie. «Ce fut, écrit-elle, l'un des spectacles les plus hideux[14] et répugnants auxquels nous ayons jamais assisté.»

Elle renoua par courrier avec de vieux amis. Elle entreprit une correspondance pleine de verve avec Max Delbrück. Elle s'adressait à lui ainsi: «Max, mon amour[15]»; il l'appelait «ma Martha adorée». Ils badinaient au sujet de leurs imperfections physiques grandissantes. «Je vais bien, très bien, vraiment bien, lui assurait-il, à part un petit problème cardiaque et un petit myélome multiple.» Il jurait que la chimiothérapie avait fait repousser ses cheveux.

D'autres hommes se tiraient moins bien de cet exercice d'évaluation rétrospective que faisait Martha. Le prince Louis Ferdinand était devenu «ce crétin»[16] et Putzi Hanfstaengl «un vrai bouffon»[17].

Mais un grand amour resurgit, aussi incandescent que jamais. Martha avait recommencé à écrire à Bassett, son ex-mari – le premier de ses trois grands amours – et, bientôt, ils correspondaient comme s'ils avaient de nouveau vingt ans, analysant leur idylle pour essayer de comprendre pourquoi celle-ci avait mal tourné. Bassett avoua qu'il avait détruit toutes les lettres d'amour[18] qu'elle lui avait envoyées, s'étant rendu compte que, «même avec le temps, je ne pourrais jamais supporter de les relire, encore moins aurais-je voulu que quelqu'un d'autre les découvre après ma disparition».

En revanche, Martha avait conservé les siennes. «Et quelles lettres d'amour!»[19] précise-t-elle.

«Une chose est sûre[20], lui confia-t-elle dans une lettre de novembre 1971, à soixante-trois ans. Si nous étions restés ensemble, nous aurions eu une vie pleine de vitalité, de diversité et de passion... Je me demande si tu aurais été heureux avec une femme aussi peu conventionnelle que je le suis et l'étais jadis, même si nous n'aurions pas eu les complications que j'ai subies plus tard. Cependant j'ai connu la joie avec la peine, la productivité avec la beauté, et puis le choc! Je t'ai aimé et j'ai aimé Alfred et puis un autre, et c'est encore le cas. Tel est donc le drôle d'oiseau, toujours bien vivant, que tu as jadis aimé et épousé.»

En 1979, une cour fédérale[21] blanchit Martha et son mari de tout chef d'accusation, bien qu'à contrecœur, faisant état d'un manque de preuves et de la mort des témoins. Ils rêvaient de retourner en Amérique et envisagèrent de le faire, mais se rendirent compte qu'un autre obstacle leur barrait la route. Pendant toutes ces années d'exil, ils n'avaient payé aucun impôt aux États-Unis. La dette accumulée représentait à présent un montant astronomique.

Ils envisagèrent de s'installer ailleurs – en Angleterre ou en Suisse – mais un autre obstacle se dressa, plus obstiné que tout autre chose : l'âge.

À présent, les années et la maladie avaient gravement marqué le monde dont se souvenait Martha. Son frère Bill était mort[22] en octobre 1952 d'un cancer, laissant une femme et deux fils. Pendant les années qui avaient suivi le séjour à Berlin, il était passé d'un emploi à l'autre, pour finir commis au rayon librairie de Macy's à San Francisco. En chemin, ses propres sympathies progressistes lui avaient mis à dos la Commission Dies, qui l'avait déclaré «inapte» à occuper un emploi dans toute administration fédérale, à l'époque où il travaillait pour la Federal Communications Commission, une agence indépendante créée en 1934 par le Congrès pour réguler les télécommunications. Sa mort avait laissé Martha seule survivante de la famille. «Bill était vraiment un type épatant[23], quelqu'un de chaleureux et de bien, qui a connu son lot de frustrations et de souffrance... peut-être plus que sa part, écrit Martha dans une lettre à Audrey, sa première femme. Il me manque terriblement et je me sens vide et seule sans lui.»

Quentin Reynolds disparut le 17 mars 1965 à soixante-deux ans seulement. Putzi Hanfstaengl, qui, par sa seule taille, semblait invulnérable, s'éteignit le 6 novembre 1975 à Munich. Il avait quatre-vingt-huit ans. Sigrid Schultz, le Dragon de Chicago, mourut à quatre-vingt-sept ans, le 14 mai 1980. Et Max Delbrück, vraisemblablement doté de tous ses cheveux, trépassa en mars 1981, son exubérance tarie. Il avait soixante-quatorze ans.

Toutes ces disparitions étaient très tristes et soulevaient de sérieuses questions. En mars 1984, alors que Martha avait soixante-quinze ans et son mari quatre-vingt-six, Martha demanda à une amie : « Où penses-tu que nous devrions mourir[24] si nous pouvions choisir ? Ici, ou à l'étranger ? Serait-ce plus facile si le survivant reste ici avec ses souvenirs douloureux ? ou doit-il tout plaquer pour s'en aller tout seul dans un nouvel endroit ? ou vaut-il mieux partir ensemble et puis se trouver démunis et attristés par des rêves non accomplis, presque sans amis, dans un nouveau milieu mais en ayant eu tout de même quelques années pour reconstruire une sorte de foyer à l'étranger ? »

C'est Martha qui resta la dernière. Stern disparut en 1986. Martha demeura à Prague même si, comme elle l'écrivit à des amis, « nulle part je ne me sentirais aussi seule qu'ici »[25].

Elle décéda en 1990 à quatre-vingt-deux ans, pas précisément en héroïne mais certainement en femme de principes qui ne douta jamais d'avoir fait son devoir en aidant les Soviétiques contre les nazis, à une époque où la majeure partie du monde était peu disposée à s'impliquer. Elle mourut en dansant encore dangereusement sur le bord de la margelle – un drôle d'oiseau en exil, promettant, flirtant, se souvenant –, incapable après Berlin d'adopter le rôle de *Hausfrau*[*] et voulant s'imaginer encore une fois avec du panache et des paillettes.

Bassett, le vieux et fidèle Bassett, lui survécut six ans. Il avait abandonné les somptueux hêtres pourpres[26] de Larchmont pour un appartement dans l'Upper East Side de Manhattan, où il mourut paisiblement à cent deux ans.

---

[*] Maîtresse de maison. (*NdT.*)

Coda

Propos de table

Des années après la guerre, une série de documents[1] fut retrouvé, qui se révéla être la transcription de conversations entre Hitler et son entourage, sous la plume de son assistant Martin Bormann. L'une de ces transcriptions concernait une conversation pendant un dîner en octobre 1941 à Wolfsschanze, ou la Tanière du loup, qui était le repaire d'Hitler en Prusse orientale. Il y était question de Martha Dodd.

Hitler, qui lui avait un jour baisé la main, remarqua : « Quand je pense que personne, dans tout ce ministère, n'a été capable de faire tomber entre nos griffes la fille de l'ancien ambassadeur américain, Dodd... et pourtant ce n'était pas une oie blanche. C'était leur mission et cela aurait dû être fait. Bref, cette fille aurait dû être dans notre camp... Dans les temps anciens, quand nous voulions faire le siège d'un industriel, nous l'attaquions par le biais de ses enfants. Le vieux Dodd, qui était un imbécile, on l'aurait tenu à travers sa fille. »

Un des convives à la table d'Hitler demanda : « Était-elle jolie, au moins ? »

Un autre jeta : « Hideuse !

– Mais on doit s'élever au-dessus de ces considérations, mes chers amis, rétorqua Hitler. C'est une des qualités requises. Sinon, je vous le demande, pourquoi nos diplomates seraient-ils payés ? Dans ce cas, la diplomatie ne serait plus un service, mais un plaisir. Et cela pourrait finir par un mariage ! »

Le Country Club, à l'endroit où se trouvait la ferme de Dodd.

Sources
et remerciements

Ce que je n'avais pas prévu en m'aventurant dans cette sombre période du régime hitlérien, c'était à quel point cette obscurité imprégnerait mon esprit. Je m'enorgueillis généralement de posséder le recul du journaliste, la capacité de déplorer une tragédie et en même temps d'en saisir le potentiel narratif, mais vivre parmi les nazis jour après jour s'est révélé une expérience exceptionnellement éprouvante. Pendant quelque temps, j'ai gardé sur mon bureau un exemplaire de *Hitler, 1889-1936: Hubris*, de Ian Kershaw*, une œuvre majeure qui m'a servi de manuel sur la politique de l'époque. Sur la couverture de l'édition américaine figure un grand portrait d'Hitler qui est devenu pour moi si repoussant – mes excuses à sir Ian – que je devais conserver le livre retourné sur mon bureau, car commencer chaque journée en voyant

---

* *Hubris*, mot d'origine grecque signifiant l'orgueil démesuré de l'individu qui précipite sa perte, *Nemesis* (titre du tome II de l'œuvre de Ian Kershaw en anglais). Livre paru en français sous le titre : *Hitler, tome 1 : 1889-1936*, Flammarion, 1999. (*NdT.*)

ces yeux pleins de haine, ces joues flasques et ce bout de tampon Jex en guise de moustache était trop déprimant.

Une vaste quantité d'écrits historiques sur Hitler et la Seconde Guerre mondiale a été publiée, qu'il faut lire quelle que soit l'envergure de l'épisode qu'on compte étudier. Toutes ces lectures ont approfondi mon malaise spirituel, non pas du fait de leur quantité, mais à cause des horreurs qu'elles m'ont révélées. Il est difficile de saisir l'ampleur et la profondeur du paysage guerrier créé par Hitler – les déportations de Juifs vers les camps d'extermination même après que la défaite de l'Allemagne fut devenue évidente pour tous ; les batailles de tanks contre les forces russes qui coûtèrent des dizaines de milliers de vies en quelques jours ; les représailles sanglantes pour lesquelles les nazis devinrent tristement célèbres, où, par un après-midi ensoleillé dans un village de France, une dizaine d'hommes de femmes furent arrachés à leurs maisons et leurs magasins, alignés devant un mur et fusillés. Aucun préambule, aucun adieu ; juste un chant d'oiseau et le jaillissement du sang.

Certains livres, surtout le *Hubris* de Kershaw, se sont révélés exceptionnellement utiles pour détailler le large éventail de forces et d'hommes en jeu dans les années qui ont précédé la Seconde Guerre mondiale. J'inclus ici quelques vieux classiques qui gardent tout leur intérêt, *Hitler ou les mécanismes de la tyrannie* par Alan Bullock, et *Le IIIe Reich, des origines à la chute*, de William Shirer, de même que des livres plus récents de l'égal de Kershaw dans le domaine de la recherche, Richard J. Evans, dont *Le Troisième Reich* en trois tomes volumineux qui abondent en détails intéressants, aussi bien que terrifiants.

Plusieurs livres portant plus spécifiquement sur mon petit terrain de recherches se sont révélés fort utiles, dont *Resisting Hitler : Mildred Harnack and the Red Orchestra*, par Shareen Blair Brysac ; *The Haunted Wood*, par les historiens du KGB Allen Weinstein et Alexander Vassiliev ; et *Spies : The Rise and Fall of the KGB in America*, par Vassiliev, John Earl Haynes et Harvey Klehr.

Les carnets de l'ambassadeur William Dodd, *Ambassador Dodd's Diary*, édités par Martha et Bill Jr, et les mémoires de Martha, *Through Embassy Eyes* sont évidemment d'une valeur exceptionnelle. On ne peut entièrement se reposer sur ces deux textes ; ils doivent être traités avec prudence et toujours confrontés à d'autres sources qui les corroborent. Le livre de souvenirs de Martha présente nécessairement sa propre interprétation des gens et des faits qu'elle a rencontrés et, en tant que tel, il est indispensable pour découvrir ses pensées et ses sentiments, mais il contient des omissions notables. Nulle part, par exemple, elle ne désigne nommément Mildred Fish Harnack ou Boris Winogradov, sans doute parce que faire paraître leurs noms dans un livre publié en 1939 leur aurait fait courir de très gros risques. Cependant, des documents parmi les papiers de Martha à la Bibliothèque du Congrès révèlent par recoupements les passages dans son texte où Harnack et Winogradov font une apparition. Ses papiers comprennent le compte rendu détaillé et inédit de ses relations avec Boris et Mildred et sa correspondance avec eux. Boris écrivait ses lettres en allemand, pimentées d'expressions anglaises et de *Darling!* occasionnels. Pour comprendre ces lettres, je me suis adressé à une résidente, comme moi, de Seattle, Britta Hirsch, qui a courageusement traduit de longs extraits de documents beaucoup moins passionnants, parmi lesquels un ancien acte de vente de la maison de la Tiergartenstrasse et des passages de *Lucifer Ante Portas*, les mémoires de Rudolf Diels.

Concernant le journal de l'ambassadeur Dodd, des questions persistent quant à savoir s'il s'agit réellement d'un journal intime au sens classique, ou s'il s'agit plutôt d'un recueil de ses écrits rassemblés par Martha et Bill sous forme de journal. Martha a toujours soutenu qu'il s'agissait d'un véritable journal. Robert Dallek, le biographe des présidents, s'est débattu avec la question dans la biographie de William Dodd qu'il a écrite en 1968, intitulée *Democrat and Diplomat*, et il avait l'avantage d'avoir reçu une lettre de Martha dans laquelle elle en décrivait la genèse. « Le texte est parfaitement authentique, affirma-t-elle à Dallek. Dodd possédait deux dizaines de carnets de taille moyenne d'un noir brillant dans lesquels il écrivait presque chaque soir, dans son bureau de Berlin avant de se coucher, et à d'autres moments aussi. » Ceux-ci, expliqua-t-elle, formaient le noyau du journal, et son frère et elle y avaient inséré des extraits de discours, de lettres et de rapports qu'ils avaient trouvés annexés à l'intérieur. Le premier jet, d'après la lettre de Martha, formait un texte de mille deux cents pages, qui fut réduit à la demande de l'éditeur par un rédacteur professionnel. Dallek estime que ce journal est « globalement fidèle ».

Tout ce que je peux ajouter au débat, ce sont des petites trouvailles de ma part. Au cours de mes recherches à la Bibliothèque du Congrès, j'ai trouvé un journal relié cuir couvrant l'année 1932. À tout le moins, cela témoigne de la pratique de Dodd en tant que diariste. Il est archivé dans le dossier 58. Dans les autres papiers de Dodd, j'ai déniché des références indirectes à un journal plus complet et plus confidentiel. L'allusion la plus éloquente apparaît dans une lettre de Mme Dodd à Martha, datée du 10 mars 1938, écrite peu avant que l'ambassadeur à la retraite se rende à New York. « Il emporte plusieurs de ses journaux pour que tu les regardes, écrit-elle à Martha. Laisse-le repartir avec car il en aura besoin. Fais attention aux passages que tu cites. »

Finalement, après avoir lu les mémoires de Martha, son roman au sujet de Udet, consulté ses archives, et pris connaissance des milliers de pages de la correspondance de l'ambassadeur Dodd, comprenant ses télégrammes et rapports, je puis avancer ces observations intangibles qui viennent après la fréquentation prolongée d'un corpus de documents : le journal publié paraît bien avoir été écrit par Dodd, semble authentique et exprime des sentiments qui sont en parfait accord avec ses lettres à Roosevelt, Hull et d'autres personnes.

Il s'est avéré que la succursale des Archives nationales à College Park, Maryland, appelée National Archives II, possédait une étonnante collection de documents, conservée dans vingt-sept cartons, en rapport avec l'ambassade et le consulat des États-Unis à Berlin, dont l'inventaire de toute la vaisselle dans l'un et l'autre bâtiments, jusqu'au nombre de rince-doigts. La Bibliothèque du Congrès, où sont déposées les archives de William et Martha Dodd, Cordell Hull et Wilbur J. Carr, s'est révélée comme toujours un don du ciel pour la recherche. À l'université du Delaware, à Newark, j'ai examiné les papiers de George Messersmith, une des plus belles collections archivées que j'aie jamais vues, et j'ai eu le plaisir pendant ce séjour de résider chez mes grands amis Karen Kral et John Sherman et de boire beaucoup trop. À Harvard – qui a refusé ma demande d'inscription en licence il y a quelques années, sûrement une négligence que j'ai en grande partie pardonnée –, j'ai passé des journées délicieuses à consulter les archives de William Phillips et de Jay Pierrepont Moffat, deux anciens de l'université. À Yale, l'équipe de la Beinecke Rare Book and Manuscript Library a eu l'amabilité de plonger dans leur collection des papiers de Thornton Wilder afin de me fournir des copies des lettres que lui avait envoyées Martha Dodd. D'autres archives se sont avérées également utiles, en particulier les collections d'histoire orale à l'université de Columbia et à la New York Public Library.

J'ai tendance à me méfier des ressources en ligne mais j'en ai repéré plusieurs qui se sont révélées extrêmement utiles, dont un ensemble numérisé de lettres entre Roosevelt et Dodd, avec l'aimable autorisation de la Franklin Delano Roosevelt Presidential Library à Hyde Park, New York, et les calepins d'Alexander Vassiliev, l'ex-agent du KGB devenu chercheur, qui les a mis à la disposition du public *via* le site Internet du Cold War International History Project au Woodrow Wilson Center for Scholars à Washington. Quiconque le souhaite peut aussi feuilleter sur écran ce qu'on appelle le projet Venona, des communications ultra secrètes entre le siège de Moscou et les agents du KGB aux États-Unis, interceptées et décodées par les fonctionnaires du renseignement américain, dont des missives impliquant Martha Dodd et Alfred Stern. Jadis un des secrets les mieux gardés des États-Unis, ces documents sont actuellement disponibles sur le site Internet de la National Security Agency et révèlent que non seulement l'Amérique était infestée de barbouzes, mais que l'espionnage avait tendance à être une activité affreusement banale.

Un défi auquel j'ai dû faire face au cours de mes recherches a été de tenter de me représenter le quartier de Tiergarten dans le Berlin d'avant-guerre, où Dodd et Martha passèrent beaucoup de temps et qui fut en grande partie rasé par les bombardements alliés et l'assaut final des Russes pour libérer la ville en 1945. Je me suis procuré un guide Baedeker d'avant-guerre, qui s'est révélé fort précieux : j'ai pu situer des lieux essentiels, tels que le Romanisches Café, au 238 du Kurfürstendamm, et l'Hôtel Adlon, au n° 1 de l'avenue Unter den Linden. J'ai lu de très nombreux récits de l'époque, qui m'ont permis de me faire une idée de la vie quotidienne à Berlin, tout en gardant en tête que les auteurs de mémoires des années nazies ont tendance à réduire dans leur récit leur complicité avec la montée en puissance et la mainmise du parti nazi, parfois en décalage avec la réalité. L'exemple le plus flagrant de cela est sans doute la publication des Mémoires de Franz von Papen en 1953, dans lesquels il prétend avoir préparé son discours de Marbourg « avec grand soin », une affirmation que personne ne prend au sérieux. Ce fut autant une surprise pour lui que pour son auditoire.

Les romans quasi autobiographiques de Christopher Isherwood, *M. Norris change de train* et *Adieu à Berlin*, m'ont été particulièrement utiles pour leurs observations sur l'aspect et l'atmosphère de la ville dans les années précédant immédiatement l'accession d'Hitler au pouvoir, quand Isherwood demeurait à Berlin. J'ai pris un grand plaisir à visiter de temps à autre YouTube.com pour chercher de vieilles bandes d'actualités de Berlin, parmi lesquelles un film muet de 1927 intitulé *Berlin: die Symphonie der Großstadt (Berlin: Symphony of a Great City)*, qui cherchait à fixer une journée entière de la vie dans la capitale allemande. J'ai été particulièrement content de dénicher un film de propagande de 1935, *Miracle de l'aviation*, dont le but était d'attirer des jeunes gens dans la Luftwaffe, dans lequel un des anciens amants de Martha, Ernst Udet, est mis en avant et montre même son appartement berlinois, lequel ressemble beaucoup à la description que Martha en donne dans ses mémoires.

La State Historical Society of Wisconsin s'est révélée être un trésor de documents de référence, afin de recréer la trame et l'étoffe de la vie dans le Berlin d'Hitler. C'est là que j'ai découvert les archives de Sigrid Schultz, Hans V. Kaltenborn et Louis Lochner. À une courte et agréable distance à pied, dans la bibliothèque de l'université du Wisconsin, j'ai également pu consulter un lot d'archives sur Mildred Fish Harnack, la seule ancienne étudiante de cette université qui ait été décapitée sur l'ordre d'Hitler.

Mais le plus important, ce sont les moments que j'ai vécus à Berlin. Ce qui reste de la ville suffit à fournir une impression de la disposition générale des lieux. Assez curieusement, les bâtiments du ministère de l'Armée de l'air où travaillait Göring ont survécu largement intacts à la guerre, de même que ceux du quartier général de l'armée, le Bendler Block. Ce qui m'a le plus frappé, c'est la proximité de tous les édifices avec la maison de

Dodd, chacune des principales administrations se trouvant à une courte distance à pied, y compris le siège de la Gestapo et la chancellerie d'Hitler, qui ont aujourd'hui disparu. Là où se dressait autrefois la maison de Dodd, le 27 a Tiergartenstrasse, se trouve aujourd'hui un terrain en friche, inoccupé, entouré d'un grillage. Le Bendler Block est visible à l'arrière-plan.

Je tiens à remercier tout spécialement Gianna Sommi Panofsky et son mari, Hans, fils d'Alfred Panofsky, propriétaire des Dodd à Berlin. Le couple s'était installé à Evanston, Illinois ; Hans enseignait à l'université Northwestern. Mme Panofsky m'a aimablement fourni les plans originaux de la maison de la Tiergartenstrasse (qu'une étudiante diplômée en journalisme de Northwestern, Ashley Keyser, a soigneusement retracés pour moi). C'était un grand plaisir de s'entretenir avec Mme Panofsky. Malheureusement, elle est décédée au début de 2010 d'un cancer du colon.

Par-dessus tout, je remercie mes fidèles premiers lecteurs, Carrie Dolan et son mari, Ryan Russell : mes filles, Kristen, Lauren et Erin ; et, comme toujours, ma femme qui est mon arme secrète, Christine Gleason, dont les notes dans la marge – comprenant des visages en pleurs et des lignes rampantes de zzzzzzz – se sont révélées de nouveau indispensables. Merci à mes filles aussi pour leurs critiques de plus en plus pointues sur ma façon de m'habiller. Je suis hautement redevable à Betty Prashker, qui édite mes textes depuis près de vingt ans, et à John Glusman, qui a guidé avec dextérité ce livre jusqu'à sa publication. Merci aussi à Domenica Alioto d'avoir assumé des tâches qu'elle n'était pas censée assumer, et à Jacob Bronstein, qui enjambe si allègrement la frontière entre le Web et le monde réel. Un hourra supplémentaire à Penny Simon pour son amitié et son professionnalisme, qui arrive à me faire faire ce que je refuse de faire ; à Tina Constable pour sa confiance, et à David Black, mon agent de longue date, expert en vin et grand ami. Enfin, je serre longuement dans mes bras Molly, notre adorable et gentille chienne, qui a succombé à un cancer du foie à l'âge de dix ans alors que mon travail sur ce livre s'achevait. Toutefois, dans ses dernières semaines, elle a réussi à attraper un lapin, ce qu'elle avait toujours rêvé de faire. Elle nous manque chaque jour.

Quand je me trouvais à Berlin, il m'est arrivé une chose étrange, un de ces petits moments où l'espace et le temps se rejoignent, et qui paraissent toujours survenir quand je suis plongé dans mes recherches pour un livre en cours. J'étais descendu au Ritz-Carlton près du Tiergarten, non pas parce que c'était « le » Ritz mais parce que c'était un hôtel Ritz tout nouveau qui proposait des chambres à un tarif particulièrement avantageux. Que cela eût lieu en février n'est pas indifférent. Le premier matin, trop sonné par le décalage horaire pour accomplir quoi que ce soit d'ambitieux, j'ai décidé d'aller me promener et j'ai pris la direction du Tiergarten, avec la vague idée de marcher jusqu'à l'endroit où habitaient les Dodd, à moins que je ne sois mort de froid avant. C'était un matin glacial, avec des bourrasques et la présence occasionnelle de flocons de neige qui zébraient le paysage. Comme je marchais, je suis tombé sur un vestige d'architecture particulièrement intéressant : un grand pan de la façade d'un ancien bâtiment grêlé d'impacts de balles, protégé par une paroi de verre géante. Une plate-forme enjambait le haut du mur et soutenait plusieurs étages d'un immeuble résidentiel de luxe. Par curiosité, je me suis approché d'une plaque commémorative apposée sur la façade. Il s'agissait d'un vestige de l'Hôtel Esplanade, où la famille Dodd était descendue lors de son arrivée à Berlin. Ici aussi, derrière la vitre, se trouvait un des murs intérieurs de la salle du petit déjeuner de l'Esplanade, restauré dans son état d'origine. C'était étrange de voir ces éléments d'architecture mis sous verre, tel un poisson géant, figé sur place, mais également révélateurs. Pendant un instant, j'ai cru voir Dodd et Martha se mettre en route pour commencer leur journée, Dodd partant au nord d'un pas vif vers le Tiergarten en direction des bureaux de l'ambassade dans la Bendlerstrasse, Martha se précipitant vers le sud pour retrouver Rudolf Diels à l'ancienne École des beaux-arts de Prinz-Albrecht-Strasse avant un déjeuner tranquille dans un endroit discret.

Les notes suivantes ne sont en aucun cas exhaustives. J'ai pris soin de toujours identifier les éléments empruntés à d'autres ouvrages et de référencer les faits et observations qui, pour une raison ou une autre, demandaient à être clairement attribués, comme la révélation par Ian Kershaw – dans le tome 1 de son *Hitler* – qu'un des films préférés d'Hitler était *King Kong*. Comme toujours, pour les lecteurs friands de notes de bas de page – et vous êtes nombreux –, j'ai inclus des petites digressions et des faits qui n'entraient pas dans le fil du récit mais que j'ai trouvés trop intéressants ou trop frappants pour les passer sous silence. Pour cette petite indulgence, pardonnez-moi.

Notes*

L'homme derrière le rideau

1. Il était courant : pour plus de détails sur l'affaire Schachno, voir « *Conversation with Göring* », texte inédit, pp. 5-6 ; et Messersmith à Hull, 11 juillet 1933 et 18 juillet 1933, dans les Messersmith Papers. Voir aussi le rapport récapitulatif sur les agressions contre les Américains dans Phillips à Roosevelt, 23 août 1933, dossier n° 362.1113/4 ½, State/Decimal.

2. « Depuis le cou jusqu'aux talons » : Messersmith, « *Conversation with Göring* ».

3. « Après neuf jours » : Messersmith à Hull, 11 juillet 1933, Messersmith Papers.

4. « J'aimerais trouver le moyen » : Messersmith à Phillips, 26 juin 1933, Messersmith Papers.

5. L'investiture du président Roosevelt : à la suite du 20e amendement de la Constitution américaine, ratifié en 1933, le jour de l'investiture présidentielle a été déplacé du 4 mars au 20 janvier, de façon à réduire le temps pendant lequel le président sortant est privé de ses moyens.

---

* Tous les numéros de page des ouvrages cités renvoient à leur édition anglaise, dont on trouvera les références dans la bibliographie.

6. Chose incroyable, il avait même embarqué sa propre automobile : pour connaître tous les détails imaginables sur le transport de la voiture de Dodd, voir Howard Fyfe à Harry A. Havens, 8 juillet 1933 ; Herbert C. Hengstler à Dodd, 10 juillet 1933, et Paul T. Culbertson à Dodd, 19 juillet 1933, le tout conservé dans la Boîte 40, W. E. Dodd Papers.

PREMIÈRE PARTIE : DANS LE BOIS

Chapitre 1 : Les moyens d'évasion

1. Le coup de téléphone : Dodd, *Journal*, p. 3.

2. Dodd possédait aussi : « Outillage agricole » et Étude, Boîte 59, W. E. Dodd Papers.

3. « Les fruits sont si beaux » : William E. Dodd à Martha Dodd, 15 oct. 1926, Boîte 2, Martha Dodd Papers.

4. « un coup de tonnerre » : Dodd à Westmoreland Davis, 22 juin 1933, Boîte 40, W. E. Dodd Papers.

5. il suppliait qu'on lui mette le chauffage : Dodd à Lester S. Ries, 31 oct. 1932, Boîte 39, W. E. Dodd Papers.

6. « embarrassante » : Dodd à Charles E. Merriam, 27 août 1932, Boîte 39, W. E. Dodd Papers.

7. « des durs » : Bailey, p. 6.

8. « le moine Dodd » : Dallek, p. 6.

9. Les autres étudiants s'autorisaient : *ibid.*, p. 9.

10. « Dans quelle mesure les États-Unis » : *« Brief Note »*, p. 6, Boîte 58, W. E. Dodd Papers.

11. « L'esprit guerrier » : *ibid.*, p. 7.

12. au Randolph-Macon College : Bailey, 35-36, Dallek, pp. 31-32.

13. En octobre 1912 : Dallek, p. 70 ; Dodd à Mme Dodd, 26 mars 1930, Boîte 2, Martha Dodd Papers.

Dans cette lettre à sa femme, rédigée lors d'une belle soirée à la ferme, Dodd écrit : « Je suis assis à la table de la salle à manger en vêtements ordinaires – mon vieux pull rouge et des pantoufles confortables – devant une grosse bûche de chêne sur le feu, au-dessus d'un lit de charbons ardents de huit centimètres d'épaisseur, le tout entouré de cendres blanches. Les vieux chenets (les « *firedogs** » du parler de mon enfance) renversent en arrière leur tête robuste pour contempler avec satisfaction leur travail efficace – cette vieille cheminée de briques rouges est aussi digne que George Washington et tout le dix-huitième siècle, quand les hommes avaient le temps d'être dignes. »

14. William Dodd se découvrit aussi : Bailey, pp. 97-99 ; Dallek, pp. 88-89.

15. De plus en plus, il envisageait : Dodd à William Dodd Jr, 9 déc. 1932, Boîte 39, W. E. Dodd Papers.

16. « Le gouvernement doit désigner » : *ibid.*

17. « Je ne suis pas fait pour » : Dodd à Mme Dodd, 25 mars 1933, Boîte 40, W. E. Dodd Papers.

18. Hull était grand, avec les cheveux argentés : Messersmith, « *Cordell Hull and my personal relationships with him* », p. 7, texte inédit, Messersmith Papers.

Messersmith écrit : « Quand j'ai entendu la langue haute en couleur de cet homme d'allure très digne et qui était de fait un saint à bien des égards, j'ai failli tomber à la renverse. » Voir aussi Graebner, p. 193 ; Weil, pp. 76-77, 87 ; et, bien sûr, les *Memoirs* de Hull.

« Quand on fait un concours de pisse avec un salaud, il faut avoir bu un bon coup », est un des aphorismes mémorables de Hull à propos d'Hitler et de ses acolytes, tandis que la guerre menaçait. Weil, p. 77.

19. « Après avoir étudié en détail » : Dodd, agenda de poche, 2 mars 1933, Boîte 58, W. E. Dodd Papers.

---

* Litt. « chiens du feu », expression locale. *(NdT.)*

Chapitre 2 : Un poste à Berlin

1. Personne n'en voulait : Noakes et Pridham, p. 180 ; Rürup, pp. 84-86 : Wheaton, p. 428 ; Ladd, p. 123 ; Evans, *Power*, p. 11 ; Stackelberg et Winkle, p. 132 ; Wise, *Servant*, p. 177.

2. « Non seulement à cause » : Roosevelt, *Personal Letters*, p. 337-338.

3. Cox répondit par la négative : *ibid.*, p. 338.

4. Roosevelt mit le dossier de côté : Dallek, pp. 187-189 ; Flynn, p. 148.

5. « Vous savez, Jimmy » : Warburg, p. 124.

6. « ROOSEVELT RÉDUIT L'ORDRE DU JOUR » : *New York Times*, 8 juin 1933.

7. Il se trouva donc contraint : Dallek, p. 187.

8. Le mercredi 7 juin : *ibid.*, p. 189.

9. Les sondages indiquaient : Herzstein, p. 77.

10. Le secrétaire Roper pensait : Roper, p. 335.

11. « Je voudrais savoir » : Dodd, *Journal*, p. 3.

12. Roosevelt lui accorda deux heures : *ibid.*, p. 3.

13. Mattie, sa femme, le comprit : Mme Dodd à William Dodd Jr, 19 avril 1933, Boîte 1, Martha Dodd Papers.

14. « Aucun endroit ne convient » : Dodd à Mme Dodd, 25 mars 1933, Boîte 40, W. E. Dodd Papers.

15. Eût-il été présent : Messersmith, *« Cordell Hull and my personal relationships with him »*, p. 17, texte inédit, Messersmith Papers.

Messersmith écrit : « En tant que secrétaire d'État, c'est lui qui aurait dû trancher, en vue de pourvoir les postes de chef de mission principal et secondaire. » Au lieu de quoi, écrit Messersmith, Hull resta en retrait, laissant le champ libre à Roosevelt. « Certains d'entre nous ont toujours pensé que les nominations les plus fâcheuses effectuées durant le mandat de M. Hull auraient été évitées si M. Hull était directement intervenu. »

16. « dépasser les bornes » Hull, *Memoirs*, p. 182.

17. « Le Dodd trouvé dans l'annuaire » : Flynn, p. 148. Voir aussi Martha Dodd à Flynn, 17 oct. 1947 ; *New York Times*, 2 nov. 1947 ; et *New York Herald Tribune*, 9 nov. 1947 ; le tout est conservé dans la Boîte 13, Martha Dodd Papers.

18. « Ma chère enfant » : Dodd à Martha, 16 déc. 1928, Boîte 2, Martha Dodd Papers.

Chapitre 3 : Le choix

1. « William est un bon professeur » : Dodd à Mme Dodd, 20 avril 1933, Boîte 2, Martha Dodd Papers.

2. « Il vaudrait mieux éviter » : Dodd à Mme Dodd et Martha Dodd, 13 avril 1933, Boîte 2, Martha Dodd Papers.

3. Son tout premier mot : « Baby Book », 1908-1916 env., Boîte 1, Martha Dodd Papers.

4. En avril 1930 : *Chicago Daily Tribune*, 25 avril 1930.

5. « Je ne demande rien d'autre à la vie » : W. L. River à Martha Dodd, 1927 env., Boîte 8, Martha Dodd Papers.

6. « baisers doux » : James Burnham à Martha Dodd, non daté, Boîte 4, Martha Dodd Papers.

7. « Il a le visage rasé de frais » : *Cincinnati Times-Star*, non daté mais probablement le 13 janv. 1932, Boîte 8, Martha Dodd Papers.

8. « C'était une douleur et une douceur » : Martha à Bassett, 19 fév. 1976, Boîte 8, Martha Dodd Papers.

9. « Nous nous sommes bien amusés » : Bassett à Martha, 19 sept. 1931, Boîte 8, Dodd Papers.

Ces lettres me plaisent beaucoup, surtout parce qu'elles sont écrites dans une prose à la James Stewart. C'est dans celle-ci que Bassett utilise l'expression *« Honeybuncha mia »*.

10. « Jamais avant, ni depuis » : Martha à Bassett, 1er nov. (« plus ou moins », précise-t-elle), 1971, Boîte 8, Martha Dodd Papers.

11. «Tu m'aimes ou tu ne m'aimes pas» : Bassett à Martha, 21 fév. 1932, Boîte 8, Martha Dodd Papers.

À ce stade, la situation se tend légèrement. Bassett ouvre sa lettre par le fort sobre «Très chère Martha». Plus question de l'appeler *«Honeybunch Mia»*.

Trois jours plus tard (Bassett à Martha, 24 fév. 1932), il revient à l'assaut : «À l'évidence, tu ne peux te sentir obligée d'épouser quelqu'un que tu n'aimes pas juste à cause d'une promesse faite à tort, alors que nous savons tous les deux à quel point nous sommes profondément, irrévocablement, liés l'un à l'autre.»

Il commençait sa lettre par ces mots : «La plus chère des femmes». Comme adresse d'expéditeur, il indiquait : «La Banque».

Cela montre à quel point les hommes peuvent manquer de flair.

12. «Je t'aimais désespérément» : Martha à Bassett, 19 fév. 1976, Boîte 8, Martha Dodd Papers.

13. Il était déjà suffisamment regrettable : *ibid.*

14. «manifester une certaine fébrilité» : *ibid.*

15. Elle reconnut plus tard : Martha à Bassett, 1er nov. 1976, Boîte 8, Martha Dodd Papers.

16. «Voilà, ça y était» : *ibid.*

17. «flirter» : *ibid.*

18. «Je vous aime au-delà de pouvoir vous dire» : Carl Sandburg à Martha, non daté, Boîte 63, W. E. Dodd Papers.

19. «Je m'occupais» : Martha à Bassett, 1er nov. 1971, Boîte 8, Martha Dodd Papers. Les premiers mots de la lettre étaient : «Mon cher Ex».

20. «Sais-tu vraiment» : Martha à Bassett, 19 fév. 1976, Boîte 8, Martha Dodd Papers.

21. «Je devais choisir» : *ibid.*

Chapitre 4 : La peur

1. Souriant et plein d'entrain : Roosevelt : Dodd, *Journal*, pp. 4-5.

2. «Mais nos concitoyens» : *ibid.*, p. 5.

3. Pour Roosevelt, c'était un terrain glissant : Breitman et Kraut, pp. 18, 92 ; Wise, *Servant*, p. 180 ; Chernow, p. 388 ; Urofsky, p. 271.

4. Même les Juifs américains : Urofsky, p. 256 ; Wise, *Challenging Years*, pp. 238-239 ; Wise, *Servant*, p. 226.

5. «S'il refuse de me recevoir» : Wise, *Personal Letters*, p. 221.

6. De l'autre côté : Chernow, pp. 372-373 ; Leo Wormser à Dodd, 30 oct. 1933, Boîte 43, W. E. Dodd Papers.

7. Comme Ron Chernow l'écrit : Chernow, p. 373.

8. Début juin 1933 : cité dans Breitman et Kraut, p. 227.

9. un sondage du magazine *Fortune* : *ibid.*, p. 230.

10. Au sein de l'administration de Roosevelt : *ibid.*, pp. 12-15.

11. «Mon petit ami juif» : Phillips, *Journal*, 20 avril 1935.

12. «L'endroit est infesté de Juifs» : Phillips, *Journal*, 10 août 1936 ; Breitman et Kraut, pp. 36-37.

Breitman et Kraut décrivent Phillips sans détour. «Phillips détestait les Juifs», précisent-ils p. 36.

13. «youpins» : Gellman, p. 37.

14. «Ils sont sales, anti-américains» : Breitman et Kraut, p. 32.

15. de «poussière, de fumée, de crasse, de Juifs» : Gellman, p. 37.

16. «Durant toute notre excursion de la journée» : Carr, *Journal*, 22 fév. 34, Carr Papers.

17. «Quelle différence avec l'atmosphère» : *ibid.*, 23 fév. 1934.

18. «un antisémite et un illusionniste» : Breitman et Kraut, p. 36.

19. «risquant de peser sur les finances publiques»: Wilbur Carr présente une explication détaillée et austère de la «clause LPC» et autres règlements sur l'immigration dans sa note diplomatique intitulée «*The Problem of Aliens Seeking Relief From Persecution in Germany*» («Le problème des étrangers demandant de l'aide face aux persécutions en Allemagne»), 20 avril 1933, Carr Papers.

20. «Il semble totalement grotesque»: Wolff, p. 89.

21. Les militants juifs s'insurgèrent: Breitman et Kraut, p. 15.

22. «un obstacle presque insurmontable»: Proskauer à Phillips, 18 juillet 1933, vol. 17, p. 35, *Archives of the Holocaust*.

23. «Le consul»: Phillips à Proskauer, 5 août 1933, vol. 17, p. 40, *Archives of the Holocaust*.

La correspondance entre Phillips et Proskauer, pp. 32-46, est d'une lecture passionnante, pour ce qui est déclaré, comme pour ce qui est passé sous silence. D'un côté, Phillips fait étalage de statistiques dans un style dépassionné, tout en détestant les Juifs, comme nous l'avons vu. De l'autre, Proskauer, un juge, dissimule son angoisse manifeste sous une prose neutre.

24. Le résultat, selon Proskauer: Dippel, p. 114; Proskauer à Phillips, 18 juillet 1933, vol. 17, p. 36, *Archives of the Holocaust*.

Proskauer déclare à Phillips: «Il est bien connu que seul un nombre négligeable de visas américains a été accordé selon les quotas ces dernières années, et sera probablement accordé à l'avenir, sauf pour les proches de citoyens américains, et cela a dissuadé les Juifs allemands d'entreprendre la démarche, convaincus par avance de son inutilité...»

25. Roosevelt, dès avril 1933: Breitman et Kraut, p. 14.

26. «Les autorités allemandes traitent les Juifs»: Dodd, *Journal*, p. 5.

27. Dodd soutenait: *ibid.*

28. «Vous avez parfaitement raison»: *ibid.*

29. Cependant, au Département d'État: Dallek, p. 191; Stiller, pp. 33, 36-37; Kershaw, *Hubris*, pp. 473-474.

30. « George les quarante pages » : Stiller, p. 5.

Jay Pierrepont Moffat, chef des Affaires de l'Europe occidentale, écrit dans son journal, à la date du 6 et 7 oct. 1934 : « Ce samedi après-midi étant froid et pluvieux, je me suis assis chez moi pour lire les quatre dernières lettres personnelles de Messersmith (cela n'a pas l'air d'être un travail pour tout l'après-midi, mais cela m'a pris presque deux heures)... »

31. « que cela ne s'est probablement jamais vu » : Messersmith à Hull, 12 mai 1933, Messersmith Papers.

32. « Les principaux dirigeants du Parti » : *ibid.*, p. 15. Voir aussi Messersmith à Hull, 19 juin 1933, Messersmith Papers.

Dans sa dépêche du 19 juin, Messersmith écrit : « Les principaux dirigeants, rappelés à la réalité par leurs responsabilités, ont adopté un point de vue de plus en plus modéré et, par bien des façons, se sont appliqués à traduire cette modération dans leur action. »

33. « J'ai essayé d'expliquer » : Messersmith à Phillips, 26 juin 1933, Messersmith Papers.

34. « Personne agréable, intéressante » : Carr, *Journal,* 15 juin 1933, Carr Papers.

35. l'antipathie de Carr et Phillips pour les Juifs : Weil, p. 41.

36. « Il est extrêmement sûr de ses opinions » : Moffat, *Journal,* 15 juin 1933.

37. Le sous-secrétaire d'État Phillips avait grandi : Phillips, *« Reminiscences »*, pp. 3, 50, 65, 66, 99 ; Phillips, *Ventures,* pp. 4, 5, 183.

Dans *« Reminiscences »*, la transcription d'un entretien d'histoire orale, Phillips raconte (pp. 2-3) : « Le Boston dans lequel j'ai grandi se limitait à mes quelques amis qui vivaient dans les quartiers de Hill et de Back Bay. Notre communauté était centrée sur elle-même – nous vivions parmi cousins, oncles et tantes, et rien ne nous incitait à discuter des affaires intérieures ou internationales... Je dois dire que c'était un cadre très agréable où grandir, mais c'était une vie protégée, pour enfants gâtés. Nous ne détections aucun signe de pauvreté... Nous nous trouvions en fait sur une sorte d'îlot de bien-être...»

38. «Ils sentaient tous qu'ils appartenaient»: Weil, p. 47.

39. «Je m'excuse d'être resté»: Dodd à John D. Dodd, 12 juin 1933, Boîte 2, Martha Dodd Papers.

40. «ce grand honneur de Washington»: John D. Dodd à Dodd, 15 juin 1933, Boîte 2, Martha Dodd Papers.

41. «Une journée plutôt triste»: Dodd, *Journal*, p. 8.

42. Dodd craignait: Dallek, p. 194; Floyd Blair à Jay Pierrepont Moffat, 28 juin 1933, Boîte 40, W. E. Dodd Papers.

43. Dans une lettre, un important militant de l'aide sociale juif: George Gordon Battle à Dodd, 1ᵉʳ juillet 1933, Boîte 40, W. E. Dodd Papers. Voir aussi le télégramme de Battle à Dodd, 1ᵉʳ juillet 1933, Boîte 40.

44. «Il y a eu de nombreuses discussions»: Dodd, *Journal*, p. 9.

45. «La discussion s'est poursuivie»: *ibid.*

46. Au cours de la rencontre: Chernow, pp. 374-375, 388.

47. «J'ai soutenu que le gouvernement»: Dodd, *Journal*, p. 9.

48. Ce fut une leçon d'humilité: *ibid.* p. 10.

49. «Les Juifs ne doivent pas être autorisés à dominer»: *ibid.*, p. 10.

50. «Les Juifs, après avoir gagné la guerre»: Crane à Dodd, 14 juin 1933, Boîte 40, W. E. Dodd Papers.

51. Dodd adhérait en partie à l'idée: Dodd à Crane, 16 sept. 1933, Boîte 40, W. E. Dodd Papers.

52. «Laissez donc Hitler faire comme il l'entend»: Dodd, *Journal*, p. 11.

53. Une dizaine de reporters: *ibid.*, p. 11.

54. Dodd sentit monter, *ibid.*, p. 7.

55. «un accès disproportionné»: Dodd, *Embassy Eyes*, p. 17.

Chapitre 5 : Première nuit

1. Martha continua à pleurer : Dodd, *Embassy Eyes*, pp. 17-18.
2. Elle voyait en Hitler « un clown » : *ibid.*, p. 10.
3. Inscrite à l'université de Chicago : *ibid.*, p. 5.
4. « J'étais légèrement antisémite » : *ibid.*, p. 5.
5. Un relevé indiquait : Breitman et Kraut, p. 88.
6. Un sondage effectué des décennies plus tard : Anti-Defamation League, 2009, adl.org.
7. « une enchanteresse » : Vanden Heuvel, p. 225.
8. « Vous en avez la personnalité » : Sandburg, Boîte 63, W. E. Dodd Papers.
9. « céder à toute impulsion » : *ibid.*
10. « découvrez de quelle étoffe est ce Hitler » : Dodd, *Embassy Eyes*, pp. 16-17.
11. Thornton Wilder saupoudra également : Wilder à Martha, non daté, Boîte 63, W. E. Dodd Papers.

Dans une lettre datée du 15 sept. 1933, Wilder écrit : « Je vois d'ici vos balades en avion » – une apparente allusion à Ernst Udet, l'as de l'aviation de la Première Guerre et aventurier de l'air qui l'invitait à voler pour lui faire la cour – « et les thés dansants et les vedettes de cinéma, les promenades d'un pas vif (c'est bientôt la basse saison) dans le plus automnal de tous les grands parcs. Mais je ne puis deviner comment vous êtes quand vous vous trouvez seule – ou en famille – ou face à la machine à écrire. Vos lettres sont tellement vibrantes qu'elles rendent mon imagination sourde à tout le reste. »

Il commence ses lettres tantôt par « Chère Marthy », tantôt par « Ma belle enfant », ou « Chère Marthy-la-Belle ».

« Nous sommes des drôles de zigs, écrit-il en avril 1935, tous les deux, des zigs ridicules et exaspérants, destinés à être amis. »

12. Martha conservait une photographie : Brysac, p. 142.
13. « une demi-douzaine de fois ou plus » : Wise, *Servant*, pp. 191-192.

14. « Il était tout à fait amical » : *ibid.*

15. « On ne peut écrire toute la vérité » : *ibid.*

16. « injuste en bien des points » : Dodd, *Journal,* p. 241.

17. Sa fille, Martha : Dodd, *Embassy Eyes,* p. 12.

18. Il confia à un ami : Bailey, p. 150.

19. Dodd avait présumé à tort : Dodd, *Embassy Eyes,* p. 20.

20. Dans l'intervalle, Dodd répondit au pied levé : *ibid.,* p. 20 ; Dodd, *Journal,* p. 12.

21. Il était raide et arrogant : Dodd, *Embassy Eyes,* pp. 20-21.

22. « tempérament très colérique » : Messersmith, *« Some Observations on the appointment of Dr William Dodd, as Ambassador to Berlin »* (« Quelques observations sur la nomination du Dr William Dodd en tant qu'ambassadeur à Berlin »), texte inédit, p. 8, Messersmith Papers.

23. « sec, poli et incontestablement condescendant » : Dodd, *Embassy Eyes,* p. 20.

24. « avec lesquels » : *ibid.,* p. 21.

25. Mattie était anxieuse : *ibid.,* p. 21.

26. « pince-sans-rire, la voix traînante, irascible » : Dodd, *Embassy Eyes,* p. 20.

27. « Dodd me plut d'emblée » : Messersmith, *« Some Observations on the appointment of Dr William Dodd, as Ambassador to Berlin »,* texte inédit, p. 3, Messersmith Papers.

28. « un parfait exemple de la jeune Américaine intelligente » : Fromm, p. 121.

29. « l'air d'un érudit » : *ibid.,* p. 120.

30. « est claire et capable » : Brysac, p. 141.

31. « une femme qui est passionnée » : *ibid.*

32. « Je fus immédiatement attirée par elle » : texte inédit, p. 3, Boîte 13, Martha Dodd Papers.

33. Elle vit des boulevards longs et droits : je devrais peut-être annoter chaque petite pépite dans ce paragraphe étiré, mais ce serait une tâche fastidieuse et un peu vaine. Je me permets donc d'orienter le lecteur vers quelques sources qui

ont fait revivre pour moi le vieux Berlin : Ladd, *The Ghosts of Berlin*; Friedrich, *Before the Deluge*; Richie, *Faust's Metropolis*; Gill, *A Dance Between Flames*. Pour un aperçu décalé sur la vie nocturne de Berlin, voir Gordon, *Voluptuous Panic*. À ceux qui désirent en savoir plus sur Berlin, je recommande d'aller sur YouTube.com et de taper *Symphony of a Great City* («*Die Sinfonie der Großstadt*»). Vous serez enchanté.

34. «Les clochettes des trams tintent» : Kaes et al., pp. 560-562.

35. «Oh, je croyais qu'il avait été détruit» : Dodd, *Embassy Eyes*, p. 22.

36. «Chut! Ma jeune demoiselle» : *ibid.*, p. 22.

37. Le livre d'«histoire culturelle» de Friedemann Kreuder sur l'Hôtel Esplanade comprend diverses photographies de l'établissement avant et immédiatement après la Seconde Guerre mondiale. On y découvre aussi son incarnation actuelle : un pan de mur protégé par une paroi de verre. Pour plus de détails, lire les «Sources et remerciements» du présent ouvrage (p. 539).

38. Greta Garbo y avait séjourné : Kreuder, p. 26.

39. la suite impériale : Dodd, *Embassy Eyes*, p. 22; pour les numéros précis des chambres, voir lettre de l'Hôtel Esplanade à George Gordon, 6 juillet 1933, Boîte 40, W. E. Dodd Papers.

40. «qu'il y avait à peine la place de bouger» : Dodd, *Embassy Eyes*, p. 22.

41. «un logement modeste» : Messersmith, «*Some Observations on the appointment of Dr William Dodd, as Ambassador to Berlin*», texte inédit, p. 2.

42. La famille prit ses quartiers : Dodd, *Embassy Eyes*, pp. 22-23.

43. Plus tard dans la soirée : *ibid.*, pp. 23-24.

44. «Au Tiergarten» : Kaes et al., p. 425.

45. «À coup sûr, ce fut» : Dodd, *Embassy Eyes*, p. 23.

46. «J'eus l'impression que la presse» : *ibid.*, p. 24.

Deuxième partie :
Comment se loger sous le Troisième Reich

Chapitre 6 : La séduction

1. « Un peu grassouillette » : Dodd, *Embassy Eyes*, p. 24.
2. « le dragon de Chicago » : Schultz, « Dragon », p. 13.
3. L'ouverture d'un de ces camps : Stackelberg et Winkle, p. 145.
Concernant les camps improvisés, les camps de concentration et autres, voir Krausnick et al., pp. 400, 410, 419 ; Richie, p. 412 ; Fritzsche, p. 43 ; Fest, pp. 115-116 ; Kershaw, *Hubris*, pp. 462, 464 ; Deschner, p. 79. À la date du 31 juillet 1933, 26 789 personnes se trouvaient en « détention par mesure de sécurité », d'après Krausnick et al., p. 410.
4. « Je n'ai pas cru » : Dodd, *Embassy Eyes*, p. 24.
5. « Cet endroit est si plein de jeunesse » : de Jonge, p. 140.
6. En quelques jours, elle se trouva : Dodd, *Embassy Eyes*, p. 24.
7. « leur drôle de raideur en dansant », *ibid.*, p. 24.
8. « n'étaient pas des voleurs » : *ibid.*, p. 25.
9. le *Berliner Schnauze* : Jelavich, p. 31.
10. « Je ne suis pas juif » : Grunberger, p. 371 ; de Jonge, 161 ; pour en savoir plus sur Finck, voir Jelavich, pp. 236-241, 248.
11. « Le soleil brille » : Isherwood, *Berlin Stories*, p. 207.

On ne dira jamais assez combien les étrangers ont été profondément séduits par l'aspect d'apparente normalité de l'Allemagne durant cette période. Dans son article *« British Visitors to National Socialist Germany »* (« Des touristes britanniques dans l'Allemagne nationale-socialiste »), Angela Schwartz écrit : « Après avoir fait le tour du Troisième Reich, voyage parfois organisé par les autorités, un nombre considérable de voyageurs britanniques conclut que, en Allemagne, tout est extrêmement tranquille et paisible.» Schwarz, p. 497.

12. *Gleichschaltung* (la «mise au pas») : Orlow, p. 29 ; Bullock, p. 149 ; Kershaw, *Hubris*, p. 479 ; Hughes et Mann, p. 81 ; Gill, p. 238. Ces auteurs traduisent le mot par «coordination».

Engelmann, p. 36, propose le terme de «mise au pas». Orlow, dans son *History of the Nazi Party*, note que la traduction littérale serait «synchronisation», «indiquant au départ la coordination de différents types de courants électriques». Orlow, p. 29.

13. «Mise au pas volontaire» : Kershaw, *Hubris*, p. 481 ; Gisevius, p. 96 ; Gellately, *Gestapo*, pp. 11, 137.

14. Gerda Laufer : Gellately, *Gestapo*, p. 97.

15. inventé par un employé des Postes : Crankshaw, p. 15.

16. Une étude des registres nazis : cité dans Gellately, *Gestapo*, p. 146.

17. En octobre 1933 : Gellately, *Gestapo*, pp. 137-138.

18. «Nous vivons à présent» : *ibid.*, p. 139.

La Gestapo n'avait rien de drôle, mais cela n'empêchait pas les Berlinois d'échanger tout bas des blagues à son sujet. Par exemple : «Un jour, une vaste troupe de lapins se présente à la frontière belge en se déclarant réfugiés politiques. "La Gestapo veut arrêter toutes les girafes, en tant qu'ennemies de l'État." "Mais vous n'êtes pas des girafes !" "On le sait bien, mais allez expliquer ça à la Gestapo !"» Evans, *Power*, p. 106.

19. seulement 1 % environ : Dippel, p. 18 ; Gill, p. 238.

Dans son livre *Popular Opinion and Political Dissent*, Kershaw présente des statistiques indiquant que 70,9 % des Juifs d'Allemagne résidaient dans des villes de plus de cent mille habitants. En Bavière, le pourcentage était de 49,5. «Cela implique une chose évidente, écrit-il. Dans une grande partie de la Bavière, la population n'avait aucun contact, ou au mieux un contact minimal avec les Juifs. Ainsi, pour beaucoup, la "question juive" n'avait qu'un sens abstrait.» Kershaw, *Popular Opinion*, pp. 226-227.

20. une dizaine de milliers d'émigrés : Dippel, p. 114.

21. «Presque personne ne pensait» : Zuckmayer, p. 320.

22. «Il était facile de se rassurer» : Dippel, p. 153.

23. Le salut, écrit-il : Messersmith à Hull, 8 août 1933, Messersmith Papers.

24. «J'ai senti que j'avais de la chance» : *ibid.* p. 4.

25. Dodd lui adresse le salut : Martha à Thornton Wilder, 25 sept 1933, Wilder Papers.

26. «Tu te souviens de notre balade à vélo» : George Bassett Roberts à Martha, 22 octobre 1971, Boîte 8, Martha Dodd Papers.

27. «Tu en as assez» : *ibid.*

28. «À ma charmante et ravissante ex-femme» : George Bassett Roberts à Martha, non daté, Boîte 8, Martha Dodd Papers.

29. «Je ne suis pas sûr du tout» : George Bassett Roberts à Martha, 22 octobre 1971, Boîte 8, Martha Dodd Papers.

30. Diplômé de Harvard : Conradi, p. 22.

Chapitre 7 : Un conflit caché

1. «Le plus beau parc» : Dodd à R. Walton Moore, 22 mars 1936, 124.621/338, State/Decimal.

2. «Une photographie de vous» : Phillips à Dodd, 31 juillet 1933, Boîte 42, W. E. Dodd Papers.

3. «roulé dans le caniveau» : Martha à Thornton Wilder, 25 sept. 1933, Wilder Papers.

4. «Gordon est un carriériste assidu» : Dodd, *Journal*, p. 16.

5. «venait en Allemagne pour redresser les torts» : *ibid.*, p. 13.

6. Au cours de sa première journée : Friedlander, p. 496.

7. En outre, il apprit que le personnel : Dodd, note diplomatique, 17 juillet 1933, 124.626/95, State/Decimal.

8. Le consul général dépêchait à présent : par exemple, Messersmith à Hull, 15 juillet 1933, 125.1956/221, State/Decimal.

9. Dans des notes en vue d'un rapport personnel : Dodd, note diplomatique, 1933, Boîte 40 (1933-C), W. E. Dodd Papers.

10. « chrétien évangélique » : *New York Times*, 1er juillet 1933.

11. Et il se rendait compte aussi : pour un résumé du conflit qui opposait Hitler et Röhm, voir Evans, *Power*, pp. 20-26 ; Kershaw, *Hubris*, pp. 505-507 ; et Wheeler-Bennett, *Nemesis*, pp. 307-311.

12. Homosexuel et ne s'en cachant pas : l'homosexualité de Röhm fut révélée lorsque ses lettres à un chercheur en médecine furent rendues publiques. « Je ne fais pas de mystère de mes penchants », écrivait-il dans l'une de ses lettres, et il reconnaissait que le parti nazi avait dû « s'habituer à cette singularité criminelle qui est la mienne ». Il confiait aussi : « Aujourd'hui, toutes les femmes me sont une abomination, et en particulier celles qui me poursuivent de leur amour ». Hancock, pp. 625-629.

13. « des adolescents lancés dans le grand jeu » : Dodd à Newton Baker, 12 août 1933, Boîte 40, W. E. Dodd Papers.

14. « Ces hommes désirent arrêter toutes les persécutions contre les Juifs » : *ibid.*

15. « Son visage », écrit-elle : Dodd, *Embassy Eyes*, p. 247.

16. « Il essayait de former les nazis » : Heineman, p. 66.

17. « Il pensait toujours » : *ibid.* p. 82.

18. « on ne peut plus aimable » : Dodd, *Journal*, p. 13.

19. « Hitler finira par se ranger » Dodd à Newton Baker, 12 août 1933, Boîte 40, W. E. Dodd Papers.

20. « Il est probable que [Zuckerman] » : Messersmith à Hull, 9 août 1933, Messersmith Papers.

21. « Il faut noter » : *ibid.*, p. 4.

22. «Un des divertissements préférés des SA»: Messersmith à Hull, 26 juillet 1933, Messersmith Papers.

23. «inexactes et outrées»: Messersmith, «Agression contre Kaltenborn», texte inédit, p. 2, Messersmith Papers.

24. «était allemand d'origine»: *ibid.*

25. «influencer l'opinion des visiteurs américains»: Messersmith à Hull, 26 sept. 1933, p. 1, Messersmith Papers.

26. Il en voyait les signes: *ibid.*, p. 3.

27. «Si des Américains en Allemagne»: *ibid.*, p. 3.

28. «Le fait que les Juifs soient autorisés»: *ibid.*, pp. 7-8.

29. «Les Américains qui viennent en Allemagne»: *ibid.*, p. 15.

Chapitre 8: Rencontre avec Putzi

1. Elle devint également une habituée: Dodd, *Embassy Eyes*, p. 100.

2. «Tout le monde au restaurant»: Isherwood, *Berlin Stories*, p. 204.

3. «Jolie, vive»: Shirer, *Berlin Diary*, p. 34.

4. Dans ce nouveau monde: Au cours de mes recherches, j'ai été frappé de constater à quel point mes protagonistes avaient précieusement conservé les cartes de visite reçues durant leur séjour à Berlin. Un très grand nombre des cartes de Martha se trouvent dans la Boîte 1, dossier 2, de ses archives à la Bibliothèque du Congrès. Armand Bérard, son futur amant dont elle usa et abusa, griffonna sur une de ses cartes: «Vous ai appelée en vain/et suis venu en vain.» Elmina Rangabe, une bonne amie de Martha, écrit de façon assez énigmatique: «Reste tranquille, mon âme, reste tranquille; les armes que tu portes sont fragiles», vers extraits du recueil de poèmes *A Shropshire Lad*, de A. E. Housman. Elle raya le mot Rangabe pour marquer leur intimité.

5. «Si vous n'avez rien de plus important à faire»: *ibid.*

6. « de vraies agapes, et très arrosées » : Dodd, *Embassy Eyes*, p. 25.

7. « d'une façon sensationnelle » : *ibid.*, p. 25.

8. « L'air excessivement pataud » : Dalley, p. 156.

9. « une antipathie instinctive » : Messersmith, « Dr Hanfstaengl », texte inédit, p. 1, Messersmith Papers.

10. « Il est totalement dépourvu de sincérité » : Messersmith à Jay Pierrepont Moffat, 13 juin 1934, Messersmith Papers.

11. « se donnait du mal pour se montrer cordial » : Reynolds, p. 107.

12. « Il fallait bien connaître Putzi » : *ibid.*, p. 207.

13. À Harvard : Hanfstaengl, pp. 27, 32 ; Conradi, p. 20.

14. On racontait que Hanfstaengl : Conradi, p. 21.

15. « Oncle Dolf » : *ibid.*, p. 46.

Egon Hanfstaengl a confié au *Sunday Telegraph* de Londres (27 fév. 2005) qu'Hitler était un excellent camarade de jeu. « Je l'adorais. C'était le compagnon le plus imaginatif qu'un enfant puisse rêver. Ce que je préférais, c'était jouer au train avec lui. Il se mettait à quatre pattes et faisait semblant d'être un tunnel ou un viaduc. J'étais la locomotive à vapeur qui passait sur les rails en dessous de lui. Il faisait alors tous les bruits du train à vapeur. »

16. « proclamant sans vergogne son charme » : Dodd, *Embassy Eyes*, p. 26.

17. « des dimensions presque effrayantes » : Fromm, p. 90.

18. « Il avait des manières douces, insinuantes » : Dodd, *Embassy Eyes*, pp. 25-26.

19. « Il pouvait épuiser quiconque » : *ibid.*, p. 26.

20. « C'était un modeste petit professeur d'histoire sudiste » : Hanfstaengl, p. 214.

21. « Papa » Dodd : Conradi, p. 121.

22. « Ce que Dodd avait de mieux » : Hanfstaengl, p. 214.

Chapitre 9 : La mort est la mort

1. Une de ses plus éminentes sources d'information : Mowrer, *Triumph*, p. 218.
2. Putzi Hanfstaengl tenta de saper la crédibilité : *ibid.*, p. 219.
3. « J'avais tendance à penser qu'il était juif » : Dodd, *Embassy Eyes*, p. 39.
4. « En pure perte » : Mowrer, *Triumph*, p. 224.
5. « presque aussi véhément » : Dodd, *Journal*, p. 24.
6. Le chef de la Gestapo, Rudolf Diels, se sentit obligé : Messersmith, *« Some observations on my relations with the press »* (« Quelques observations sur mes relations avec la presse ») texte inédit, p. 20, Messersmith Papers.
7. l'« indignation justifiée du peuple » : Mowrer, *Triumph*, pp. 225-226.
8. « Si vous n'étiez pas transféré » : Mowrer, *Journalist's Wife*, p. 308.
9. « Il ne pardonna jamais tout à fait à mon père » : Dodd, *Embassy Eyes*, p. 39.
10. c x t = k : voir « Fritz Haber », jewishvirtuallibrary.org.
11. Au plan personnel : Stern, p. 121. Voir aussi « Fritz Haber », nobelprize.org.
12. « Dans ce profond abattement » : *ibid.*, p. 53.
13. « tremblait de la tête aux pieds » : note diplomatique, 14 sept. 1933, Boîte 59, W. E. Dodd Papers.
14. « l'exemple le plus triste des persécutions juives » : Dodd, *Journal*, p. 17.
15. « Il désirait connaître les possibilités » : *ibid.*, p. 17.
16. « Vous savez que les quotas sont déjà remplis » : Dodd à Isador Lubin, 5 août 1933, Boîte 41, W. E. Dodd Papers.
17. « L'ambassadeur semble » : D. W. MacCormack à Isador Lubin, 23 août 1935, Boîte 41, W. E. Dodd Papers.
18. Il était parti pour l'Angleterre : Goran, pp. 169, 171.

19. Zyklon B : Stern, p. 135.

20. « Comme j'aimerais » : Stephen S. Wise à Dodd, 28 juillet 1933, Boîte 43, W. E. Dodd Papers.

21. Dodd écoutait « des menteurs » : Wise, *Personal Letters*, p. 223.

22. « Les nombreuses sources d'information » : Dodd à Stephen S. Wise, 1ᵉʳ août 1933, Boîte 43, W. E. Dodd Papers.

23. pour lui dire... « la vérité » : Wise, *Personal Letters*, p. 224.

24. qu'on « [le] reconnaisse » : Wise, *Challenging Years*, p. 254.

25. « En bref, on peut dire » : Messersmith à Hull, 24 août 1933, Messersmith Papers.

26. « fondamentalement, je pense » : Dodd à Roosevelt, 12 août 1933, Boîte 42, W. E. Dodd Papers.

Chapitre 10 : le 27 a Tiergartenstrasse

1. Même s'il condamnait le gaspillage : Dodd à William Phillips, 13 nov. 1933, Boîte 42.

2. « Personnellement, je préférerais » : Dodd à Sam D. McReynolds, 2 jan. 1934, Boîte 42, W. E. Dodd Papers.

3. Martha et sa mère hésitèrent entre plusieurs résidences : Dodd, *Embassy Eyes*, p. 32.

4. « Nous avons une des plus belles résidences de Berlin » : Dodd à Roosevelt, 12 août 1933, Boîte 42, W. E. Dodd Papers.

5. Les arbres et les jardins : au cours de mes recherches, j'ai eu le plaisir d'interviewer Gianna Sommi Panofsky, la belle-fille du propriétaire de l'époque, qui m'a fourni les plans détaillés de la maison et des photocopies de plusieurs photographies de l'extérieur. Malheureusement, elle est morte avant que j'aie pu terminer ce livre.

6. « deux fois la taille d'un appartement new-yorkais courant » : Dodd, *Embassy Eyes*, pp. 33-34.

7. « de mosaïque colorée et dorée » : *ibid.*, p. 34.

8. «Nous sommes convaincus»: Dodd à Mme Alfred Panofsky, lettre non datée fournie par Gianna Sommi Panofsky.

9. «J'adore y aller»: Fromm, p. 215.

10. «deuxième chez soi»: Ferdinand, p. 253.

11. «Quand les domestiques étaient hors de portée»: *ibid.*, p. 253.

12. «Si vous ne veillez pas à être plus prudent»: *ibid.*, p. 253.

13. «Nous nous adorons»: Martha à Thornton Wilder, 25 sept. 1933, Wilder Papers.

14. «petit, blond, obséquieux»: Dodd, *Embassy Eyes*, p. 147.

15. «À présent, l'hégire commence»: Carl Sandburg à Martha, non daté, Boîte 63, W. E. Dodd Papers.

16. Ils voyagèrent d'abord en voiture: Dodd, *Journal*, pp. 22-23; Dodd, *Embassy Eyes*, p. 27; Reynolds, p. 118.

TROISIÈME PARTIE: LUCIFER AU JARDIN

Chapitre 11: Des êtres étranges

1. «un citoyen américain très respectable»: Messersmith à Hull, 19 août 1933, Messersmith Papers.

2. «Très jeune, très énergique»: Messersmith à Hull, 25 août 1933, Messersmith Papers.

3. «regrets sincères»: Dodd, *Journal*, pp. 26-27.

4. «L'allégresse générale était contagieuse»: Dodd, *Embassy Eyes*, p. 28.

Les détails de l'épisode décrit dans cette page et les suivantes proviennent surtout des mémoires de Martha, pp. 27-32, et des mémoires de Quentin Reynolds, pp. 118-121.

La version de Martha diffère un peu de celle de Reynolds. Selon elle, Reynolds avait accepté d'écrire l'article après son retour à Berlin, au lieu de le télégraphier directement de

Nuremberg, tout en veillant à ne pas citer les noms de Martha et de Bill. Dans ses mémoires, Reynolds affirme ne pas avoir cité les Dodd ; il aurait rédigé son article pendant qu'il se trouvait encore à Nuremberg, puis l'aurait envoyé par la poste, au lieu de le télégraphier. Dodd, *Embassy Eyes*, p. 29 ; Reynolds, p. 120.

5. « une petite brute courte sur pattes, trapue, le crâne rasé » : Kershaw, *Hubris*, p. 179.

6. Goebbels sourit : le problème, avec le culte de la perfection aryenne chez les nazis, c'était qu'aucun des principaux dirigeants du régime ne correspondait à l'idéal masculin, grand, blond, les yeux bleus. Quand il ne vociférait pas, Hitler avait l'air d'un individu assez commun, un cadre moyen d'âge mûr avec une drôle de moustache qui faisait penser à Charlie Chaplin. Göring était largement en surpoids et succombait de plus en plus fréquemment à de curieuses crises d'exhibitionnisme narcissique : par exemple, il se mettait du vernis à ongles et changeait d'uniforme plusieurs fois par jour. Himmler avait l'air d'exercer la profession qui était la sienne avant d'être consacré par Hitler : l'élevage des volailles.

L'apparence de Goebbels était la plus problématique. Sa silhouette était étriquée, il avait un pied estropié, ce qui le faisait étonnamment ressembler aux caricatures grotesques qui apparaissaient régulièrement dans les publications haineuses des nazis. Ces vers de mirliton faisaient discrètement le tour de Berlin : « Dieu du ciel, rends-moi aveugle/Pour que je voie un Aryen en Goebbels. » Gallo, p. 29.

7. « Les jeunes ont le visage éclatant » : Martha à Thornton Wilder, 14 déc. 1933, Wilder Papers.

Beaucoup de gens partageaient ce point de vue, du moins dans les premiers temps. J'ai été frappé en particulier par les observations de Marsden Hartley, un peintre américain qui vivait à Berlin. Le 28 décembre 1933, il écrit : « Cela coupe vraiment le souffle de voir les jeunes d'ici défiler, ce qu'ils font fréquemment, bien sûr. On a l'impression que l'Allemagne n'arrête pas de défiler – quelle santé, quelle vigueur et quelle droiture physique ils possèdent!» Hartley, p. 11.

8. «J'ai reçu une réponse évasive»: Dodd, *Journal*, p. 26.

9. «très agréablement non conventionnelle»: *ibid.*, p. 25.

Chapitre 12: Brutus

1. «La cérémonie était finie»: Dodd, *Journal*, pp. 30-31.

2. «faire beaucoup de tort»: cette citation et d'autres détails sur l'épisode Kaltenborn proviennent d'un texte inédit de Messersmith, *«Attack on Kaltenborn»* («L'agression contre Kaltenborn»), Messersmith Papers, de la correspondance de Kaltenborn déposée dans ses archives à la Wisconsin Historical Society, et des mémoires de Kaltenborn, *Fifty Fabulous Years*.

3. «On ne doit pas l'exiger»: Kaltenborn Papers.

4. «essayé d'empêcher des manifestations»: Dodd, *Journal*, p. 36.

5. «J'essayais de trouver des excuses»: Dodd, *Embassy Eyes*, p. 36.

6. «Je trouvais qu'il y avait quelque chose»: *ibid.*, pp. 36-37.

7. «et que les reportages»: *ibid.*, p. 37.

8. «Et quand reviendrez-vous»: Mowrer, *Triumph*, p. 226.

9. «Et toi aussi, Brutus»: Messersmith, *«Some observations on my relations with the press»*, texte inédit, p. 22, Messersmith Papers.

10. Mowrer «constituait depuis quelque temps»: Dodd à Walter Lichtenstein, 26 oct. 1933, Boîte 41, W. E. Dodd Papers.

11. «Son expérience»: *ibid.*

12. «Je n'ai jamais retrouvé d'amis aussi délicieux»: Reynolds, *Journalist's Wife*, p. 309.

13. «Les arbitres du *protokoll*»: Dodd à Hull, 19 oct. 1933, Boîte 41, W. E. Dodd Papers.

14. « Et donc aujourd'hui, la représentation a commencé » : Dodd, *Journal,* p. 33.

15. « Ma foi, si à la dernière minute » : Dodd, *Embassy Eyes,* p. 236.

16. « Vous autres du corps diplomatique » : Dodd à Hull, 17 fév. 1934 (non envoyé), Boîte 44, W. E. Dodd Papers.

17. « Nous ne pouvons tout simplement pas tenir le rythme » : *ibid.*

18. « Contagieux et charmant » : Dodd, *Embassy Eyes,* p. 233.

19. « un des rares hommes » : *ibid.,* p. 233.

20. Une photographie extraordinaire dans un journal : on peut en voir une reproduction dans Dodd, *Embassy Eyes,* en face de la page 118.

21. « avait certainement l'air de flirter » : Schultz, « Sigrid Schultz Transcript – Part I », p. 10, Boîte 2, Schultz Papers.

22. « on avait l'impression de pouvoir se tenir » : Schultz, Catalogue des mémoires, fragment de transcription, Boîte 2, Schultz Papers.

23. « J'ai toujours eu une assez bonne impression » : Souvenirs de John Campbell White, Collection d'histoire orale, Columbia University, pp. 87-88.

24. « trois fois la taille » : Dodd, *Embassy Eyes,* p. 221.

25. « Pour illustrer cela » : Dodd à Hull, 19 oct. 1933, Boîte 41, W. E. Dodd Papers.

26. « Mais » : *ibid.*

27. Les armoires de l'ambassade : rapport du poste d'ambassade à Berlin (Révision), p. 10, 124.62/162, State/Decimal.

28. « Nous n'utiliserons pas les plats en argent » : Dodd à Hull, 19 oct. 1933, Boîte 41, W. E. Dodd Papers.

29. « Je ne pourrai jamais me faire » : Dodd à Carl Sandburg, 21 nov. 1934, Boîte 45, W. E. Dodd Papers.

30. « avec maux de tête aigus » : Dr Wilber E. Post à Dodd, 30 août 1933, Boîte 42, W. E. Dodd Papers.

31. un *Sonderzug*: Metcalfe, p. 141.

32. *Le chevalier, la mort et le diable*: Burden, p. 68.

Chapitre 13 : Mon sombre secret

1. «J'imagine que j'ai délibérément trompé»: Dodd, *Embassy Eyes*, p. 41.

2. Elle eut une brève aventure avec Putzi Hanfstaengl: Conradi, p. 122.

3. «comme un papillon»: Vanden Heuvel, p. 248.

4. «Tu es la seule personne au monde»: Armand Bérard à Martha, non daté, Boîte 4, Martha Dodd Papers.

5. «Bien sûr que je me souviens»: Max Delbrück à Martha, 15 nov. 1978, Boîte 4, Martha Dodd Papers.

6. «J'ai souvent eu envie d'en toucher»: Messersmith à Jay Pierrepont Moffat, 13 juin 1934, Messersmith Papers.

7. «Elle s'est tellement mal conduite»: Messersmith, «Göring», texte inédit, p. 5, Messersmith Papers.

8. «Ce n'était pas une maison, mais un lupanar»: Brysac, p. 157.

9. «créait une nervosité»: Dodd, *Embassy Eyes*, p. 52.

10. «le visage le plus sinistre, couturé»: *ibid.*, p. 52.

11. une «beauté cruelle, brisée»: *ibid.*, p. 53.

12. «Des aventures compliquées avec les femmes»: Gisevius, p. 39.

13. «Je me suis senti à l'aise»: Ludecke, pp. 654-655.

14. «Il tirait une joie mauvaise»: Dodd, *Embassy Eyes*, p. 52.

15. «remarquablement modeste»: Gellately, *Gestapo*, pp. 44-45.

16. «La plupart n'étaient ni fous»: *ibid.*, p. 59.

17. «On peut échapper à un danger»: cité par Gellately dans *Gestapo*, p. 129.

D'après Hans Gisevius, auteur d'un livre de souvenirs sur la Gestapo intitulé *Jusqu'à la lie*, la peur régnait même à l'intérieur de la Gestapo : « Nous vivions dans un repaire d'assassins où nous n'osions même pas faire dix ou vingt pas dans le couloir pour nous laver les mains, sans téléphoner auparavant à un collègue pour l'informer de notre intention de nous embarquer dans une si périlleuse expédition. » Son chef lui conseillait de rester toujours près du mur, loin de la rampe, quand il grimpait un escalier, en partant du principe qu'on offre ainsi une moins bonne cible aux assassins. « Personne n'était jamais en sécurité. » Gisevius, pp. 50-51.

18. « tels des amas d'argile inanimés » : Gallo, pp. 25-26.

19. « Ils m'ordonnèrent de retirer mon pantalon » : Rürup, p. 92.

20. « La valeur des SA » : Metcalfe, p. 133.

21. « la mort dorée du Tiergarten » : Martha à Thornton Wilder, 10 nov. 1934, Wilder Papers.

22. une jeune femme « on ne peut plus imprudente » : cité dans Wilbur Carr, note diplomatique, 5 juin 1933, Boîte 12, Carr Papers.

23. Il avait l'impression d'être « constamment sous la menace d'un revolver » : Dodd, *Embassy Eyes*, p. 56.

24. « Commença à se dessiner sous mes yeux romantiques » : *ibid.*, p. 53.

Chapitre 14 : La mort de Boris

1. « Il avait une bouche surprenante » : Agnes Knickerbocker, dans plusieurs notes, Boîte 13, classeur 22, Martha Dodd Papers.

2. Dans un récit ultérieur resté inédit : Martha a laissé un abondant récit dactylographié de ses relations avec Boris, comprenant des passages de dialogues et une myriade d'observations : qui riait à quel propos, qui fronçait les sourcils, et ainsi de suite. *« Bright Journey into Darkness »* (« Voyage radieux dans les ténèbres »), Boîte 14, Martha Dodd Papers.

3. « négro-judéo-anglo-saxonne » : Kater, p. 15.

4. « paraissait nullement intimidé » : cité dans *« Bright Journey into Darkness »*, Boîte 14, Martha Dodd Papers.

5. avec beaucoup de cérémonie : Agnes Knickerbocker, dans plusieurs notes, Boîte 13, classeur 22, Martha Dodd Papers.

Chapitre 15 : Le « problème juif »

1. Elle commença sur un ton plutôt aimable : mon récit du rendez-vous de Dodd avec von Neurath se fonde sur le *Journal* de Dodd, pp. 35-37, et sa note diplomatique de sept pages, 14 sept. 1933, Boîte 59, W. E. Dodd Papers.

2. « Aucun doute ne peut plus subsister » : Leon Dominian à Hull et à l'ambassade de Berlin, 15 sept. 1933, 862.113/49 GC, State/Decimal.

3. En une occasion tristement célèbre : Messersmith à Hull, 29 juil. 1933, Messersmith Papers.

Chapitre 16 : Une requête confidentielle

1. « une affaire déplaisante et pénible » : Dodd à Samuel F. Bemis, 7 août 1933, Boîte 40, W. E. Dodd Papers.

2. « Je vous informe par la présente » : Alfred Panofsky à Dodd, 18 sept. 1933, Boîte 42, W. E. Dodd Papers.

3. Le premier brouillon de Dodd : pour les premier et dernier jets, voir Dodd à Alfred Panofsky, 20 sept. 1933, Boîte 41, W. E. Dodd Papers.

4. « Il y avait trop de bruit » : note diplomatique non datée (1935 env.), Boîte 47, W. E. Dodd Papers.

5. un « heureux mélange de courage » : Klemperer, *Language (LTI, la langue du IIIᵉ Reich. Carnets d'un philologue)*, pp. 32, 43, 48, 60.

6. Une autre agression survint : Dodd, *Journal*, p. 44 ; Messersmith à William Phillips, 19 oct. 1933, Messersmith Papers.

7. le ministère des Postes : Miller, p. 53.

8. «On n'a rien connu» : Messersmith à William Phillips, 29 sept. 1933, Messersmith Papers.

9. une «intervention en force de l'extérieur» : *ibid.*

10. «Rien ici ne semble» : Dodd à Edward M. House, 31 oct. 1933, Boîte 41, W. E. Dodd Papers.

11. «Cela met à mal mon travail d'historien» : Dodd à Jane Addams, 16 oct. 1933, Boîte 40, W. E. Dodd Papers.

12. «Je vous en prie, n'en référez à personne» : Dodd à Hull, 4 oct. 1933, Boîte 41, W. E. Dodd Papers ; Hull à Dodd, 16 oct. 1933, Boîte 41, W. E. Dodd Papers.

Chapitre 17 : La fuite de Lucifer

1. une «rudesse et une insensibilité» : Diels, pp. 328-31 ; et aussi Crankshaw, pp. 51-61.

2. «Depuis sa retraite en Bohême» : cité dans Crankshaw, p. 56.

3. «une authentique Allemande» : Brysac, p. 200.

4. «Elle parlait lentement» : texte inédit, p. 9 (indiqué comme p. 8), Boîte 13, Martha Dodd Papers.

5. Pendant ce séjour, il fut contacté : Dallin, p. 236.

6. elle et son mari étaient «devenus nazis» : Brysac, p. 219.

7. «des bruns clairs, des bleus doux» : *ibid.*, p. 111.

8. «constituer une petite colonie» : Martha à Thornton Wilder, 25 sept. 1933, Wilder Papers.

9. «Martha, tu sais que je t'adore» : Mildred Fish Harnack à Martha, 4 mai (probablement 1934), Boîte 5, Martha Dodd Papers.

10. «J'attachais énormément de prix à ces cartes» : texte inédit, p. 4 (indiqué comme p. 3), Boîte 13, Martha Dodd Papers.

11. «le genre de personne» : Martha à Thornton Wilder, 14 déc. 1933, Wilder Papers.

12. « J'étais assise là, sur le divan » : cité dans Brysac, p. 419.

13. « L'étonnement » : *ibid.*, p. 146.

14. « la *jeunesse dorée* de la capitale » : *ibid.*, p. 154.

Chapitre 18 : L'avertissement d'un ami

1. « entendre des conversations amusantes » : Dodd, *Embassy Eyes*, p. 86.

2. La liste des invités en vue de son anniversaire : dans ses mémoires, Martha évoque une réception pp. 43-45 et 65-66. Il s'agit probablement du même événement. Dans son livre *1933*, Philip Metcalfe établit aussi ce lien et affirme avec certitude qu'il s'agit bien de la fête donnée par Martha pour son anniversaire. Il avait pu correspondre avec Martha Dodd bien avant la mort de celle-ci en 1990. Metcalfe, pp. 195-196.

3. « jeunes, claquant des talons, courtois » : Dodd, *Embassy Eyes*, p. 44.

4. « Ce n'est pas le genre de musique » : *ibid.*, p. 67. Le *Horst Wessel Lied* était en effet un point sensible pour les nazis endurcis. Un musicien qui avait osé diriger une version jazz de la chanson fut obligé de fuir l'Allemagne. Kater, p. 23.

5. « de continuer à convaincre » : Dodd à Leo Wormser, 26 sept. 1933, Boîte 43, W. E. Dodd Papers.

6. « C'était parce que j'avais constaté tellement d'injustices » : Dodd à Jane Addams, 16 oct. 1933, Boîte 40, W. E. Dodd Papers.

7. « Le président avait souligné » : Dodd à William Phillips, 14 oct. 1933, Boîte 42, W. E. Dodd Papers.

8. « En des périodes de grande tension » : pour le texte du discours de Dodd, voir le document joint à la lettre de Dodd à Roosevelt, 13 oct. 1933, Roosevelt Correspondence.

9. Schacht « applaudit de façon extravagante » : *ibid.*

10. « Quand le discours fut terminé » : Dodd à Hull, 19 oct. 1933, Boîte 41, W. E. Dodd Papers.

11. « L'Allemagne silencieuse mais inquiète » : *ibid.*

12. « J'ai aimé vos allusions finement déguisées » : Fromm, p. 132.

13. « La situation est très difficile » : Metcalfe, pp. 164-165.

14. « Mon interprétation » : Dodd à Roosevelt, 14 oct. 1933, Boîte 42, W. E. Dodd Papers. (Note : une version manuscrite de cette lettre, figurant dans la correspondance de Roosevelt, porte la date du 13 oct. 1933. À l'évidence, le texte dactylographié daté du 14 oct. en est la copie finale et correctement datée.)

15. « constituer un sérieux affront » : Dodd à Hull, 13 oct. 1933, 362.1113/13, State/Decimal.

16. « comme une sorte de rebuffade » : Dodd, *Journal*, p. 47.

17. « des interprétations embarrassantes » : Dodd à Roosevelt, 14 oct. 1933, Boîte 42, W. E. Dodd Papers.

18. « dans l'espoir que, étant informé » : Dodd à Phillips, 14 oct. 1933, Boîte 42, W. E. Dodd Papers.

19. « maître d'école faisant des remontrances à ses élèves » : Moffat, *Journal*, 12 oct. 1933.

20. « Je doutais qu'une missive de ma part » : William Phillips à Dodd, 27 nov. 1933, Boîte 42, W. E. Dodd Papers.

21. « C'était merveilleux d'entendre le président » : Edward M. House à Dodd, 21 oct. 1933, Boîte 41, W. E. Dodd Papers.

22. « Ce n'était pas l'allocution d'un penseur » : Dodd, *Journal*, p. 48.

23. « les Alliés auraient pu facilement battre » : Shirer, *Rise*, p. 211.

Chapitre 19 : L'entremetteur

1. De nombreuses liaisons avaient été évoquées : pour les détails sur la vie amoureuse d'Hitler, voir Kershaw, *Hubris*, pp. 284-285, 351-355.

2. sa « possessivité moite » : *ibid.*, p. 354.

3. « Crois-moi » : *ibid.*, p. 187.

4. « Hitler a besoin d'une femme » : Conradi, p. 121.

QUATRIÈME PARTIE :
UN SQUELETTE QUI GRELOTTE DE FROID

Chapitre 20 : Le baiser du Führer

1. « impeccable et raide » : Dodd, *Journal*, p. 49.

2. « Chauffeureska » : Kershaw, *Hubris*, p. 485.

3. *King Kong* était un de ses films préférés : *ibid.*, p. 485.

4. « Hitler avait l'air d'un coiffeur de banlieue » : Hanfstaengl, p. 22.

5. Pour commencer, Dodd évoqua : Dodd, *Journal*, p. 49.

6. « Peut-être me suis-je montré trop franc » : Dodd à Roosevelt, 28 oct. 1933, Boîte 42, W. E. Dodd Papers.

7. « L'effet global de l'entrevue » : Dodd à Hull, 17 oct. 1933, 362.1113/19 GC, State/Decimal.

8. « Les assurances du chancelier » : Messersmith à William Phillips, 19 oct. 1933 (pp. 12-13), Messersmith Papers.

9. « désignée pour changer le cours de l'histoire de l'Europe » : Dodd, *Embassy Eyes*, pp. 63-65.

10. « Hitler n'était pas sans charme » : *ibid.*, p. 65.

11. « J'étais un peu furieuse » : *ibid.*, p. 65.

12. « En m'accordant le grade » : Diels à Himmler, 10 oct. 1933, vol. 11, p. 142, *Archives of the Holocaust.*

Chapitre 21 : Le problème de George

1. « Pour la première fois dans l'histoire » : Henry P. Leverich, *« The Prussian Ministry of Justice Presents a Draft for a New German Penal Code »*, 21 déc. 1933, GRC 862.0441/5, State/Decimal.

2. « permettant d'éliminer les malades incurables » : Dodd, note diplomatique, 26 oct. 1933, 862.0441/3, State/Decimal.

3. « ne pouvait se rappeler ni le nom » : document joint à la lettre de Dodd à Hull, 13 nov. 1933, GRC 362.1113 Kaltenborn, H.V./5, State/Decimal.

4. « Les diplomates aisés » : Dodd à Hull, 19 oct. 1933, Boîte 41, W. E. Dodd Papers.

5. « Il semblerait qu'au vu » : D. A. Salmon à William Phillips, 1er nov. 1933, document joint à la lettre de Phillips à Dodd, 4 nov. 1933, Boîte 42, W. E. Dodd Papers.

6. « l'activité télégraphique frénétique » : William Phillips à Dodd, 4 nov. 1933, Boîte 42, W. E. Dodd Papers.

7. « Ne croyez pas que la comparaison » : Dodd à William Phillips, 17 nov. 1933, Boîte 42, W. E. Dodd Papers.

8. « un curieux héritage » : Dodd à Hull, 6 sept. 1933, Boîte 41, W. E. Dodd Papers.

9. « Son poste est important » : *ibid.*

10. Il s'était laissé abuser : Stiller, p. 40.

11. « Ils ont l'air de croire » : Messersmith à William Phillips, 28 oct. 1933 (pp. 6, 9-10), Messersmith Papers.

12. « l'administration Rosenberg » : Breitman et Kraut, p. 225.

13. « de nombreuses sources d'information » : Dodd à William Phillips, 15 nov. 1933, Boîte 42, W. E. Dodd Papers.

14. « Je dois ajouter qu'il a travaillé » : *ibid.*

15. « sans le moindre préjudice » : Dodd à William Phillips, 17 nov. 1933, Boîte 42, W. E. Dodd Papers.

16. « Il me vient à l'esprit » : Dodd à William Phillips, 15 nov. 1933, Boîte 42, W. E. Dodd Papers.

17. « Les lettres et dépêches » : William Phillips à Dodd, 27 nov. 1933, Boîte 42, W. E. Dodd Papers.

18. Le dimanche 29 octobre : Dodd, *Journal*, p. 53.

Chapitre 22 : Bruit de bottes au tribunal

1. «Je me suis avancée, la gorge serrée» : Dodd, *Embassy Eyes*, pp. 59-60.

2. «d'un ennui abyssal»» : Tobias, p. 211.

Hans Gisevius, p. 29, souligne également cet aspect fastidieux : «Lentement, comme un liquide lourd et visqueux, le flot des témoins et des spécialistes s'est écoulé... Le procès s'est révélé d'un ennui surprenant...»

3. avaient l'air «secs et nerveux, coriaces et indifférents» : Dodd, *Embassy Eyes*, p. 58.

4. «la partie postérieure d'un éléphant» : Bullitt, p. 233.

5. «Tout le monde se leva d'un bond, comme électrifié» : Tobias, p. 223.

6. «D'une main, il faisait des gestes frénétiques» : Gisevius, p. 32.

7. «particulièrement désireux de me voir présente» : Dodd, *Embassy Eyes*, p. 62.

8. «Un procès bâclé» : Holborn, p. 143.

9. «empêchant de ce fait l'arrestation» : Tobias, p. 226.

10. «un homme brillant, séduisant, sombre» : Dodd, *Embassy Eyes*, p. 60.

11. «Car le monde avait appris» : Tobias, p. 228.

Chapitre 23 : La deuxième mort de Boris

1. «Boris, arrête!» : Martha Dodd, *«Bright Journey into Darkness»*, Boîte 14, Martha Dodd Papers. Martha raconte l'anecdote de Boris et du calvaire pp. 15-16.

Chapitre 24 : Un vote massif

1. « Lors d'un 11 novembre » : Shirer, *Rise*, p. 211.

2. « Montrez demain votre fermeté dans l'union nationale » : *ibid.*, pp. 211-212.

3. Chaque Allemand trouverait une raison : Messersmith à Hull, *« Some Observations on the Election of Nov. 12, 1933 »*, p. 3, document joint à la lettre de Messersmith à Dodd, 18 nov. 1933, Boîte 42, W. E. Dodd Papers.

Ian Kershaw, dans *Hubris*, cite la question soumise au plébiscite : « Toi, homme allemand et toi, femme allemande, approuves-tu la politique du gouvernement du Reich, es-tu disposé à y voir l'expression de ton opinion et à lui offrir solennellement ton allégeance ? » Kershaw, *Hubris*, p. 495.

4. Un rapport indiquait que les malades : Messersmith à Hull, *« Some Observations on the Election of Nov. 12, 1933 »*, p. 5, document joint à la lettre de Messersmith à Dodd, 18 nov. 1933, Boîte 42, W. F. Dodd Papers.

5. « propagande extravagante » : Klemperer, *Witness (Je veux témoigner)*, p. 41.

6. « Afin d'être toujours plus clairs » : Messersmith à Hull, *« Some Observations on the Election of Nov. 12, 1933 »*, p. 7, document joint à la lettre de Messersmith à Dodd, 18 nov. 1933, Boîte 42, W. E. Dodd Papers.

7. Quelque 45 100 000 Allemands : Messersmith à Hull, *« Some Observations on the Election of Nov. 12, 1933 »*, p. 2, document joint à la lettre de Messersmith à Dodd, 18 nov. 1933, Boîte 42, W. E. Dodd Papers.

8. « engagement historique » : *ibid.*, p. 2.

9. « Ces élections sont une farce » : Dodd à Roosevelt, 28 oct. 1933, Boîte 42, W. E. Dodd Papers.

10. Rien n'indiquait cela plus clairement : Shirer, *Rise*, p. 212.

11. « Je suis content » : Roosevelt à Dodd, 13 nov. 1933, Boîte 42, W. E. Dodd Papers.

12. « que certains journaux réactionnaires : Dodd, *Journal*, p. 58.

Chapitre 25 : Les secrets de Boris

1. « Je voulais l'aimer à la légère seulement » : Martha Dodd, *« Bright Journey into Darkness »*, p. 23, Boîte 14, Martha Dodd Papers.

2. « Tu vois toujours le mauvais côté des choses » : *ibid.*, p. 29.

3. « Je t'aime » : *ibid.*, p. 29.

4. « Je ne pouvais supporter de penser à l'avenir » : *ibid.*, p. 21.

5. « Martha ! » écrivit-il : Boris à Martha, printemps 1934, Boîte 10, Martha Dodd Papers.

6. Le jour était morose : les détails de cette sortie de Martha et de Boris proviennent du texte inédit de Martha Dodd, *« Bright Journey into Darkness »*, pp. 21-26, Boîte 14, Martha Dodd Papers.

Chapitre 26 : Le Petit Bal de la presse

1. « Il est toujours plus facile de soutirer une information à quelqu'un » : Schultz, *« Winter of 1933-1934 »*, p. 4, Écrits personnels, Boîte 29, Schultz Papers.

2. « péniblement bondée » : Schultz, « 1934 », p. 2, Écrits personnels, Boîte 34, Schultz Papers.

3. « sans faire étalage de leur ordre » : Fromm, p. 137.

4. « fossoyeur de la république de Weimar » : *ibid.*, p. 321.

5. « J'ai la confiance de Hindenburg » : Gellately, *Gestapo*, p. 1.

6. « Ce n'est que lorsqu'ils eurent fixé » : Wheeler-Bennett, *Nemesis*, p. 293.

7. « Quand il arriva, il était aussi suave » : Schultz, « 1934 », p. 3, Écrits personnels, Boîte 34, Schultz Papers.

Lors des réceptions diplomatiques, von Papen s'approchait souvent furtivement de la femme de Messersmith, en essayant de lui soutirer des bribes d'information sur des questions politiques, telle la position des Américains vis-à-vis de l'Allemagne. Elle apprit à parer ces tentatives en lui évoquant sa passion pour les porcelaines qu'elle collectionnait. Von Papen «n'obtenait jamais rien, écrit Messersmith, parce qu'elle revenait toujours à la porcelaine». Messersmith, *« Conversations with Von Papen in Vienna »*, texte inédit, p. 7, Messersmith Papers.

8. «Plus le moteur fait de bruit»: Fromm, p. 136.

9. «En quoi cela te concerne-t-il?»: *ibid.*, pp. 136-137.

10. Göring avait proclamé: Messersmith, *« When I arrived in Berlin... »*, texte inédit, p. 7, Messersmith Papers.

11. «s'asseoir et vous sortir»: Messersmith à William Phillips, 29 sept. 1933 (p. 6; voir aussi pp. 4-5), Messersmith Papers.

12. «Je puis vous le dire»: Schultz, *« Winter of 1933-1934 »*, p. 7, Écrits personnels, Boîte 29, Schultz Papers; Schultz, « 1934 », p. 4, Écrits personnels, Boîte 34, Schultz Papers.

13. «brutal et sans pitié»: Fromm, p. 137, 304.

14. Les rumeurs de suicides étaient courantes: Goeschel, p. 100.

15. «Je ne peux plus vivre»: Fromm, p. 138.

16. «Nous avons tous passé un très bon moment»: Louis Lochner à Betty Lochner, 26 déc. 1933, Round Robin Letters (Lettres collectives), Boîte 6, Lochner Papers.

17. «Le dîner fut assommant»: Dodd, *Journal*, p. 59.

18. «Dès ce jour»: Schultz, *« Winter of 1933-1934 »*, p. 7, Écrits personnels, Boîte 29, Schultz Papers.

19. «*Bellachen,* ma petite Bella, nous sommes tous si bouleversés»: Fromm, pp. 138-139.

Chapitre 27 : Mon beau sapin

1. «Berlin est un squelette»: Isherwood, *Berlin Stories*, p. 186.
2. Ils monopolisaient le commerce des sapins de Noël: Gilbert L. MacMaster à Clarence E. Pickett, 12 fév. 1934, vol. 2, p. 49, *Archives of the Holocaust.*
3. «des personnes qui lui en voulaient»: on trouvera les détails de l'incident Wollstein dans une lettre de Raymond H. Geist à Hull, 15 déc. 1933, GRC 362.1121 Wollstein, Erwin/1, State/Decimal.
4. Martha s'était donné pour mission: Martha décrit cet épisode dans un texte inédit, *«Bright Journey into Darkness»* («Voyage radieux dans les ténèbres»), pp. 14-17, Boîte 14, Martha Dodd Papers.
5. «Avez-vous perdu votre intérêt littéraire»: Martha à Thornton Wilder, 14 déc. 1933, Wilder Papers.
6. «À une occasion, l'hilarité était si grande»: Wilbur Carr nota soigneusement cette conversation avec Raymond Geist, puis reprit ces détails dans un rapport diplomatique estampillé «strictement confidentiel», daté du 5 juin 1935, Boîte 12, Carr Papers.
7. «Il semble qu'il y ait une machine à écrire en trop ici»: John Campbell White à Jay Pierrepont Moffat, 17 nov. 1933, White Papers.
8. «drôle de personnage»: Jay Pierrepont Moffat à John Campbell White, 31 mars 1934, White Papers.
9. «Le professeur Dodd n'envisage pas»: Dodd à William Phillips, 4 déc. 1933, Boîte 42, W. E. Dodd Papers.
10. «Je ne puis imaginer qui a informé le *Tribune*»: William Phillips à Dodd, 22 déc. 1933, Boîte 42, W. E. Dodd Papers.
11. «un aperçu intime des conditions»: Phillips, *Journal*, 20 déc. 1933.
12. «Nous l'avons examinée sous tous les angles»: Moffat, *Journal*, 14 déc. 1933.

13. «très inquiet des lettres»: Moffat, *Journal*, 13 fév. 1934.

14. «Notre ami commun G.S.M.»: George Gordon à Dodd, 22 janv. 1934, Boîte 44, W. E. Dodd Papers.

15. Un haut fonctionnaire de la hiérarchie nazie: les détails sur le plan de Lochner pour sauver Dimitrov proviennent de Metcalfe, pp. 232-234; Dodd, *Journal*, pp. 65-66; Conradi, pp. 136-138.

16. «haute trahison, incendie insurrectionnel»: Tobias, p. 268.

17. «Nous étions assis en train de boire le café»: Lochner, 26 déc. 1933, Lettres collectives, Boîte 6, Lochner Papers.

18. On ne connaît pas les motifs précis de Diels: Wheaton, p. 430.

Même si les camps le répugnaient, Diels n'était pas vraiment un altruiste. Il admettait qu'une amnistie aurait une grande valeur politique, redorant le blason d'Hitler en Allemagne et à l'étranger. Mais il comprenait bien que ce serait aussi un affront pour Himmler, dont les SS dirigeaient les camps, et que, de ce fait, l'idée ne pouvait que séduire Göring. Hitler et Göring en approuvèrent le principe, mais insistèrent pour que Dachau en soit exempté et limitèrent le nombre de prisonniers concernés. Ils donnèrent à Diels toute autorité pour décider des libérations. Göring annonça la publication du décret, en précisant que cinq mille prisonniers seraient libérés. En fait, l'amnistie n'eut pas l'ampleur annoncée. Plusieurs camps situés hors de Prusse en furent exclus, et le total des prisonniers libérés fut inférieur aux promesses de Göring. De plus, il existait des plans pour augmenter de huit mille places la capacité des camps situés en territoire prussien. Crankshaw, pp. 45-47; Wheaton, pp. 429-430.

19. «Le chef de la police secrète»: Dodd, *Journal*, p. 67.

20. «On pourrait penser»: *ibid.*, p. 66.

CINQUIÈME PARTIE : ANXIÉTÉ

Chapitre 28 : Janvier 1934

1. « Merci de me prévenir » : Tobias, p. 284.
2. « Herr Hitler semblait éprouver une véritable sympathie » : Phipps, p. 40.
3. « Hitler s'améliore indéniablement » : Martha à Thornton Wilder, 14 déc. 1933, Wilder Papers.
4. Le nombre officiel des chômeurs : Fritzsche, p. 57 ; Miller, pp. 66-67, 136.
5. Au ministère de l'Intérieur : Krausnick et al., p. 419.

Comme autre signe de la normalisation, on peut évoquer la façon dont les autorités traitèrent une agression survenue le 15 janvier 1934 contre un Américain. En ce lundi froid et pluvieux, Max Schussler, un ressortissant américain travaillant à Berlin comme logeur, entra en trébuchant au consulat de Bellevuestrasse, « saignant abondamment », d'après le compte rendu de Raymond Geist, qui assurait les fonctions de consul général en l'absence de Messersmith, qui se trouvait aux États-Unis. Schussler était juif. Le lendemain matin, après avoir consulté Dodd, Geist se rendit au siège de la Gestapo pour protester officiellement auprès de Rudolf Diels. Dans les quarante-huit heures, l'assaillant fut arrêté, reconnu coupable et condamné à sept mois de prison. En outre, l'arrestation et la punition furent largement ébruitées à la radio et dans les journaux. « Il est très satisfaisant de constater la promptitude avec laquelle les autorités allemandes ont réagi, rapporta Geist à Washington. Je pense que les agressions vont définitivement cesser. » Il se trompait, comme l'avenir allait le démontrer, mais, pour le moment du moins, les autorités semblaient de nouveau vouloir s'attirer les bonnes grâces de Washington.

La dernière conversation de Geist avec Diels contenait un aspect désagréable. Le chef de la Gestapo se plaignit que

Schussler et d'autres Américains ayant subi des sévices fussent «pour la plupart des indésirables», selon ce que Geist avait retenu des propos de Diels. Le sous-entendu était clair, et Geist fut gagné par la colère : «Je lui ai répondu que nous prenions uniquement en compte le fait qu'un homme soit un citoyen américain, que la race ou l'origine ne sont pas des facteurs pertinents et que tout citoyen américain a droit à l'entière protection du gouvernement américain.» Geist à Hull, 16 janv. 1934, FP 362.1113 Schussler, Max/1, State/Decimal ; Geist à Hull, 18 janv. 1934, 362.1113 Schussler, Max/8 GC, State/ Decimal.

6. «Les rapports sur des atrocités» : Gilbert L. MacMaster à Clarence E. Pickett, 12 fév. 1934, vol. 2, p. 58-59, *Archives of the Holocaust.*

Dans sa biographie de Reinhard Heydrich, Deschner écrit que, à cette époque, «les Juifs n'étaient pas enfermés à Dachau parce qu'ils étaient juifs, mais parce qu'ils avaient été militants politiques opposés au national-socialisme, communistes, journalistes hostiles au national-socialisme ou "réactionnaires"». Deschner, p. 79.

7. «Tolérance veut dire faiblesse» : Noakes et Pridham, pp. 284-286.

8. «Toute pitié quelle qu'elle soit» : Krausnick et al., p. 433.

9. «Extérieurement, Berlin présentait» : note diplomatique, David Schweitzer à Bernhard Kahn, 5 mars 1934, vol. 10, pp. 20-30, *Archives of the Holocaust.*

10. Environ dix mille Juifs : Dippel, p. 114 ; Breitman et Kraut, p. 25.

11. «Avant la fin de l'année 1933» : témoignage de Raymond Geist, *Conspiration et agression nazie*, vol. 4, Document n° 1759-PS, Avalon Project, Yale University Law School.

La campagne prétendument secrète de l'Allemagne pour se réarmer, en violation du traité de Versailles, était bien connue des Berlinois, comme le montre cette blague populaire qui circulait en ville :

« Un homme se plaint à un ami de ne pas avoir assez d'argent pour acheter un landau pour son bébé. L'ami, qui travaille dans une fabrique de landaus, propose de faire sortir discrètement les pièces pour que le jeune père puisse en construire un. Quand les deux hommes se revoient, le père porte toujours son bébé dans les bras.

« L'ouvrier de la fabrique de landaus, perplexe, demande à son ami pourquoi il ne se sert pas du nouveau landau.

« "Eh bien, répond le jeune père, je sais que je suis complètement obtus et que je comprends rien à la mécanique, mais j'ai monté trois fois le truc et chaque fois, ça se transforme en mitrailleuse !" » Wheeler-Bennett, *Nemesis*, p. 336.

12. « Quiconque sort en auto dans la campagne » : John Campbell White à Jay Pierrepont Moffat, 27 nov. 1933, Carr Papers.

13. « Sachez que je bénis le destin » : Gallo, pp. 7-8 ; Gisevius, p. 171. Gallo et Gisevius présentent une traduction légèrement différente des vœux d'Hitler. J'ai choisi la version de Gallo, sans raison particulière.

14. Peu après, cependant, Hitler ordonna : Diels, pp. 385-389 ; Diels, déclaration sous serment, dans Stackelberg et Winkle, pp. 133-134 ; Wheaton, p. 439 ; Metcalfe, pp. 235-236.

15. « Je suis convaincu » : Kershaw, *Myth*, p. 63.

16. Röhm, le *Hausherr*, leur hôte : plan de table, 23 fév. 1934, « Invitations », Boîte 1, Martha Dodd Papers.

Chapitre 29 : « Comprenne qui pourra ! »

1. « pour lire toute une série de lettres » : Moffat, *Journal*, 26 déc. 1933.

2. du nombre de Juifs parmi son personnel : Dodd à William Phillips, 14 déc. 1933, Boîte 42, W. E. Dodd Papers.

Dodd rédigea cette lettre à la main, en ajoutant cette mention : « Pour vous seul. »

3. « réserve vertueuse » : Dodd à William Phillips, 14 déc. 1933, Boîte 42, W. E. Dodd Papers. Cette lettre, qui porte la même date que la précédente, est notablement différente dans le contenu et la forme. Elle est dactylographiée et porte la mention « Strictement confidentiel ».

4. « Comme d'habitude » : Moffat, *Journal*, 26 déc. 1933.

5. « J'espère qu'il ne vous sera pas trop difficile » : William Phillips à Dodd, 3 janv. 1934, Boîte 45, W. E. Dodd Papers.

6. « J'avoue que je ne sais que vous dire » : *ibid.*

7. « réduirait un peu le favoritisme » : Dodd à Roosevelt, 3 janv. 1934, Boîte 45, W. E. Dodd Papers.

Chapitre 30 : Prémonition

1. Début janvier, Boris fixa un rendez-vous : ici aussi, je me suis fortement inspiré du texte inédit de Martha concernant Boris, *« Bright Journey into Darkness »*. Une fois de plus, ce récit fournit de précieux détails. Si j'écris que Boris souriait en ouvrant la porte de sa chambre à l'ambassade, c'est parce que Martha dit qu'il souriait à cet instant. Comment savoir si ses souvenirs sont réellement fidèles ? Elle était présente, et je suis très heureux de m'appuyer sur son témoignage. Boîte 14, Martha Dodd Papers.

2. pour un rendez-vous galant : MacDonogh, p. 31.

Chapitre 31 : Terreurs nocturnes

1. « Comment va l'oncle Adolf ? » : note diplomatique, David Schweitzer à Bernhard Kahn, 5 mars 1934, vol. 10, pp. 20-30, *Archives of the Holocaust.* Voir aussi Grunberger, p. 27.

2. Un Allemand rêva qu'un SA : Peukert, p. 237.

3. «Il y avait là un peuple tout entier»: Brysac, p. 186.

4. «la crainte constante de l'arrestation»: Johnson et Reuband, pp. 288, 355, 360.

5. Quelque 32 % affirmaient avoir raconté des blagues antinazies: *ibid.*, p. 357.

6. «chuchotait de façon quasi inaudible»: Martha ne cite pas nommément Mildred dans ce passage; elle ne le fait nulle part dans ses mémoires, de peur de mettre en danger Mildred et son groupe de résistance naissant. Les nombreuses allusions de Martha dans *Through Embassy Eyes*, recoupées avec d'autres éléments contenus dans ses papiers à la Bibliothèque du Congrès, ne laissent cependant aucun doute. Dodd, *Embassy Eyes*, p. 277.

7. Un jour, il l'invita dans son bureau: *ibid.*, p. 53.

8. «un sourire sinistre se dessina sur ses lèvres»: *ibid.*, p. 55.

9. Il bourra de coton une boîte en carton: *ibid.*, p. 55.

10. «le coup d'œil allemand»: Evans, *Power*, p. 105; Grunberger, p. 338.

11. Quand il apparaissait: Dodd, *Embassy Eyes*, pp. 56, 145, 147, 274, 278. Voir aussi «*Bright Journey into Darkness*», Boîte 14, Martha Dodd Papers.

12. «Il n'y a aucun moyen au monde»: Dodd, *Embassy Eyes*, p. 277.

13. «À mesure que le temps passait»: *ibid.*, p. 368.

14. un code rudimentaire: *ibid.*, p. 276.

15. Son amie Mildred utilisait un code dans ses échanges: Brysac, p. 130.

Autre exemple: Dans *Eine Mutter kämpft gegen Hitler* (titre anglais, *Beyond Tears*), Irmgard Litten évoque les tribulations de son fils, Hans, aux mains de la Gestapo, et explique le code qu'elle utilisait: «La première lettre du quatrième mot de chaque phrase servait de clé pour le message.» Litten, p. 60.

16. «Cela paraît totalement invraisemblable»: Peter Olden à Dodd, 30 janv. 1934, Boîte 45, W. E. Dodd Papers.

17. « prendre connaissance du contenu » : Raymond Geist à Hull, 8 mars 1934, 125.1953/655, State/Decimal.

18. « J'irai marcher à onze heures trente » : Dodd, *Journal*, p. 63.

19. « Pourrions-nous nous rencontrer demain matin » : sir Eric Phipps à Dodd, 25 mai 1935, Boîte 47, W. E. Dodd Papers.

20. Malgré le malaise : néanmoins, dans un texte inédit, Messersmith raconte : « À deux reprises, j'ai failli me faire écraser par une automobile de la Gestapo, des SS ou des SA. » Les deux incidents se produisirent alors qu'il s'apprêtait à traverser la rue pour gagner l'Hôtel Esplanade ; dans les deux cas, il s'agissait de voitures puissantes fonçant depuis une allée étroite. Selon lui, les chauffeurs le guettaient. Messersmith, *« Additional paragraph to memorandum on attempts on my life »*, texte inédit, Messersmith Papers.

21. « Lorsque je rencontrais des gens assez courageux » : Dodd, *Embassy Eyes*, p. 54.

22. « frôlait l'hystérie » : *ibid.*, p. 54.

23. « Il m'arrivait d'éprouver » : *ibid.*, p. 54.

Chapitre 32 : Avis de tempête

1. « de davantage d'espace vital pour notre population croissante » : Kershaw, *Hubris*, pp. 504-505 ; Gallo, pp. 81-82.

2. « C'est un nouveau traité de Versailles » : Gallo, p. 83.

3. « Il faut laisser mûrir les choses » : Kershaw, *Hubris*, p. 505. Selon Kershaw, Röhm dit aussi : « Les déclarations de ce caporal ridicule ne nous concernent pas. Hitler n'a aucune loyauté et il faudrait au minimum l'envoyer en permission. Si on ne traite pas avec Hitler, on se débrouillera sans lui. » Voir aussi Gallo, p. 83, pour une traduction légèrement différente (en anglais).

Chapitre 33 : Une conversation avec Hitler

1. «J'ai fait valoir que j'étais navré» : Hull, note diplomatique, 29 fév. 1934, State/Foreign. Pour un récit complet du faux procès, voir Anthes.

Le 17 mai 1934, une contre-manifestation eut lieu à Madison Square Garden, qui attira vingt mille «sympathisants nazis», comme le rapporta un article à la une du *New York Times*, le lendemain. Le meeting était organisé par un groupe appelé Les amis de la nouvelle Allemagne, dans le but avoué de s'opposer au «boycott juif anticonstitutionnel» de l'Allemagne.

2. «s'efforce d'empêcher ce procès» : John Hickerson, note diplomatique, 1er mars 1934, State/Foreign.

3. «Si la situation était inversée» : *ibid.*

4. Hickerson n'avait aucun doute : *ibid.*

5. «n'étaient en aucune façon» : Hull, note diplomatique, 2 mars 1934, State/Foreign.

6. «remarqua et n'apprécia pas» : Dodd, *Journal*, p. 86.

7. «démonstration malveillante» : note diplomatique, *«The German Office to the American Embassy»*, jointe à la lettre de Dodd à Hull, 8 mars 1934, State/Foreign.

8. «personne ne pouvait interdire» : Dodd, *Journal*, p. 87.

9. «J'ai rappelé au ministre» : Dodd à Hull, 6 mars 1934, State/Foreign.

10. «extrêmement troublé» : *ibid.*

11. «le gouvernement se désolidarisait» : William Phillips, note diplomatique, 7 mars 1934, State/Foreign.

12. Là aussi, Phillips rechigna : *ibid.*

13. «la question ferait l'objet de toute son attention» : *ibid.*

14. Le procès eut lieu comme prévu : *New York Times*, 8 mars 1934.

15. «Nous déclarons que le gouvernement d'Hitler» : *ibid.*

16. «aucun commentaire à faire» : Hull à Dodd, 8 mars 1934, State/Foreign.

17. Tout d'abord, Dodd demanda à Hitler : pour mon récit de la rencontre entre Dodd et Hitler, j'ai surtout repris les détails du *Journal* de Dodd, pp. 88-91, et du «*Memorandum of a conversation with Chancellor Hitler*», de six pages, Boîte 59, W. E. Dodd Papers.

18. Le 12 mars, Hans-Heinrich Dieckhoff, haut fonctionnaire : Dodd à Roosevelt, 15 août 1934, Boîte 45, W. E. Dodd Papers ; Dallek, p. 227.

19. «Dodd n'a guère fait impression» : Hanfstaengl, p. 214.

20. «L'ambassadeur Dodd, sans aucune consigne à cet égard» : Moffat, *Journal*, 7 mars 1934.

21. «Je ne trouve pas qu'il soit déshonorant» : Dodd, *Journal*, p. 92.

22. «des actes aussi déplaisants et insultants» : Hull, note diplomatique, 13 mars 1934, State/Foreign.

23. «J'ai déclaré en outre être confiant» : *ibid.*

24. «ne serait pas aussi glacial» : Hull, note diplomatique, 23 mars 1934, State/Foreign. C'est l'un des rares mémorandums de la première période des relations entre les États-Unis et l'Allemagne nazie qui donnent envie de se lever et d'applaudir – d'une manière aussi discrète et détournée que la prose de Hull. Hélas, ce ne fut qu'un feu de paille au nom de la liberté.

Le sous-secrétaire William Phillips, présent à ce rendez-vous, fut stupéfait par «la violence du langage» de Luther. «Le secrétaire, écrivit Phillips dans son *Journal*, a répondu de manière très calme et caustique, et je ne suis pas sûr que le Dr Luther ait saisi toutes les nuances sous-jacentes de son flegme.» Phillips ajoutait que, personnellement, il aurait demandé à Luther de partir, pour revenir quand «il se serait calmé». Phillips, *Journal*, 23 mars 1934.

25. «ton d'une âpreté inhabituelle» : Hull à John Campbell White, 30 mars 1934, State/Foreign.

26. «de communiquer sans équivoque au gouvernement du Reich allemand» : cité dans Spear, p. 216.

27. «dans une situation embarrassante»: R. Walton Moore, note diplomatique, 19 janv. 1934, State/Foreign.

28. «usa de son influence»: Spear, p. 216.

Chapitre 34 : Diels, effrayé

1. «des deux côtés de la clôture en même temps»: Metcalfe, p. 201.

2. «Nous n'avons pas pris ses paroles trop au sérieux»: Dodd, *Embassy Eyes*, p. 134.

3. «Vous êtes malade?» Diels, p. 283. Cité également dans Metcalfe, p. 236.

4. De nouveau, Diels quitta le pays: Metcalfe, p. 237; Dodd, *Embassy Eyes*, p. 134.

5. «créature pitoyable, à l'air passif»: Dodd, *Embassy Eyes*, p. 134.

6. «J'étais jeune et assez audacieuse»: *ibid.*, p. 136.

7. «comme un lapin effrayé»: *ibid.*, p. 135.

8. «Dans une certaine mesure, le danger»: *ibid.*, pp. 135-136.

Chapitre 35 : Affronter le club

1. «pour un bref congé»: *New York Times*, 24 mars 1934; Dodd à sa «famille», 5 avril 1934, Boîte 61, W. E. Dodd Papers.

2. «belle limousine»: Dodd, *Journal*, p. 93.

3. «le devoir, le sens du sacrifice»: Hitler à Roosevelt, reproduit dans la lettre de Hull à John Campbell White, 28 mars 1934, State/Foreign.

4. «curieux message»: Phillips, *Journal*, 27 mars 1934.

5. «d'éviter de tomber dans le piège d'Hitler»: Moffat, *Journal*, 24-25 mars 1934.

6. «qui a librement et volontiers consenti des efforts héroïques»: Roosevelt à Hitler, reproduit dans la lettre de Hull à John Campbell White, 28 mars 1934, State/Foreign.

7. « Nous cherchions à éviter de donner l'impression » : Phillips, *Journal*, 27 mars 1934.

8. « tout cela dégénère en une petite guerre civile » : Dodd à Mme Dodd, 28 mars 1934, Boîte 44, W. E. Dodd Papers.

9. « de calmer les choses autant que possible » : *ibid.* Voir aussi Dodd, *Journal*, p. 95 ; Dallek, p. 228.

10. « style Louis XIV et victorien » : Dodd, *Journal*, p. 94 ; Dallek, p. 231.

11. « la maison aux cent pièces » : quand Welles le vendit en 1953, cet hôtel particulier devint le siège du Cosmos Club. Gellman, pp. 106-107, 395.

12. En effet, sa conférence : R. Walton Moore à Dodd, 23 mai 1934, Boîte 45, W. E. Dodd Papers.

Moore félicite Dodd pour sa présentation au groupe, ou « Conseil du personnel », mais ajoute cet euphémisme : « Je ne suis pas du tout sûr que certains membres du conseil ont été heureux d'entendre cela. »

13. Commencé à exprimer en privé une hostilité marquée : voir, par exemple, Moffat, *Journal*, 16 déc. 1933 ; Phillips, *Journal*, 25 juin 1934.

14. « Il est... loin de posséder une pensée claire » : Moffat, *Journal*, 17 mars 1934.

15. « Leur protecteur en chef » : Dodd à Mme Dodd, 28 mars 1934, Boîte 44, W. E. Dodd Papers.

Chapitre 36 : Sauver Diels

1. « visiblement dans un état de grande agitation » : Messersmith, « Göring », texte inédit, pp. 3-8, Messersmith Papers.

2. Une photographie du moment : cette image figure parmi de nombreuses photographies présentées dans le cadre d'une exposition permanente à Berlin retraçant la montée en puissance de la Gestapo et de la terreur nazie, un accrochage de la longueur d'un pâté de maisons, en partie souterrain, sur le mur dégagé de ce

qui fut jadis le sous-sol abritant les geôles du siège de la Gestapo. Certains lieux en ce monde semblent concentrer les ténèbres : le même mur a servi de fondation à une partie du mur de Berlin.

3. « capable d'infliger un châtiment corporel » : cité dans Richie, p. 997 ; Metcalfe, p. 240.

4. À la mi-avril, Hitler se rendit en avion : Evans, *Power*, p. 29 ; Shirer, *Rise*, pp. 214-215 ; Wheeler-Bennett, *Nemesis*, pp. 311-313.

5. « Regarde ces gens là-bas » : Gallo, p. 35.

6. « Les réactionnaires, les conformistes bourgeois » : *ibid.*, p. 37.

7. Cependant, deux jours plus tard : *ibid.*, pp. 88-89 ; Kershaw, *Hubris*, p. 509.

8. « l'homme au cœur de fer » : Deschner, pp. 61, 62, 65, 66 ; Evans, *Power*, pp. 53-54 ; Fest, pp. 98-101.

9. « Je pouvais très bien me risquer » : Gisevius, p. 137.

10. Vers la fin avril, le gouvernement : Kershaw, *Hubris*, p. 743 ; Wheeler-Bennett, p. 312. Wheeler-Bennett cite un « communiqué officiel » du 27 avril 1934, mais Kershaw note qu'il ne fournit aucune source pour en étayer l'existence.

Chapitre 37 : L'œil de Moscou

1. « Dites à Boris Winogradov » : Haynes et al., p. 432 ; Weinstein et Vassiliev, p. 51.

Les deux livres publient le message du NKVD, bien que les traductions en anglais varient légèrement. J'ai choisi la version de Haynes, qu'on peut également trouver en ligne. Vassiliev, Carnets, White Notebook #2, p. 13, 28 mars 1934.

Chapitre 38 : Escroqué

1. Un incident troublant : Dodd à Hull, 17 avril 1934, Boîte 44, W. E. Dodd Papers.

2. « J'ai dans l'idée » : *ibid.*

3. Dodd en apprit l'existence : Dodd à R. Walton Moore, 8 juin 1934, Boîte 44, W. E. Dodd Papers.

4. Titré « Leurs Excellences » : *Their Excellencies*, pp. 115-116.

5. « témoigne d'une attitude curieuse » : Dodd à William Phillips, 4 juin 1934, Boîte 45, W. E. Dodd Papers.

6. « En ce qui concerne l'article dans *Fortune* » : William Phillips à Dodd, 6 juillet 1934, Boîte 45, W. E. Dodd Papers.

7. « Une fois sur place » : Dodd à Martha, 24 avril 1934, Boîte 62, W. E. Dodd Papers. Il ouvre sa lettre par ces mots : « Ma chère "petite" Martha. »

8. « comment, avec leurs amis, ils avaient calmé » : Dodd, *Journal*, p. 95.

9. « ESPÈRE DONC QUE TU PEUX APPORTER NOUVELLE AUTO » : Mme Dodd à Dodd, par l'intermédiaire de John Campbell White, 19 avril 1934, Boîte 44, W. E. Dodd Papers.

10. « Je crains que Mueller n'ait conduit de façon imprudente » : Dodd à Martha, 25 avril 1934, Boîte 62, W. E. Dodd Papers.

11. « ridiculement simple pour un ambassadeur » : Dodd, *Journal*, p. 108.

12. « C'était une journée magnifique » : *ibid.*, p. 98.

13. « la syphilis de tous les peuples européens » : Dodd à Roosevelt, 15 août 1934, Boîte 45, W. E. Dodd Papers.

14. « toutes les animosités de l'hiver précédent » : *ibid.*

Dans une lettre à Edward M. House, Dodd évoque le même embarras face à cette situation déplaisante (23 mai 1934, Boîte 44, W. E. Dodd Papers). Il écrit : « Vous vous rappelez les efforts que nous avons déployés pour calmer le mécontentement à Chicago, et vous vous souvenez peut-être que j'ai conseillé aux responsables juifs de lâcher un peu de lest sur le boycott, au cas où les Allemands se montreraient conciliants. » Il conclut : « Je vous avoue que cela m'a beaucoup embarrassé. »

15. « J'étais enchanté d'être rentré » : Dodd, *Journal*, p. 100.

SIXIÈME PARTIE : BERLIN AU CRÉPUSCULE

Chapitre 39 : Un dîner plein de danger

1. Le poste d'ambassadeur en Autriche : Phillips, *Journal*, 16 mars 1934 ; Stiller, pp. 54-55.

2. Pendant que Dodd se trouvait aux États-Unis : Louis Lochner à Betty Lochner, 29 mai 1934, Lettres collectives, Boîte 6, Lochner Papers ; « Liste des invités », Boîte 59, W. E. Dodd Papers.

3. « Je me demande pourquoi nous avons été invités » : Fromm, pp. 162-164.

4. La soirée se passait chez un banquier fortuné : j'ai reconstitué le dîner chez Regendanz à partir des comptes rendus suivants : Evans, *Power*, p. 26 ; François-Poncet, pp. 139-140 ; Phipps, pp. 66-67 ; Wilhelm Regendanz au ministre de la Justice Brendel de la Gestapo, 2 juillet 1934, Boîte 45, W. E. Dodd Papers.

Herman Ullstein, descendant d'une grande dynastie d'éditeurs allemands, évoque avec un certain sarcasme un autre repas, cette fois dans un restaurant chic de Potsdam. Un homme dînait avec un groupe comprenant une femme brune séduisante. Un nazi assis à une table voisine, ayant décidé que la femme était juive, demanda au groupe de quitter le restaurant. L'homme sourit et demanda : « Cela vous dérangerait-il que nous finissions d'abord notre repas ? »

Un quart d'heure plus tard, le groupe est toujours en train de manger, de très bonne humeur ; le nazi se retourne et leur demande de partir immédiatement. L'homme assis tend calmement sa carte au nazi, sur laquelle figure son nom : « François-Poncet, ambassadeur de France ». Ullstein, pp. 287-288.

5. Le jeudi 24 mai, Dodd se rendit à pied : Dodd, *Journal*, pp. 101-102.

Chapitre 40 : Une retraite d'écrivain

1. Un des grands moments de son éducation intervint en mai : mon récit de la journée de Martha à Carwitz s'appuie sur les sources suivantes : Dodd, *Embassy Eyes*, pp. 83-85 ; Martha Dodd, texte inédit, pp. 2-3, Boîte 13, Martha Dodd Papers ; Hans Fallada à Martha Dodd, 8 juin 1934, et 18 juin 1934, Boîte 5, Martha Dodd Papers ; Williams, pp. 17, 126, 142, 150, 152-155, 176-178, 185-188, 194, 209 ; Schueler, pp. 14, 66 ; Brysac, pp. 148-150 ; Metcalfe, pp. 193-195. Voir aussi Turner, « Fallada », en entier.

Après cette rencontre, Martha et Fallada échangèrent une brève correspondance. Elle lui envoya une nouvelle qu'elle avait écrite. Il lui adressa une photo, parmi les nombreuses qu'il avait prises ce jour-là à Carwitz : « Malheureusement, la seule bonne photo que j'ai prise. » À propos de la nouvelle de Martha, il écrivit : « Je vous souhaite de trouver bientôt la tranquillité et la paix intérieure pour travailler intensément – cela vaudrait la peine, je puis le dire d'après ce petit exemple. » En échange, Martha lui envoya une série de photographies de Boris et exprima le souhait de revenir le voir un jour, ce qui parut soulager Fallada : « Ainsi, lui répondit-il, cela vous a plu. »

Martha ne retourna jamais à Carwitz. Les années passant, elle n'entendit guère parler de Fallada ou de son œuvre : « Il a dû complètement renoncer à son art et à sa dignité », pensait-elle. Fallada à Martha, 8 et 18 juin, 1934, Boîte 5, Martha Dodd Papers ; Martha Dodd, texte inédit, 2, Boîte 13, Martha Dodd Papers.

2. célèbre sous son pseudonyme, Hans Fallada : Ditzen avait élaboré son nom de plume à partir de deux personnages des contes de Grimm, Hans, le héros de *Hans im Glück*

(Jean le chanceux) et Fallada de *La Petite Gardeuse d'oies*, dans lequel le cheval qui s'appelle Falada (avec un seul «l») est capable de détecter la vérité, même étant décapité. Williams, p. 11.

3. «l'immigration de l'intérieur» : Ritchie, p. 112.

4. «Cela relève peut-être de la superstition» : *ibid.*, p. 115.

5. «Au printemps 1934» : Dodd, *Embassy Eyes*, pp. 131-133.

6. «La perspective d'une issue» : Dodd à Hull, 18 juin 1934 (n° 935), State/Foreign.

7. En mai, il signala que le parti nazi : *ibid.*

8. La population aryenne de l'Allemagne : Dodd à Hull, 18 juin 1934 (n° 932), State/Foreign.

9. «Pour la première fois, l'Allemagne paraît aride» : Dodd, *Journal*, p. 105.

10. «la canicule» : Moffat, *Journal*, 20 mai 1934.

Chapitre 41 : Des problèmes chez le voisin

1. «tendue, électrique» : Dodd, *Embassy Eyes*, p. 134.

2. Le changement était manifeste : Gallo, p. 122.

Chapitre 42 : Les joujoux d'Hermann

1. Le dimanche 10 juin 1934 : pour raconter cet épisode au charme inquiétant, je me suis appuyé sur les sources suivantes : Cerruti, pp. 178-180 ; Dodd, *Journal*, pp. 108-109 ; Phipps, pp. 56-58. J'ai également examiné la collection de photographies de Carinhall qui appartenaient à Göring, Lot 3810, dans les archives photographiques de la Bibliothèque du Congrès.

2. «assez attachée» : Dodd, *Embassy Eyes*, p. 220.

Chapitre 43 : Un Pygmée prend la parole

1. Les noms de deux anciens chanceliers : Wheeler-Bennett, *Nemesis*, pp. 315-317.

2. « Partout où je vais, on me parle de résistance » : Dodd à Hull, 16 juin 1934, Boîte 44, W. E. Dodd Papers.

3. « Le discours avait exigé des mois de travail » : Evans, *Power*, pp. 29-30 ; Jones, pp. 167-173 ; Gallo, pp. 137-140 ; Kershaw, *Hubris*, pp. 509-510, 744 note 57 ; Shirer, *Rise*, pp. 218-219.

4. « On m'a fait savoir » : pour le texte du discours, voir Noakes et Pridham, pp. 209-210 ; et von Papen, p. 307. Voir aussi Jones, p. 172 ; Gallo, pp. 139-140 ; Kershaw, *Hubris*, p. 509. Dans ses mémoires, publiés en 1953, von Papen déclare : « Je préparai mon discours avec beaucoup de soin... » Cette affirmation a été largement remise en cause. Von Papen, p. 307.

5. « Le tonnerre des applaudissements » : Gallo, p. 141.

6. « La joie avec laquelle ces propos » : Wheeler-Bennett, *Titan*, p. 459.

7. « Tous ces petits nains » : Gallo, pp. 143-144 ; Shirer, *Rise*, p. 219. Voir aussi Kershaw, *Hubris*, p. 510.

8. « S'ils s'avisaient de tenter, à un moment quelconque » : Kershaw, *Hubris*, p. 510.

9. « furent arrachés des mains des clients » : Dodd à Hull, 26 juin 1934, State/Foreign. Pour plus de détails sur les réactions en haut lieu, voir Evans, *Power*, pp. 29-30 ; Jones, pp. 172-174 ; Kershaw, *Hubris*, pp. 510-511 ; Shirer, *Rise*, p. 218 ; Wheeler-Bennett, *Titan*, p. 460, et *Nemesis*, p. 319.

10. « Quelque chose planait dans l'air étouffant » : Gisevius, p. 128.

11. Quelqu'un jeta une grenade : *ibid.*, p. 129.

12. « Partout les gens chuchotaient » : *ibid.*, p. 129.

13. «Partout l'incertitude, l'effervescence» : Klemperer, *Witness (Je veux témoigner)*, p. 71. Klemperer comptait sur la météorologie pour précipiter la fin d'Hitler. Il écrit dans son journal : «"Beau temps" = chaleur + absence de pluie, absence anormale de pluie, et cela a fait des ravages depuis trois mois maintenant. Une arme contre Hitler !» Klemperer, *Witness (Je veux témoigner)*, p. 72.

14. «L'atmosphère est survoltée en ce moment» : Dodd, *Journal*, p. 114 ; Dodd, note diplomatique, 18 juin 1934, Boîte 59, W. E. Dodd Papers.

15. «Je me suis exprimé à Marbourg» : Gallo, p. 152.

16. Il lui promit de lever l'interdiction du ministre : Evans, *Power*, p. 30 ; Kershaw, *Hubris*, p. 510.

17. «C'est donc délibérément, froidement» : Gisevius, p. 131.

18. Le lendemain, le 21 juin 1934 : Evans, *Power*, p. 30 ; Kershaw, *Hubris*, pp. 510-511 ; Wheeler-Bennett, *Nemesis*, p. 320.

19. «qui, après le discours de Marbourg» : Dodd, *Journal*, p. 114.

20. «La semaine se termine tranquillement» : *ibid.*, p. 115.

Chapitre 44 : Le message dans la salle de bains

1. «Il était tout à fait calme et fataliste» : Wheeler-Bennett, *Titan*, p. 462.

2. «Malheur à celui qui manque à sa parole» : Wheaton, p. 443.

3. Sur l'armoire à pharmacie : Jones, p. 173.

4. «superbe journée d'été dans le Rheinland» : Diels, p. 419.

Chapitre 45 : Le désarroi de Mme Cerruti

1. «Ces cinq derniers jours» : Dodd, *Journal*, pp. 115-116.

2. «La situation rappelle beaucoup ce qui se passait à Paris» : *ibid.*, p. 116.

3. « du fait de son magnétisme et de sa simplicité » : Martha Dodd, *« Bright Journey into Darkness »*, pp. 18, 21, Boîte 14, Martha Dodd Papers.

4. Sous Staline, les paysans avaient été contraints : Riasanovsky, pp. 551, 556. Une petite note personnelle : quand j'étais étudiant en premier cycle à l'université de Pennsylvanie, j'ai suivi deux cours merveilleux donnés par le frère de Riasanovsky, Alexander, qui, par un soir mémorable, nous a appris, à moi et mes colocataires, à boire la vodka à la russe. C'est toutefois le style plein de charme de ses cours qui a eu sur moi la plus grande influence ; j'ai consacré une bonne partie de mes années à Penn State à étudier l'histoire de la Russie, sa littérature et sa langue.

5. le circuit n° 9, Volga-Caucase-Crimée : *« Detailed Schedule of Tour for Miss Martha Dodd »*, Boîte 62, W. E. Dodd Papers.

6. « Martha ! » écrivait-il : Boris à Martha, 7 juin 1934, Boîte 10, Martha Dodd Papers.

7. « Je n'ai jamais œuvré à la chute » : Martha à Agnes Knickerbocker, 16 juillet 1969, Boîte 13, Martha Dodd Papers.

8. « C'était le jour le plus chaud » : Cerruti, p. 153.

9. « Von Papen semblait sûr de lui » : Dodd, *Embassy Eyes*, p. 140.

10. « Le Dr Goebbels et vous sembliez en très bons termes » : Dodd, *Journal*, p. 116.

11. « Elle était assise à côté de mon père » : Dodd, *Embassy Eyes*, p. 141.

12. « Votre Excellence, il va se passer quelque chose de terrible » : *ibid.*, p. 141.

13. Elle trouvait cela stupéfiant : Cerruti, pp. 153, 157.

14. « Température : 38,5 °C à l'ombre aujourd'hui. » : Moffat, *Journal*, 29 juin 1934.

15. Les trois hommes se déshabillèrent et se mirent : *ibid.*

16. « Vraisemblablement, l'ambassadeur s'en est plaint » : Phillips, *Journal*, 15 juin 1934.

17. «en forme et plein d'entrain»: Moffat, *Journal*, 17 juillet 1934.

Chapitre 46: Vendredi soir

1. Le soir de ce vendredi 29 juin 1934: pour ce chapitre, je me suis fondé sur les sources suivantes: Birchall, p. 203; Evans, *Power*, pp. 31-32; Gallo, pp. 33, 38, 106; Kershaw, *Hubris*, pp. 511-515. Pour un long extrait du récit de Kempka, voir Noakes et Pridham, pp. 212-214.

SEPTIÈME PARTIE: QUAND TOUT A BASCULÉ

Chapitre 47: «Fusillez-les!»

1. «flânaient sereinement dans les rues»: Adlon, p. 207.
Hedda Adlon, femme du propriétaire de l'Adlon, aimait rouler en ville dans sa Mercedes blanche et possédait, disait-on, vingt-huit pékinois. De Jonge, p. 132.
2. «C'était une journée magnifique, d'un bleu serein»: Dodd, *Embassy Eyes*, p. 141.
3. «Röhm», glapit Hitler: des comptes rendus divers et variés existent de cet épisode. Je me suis fondé sur Kershaw, *Hubris*, p. 514; Noakes et Pridham, pp. 213-214; et Strasser, p. 250.
4. «Il n'est jamais prudent de négliger un coup de téléphone»: Birchall, p. 193.
5. «Mortellement fatiguée... à en pleurer»: Schultz, Daily Logs, 5 juillet 1934, Boîte 32, Schultz Papers.
6. Une des rumeurs les plus alarmantes: Birchall, p. 198.
7. À l'hôtel Hanselbauer, Röhm revêtit: Noakes et Pridham, p. 213.
8. «Vous avez été condamnés à mort»: Kershaw, *Hubris*, p. 514.

9. « Tandis que je suivais Daluege » : Gisevius, p. 150.
10. Il avait l'air agité : Dodd, *Journal*, p. 117.

Chapitre 48 : Des armes dans le parc

1. « La tête nous tournait » : Dodd, *Embassy Eyes*, p. 142.
2. « à son grand regret » : bureau du Stabschef der SA à Dodd, 29 juin 1934, Boîte 45, W. E. Dodd Papers.
3. « Au vu de l'incertitude de la situation » : Dodd, *Journal*, p. 117.
4. Une jambe de bois : ministère allemand des Affaires étrangères à Dodd, 28 mai 1935, Boîte 47, W. E. Dodd Papers.

Chapitre 49 : Les morts

1. « tension insupportable » : cité dans Gallo, p. 257.
2. « Pendant des semaines, nous avons observé » : Birchall, pp. 205-207 ; Gallo, p. 257.
3. Nul ne savait combien de gens exactement avaient perdu la vie : pour ce paragraphe et le suivant, je me suis fondé sur un ensemble de sources : Hugh Corby Fox, note diplomatique, 2 juillet 1934, Boîte 45, W. E. Dodd Papers ; H. C. Flack, note diplomatique confidentielle, 7 juillet 1934, Boîte 45, W. E. Dodd Papers ; Wheeler-Bennett, *Nemesis*, p. 323 ; Gallo, pp. 256, 258 ; Rürup, pp. 53, 223 ; Kershaw, *Hubris*, p. 515 ; Evans, *Power*, pp. 34-36 ; Strasser, pp. 252, 263 ; Gisevius, p. 153 ; Birchall, p. 20 ; Metcalfe, p. 269.
4. Une des cibles, Gottfried Reinhold Treviranus : Gallo, p. 255 ; dans ses mémoires, Martha rapporte l'incident de manière légèrement différente, *Embassy Eyes*, p. 155.
5. « Chez le roi de Siam » : Adlon, pp. 207-209.
6. le pauvre Willi Schmid : Shirer, *Rise*, note p. 224. Voir aussi Birchall, p. 207 ; Evans, *Power*, p. 36 ; Kershaw, *Hubris*, p. 515.

7. En une heureuse coïncidence, il se trouvait alors aux États-Unis : Casey, p. 340 ; Conradi, pp. 143, 144, 148, 151, 157, 159, 163, 167-168 ; *New York Times*, 1ᵉʳ juil. 1934.

8. « avec en toile de fond le ciel rouge sang » : Gisevius, p. 160.

9. Dans une allocution radiodiffusée, le chef de la propagande Goebbels : Birchall, p. 205.

Chapitre 50 : Parmi les vivants

1. « Ce fut un jour curieux » : Dodd, *Journal*, p. 117.

Ce dimanche, le *Bayerische Israelitische Gemeindezeitung*, un journal juif qui continuait de paraître – il cessa de publier en 1937 –, donnait des conseils de prudence à ses lecteurs, les encourageant, d'après un historien, à « montrer davantage de discrétion, de tact et de dignité, et à se comporter de façon irréprochable en public afin de n'offusquer personne ».

Ce même dimanche après-midi, Hitler donnait un thé à la chancellerie pour les membres de son cabinet, divers ministres et leur famille. Les enfants étaient invités. À un moment donné, Hitler s'approcha d'une fenêtre ouvrant sur la rue. Une foule rassemblée en dessous l'acclama en hurlant.

L'omniprésent Hans Gisevius écrit : « Je me suis rendu compte que s'il avait pu lire mes pensées les plus intimes, il m'aurait fait fusiller. » Dippel, p. 150 ; Gallo, p. 269 ; Kershaw, *Hubris*, p. 516 ; Gisevius cité dans Gallo, p. 270.

2. Ils passèrent devant l'entrée en roulant au pas : Dodd, *Embassy Eyes*, pp. 142-143.

3. Voici comment les événements, reconstitués plus tard : Evans, *Power*, p. 33 ; Kershaw, *Hubris*, pp. 176, 516.

4. Les comptes rendus varient : Evans, *Power*, p. 33 ; Kershaw, *Hubris*, p. 516 ; Gallo, p. 270 ; Shirer, *Rise*, p. 221 ; Noakes et Pridham, p. 215.

Après le meurtre de Röhm, Hitler prétendit avoir été stupéfait d'apprendre les pratiques homosexuelles du chef des SA. Une nouvelle blague se mit aussitôt à faire le tour de Berlin : « Comment va-t-il réagir quand il découvrira que Goebbels a un pied bot ? »

Une autre blague commença à circuler à peu près à la même époque : « C'est seulement maintenant qu'on peut comprendre à fond le sens de la déclaration récente de Röhm aux Jeunesses nazies : "De chaque jeune hitlérien sortira un Sturmtrupper." » Grunberger, pp. 332, 335.

5. Comme récompense : Wheaton, p. 452.

6. « Le Führer, avec une résolution martiale » : Noakes et Pridham, p. 216 ; voir la version légèrement différente dans Wheeler-Bennett, *Nemesis*, p. 325.

7. *« Lebst du noch ? »* : Dodd, *Embassy Eyes*, p. 151.

Chapitre 51 : Finie, la sympathie

1. « Les diplomates semblaient nerveux » : Fromm, pp. 171-172. Fromm affirme que, après la purge, elle porta pendant quelque temps sur elle un revolver, puis qu'elle finit par le jeter dans un canal. Dippel, p. 150.

2. Dodd et sa femme se tenaient à l'entrée : Dodd, *Embassy Eyes*, p. 157.

3. « *Der junge Herr von Papen* » : *ibid.*, p. 158.

4. « une certaine finesse » : *ibid.*, p. 157.

5. « La vue de ces habits » : Cerruti, p. 157.

6. « en lui transmettant mes vœux les plus chaleureux » : Wilhelm Regendanz à Mme Dodd, 3 juil. 1934, Boîte 45, W. E. Dodd Papers.

7. « Quand elle se mit à parler de son fils » : Dodd, *Embassy Eyes*, pp. 163-165.

8. « Arrivée saine et sauve » : *ibid.*, p. 165.

9. «Nous leur répondrons»: Moffat, *Journal*, 5 juil. 1934.

10. «tout à fait excitant»: Moffat, *Journal*, 17 juil. 1934.

11. «cela serait extrêmement difficile»: Dodd à Hull, 6 juil. 1934, State/Foreign.

12. «De son propre aveu»: Moffat, *Journal*, 7-8 juil. 1934.

13. Hull, furieux, ordonna à Moffat: *ibid.*

14. «d'une extrême vigueur»: Hull à Dodd, 7 juil. 1934, State/Foreign.

15. «C'était un télégramme plutôt rude»: Moffat, *Journal*, 7-8 juil. 1934.

16. «l'ambassadeur Dud»: Moffat, *Journal*, 5 juil. 1934.

17. «Le secrétaire n'a cessé de répéter»: Moffat, *Journal*, 11 juil. 1934.

18. «le Département d'État tout entier»: *ibid.*

19. «Nos concitoyens devront perdre leurs emprunts»: Dodd à Hull, 2 juil. 1934, vol. 37, Reel 11, Hull Papers.

20. «un voyage intéressant»: Dodd, *Embassy Eyes*, p. 170.

21. Un photographe capta son air enjoué en haut des marches: *ibid.*, à droite de la page 198.

22. «J'avais vu assez de sang et de terreur»: *ibid.*, p. 169.

23. «Je n'aurais jamais pu imaginer cette explosion contre les Juifs»: Dodd à Daniel C. Roper, 14 août 1934, Boîte 45, W. E. Dodd Papers.

24. «D'après les rapports qui se trouvent devant moi»: Wheeler-Bennett, *Nemesis*, pp. 325-326.

25. «mesures énergiques qui avaient réussi»: *ibid.*, p. 326, note 1.

26. «Ce fut un soulagement qu'il n'apparaisse pas»: Dodd, *Journal*, p. 121.

27. «Ma tâche ici est d'œuvrer en faveur de la paix»: *ibid.*, p. 123.

28. Il se jura de ne jamais recevoir: *ibid.*, p. 126.

Chapitre 52 : Le bonheur du cheval

1. « Je n'assisterai pas au discours. » : Dodd, *Journal*, p. 127.
Sir Eric Phipps écrivit dans son propre journal : « Tant que le
Reichstag servira uniquement de plate-forme pour la glorifica-
tion des crimes et pour mener des attaques contre les dirigeants
des missions étrangères à Berlin, je propose de laisser vacant ce
poste que, en des circonstances normales, le représentant du roi
est heureux d'occuper. » Phipps, p. 68.

2. « Messieurs les députés » : une traduction en anglais
du discours d'Hitler figure dans Gallo, pp. 298-307. Selon la
plupart des chercheurs, Hitler affirma qu'il y avait eu soixante-
dix-sept personnes tuées, même si, d'après Evans (*Power*, p. 39),
Hitler avança seulement le chiffre de soixante-quatorze. Voir
aussi Birchall, p. 209.

3. Si Dodd avait été présent : Birchall, p. 209.

4. « Ils se tinrent face à face sur la tribune » : *ibid.*

5. « RIEN DE PLUS RÉPUGNANT » : Dodd à Hull, 14 juil. 1934,
Boîte 44, W. E. Dodd Papers.
À Washington, Jay Pierrepont Moffat écouta le discours
d'Hitler à la radio. « Cela m'a semblé une somme de banalités ;
c'est de loin le discours le plus faible qu'il ait prononcé jusque-
là, note Moffat dans son journal à la date du 13 juillet 1934.
La transmission était d'une qualité extraordinaire. Il a une drôle
de voix éraillée qui, dans les moments d'excitation, se change
presque en hurlement. Il n'a apporté aucune preuve de conspiration et ses remarques concernant le monde extérieur sont
particulièrement faibles. » Moffat, *Journal*, 13 juil. 1934.

6. « comme s'ils étaient sous chloroforme » : cité dans Conradi,
p. 168.

7. « Il y a quelques jours, en Allemagne » : cité dans Hull à
Roosevelt, 13 juil. 1934, State/Foreign.

8. Dodd parut tout d'abord porté à croire : pour l'évolution
de la pensée de l'ambassadeur américain, voir Dodd à Hull,

2 juil. 1934 ; Dodd à Hull, 5 juil. 1934 ; Dodd à Hull, 6 juil. 1934 ; et Dodd à Hull, 7 juil. 1934, le tout dans State/Foreign.

9. Sir Eric Phipps, l'ambassadeur de Grande-Bretagne, accepta tout d'abord : Phipps, pp. 14, 61.

10. « Cela ne lui donne pas plus de charme » : *ibid.*, p. 76.

11. « un genre de bain de sang entre truands » : Kershaw, *Hubris*, p. 522.

12. « Je... ne soupçonnais pas que cet éclair » : Diels, p. 382.

13. Un rapport du renseignement émanant des sociaux-démocrates en exil : Kershaw, *Myth*, p. 87.

14. « un régime de terreur encore plus terrible » : Dodd à Hull, 2 août 1934, Boîte 44, W. E. Dodd Papers.

15. « Les gens ont à peine remarqué ce parfait coup d'État » : Klemperer, *Witness* (*Je veux témoigner*), p. 80.

16. « Aujourd'hui, Hitler représente toute l'Allemagne » : Kershaw, *Myth*, p. 68.

17. « À une époque où presque chaque Allemand » : Dodd, *Journal*, pp. 140-141.

Chapitre 53 : Juliette n° 2

1. « Je suis très triste » : Boris à Martha, 11 juil. 1934, Boîte 10, Martha Dodd Papers. Voir aussi Boris à Martha, « fin juillet 1934 », et Boris à Martha, « début août 1934 », les deux dans Boîte 10.

2. « C'est toi qui as décidé » : Boris à Martha, 5 août 1934, Boîte 10, Martha Dodd Papers.

3. Martha avait été contactée par des émissaires : Weinstein et Vassiliev, p. 52.

4. « Toute la famille Dodd » : *ibid.*, p. 52 ; Vassiliev, Carnets, White Notebook #2, 25.

5. elle adressa à Staline une demande d'autorisation : Weinstein et Vassiliev, p. 55 ; Vassiliev, Carnets, White Notebook #2, 37, 14 mars 1937.

6. « dans l'intérêt de nos affaires » : Weinstein et Vassiliev, p. 58. Une traduction anglaise légèrement différente figure dans Vassiliev, Carnets, White Notebook #2, 33.

7. « Je ne comprends pas bien » : Weinstein et Vassiliev, p. 58 ; Vassiliev, Carnets, White Notebook #2, 45, 21 mars 1937.

8. « Juliette n° 2 » : Weinstein et Vassiliev, pp. 58-59 ; Vassiliev, Carnets, White Notebook #2, 45, 21 mars 1937.

9. La rencontre s'était « bien passée » : Weinstein et Vassiliev, p. 59 ; Vassiliev, Carnets, White Notebook #2, 51, 12 nov. 1937. La traduction anglaise dit précisément : « Le rendez-vous avec "Liza" a été réussi. Elle était de bonne humeur... »

Chapitre 54 : Un rêve d'amour

1. « Je trouve tellement humiliant » : Dodd, *Journal*, p. 276.

2. L'Allemagne est unie comme jamais auparavant » : Dodd à Hull, 30 août 1934, Boîte 44, W. E. Dodd Papers.

3. « Selon moi, les autorités allemandes » : Dodd au général Douglas MacArthur, 27 août 1934, Boîte 44, W. E. Dodd Papers.

4. « Si les os de Woodrow Wilson » : Dallek, p. 279.

5. « la tâche délicate qui consiste » : Dodd, *Journal*, p. 216.

6. « À quoi diable peut servir » : Phillips, *Journal*, non daté, p. 1219.

7. « Que vous m'ayez trouvé » : Kershaw, *Myth*, p. 82.

8. « Avec une armée dont la taille » : Dodd à Hull, 19 sept. 1936, Boîte 49, W. E. Dodd Papers.

9. « Ne le dis à personne » : Dodd à Martha, 28 oct. 1936, Boîte 62, W. E. Dodd Papers.

10. « Dodd possède de nombreuses qualités » : William C. Bullitt à Roosevelt, 7 déc. 1936, dans Bullitt, pp. 194-195.

11. « Personnellement, je ne comprends pas pourquoi » : Moffat, *Journal*, 27 août 1934.

12. « m'accusant violemment » : Dodd, *Journal*, p. 371.

13. « Ma position est difficile » : *ibid.*, p. 372.

14. « J'ai pensé à toi, mon ami » : Mme Dodd à Dodd, 25 juil. 1937, Boîte 62, W. E. Dodd Papers.

15. « à essayer de calmer les "migraines nerveuses" » : Dodd, *Journal*, p. 334.

16. « À soixante-cinq ans, on doit faire le point » : Dr Thomas R. Brown à Dodd, 7 mars 1935, Boîte 46, W. E. Dodd Papers.

17. « Il est tout à fait évident » : Messersmith, *« Visits to Berlin »*, texte inédit, p. 10, Messersmith Papers.

18. « Je crois qu'il était tellement atterré » : *ibid.*, p. 10.

19. « dire la vérité sur la situation » : Dodd, *Journal*, p. 426.

20. « Je pense depuis longtemps que Welles » : *ibid.*, p. 427.

21. « Il n'y a pas le moindre doute » : R. Walton Moore à Dodd, 14 déc. 1937, Boîte 52, W. E. Dodd Papers.

22. il « entendait bien faire comprendre » : Dallek, p. 313.

23. Hyde Park – « un endroit merveilleux » : Dodd, *Journal*, pp. 428-429.

24. « De nouveau à Berlin » : Dodd, *Journal*, p. 430.

25. « Bien que le président regrette tout désagrément personnel » : Hull à Dodd, 23 nov. 1937, Boîte 51, W. E. Dodd Papers.

26. « Jusqu'à ce jour, je garde le souvenir » : Boris à Martha, 29 avril 1938, Boîte 10, W. E. Dodd Papers.

27. Ils se fiancèrent : *Chicago Daily Tribune*, 5 sept. 1938 ; *New York Times*, 5 sept. 1938 ; Weinstein et Vassiliev, p. 61 ; Vassiliev, Carnets, White Notebook #2, p. 56, 9 juil. 1938.

28. « Tu sais, mon chéri » : Weinstein et Vassiliev, p. 61 ; Vassiliev, Carnets, White Notebook #2, p. 56, 9 juil. 1938. Dans Weinstein et Vassiliev, la traduction anglaise est *« honey »* ; dans les carnets, *« darling »*.

29. Elle ne sut jamais que la dernière lettre de Boris : Weinstein et Vassiliev, pp. 61-62.

Chapitre 55 : Quand vinrent les ténèbres

1. « doit se rendre à la triste évidence » : *New York Times*, 23 déc. 1937.

2. « L'humanité se trouve en grand danger » : *New York Times*, 14 janv. 1938.

3. « J'étais fermement convaincu » : Moffat, *Journal*, 14 janv. 1938.

4. « La Grande-Bretagne » : *New York Times*, 22 fév. 1938.

5. « J'aurais tellement souhaité que nous vivions plus près » : Mme Dodd à Martha, 26 fév. 1938, Boîte 63, Martha Dodd Papers.

6. « Jusqu'ici, je n'arrive à rien » : Mme Dodd à Martha, 26 avril 1938, Boîte 1, Martha Dodd Papers.

7. « J'aimerais tant avoir un chez-moi » : Mme Dodd à Martha, 23 mai 1938, Boîte 1, Martha Dodd Papers.

8. « Ce fut le plus grand choc » : Dodd, *Journal*, p. 446.

9. « à la tension et la terreur de la vie » : Dodd, *Embassy Eyes*, p. 370.

10. « les tuer tous » : Bailey, pp. 192, 194.

11. « à peine croire qu'un tel événement » : Breitman et Kraut, p. 230.

12. « J'imagine que vous dites ou pensez souvent » : Sigrid Schultz à Dodd, 30 nov. 1938, Boîte 56, W. E. Dodd Papers.

13. « Ce n'était pas ma faute » : pour les détails de cet épisode, voir le *New York Times*, 9 et 10 déc. 1938 ; 3 mars et 7 mai 1939 ; Bailey, pp. 195-196 ; Dallek, p. 332.

14. Un article à la une de *Der Angriff* : *United Press*, « Dodd est attaqué... », non daté, Boîte 2, Martha Dodd Papers.

15. « malade et pas entièrement responsable » : Bailey, p. 199.

16. « Si elles avaient coopéré » : Dallek, p. 332.

17. À l'automne, Dodd était grabataire : Bailey, pp. 199-200 ; *New York Times*, 10 fév. 1940.

18. Il fut enterré : plus tard, Martha fit transférer le corps au cimetière de Rock Creek à Washington, le 6 déc. 1946, section L, lot 37, site 4.

Par un agréable après-midi de printemps, en compagnie d'une de mes filles, je me suis rendu au Stoneleigh Golf and Country Club, qui fait partie d'un lotissement comprenant de grandes maisons en faux style colonial sur de vastes parcelles, à une heure environ à l'ouest de Washington. Même si le parcours de golf (18 trous, par 72) était évidemment impeccable, je n'ai pas eu de mal à ressentir l'attrait que cet endroit avait exercé sur Dodd, surtout lors de son premier retour de Berlin, quand les doux reliefs de la ferme durent avoir un effet apaisant. Sa vieille grange est toujours debout, ainsi que quelques pans de l'ancien muret de pierre, mais aujourd'hui, à la place des cochons, la grange abrite des voiturettes de golf. Dodd considérait d'un œil sombre le golf et les golfeurs, en particulier les membres de son personnel berlinois qui ne cessaient de réduire leurs heures de bureau pour aller faire quelques parties dans leur club de Wannsee. Martha a bien fait de transférer sa dépouille, car son fantôme aurait certainement fait des dégâts considérables, bloquant les *putts* et projetant les balles dans les creux et les *roughs* alentour.

19. Cinq ans plus tard : Ryan, p. 418.

À la fin de la guerre, les vestiges du Tiergarten subirent une autre offensive, cette fois de la part de la population affamée, qui coupa les arbres brisés et les souches pour en faire du bois de chauffage, transformant certaines parties du parc en jardin potager. En 1947, le parc dévasté était, pour le maire de Berlin, « la blessure la plus douloureuse infligée à notre ville par la guerre ». Daum et Mauch, p. 205.

20. « Connaissant sa passion » : *New York Times*, 11 fév. 1940.

21. « le meilleur ambassadeur » : Schultz, *« Sigrid Schultz on Ambassador Dodd »*, janvier 1956, Boîte 2, Schultz Papers.

22. « Dodd avait compris » : Wise, *Challenging Years*, p. 234.

23. «Je me dis souvent»: Messersmith, *Some Observations on the Appointment of Dr William Dodd, as Ambassador to Berlin*», p. 11, texte inédit, Messersmith Papers.

24. «une fierté et une foi renouvelées»: Thomas Wolfe à Maxwell E. Perkins, 23 mai 1935, Wolfe, *Selected Letters*, p. 228.

25. «Surtout, pas trop de zèle»: Brysac, p. 224.

26. «contrôlée par les Juifs»: Stiller, p. 129; Weil, p. 60.

27. «l'homme qui a sorti son peuple»: Stiller, p. 129.

28. «généralement à des futilités»: Weil, pp. 60-61.

Même Roosevelt finit par être décontenancé par l'attitude de Wilson, comme George Messersmith l'apprit au cours d'une conversation avec le président. À ce moment-là, Messersmith avait été nommé secrétaire d'État adjoint à Washington. Dans une note personnelle datée du 1ᵉʳ fév. 1938, il résume ainsi les propos du président: «Il [Roosevelt] s'est avoué très surpris d'entendre Wilson lui expliquer que, selon lui, nous devions accorder moins d'importance aux démocraties et aux principes démocratiques.» À quoi Messersmith répliqua: «Certains aspects de la psychologie humaine, et en particulier allemande, échappent à Wilson.» Le président, nota-t-il, est «quelque peu perturbé par les idées de Wilson». Messersmith, Memorandum, 1ᵉʳ fév. 1938, Messersmith Papers.

29. «Je crois sincèrement que les chances»: William C. Bullitt à Roosevelt, 7 déc. 1937, Bullitt, p. 242.

30. «Mais l'histoire»: *New York Times*, 2 mars 1941.

Épilogue: Ce drôle d'oiseau en exil

1. «Si les lois de stérilisation nazies»: Dodd, *Embassy Eyes*, p. 228.

2. «Je lui ai dit que si elle publiait mes lettres»: Messersmith, «Göring», texte inédit, pp. 7-8, Messersmith Papers.

3. Martha créa enfin son propre salon: Vanden Heuvel, p. 248.

4. «l'efficacité croissante»: Martha Dodd, texte inédit, p. 4, Boîte 13, Martha Dodd Papers.

Au plus fort de son action, le réseau comprenait un opérateur radio dans la salle des transmissions d'Hitler et un officier supérieur dans la Luftwaffe; Arvid Harnack devint conseiller du ministre de l'Économie.

5. À présent, Martha savait que, quelques années: Falk Harnack, *«Notes on the Execution of Dr Arvid Harnack»*, Boîte 13, Martha Dodd Papers; Axel von Harnack, *«Arvid and Mildred Harnack»*, traduction de l'article paru dans *Die Gegenwart*, janvier 1947, pp. 15-18, Boîte 13, Martha Dodd Papers; Falk Harnack, *«2nd Visit to the Reichssicherheitshauptamt»*, Boîte 13, Martha Dodd Papers. Voir aussi Rürup, p. 163.

Le réseau eut vent de l'invasion surprise de l'Union soviétique par l'Allemagne et tenta d'avertir Staline. Ce dernier déclara au porteur de l'information: «Vous pouvez dire à votre "source" de l'armée de l'air allemande d'aller se faire foutre chez sa mère! Ce n'est pas une "source", mais un désinformateur.» Brysac, p. 277.

6. «Moi qui ai tant aimé l'Allemagne»: Falk Harnack à Martha, 29 déc. 1947, Boîte 13, Martha Dodd Papers. Arvid, dans une lettre d'adieu à «mes bien-aimés», écrit: «J'aurais aimé vous revoir tous mais c'est malheureusement impossible.» Non daté, Boîte 13, Martha Dodd Papers.

7. «une femme douée, intelligente et cultivée»: Weinstein et Vassiliev, pp. 51, 62.

8. «Elle se considère comme communiste»: *ibid.*, 62; Vassiliev, Carnets, White Notebook #2, 61.

9. Sur les instances de Martha, son mari: Haynes et al., p. 440; Weinstein et Vassiliev, pp. 70-71; Alfred Stern à Max Delbrück, 23 nov. 1970, Boîte 4, Martha Dodd Papers; Vanden Heuvel, pp. 223, 252.

Quand les toilettes étaient en panne, les Stern appelaient le ministère tchèque des Affaires étrangères pour les faire réparer; ils possédaient des tableaux de Cézanne, Monet et Renoir. Vanden Heuvel, p. 252.

10. Ils achetèrent une Mercedes noire toute neuve: Martha à «David», 28 fév. 1958, Boîte 1, Martha Dodd Papers.

11. Martha devint «obsédée»: Alfred Stern à Max Delbrück, 23 nov. 1970, Boîte 4, Martha Dodd Papers.

12. «Nous ne pouvons pas affirmer que nous nous plaisons ici»: Martha à Audrey Fuss, 25 juil. 1975, Boîte 5, Martha Dodd Papers.

13. Après deux ans à Cologne: Metcalfe, p. 288.

14. «Ce fut, écrit-elle, l'un des spectacles les plus hideux»: Martha Dodd, «*Chapter 30, August 1968*», texte inédit, 5, Boîte 12, Martha Dodd Papers.

15. «Max, mon amour»: Martha à Delbrück, 27 avril 1979, Boîte 4, Martha Dodd Papers; Delbrück à Martha, 15 nov. 1978, Boîte 4, Martha Dodd Papers.

16. «ce crétin»: Martha à Sigrid Schultz, 25 avril 1970, Boîte 13, Martha Dodd Papers.

17. «un vrai bouffon»: Martha à Philip Metcalfe, 16 avril 1982, Boîte 7, Martha Dodd Papers.

18. Bassett avoua qu'il avait détruit toutes les lettres d'amour: George Bassett Roberts à Martha, 23 nov. 1971, Boîte 8, Martha Dodd Papers.

19. «Et quelles lettres d'amour!»: Martha à George Bassett Roberts, 19 fév. 1976, Boîte 8, Martha Dodd Papers.

20. «Une chose est sûre»: Martha à George Bassett Roberts, 1er nov., «environ», 1971, Boîte 8, Martha Dodd Papers.

21. En 1979, une cour fédérale: *New York Times*, 23 et 26 mars 1979.

22. Son frère Bill était mort: *New York Times,* 19 oct. 1952 et 22 avril 1943.

23. « Bill était vraiment un type épatant » : Martha à Audrey Fuss, 31 oct. 1952, Boîte 1, Martha Dodd Papers.

24. « Où penses-tu que nous devrions mourir » : Martha à Letitia Ratner, 9 mars 1984, Boîte 8, Martha Dodd Papers.

25. « nulle part je ne me sentirais aussi seule qu'ici » : Martha à Van et Jennie Kaufman, 6 mars 1989, Martha Dodd Papers.

26. Il avait abandonné les somptueux hêtres pourpres : *New York Times*, 4 sept. 1996.

Coda : Propos de table

1. Des années après la guerre, une série de documents : Hitler, p. 102. Les propos spontanés d'Hitler, bien qu'inévitablement transformés par les diverses transcriptions successives, donnent une idée aussi terrifiante que passionnante du fonctionnement de son esprit.

Bibliographie

Archives

Wilbur J. CARR, Archives, Library of Congress Manuscript Division, Washington D.C.

Martha DODD, Archives, Library of Congress Manuscript Division, Washington D.C.

William E. DODD, Archives, Library of Congress Manuscript Division, Washington D.C.

Mildred Fish HARNACK, Archives, University of Wisconsin Library, Madison, Wisconsin.

Cordell HULL, Archives, Library of Congress Manuscript Division, Washington D.C.

H. V. KALTENBORN, Archives, Wisconsin Historical Society, Madison, Wisconsin.

Louis P. LOCHNER, Archives, Wisconsin Historical Society, Madison, Wisconsin.

George S. MESSERSMITH, Archives, Special Collections, University of Delaware, Newark, Delaware.

Jay Pierrepont MOFFAT, Journaux, Houghton Library, Harvard University, Cambridge, Massachusetts.

Williams PHILLIPS, Journaux, Houghton Library, Harvard University, Cambridge, Massachusetts.

Franklin D. ROOSEVELT, William E. Dodd Correspondence, Franklin Delano Roosevelt Library, Hyde Park, New York. Correspondance de Roosevelt en ligne.

Sigrid SCHULTZ, Archives, Wisconsin Historical Society, Madison, Wisconsin.

US Department of State Decimal files, National Archives and Records Administration, College Park, Maryland. (State/Decimal)

US Department of State, Foreign Relations of the United States, 1933 and 1934, Digital Collection, University of Wisconsin (State/Foreign).

Alexander VASSILIEV, The Vassiliev Notebooks, Cold War International History Project, Woodrow Wilson International Center for Scholars, Washington D.C.

Venona Intercepts, National Security Agency.

John C. WHITE, Archives, Library of Congress Manuscript Division, Washington D.C.

Thornton WILDER, Archives, Beinecke Rare Book and Manuscript Library, Yale University, New Haven, Connecticut.

Livres et périodiques

Hedda ADLON, *Hotel Adlon: The Life and Death of a Great Hotel*, London, Barrie Books, 1958.

American Jewish Congress, « *Hitlerism and the American Jewish Congress* », New York, 1934.

Hartivg ANDERSEN, *The Dark City*, London, Cresset Press, 1954.

Ruth ANDREAS-FRIEDRICH, *Der Schattenmann: Tagebuchaufzeichnungen*, 1938-1945, Berlin, Suhrkamp Taschenbuch, 1947 (*Berlin Underground: 1938-1945*, trad. Barbara Mussey, New York, Paragon Press, 1989).

« *Angora: Pictorial Records of an SS Experiment* », *Wisconsin Magazine of History*, 50, n° 4, pp. 392-413.

Diana ANHALT, *A Gathering of Fugitives: American Political Expatriates in Mexico 1948-1965*, Santa Maria, California, Archer Books, 2001.

Louis ANTHES, Louis, « *Publicly Deliberative Drama: The 1934 Mock Trial of Adolf Hitler for Crimes Against Civilization* », *American Journal of Legal History*, 42, n° 4 (oct. 1998), pp. 391-410.

Archives of the Holocaust, vol. 1 : American Friends Service Committee, Philadelphia, part 1, 1932-1939, édité par Jack Sutters.

Archives of the Holocaust, vol. 2 : Berlin Document Center, part 1, édité par Henry Friedlander et Sybil Milton, New York, Garland Publishing, 1992.

Archives of the Holocaust, vol. 2 : Berlin Document Center, part 2, édité par Henry Friedlander et Sybil Milton, New York, Garland Publishing, 1992.

Archives of the Holocaust, vol. 3 : Central Zionist Archives, Jerusalem, 1933-1939, édité par Francis R. Nicosia, New York, Garland Publishing, 1990.

Archives of the Holocaust, vol. 7 : Columbia University Library, New York : The James G. McDonald Papers, édité par Karen J. Greenberg, New York, Garland Publishing, 1990.

Archives of the Holocaust, vol. 10 : American Jewish Joint Distribution Committee, New York, part 1, édité par Sybil Milton et Frederick D. Bogin, New York, Garland Publishing, 1995.

Archives of the Holocaust, vol. 17 : American Jewish Committee, New York, édité par Frederick D. Bogin, New York, Garland Publishing, 1993.

Dolores L. AUGUSTINE, « *The Business Elites of Hamburg and Berlin* », *Central European History*, 24, n° 2 (1991), pp. 132-146.

Karl BAEDEKER, *Berlin and its Environs (Berlin und Umgebung)*, Leipzig, Karl Baedeker, 1910.

Karl BAEDEKER, *Northern Germany*, Leipzig, Karl Baedeker, 1925.

Fred Arthur BAILEY, *William Edward Dodd: The South's Yeoman Scholar*, Charlotesville, University Press of Virginia, 1997.

Jay W. BAIRD, «*Horst Wessel, and the Myth of Resurrection and Return*», *Journal of Contemporary History*, 17, n° 4 (oct. 1982), pp. 633-650.

David BANKIER, *The Germans and the Final Solution*, Oxford, Blackwell, 1992.

Robert BENDINER, *The Riddle of the State Department*, New York, Farrar & Rinehart, 1942.

Robert L. BENSON, «*The Venona Story*», Washington, Center for Cryptologic History, Washington, National Security Agency, s.d.

Armand BÉRARD, *Un Ambassadeur se souvient: au temps du danger allemand*, Paris, Plon, 1976.

Christabel BIELENBERG, *The Past is Myself*, London, Chatto & Windus, 1968.

Frederick T. BIRCHALL, *The Storm Breaks: A Panorama of Europe and the Forces that have Wrecked its Peace*, New York, Viking, 1940.

Thomas M. BREDOHL, «*Some Thoughts on the Political Opinions of Hans Fallada: A Response to Ellis Shookman*», *German Studies Review*, 15, n° 3 (oct. 1992), pp. 525-545.

Richard BREITMAN et Alan M. KRAUT, *American Refugee Policy and European Jewry, 1933-1945*, Bloomington, Indiana University Press, 1987.

David BRENNER, David, «*Out of the Ghetto and into the Tiergarten: Redefining the Jewish Parvenu and His Origins in Ost und West*», *German Quarterly*, 66, n° 2, (printemps 1993), pp. 176-194.

Will BROWNELL et Richard N. BILLINGS, *So Close to Greatness: A Biography of William C. Bullitt*, New York, Macmillan, 1987.

Shareen BLAIR BRYSAC, *Resisting Hitler: Mildred Harnack and the Red Orchestra*, New York, Oxford University Press, 2000.

William C. BULLITT, *For the President: Personal and Secret*, édité par Orville H. Bullitt, New York, Houghton Mifflin, 1972.

Alan BULLOCK, *Hitler, ou les mécanismes de la tyrannie*, Marabout Université, 1963 (*Hitler: A Study in Tyranny*, 1962, New York, HarperCollins, 1991 [réédition]).

Hamilton T. BURDEN, *The Nuremberg Party Rallies: 1923-1939*, New York, Frederick A. Praeger, 1967.

Bernard V. BURKE, *Ambassador Frederic Sackett and the Collapse of the Weimar Republic, 1930-1933*, New York, Cambridge University Press, 1994.

Steven CASEY, «*Franklin D. Roosevelt, Ernst "Putzi" Hanfstaengl and the "S-Project", june 1942-june 1944*», *Journal of Contemporary History*, 35, n° 3, pp. 339-359.

Elisabetta CERRUTI, *Ambassador's Wife*, New York, Macmillan, 1953.

Cynthia C. CHAPMAN, «*Psychobiographical Study of the Life of Sigrid Schultz*», Ph. D. dissertation, Florida Institute of Technology, 1991. (In Schultz Papers, Wisconsin Historical Society.)

Ron CHERNOW, *The Warburgs*, New York, Random House, 1993.

Rhea CLYMAN, «*The Story That Stopped Hitler*», in *How I Got That Story*, édité par David Brown et W. Richard Bruner, Overseas Press Club of America, New York, Dutton, 1967.

Claud COCKBURN, *In Time of Trouble*, London, Rupert Hart-Davis, 1956.

Peter CONRADI, *Hitler's Piano Player: The Rise and Fall of Ernst Hanfstaengl, Confidant of Hitler, Ally of FDR*, New York, Carroll & Graf, 2004.

Gordon A. CRAIG et Felix GILBERT, *The Diplomats, 1919-1939*, Princeton, N. J., Princeton University Press, 1953.

Edward CRANKSHAW, *Gestapo: Instrument of Tyranny*, New York, Viking, 1956.

Robert DALLEK, *Democrat and Diplomat: The Life of William E. Dodd*, New York, Oxford University Press, 1968.

Jan DALLEY, *Diana Mosley.* New York, Knopf, 2000.

David J. DALLIN, *Soviet Espionage,* New Haven, Connecticut, Yale University Press, 1955.

Andreas W. DAUM et Christof MAUCH, *Berlin-Washington, 1800-2000 : Capital Cities, Cultural Representation and National Identities,* Cambridge, Cambridge University Press, 2005.

« Death of Auntie Voss », *Time,* 9 avril 1934.

Alex de JONGE, *The Weimar Chronicle : Prelude to Hitler,* New York, Paddington, 1978.

Gunther DESCHNER, *Heydrich : The Pursuit of Total Power,* 1977, London, Orbis, 1981 [réédition].

Rudolf DIELS, *Lucifer Ante Portas,* München, Deutsche Verlags-Anstalt, 1950.

Georgi DIMITROFF, *Dimitroff's Letters from Prison,* London, Victor Gollancz, 1935.

John V. H. DIPPEL, *Bound Upon a Wheel of Fire : Why So Many German Jews Made the Tragic Decision to Remain in Nazi Germany,* New York, Basic Books, 1996.

Robert DIVINE, *« Franklin D. Roosevelt and Collective Security, 1933 »*, *The Mississippi Valley Historical Review,* 48, n° 1 (juin 1961), pp. 42-59.

Christopher J. DODD et Lary BLOOM, *Letters from Nuremberg : My Father's Narrative of a Quest for Justice,* New York, Crown Publishing, 2007.

Martha DODD, *Through Embassy Eyes,* New York, Harcourt, Brace, 1939.

Martha DODD, *Sowing the Wind,* New York, Harcourt, Brace, 1945.

William E. DODD, *Ambassador Dodd's Diary,* ed. by William E. Dodd Jr. and Martha Dodd, New York, Harcourt, Brace, 1941.

Bernt ENGELMANN, *In Hitler's Germany : Daily Life in the Third Reich,* trad. Krishna Winston, New York, Pantheon, 1986.

Richard J. EVANS, *Le Troisième Reich: volume 2, 1933-1939*, Paris, Flammarion, 2009 (*The Third Reich in Power 1933-1939*, New York, Penguin, 2005).

Richard J. EVANS, *Le Troisième Reich: volume 3, 1939-1945*, Paris, Flammarion, 2009 (*The Third Reich at War 1939-1945*, London, Allen Lane/Penguin, 2008).

Henry L. FEINGOLD, *The Politics of Rescue: The Roosevelt Administration and the Holocaust, 1938-1945*, New Brunswick, N. J., Rutgers University Press, 1970.

Joachim C. FEST, *Das Gesicht des Dritten Reiches. Profile einer totalitären Herrschaft*, München, Piper, 1963 (*The Face of the Third Reich*, New York, Pantheon, 1970).

Edward J. FLYNN, *You're the Boss*, New York, Viking Press, 1947.

André FRANÇOIS-PONCET, *Souvenirs d'une ambassade à Berlin, septembre 1931-octobre 1938*, Paris, Flammarion, 1947 (*The Fateful Years: Memoirs of a French Ambassador in Berlin, 1931-38*, trad. Jacques Le Clercq, London, Victor Gollancz, 1949).

Henry FRIEDLANDER, «*Step by Step: The Expansion of Murder, 1939-1941*», *German Studies Review*, 17, n° 3 (oct. 1994), pp. 495-507.

Otto FRIEDRICH, *Before the Deluge: A Portrait of Berlin in the 1920's*, New York, Harper & Row, 1972.

Peter FRITZSCHE, *Life and Death in the Third Reich*, Cambridge, Massachusetts, Harvard University Press/Belknap Press, 2008.

Bella FROMM, *Blood and Banquets: A Berlin Social Diary*, New York, Harper, 1942.

Helga FULLER, *Don't Lose Your Head: Coming of Age in Berlin, Germany 1933-1945*, Seattle, Peanut Butter Publishing, 2002.

Max GALLO, *La Nuit des longs couteaux*, Paris, Robert Laffont, 1971 (*The Night of the Long Knives*, trad. Lily Emmet, New York, Harper and Row, 1972).

Peter GAY, *My German Question: Growing up in Nazi Berlin,* New Haven, Connecticut, Yale University Press, 1998.

Robert GELLATELY, « *The Gestapo and German Society: Political Denunciation in the Gestapo Case Files* », *Journal of Modern History,* 60, n° 4 (déc. 1988), pp. 654-694.

Robert GELLATELY, *The Gestapo and German Society: Enforcing Racial Policy, 1933-1945,* Oxford, Clarendon Press, 1990.

Irwin F. GELLMAN, *Secret Affairs: Franklin Roosevelt, Cordell Hull, and Sumner Welles,* Baltimore, Johns Hopkins University Press, 1995.

« *Germany: Head into Basket* », *Time,* 22 janv. 1934.

Gustave Mark GILBERT, *Le Journal de Nuremberg,* Paris, Flammarion, 1947 (*Nuremberg Diary,* New York, Farrar, Straus, 1947).

Anton GILL, *A Dance Between Flames: Berlin Between the Wars,* London, John Murray, 1993.

Hans Bernd GISEVIUS, *Jusqu'à la lie* (2 vol.), Paris, Calmann-Lévy, 1947-1948 (*To The Bitter End,* New York, Houghton Mifflin, 1947).

Derek GLASS, Dietmar ROSLER et John J. WHITE, *Berlin: Literary Images of a City,* Berlin, Erich Schmidt Verlag, 1989.

Rolf J. GOEBEL, « *Berlin's Architectural Citations: Reconstruction, Simulation, and the Problem of Historical Authenticity* », *PMLA,* 118, n° 5 (oct. 2003), pp. 1268-1289.

Christian GOESCHEL, *Suicide in Nazi Germany,* Oxford, Oxford University Press, 2009.

Leon GOLDENSOHN, *Les Entretiens de Nuremberg,* préf. de Robert Gellately, trad. P.-E. Dauzat, Paris, Flammarion, 2005 (*The Nuremberg Interviews,* New York, Knopf, 2004).

Morris GORAN, *The Story of Fritz Haber,* Norman, University of Oklahoma Press, 1967.

Mel GORDON, *Voluptuous Panic: The Erotic World of Weimar Berlin,* Los Angeles, Feral House, 2006.

Norman A. GRAEBNER, *An Uncertain Tradition: American Secretaries of State in the Twentieth Century*, New York, McGraw-Hill, 1961.

Christoph GRAF, « *The Genesis of the Gestapo* », *Journal of Contemporary History*, 22, n° 3 (juillet 1987), pp. 419-435.

Robert GRAVES et Alan HODGE, *The Long Week End: A Social History of Great Britain 1918-1939*, New York, Macmillan, 1941.

Elston GREY-TURNER, « *Pages From a Diary* », *British Medical Journal*, 281, n° 6256 (déc. 20-27 1980), pp. 1692-1695.

Jacob et Wilhelm GRIMM, *Les Contes de Grimm, Kinder und Hausmärchen*, Paris, Flammarion, coll. « L'Âge d'or », 1967, 2 vol. (*Grimm's Fairy Tales*, 1912, New York, Barnes and Noble, 2003 [réédition]).

Richard GRUNBERGER, *A Social History of the Third Reich*, London, Weidenfeld and Nicolson, 1971.

Daniel GUÉRIN, « La peste brune », article paru dans *Le Populaire*, et développé dans *Fascisme et grand capital* en 1936, Paris, La Découverte, 2001 (*The Brown Plague*, trad. Robert Schwartzwald, Durham, N. C., Duke University Press, 1994).

Gerald HAMILTON, *M. Norris and I: An Autobiographical Sketch*, London, Allan Wingate, 1956.

Mason HAMMOND, « *The War and Art Treasures in Germany* », *College Art Journal*, 5, n° 3 (mars 1946), pp. 205-218.

Eleanor HANCOCK, « *Only the Real, the True, the Masculine Held its Value: Ernst Röhm, Masculinity, and Male Homosexuality* », *Journal of the History of Sexuality*, 8, n° 4 (avril 1998), pp. 616-641.

Ernst HANFSTAENGL, *Hitler: les années obscures*, Paris, Trévise, 1967 (*Unheard Witness*, Philadelphia, Lippincott, 1957).

Marsden HARTLEY et al., « *Letters from Germany, 1933-1938* », *Archives of American Art Journal*, 25, n° 1-2 (1985), pp. 3-28.

John Earl HAYNES, Harvey KLEHR et Alexander VASSILIEV, *Spies: The Rise and Fall of the KGB in America*, Yale University Press, 2009.

John Earl HAYNES, Harvey KLEHR et Alexander VASSILIEV, *Venona: Decoding Soviet Espionage in America*, New Haven, Connecticut, Yale University Press, 1999.

John L. HEINEMAN, *Hitler's First Foreign Minister: Constantin Freiherr von Neurath, Diplomat and Statesman*, Berkeley, University of California Press, 1979.

Robert Edwin HERZSTEIN, *Roosevelt and Hitler*, New York, Paragon House, 1989.

Adolf HITLER, *Libres propos sur la guerre et la paix*, Paris, Flammarion, 1952 (*Hitler's Table Talk, 1941-1944*, trad. Norman Cameron et R. H. Stevens, London, Weidenfeld & Nicholson, 1953).

Hajo HOLBORN, *Republic to Reich: The Making of the Nazi Revolution*, trad. Ralph Manheim, New York, Pantheon, 1972.

Matthew HUGHES et Chris MANN, *Inside Hitler's Germany: Life Under the Third Reich*, Dulles, Virginia, Brassey's Inc., 2000.

Cordell HULL, *The Memoirs of Cordell Hull* (vol. 1), New York, Macmillan, 1948.

Harold L. ICKES, *The Secret Diary of Harold L. Ickes: The First Thousand Days, 1933-1936*, New York, Simon and Schuster, 1953.

Christopher ISHERWOOD, *Adieu à Berlin* (autre titre: *Intimités berlinoises*), Paris, Le Livre de poche, 2004 (*The Berlin Stories*, 1935, New York, New Directions, 1954 [réédition]).

Christopher ISHERWOOD, *L'Ami de passage*, trad. Michel Ligny, Paris, Gallimard, 1964 (*Down There on a Visit*, New York, Simon and Schuster, 1962).

Paul B. JASKOT, « *Anti-Semitic Policy in Albert Speer's Plans for the Rebuilding of Berlin* », *Art Bulletin*, 78, n° 4 (déc. 1996), pp. 622-632.

Peter JELAVICH, *Berlin Cabaret*, Cambridge, Massachusetts, Harvard University Press, 1993.

Eric A. JOHNSON et Karl-Heinz REUBAND, *What We Knew: Terror, Mass Murder, and Everyday Life in Nazi Germany*, New York, Basic Books, 2005.

Manfred JONAS, «*Pro-Axis Sentiment and American Isolationism*», *Historian*, 29, n° 2 (fév. 1967), pp. 221-237.

Larry Eugene JONES, «*Edgar Julius Jung: The Conservative Revolution in Theory and Practice*», *Central European History*, 21, n° 2 (juin 1988), pp. 142-174.

Anton KAES, Martin JAY et Edward DIMENDBERG, *The Weimar Republic Sourcebook*, Berkeley, University of California Press, 1994.

H. V. KALTENBORN, *Fifty Fabulous Years*, New York, G. P. Putnam's Sons, 1950.

Michael H. KATER, «*Forbidden Fruit? Jazz in the Third Reich*», *American Historical Review*, 94, n° 1 (fév. 1989), pp. 11-43.

Madeleine KENT, *I Married a German*, New York, Harper & Brothers, 1939.

Ian KERSHAW, *Hitler, tome 1: 1889-1936*, trad. P.-E. Dauzat, Paris, Flammarion, 2010 (*Hubris*, New York, W. W. Norton, 1998).

Ian KERSHAW, *Le Mythe Hitler: image et réalité sous le IIIᵉ Reich*, trad. P. Chemla, Paris, Flammarion, 2006 (*The «Hitler Myth»: Image and Reality in the Third Reich*, Oxford, Clarendon Press, 1987).

Ian KERSHAW, *L'Opinion allemande sous le nazisme: Bavière 1933-1945*, trad. P.-E. Dauzat, Paris, éditions du CNRS, 1995, 2010 (*Popular Opinion and Political Dissent in The Third Reich: Bavaria 1933-1945*, Oxford, Clarendon Press, 1987).

Harry Graf KESSLER, *Das Tagebuch. Sechster Band 1916-1918*, Stuttgart, Klett-Cotta, 2006. Il existe une version abrégée du journal: *Tagebücher 1918-1937*, Frankfurt am Main, Insel-Taschenbücher, 1962 (*The Diaries of Count Harry*

Kessler [1918-1937], trad. et édité par Charles Kessler, 1961, New York, Grove Press, 1999 [réédition]).

Lauren KESSLER, *Clever Girl: Elizabeth Bentley, the Spy Who Ushered in the McCarthy Era*, New York, HarperCollins, 2003.

Victor KLEMPERER, *Mes soldats de papier, journal 1933-1941*, trad. G. Riccardi, Paris, Seuil, 2000 (*I Will Bear Witness: A Diary of the Nazi Years*, 1933-1941, trad. Martin Chalmers, New York, Random House, 1998).

Victor KLEMPERER, *Je veux témoigner jusqu'au bout, journal 1942-1945*, trad. G. Riccardi, M. Kiintz-Tailleur, J. Tailleur, Paris, Seuil, 2000 (*I Will Bear Witness: A Diary of the Nazi Years*, 1933-1941, trad. Martin Chalmers, New York, Random House, 1998).

Victor KLEMPERER, *LTI, la langue du IIIᵉ Reich. Carnets d'un philologue*, trad. E. Guillot, Paris, Albin Michel, «Bibliothèque des idées», 1996, Pocket, 2003 (*The Language of the Third Reich: LTI – Lingua Tertii Imperii*, trad. Martin Brady, 1957, London, Athlone Press, 2000 [réédition]).

Robert Lewis KOEHL, *The Black Corps: The Structure and Power Struggles of the Nazi SS*, Madison, University of Wisconsin Press, 1983.

Tibor KOEVES, *Satan in Top Hat: The Biography of Franz von Papen*, New York, Alliance, 1941.

Helmut KRAUSNICK, Hans BUCHHEIM, Martin BROSZAT et Hans-Adolf JACOBSEN, *Anatomie des SS-Staates*, 2 vol., München, DTV, 1967 (*Anatomy of the SS State*, trad. Richard Barry, Marian Jackson et Dorothy Long, New York, Walker and Co, 1968).

Alan M. KRAUT, Richard BREITMAN et Thomas W. IMHOOF, «*The State Department, the Labor Department, and German Jewish Immigration, 1930-1940*», *Journal of American Ethnic History*, 3, n° 2 (printemps 1984), pp. 5-38.

Friedemann KREUDER, « *Hotel Esplanade: The Cultural History of a Berlin Location* », *PAJ: A Journal of Performance and Art*, 22, n° 2 (mai 2000), pp. 22-38.

Jens LACHMUND, « *Exploring the City of Rubble: Botanical Fieldwork in Bombed Cities in Germany after World War II* », *Osiris* 2nd Series, vol. 18 (2003), pp. 234-254.

Brian LADD, *The Ghosts of Berlin*, Chicago, University of Chicago Press, 1997.

William L. LANGER et S. EVERETT GLEASON, *The Challenge to Isolation, 1937-1940*, New York, Harper and Brothers, 1952.

Tony LE TISSIER, *Race for the Reichstag: The 1945 Battle for Berlin*, London, Frank Cass, 1999.

Deborah E. LIPSTADT, *Beyond Belief: The American Press and the Coming of the Holocaust 1933-1945*, New York, Free Press, 1986.

Irmgard LITTEN, *Beyond Tears*, New York, Alliance, 1940.

Louis P. LOCHNER, « *Round Robins from Berlin* », *Wisconsin Magazine of History*, 50, n° 4 (été 1967), pp. 291-336.

LOUIS FERDINAND, prince de Prusse, *Le Prince rebelle*, éditions André Martel, 1954 (*The Rebel Prince: Memoirs of Prince Louis Ferdinand of Prussia*, Chicago, Henry Regnery, 1952).

Kurt LUDECKE, *I Knew Hitler*, New York, C. Scribner's Sons, 1938.

Giles MACDONOGH, « *Otto Horcher, Caterer to the Third Reich* », *Gastronomica*, 7, n° 1 (hiver 2007), pp. 31-38.

Aldo P. MAGI, « *Thomas Wolfe and Mildred Harnack-Fish: The 1935 Berlin Interview* », *Thomas Wolfe Review*, 27, nos 1 et 2 (2003), pp. 31-38.

Joseph MALI, « *The Reconciliation of Myth: Benjamin's Homage to Bachofen* », *Journal of the History of Ideas*, 60, n° 1 (janvier 1999), pp. 165-187.

Klaus MANN, *Le Tournant* (autobiographie, 1942), Actes Sud, coll. « Babel », 2008 (*The Turning Point: The Autobiography of Klaus Mann*, 1942. London, Otto Wolff, 1984 [réédition]).

Thomas MANN, *Journal 1918-1921, 1933-1939*, texte établi par Peter de Mendelssohn, trad. R. Simon, Paris, Gallimard, 1985 (*Diaries 1918-1939*, trad. Richard et Clara Winston, New York, Harry N. Abrams, 1982).

Roger MANVELL et Heinrich FRAENKEL, *Dr Goebbels: His Life and Death*, New York, Simon and Schuster, 1960.

Frank MCDONOUGH, «*The Times, Norman Ebbut and the Nazis, 1927-37*», *Journal of Contemporary History*, 27, n° 3 (juillet 1992), pp. 407-424.

Peter H. MERKL, *The Making of a Stormtrooper*, Princeton, N. J., Princeton University Press, 1980.

George MESSERSMITH, «*Present Status of the Anti-Semitic Movement in German*», 21 sept. 1933, German Historical Institute, http://germanhistorydocs.ghi-dc.org/

Philip METCALFE, *1933*, Sag Harbor, N. Y., Permanent Press, 1988.

Douglas MILLER, *Via Diplomatic Pouch*, New York, Didier, 1944.

Sybil MILTON, «*The Context of the Holocaust*», *German Studies Review*, 13, n° 2 (mai 1990), pp. 269-283.

Edgar Ansel MOWRER, *Germany Puts the Clock Back*, New York, William Morrow, 1939.

Edgar Ansel MOWRER, *Triumph and Turmoil: A Personal History of Our Time*, New York, Weybright and Talley, 1968.

Lilian T. MOWRER, *Journalist's Wife*, New York, William Morrow, 1937.

Denys P. MYERS et Charles F. RANSOM, «*Reorganization of the State Department*», *American Journal of International Law*, 31, n° 4 (oct. 1937), pp. 713-720

Vladimir NABOKOV, *Autres rivages*, trad. Y. Davet, M. Akar, Paris, Folio Gallimard, 1989 (*Speak Memory*, 1947, New York, Vintage, 1989 [réédition]).

Jeremy NOAKES et Geoffrey PRIDHAM, *Documents on Nazism, 1919-1945*, New York, Viking, 1975.

Peter NORDEN, *Salon Kitty*, München, Südwest-Verlag, 1970 (*Madam Kitty: A True Story*, trad. J. Maxwell Brownjohn, London, Abelard-Schuman, 1973).

Elizabeth NOWELL, *Thomas Wolfe: A Biography*, Garden City, N. Y., Doubleday, 1960.

Arnold A. OFFNER, *American Appeasement: United States Foreign Policy and Germany, 1933-1938*, Cambridge, Massachusetts, Harvard University Press, 1969.

Dietrich ORLOW, *The History of the Nazi Party: 1933-1945*, Pittsburgh, University of Pittsburgh Press, 1973.

Alison OWINGS, *Frauen: German Women Recall the Third Reich*, New Brunswick, N. J., Rutgers University Press, 1993.

Franz von PAPEN, *Der Wahrheit eine Gasse*, München, Paul List Verlag, 1952 (*Memoirs*, trad. Brian Connell, New York, E. P. Dutton, 1953).

J. K. PEUKERT DETLEV, *Inside Nazi Germany*, trad. Richard Deveson, New Haven, Connecticut, Yale University Press, 1987.

William PHILLIPS, «*The Reminiscences of William Phillips*», Oral History Collection, New York, Columbia University, 1952.

William PHILLIPS, *Ventures in Diplomacy*, Portland, Maine, édition privée, 1952.

Sir Eric PHIPPS, *Our Man in Berlin: The Diary of Sir Eric Phipps, 1933-1937*, édité par Gaynor Johnson, Hampshire, U. K., Palgrave Macmillan, 2008.

Marin PUNDEFF, «*Dimitrov at Leipzig: Was There a Deal?*», *Slavic Review*, 45, n° 3 (automne 1986), pp. 545-549.

Quentin REYNOLDS, *By Quentin Reynolds*, New York, McGraw-Hill, 1963.

Nicholas V. RIASANOVSKY, *A History of Russia*. 2ᵉ éd., New York, Oxford University Press, 1969.

Alexandra RICHIE, *Faust's Metropolis: A History of Berlin*, New York, Carroll and Graf, 1998.

J. M. RITCHIE, *German Literature under National Socialism,* Totowa, N. J., Barnes and Noble, 1983.

Franklin Delano ROOSEVELT, *F.D.R.: His Personal Letters,* vol. 1, 1928-1945, New York, Duell, Sloan and Pearce, 1950.

Daniel C. ROPER, *Fifty Years of Public Life,* New York, Greenwood Press, 1968.

Joseph ROTH, *What I Saw: Reports from Berlin 1920-1933,* trad. Michael Hofmann, 1996, New York, W. W. Norton, 2003 [réédition].

Reinhard RÜRUP, *Topography of Terror: Gestapo, SS and Reichssicherheitshauptamt on the «Prinz-Albrecht-Terrain»,* A *Documentation,* trad. Werner T. Angress, Berlin, Verlag Willmuth Arenhovel, 1996.

Cornelius RYAN, *The Last Battle,* New York, Simon and Schuster, 1966.

Hjalmar SCHACHT, *Mémoires d'un magicien,* trad. P.-Ch. Gallet, Amiot Dumont, 1954 (*My First Seventy-Six Years,* trad. Diana Pyke, London, Allan Wingate, 1955).

Karl A. SCHLEUNES, *The Twisted Road to Auschwitz: Nazi Policy Toward German Jews, 1933-1939,* Urbana, University of Illinois Press, 1970.

H. J. SCHUELER, *Hans Fallada: Humanist and Social Critic,* Paris, Mouton, 1970.

Sigrid SCHULTZ, «Hermann Göring's "Dragon from Chicago"», in *How I Got That Story,* édité par David Brown et W. Richard Bruner, Overseas Press Club of America, New York, Dutton. 1967.

Sigrid SCHULTZ, Oral History Interview, William E. Wiener Oral History Library, American Jewish Committee, New York Public Library, 1974.

Angela SCHWARZ, «*British Visitors to National Socialist Germany: In a Familiar or in a Foreign Country?*», *Journal of Contemporary History,* 28, n° 3 (juillet 1993), pp. 487-509.

Shlomo SHAFIR, « George S. Messersmith: An Anti-Nazi Diplomat's View of the German-Jewish Crisis », Jewish Social Studies, 35, n° 1 (janvier 1973), pp. 32-41.

Robert E. SHERWOOD, Roosevelt and Hopkins, New York, Harper and Brothers, 1950.

William L. SHIRER, Berlin Diary, 1941, New York, Black Dog & Leventhal, 2004 [réédition].

William L. SHIRER, Le Troisième Reich, des origines à la chute, Paris, Stock, 1990 (The Rise and Fall of the Third Reich, 1959, New York, Simon and Schuster, 1990 [réédition]).

William L. SHIRER, Twentieth Century Journey: A Memoir of a Life and the Times, vol. 2, « The Nightmare Years, 1930-1940 », New York, Little, Brown, 1984.

Sheldon SPEAR, « The United States and the Persecution of the Jews in Germany, 1933-1939 », Jewish Social Studies, 30, n° 4 (oct. 1968), p. 216.

Stephen SPENDER, World Within World, New York, Harcourt, Brace, 1951.

Roderick STACKELBERG et Sally A. WINKLE, The Nazi Germany Sourcebook, London, Routledge, 2002.

Fritz STERN, Einstein's German World, Princeton, N. J., Princeton University Press, 1999.

Jesse H. STILLER, George S. Messersmith: Diplomat of Democracy, Chapel Hill, University of North Carolina Press, 1987.

Otto STRASSER et Michael STERN, Flight from Terror, New York, Robert M. McBride, 1943.

Ellery C. STOWELL, « A Square Deal for the Foreign Service », American Journal of International Law, 28, n° 2 (avril 1934), pp. 340-342.

Pamela E. SWETT, Neighbours and Enemies: The Culture of Radicalism in Berlin, 1929-1933, Cambridge, Cambridge University Press, 2004.

« Their Excellencies, Our Ambassadors », Fortune Magazine, avril 1934, pp. 108-122.

Fritz TOBIAS, *Der Reichsbrand Legende und Wirklichkeit*, Baden, Rastatt, 1962 (*The Reichstag Fire: Legend and Truth*, trad. Arnold J. Pomerans, London, Secker and Warburg, 1963).

Andrew TURNBULL, *Thomas Wolfe*, New York, Charles Scribner's Sons, 1967.

Henry Ashby Jr. TURNER, Henry, «*Fallada for Historians*», *German Studies Review*, 26, n° 3 (oct. 2003), pp. 477-492.

Henry Ashby Jr. TURNER, «*Two Dubious Third Reich Diaries*», *Central European History*, 33, n° 3 (2000), pp. 415-422.

Herman ULLSTEIN, *The Rise and Fall of the House of Ullstein*, New York, Simon and Schuster, 1943.

Melvin I. UROFSKY, *A Voice That Spoke for Justice*, Albany, State University of New York Press, 1982.

U.S. Department of Justice, Federal Bureau of Investigation, Venona File, Washington D.C.

U.S. Department of State, *Peace and War: United States Foreign Policy, 1931-1941*, Washington D.C., U.S. Government Printing Office, 1943.

Katrina VANDEN HEUVEL, «*Grand Illusions*», *Vanity Fair*, 54, n° 9 (sept. 1991), pp. 220-256.

Nora WALN, *Reaching for the Stars*, New York, Little, Brown, 1939.

James P. WARBURG, *The Long Road Home*, Garden City, N. J., Doubleday, 1964.

Martin WEIL, *A Pretty Good Club: The Founding Fathers of the U.S. Foreign Service*, New York, W. W. Norton, 1978.

Gerhard L. WEINBERG, *The Foreign Policy of Hitler's Germany: Diplomatic Revolution in Europe 1933-36*, Chicago, University of Chicago Press, 1970.

Allen WEINSTEIN et Alexander VASSILIEV, *The Haunted Wood: Soviet Espionage in America – the Stalin Era*, New York, Random House, 1999.

Stuart L. WEISS, «*American Foreign Policy and Presidential Power: The Neutrality Act of 1935*», *Journal of Politics*, 30, n° 3 (août 1968), pp. 672-695.

Eric D. WEITZ, *Weimar Germany*, Princeton, N. J., Princeton University Press, 2007.

Eliot Barculo WHEATON, *Prelude to Calamity: The Nazi Revolution 1933-35*, Garden City, N.J., Doubleday, 1968.

John W. WHEELER-BENNETT, *The Nemesis of Power: The German Army in Politics 1918-1945*, London, Macmillan, 1953.

John W. WHEELER-BENNETT, *Wooden Titan: Hindenburg in Twenty Years of Germany History 1914-1934*, New York, William Morrow, 1936.

John Campbell WHITE, « *The Reminiscences of John Campbell White* », Oral History Collection, Columbia University, n.d.

Jenny WILLIAMS, *More Lives than One: A Biography of Hans Fallada*, London, Libris, 1998.

Stephen WISE, *Challenging Years*, New York, G. P. Putnam's, 1949.

Stephen WISE, *The Personal Letters of Stephen Wise*, édité par Justine Wise Polier et James Waterman Wise, Boston, Beacon Press, 1956.

Stephen WISE, *Stephen S. Wise: Servant of the People*, édité par Carl Hermann Voss, Jewish Publication Society of America, 1970.

Thomas WOLFE, *The Letters of Thomas Wolfe to his Mother*, édité par C. Hugh Holman et Sue Fields Ross, 1943, New York, Charles Scribner's Sons, 1968 [réédition].

Thomas WOLFE, *The Notebooks of Thomas Wolfe*, édité par Richard S. Kennedy et Paschal Reeves, vol. 2, Chapel Hill, University of North Carolina Press, 1970.

Thomas WOLFE, *Selected Letters of Thomas Wolfe*, édité par Elizabeth Nowel et Daniel George, London, Heinemann, 1958.

Marion Freyer WOLFF, *The Shrinking Circle: Memories of Nazi Berlin, 1933-1939*, New York, UAHC Press, 1989.

Evelyn WRENCH, *I Loved Germany*, London, Michael Joseph, 1940.

Carl ZUCKMAYER, *A Part of Myself,* trad. Richard et Clara Winston, New York, Harcourt Brace Jovanovich, 1970.

Stefan ZWEIG, *Le Monde d'hier. Souvenirs d'un Européen (Die Welt von Gestern. Erinnerungen eines Europäers,* 1942 ; publ. posth., 1944), trad. S. Niemetz, Le Livre de poche, 1996 (*The World of Yesterday,* 1943, London, Cassell, 1953 [réédition]).

Crédits
photographiques

J'ai coupé à travers la plaine enneigée du Tiergarten – une statue détruite ici, un jeune arbre nouvellement planté là ; la Brandenburger Tor, avec son drapeau rouge claquant contre le ciel bleu de l'hiver ; et, à l'horizon, les côtes supérieures d'une gare de chemin de fer étripée, tel le squelette d'une baleine. Dans la lumière matinale, tout cela était aussi brut et direct que la voix de l'histoire qui vous dit de ne pas vous leurrer ; cela peut arriver dans n'importe quelle ville, à n'importe qui, y compris à soi.

Christopher Isherwood, *L'Ami de passage**

* Christopher Isherwood, *Down There on a Visit* (*L'Ami de passage*), traduit de l'anglais par Michel Ligny, Gallimard, 1964, p. 308.

Table

Mis en pages par DV Arts Graphiques à La Rochelle
Imprimé en France par Normandie Roto Impression s.a.s.
Dépôt légal : août 2012
N° d'édition : 2128 – N° d'impression : 121843
ISBN 978-2-7491-2128-4